해방과 대한민국 독립

이 저서는 2016년 대한민국 교육부와 한국연구재단의 지원을 받아 수행된 연구임(NRF-2016S1A5B8913950).

해방과 대한민국 독립

초판 1쇄 발행 2018년 8월 31일

엮은이 | 서울신학대학교 현대기독교역사연구소
펴낸이 | 윤관백
펴낸곳 | 도서출판 선인

등 록 | 제5－77호(1998.11.4)
주 소 | 서울시 마포구 마포대로 4다길 4 곶마루 B/D 1층
전 화 | 02)718－6252 / 6257 팩스 | 02)718－6253
E-mail | sunin72@chol.com
Homepage | www.suninbook.com

정가 35,000원
ISBN 979-11-6068-203-8 94900
ISBN 979-11-6068-112-3 (세트)

Liberation and the Republic of Korea's Independence
edited by Institute for the Study of Modern Christianity

Sunin Publishing

Printed in the Republic of Korea
2018

현대 한국사회와 기독교 연구총서 4

해방과 대한민국 독립

서울신학대학교 현대기독교역사연구소 엮음

|『해방과 대한민국 독립』을 펴내며 |

1945년 8월 15일, 한반도는 일제의 강압에서 해방되었다. 하지만 아직 독립된 것은 아니었다. 한반도에는 일본군의 무장해제를 이유로 북쪽에는 소련군이, 남쪽에는 미군이 각각 통치하였다. 3년 동안의 길고 복잡한 과정을 거쳐서 38도선 이북에는 조선민주주의인민공화국이, 이남에는 대한민국이 세워졌다. 이 책은 해방에서 대한민국의 독립에 이르는 과정을 연구한 논문들을 모은 것이다.

해방 후 3년 동안 한국의 우익 민족주의자들은 서구민주주의에 입각한 민주공화국을 세우기 위해서 노력하였다. 이것은 1919년 3·1정신을 계승한 것이었다. 3·1운동은 임시정부 수립을 이끌었고, 임시정부 헌법은 새로 세워지는 나라의 이름을 대한민국으로 명명했다. 또한 임시정부 헌법에는 대한민국의 주권은 모든 국민에게 있고, 국민 개인의 권리는 보장되어야 하며, 권력 형태는 입법, 행정, 사법의 3권이 분리되어야 한다는 점을 명시했다. 오늘의 대한민국은 바로 이런 3·1정신과 임시정부의 정신을 계승한 것이다.

이 책은 어떻게 1945년의 일제로부터의 해방이 1948년의 민주공화국인 대한민국의 독립으로 이어졌는가를 연구한 책이다. 그 이유로서 첫째는 3·1정신과 임시정부의 정신을 계승하여 민주공화국을 만들려는 세력이 있었다는 것이다. 이들은 해방 이전부터 미국을 중심으로 하는 연합국과 연대하여 대한민국 건설을 시도했다. 여기에 강력한 지지를 보낸 것이 많은 민족주의자들과 기독교인들이었다.

둘째는 해방공간에서 민주공화국 건설의 시도는 이승만과 김구가 주도하는 독립촉성국민회가 중심이 되어 진행했다. 이들은 한반도가 해방은 되었지만 아직 독립은 되지 못했다는 현실을 인식하고, 서구 민주주의적인 기초 위에서 새로운 국가를 세우기 위해서 노력했다. 여기에 기독교인들은 적극적으로 참여하였다.

셋째는 해방 공간의 대다수의 국민들은 새로운 나라가 서구 민주주의 원칙에 의해서 건립되기를 원했다는 것이다. 1946년에 미군정이 실시한 조사한 여론조사에 의하면 남한 인구의 70% 가량은 우익 민족주의 세력을 지지한 것으로 나타나고 있다. 또한 1947년 3·1절을 통해서 나타나는 남한의 정치 지형도는 이승만과 김구를 중심으로 하는 반탁세력이 압도적으로 우세하였다.

넷째는 1948년 5·10선거를 통해서 만들어진 대한민국은 대다수 국민들의 의사를 반영한 국가라는 것이다. 5·10선거는 아시아에서 처음으로 치른 보통선거였고, 이런 민주적인 절차를 통해서 오늘의 대한민국이 만들어진 것이다. 여기에 기독교인들은 중요한 역할을 했다. 제헌국회와 초대 각료의 상당수가 기독교인들이었으며, 그 정점에는 기독교인 대통령 이승만이 있었다.

본서는 해방공간의 복잡한 상황 속에서 어떻게 대한민국이 탄생할 수 있었는지에 대해서 연구한 책이다. 여기에 참여해 주신 연구자 여러분과 이런 연구를 가능하게 만들어 준 한국연구재단에 감사드린다.

서울신학대학교 현대기독교역사연구소장
박 명 수

|『해방과 대한민국 독립』에 관하여 |

2018년은 해방 73주년 그리고 대한민국의 독립을 맞은 지 70주년이 되는 해다. 70여 년의 세월이 흘렀지만 해방공간 3년 동안 발생한 사건들의 논쟁은 여전히 현재화되어 있다. 교육부는 초등 사회, 중·고교 역사·한국사 과목 교육과정에서 한국의 정치체제를 '민주주의'로 서술하고, '자유민주적 기본질서'를 추가하기로 했으며, 대한민국을 '한반도의 유일한 합법정부'라고 표현했던 부분은 집필기준에서 제외했다. 현대사 쟁점에 대한 논쟁은 새로운 연구와 자료로서 사실이 '증명'되기보다는 정치와 언론을 통해 기존에 알려진 대립적 입장이 반복적으로 '주장'되는 차원에 머물고 있는 측면도 있다.

이 책의 저자들은 한국현대사의 핵심 쟁점이 촉발된 해방 후 3년을 다시 들여다보며 주요 인물과 사건, 상황들에 구체적으로 접근하였고, 이를 바탕으로 해방공간을 새롭게 구현하는 데 주목했다. 특히, 기존에 현대사에서 등장하지 않았던 인물을 발굴하려 노력했고, 연구되었던 인물이나 사건들이라도 새로운 자료를 활용하거나 접근 방식을 달리하며 대상의 다면적 특성을 드러내고, 의미를 찾는 작업을 시도했다.

5명 저자의 각고(刻苦)의 작업으로 진행된 이 책의 구성은 해방을 전후한 시기부터 대한민국의 독립을 이룩한 1948년까지를 다루며, 주로 인물과 사건의 시간적 흐름을 따라 진행된다. 유지윤·김명섭과 양준석의 연구는 이승만을 중심으로 미국 상원 원목 프레데릭 해리스와 체코슬로바키아 초대 대통령 마사릭을 각각 비교하였고, 이를 통해 이승만의 대외인식과 해방공간에서 국가 독립을 위한 구상 방향을 확인했다. 다음으로 이은선의 '독립촉성중앙협의회 지방 조직'과 '이승만의 남선순행' 관련 연구에서는 1946년 38선 이남에서 진행된 이승만과 우파 정치활동의 구체성을 확인할 수 있다. 박명수는 같은 해인 1946년 미군정 여론조사를 통해 해방공간의 여론 동향에 대한 기존 연구들과 차별적 분석을 시도한다. 이어서 박명수는 1947년 초 제2의 반탁운동을 둘러싼 이승만과 김구 중심의 우파와 미군정, 좌파 사이의 정치 지형을 분석했다. 마지막 두 연구는 1948년에 관한 것으로 양준석은 유엔한국임시위원단의 활동과 5.10총선을 재고찰했고, 이은선은 총선 후 구성된 제헌국회에서 기독교 국회의원의 구성과 영향을 밝히며, 이 책은 마무리 된다.

이 책의 첫 번째 연구인 "프레데릭 브라운 해리스와 대한민국"에서 유지윤과 김명섭은 그동안 국내외 학계에서 주목받지 못했던 프레데릭 해리스의 한국관련 활동을 분석했다. 해리스는 미국 역사상 가장 오랜 기간인 24년 동안 상원 원목(Senate Chaplain)으로 재직하면서 다양한 한국 관련 활동을 벌였다. 트루먼 대통령이 부통령이자 상원의장이었던 시절부터 그와 깊은 인연을 맺었던 해리스 목사는 샌프란시스코 유엔창설회의에 참석했던 이승만을 트루먼 대통령에게 소개하는 등 해방 전부터 다양한 한국관련 활동을 벌였다. 해방 이후 해리스는 미국에서 반탁운동을 지원하고, 6.25전쟁 직전 이승만을 국빈으로 초청하도록 권고하는 등 트루먼 대통령과 이승만을 연결하는 비공식적 외교통로로서의 역할을 수행했다. 6.25전쟁 발발 이후 트루먼행정부의 대한정책을 지지하는 한편 한국에 대한 전후 원조를 위해서도 노력한

'그림자 대사(a shadow ambassador)와 같은 역할을 수행했다.

양준석은 "토마쉬 마사릭과 이승만의 국가독립 인식"에서 체코슬로바키아와 대한민국의 초대대통령 마사릭과 이승만의 민주주의, 기독교, 그리고 공산주의에 대한 인식을 비교한다. 체코슬로바키아와 대한민국이 지정학적 위치를 포함해 많은 차이가 있음에도 불구하고, 마사릭과 이승만은 국제정치 정세를 파악하여 외교독립을 추구했고, 개신교 신앙과 반공을 견지하는 공통적 특징을 나타냈다. 마사릭은 유럽의 군주시스템에 비해 덜 위협적인 새로운 국가독립의 원리로서 민주주의를 기대했고, 이승만 역시 미국식 헌법이 기초가 되는 국가운영시스템을 구상했다. 또한 두 인물은 '정치적 자유'를 미국의 민주주의에서 찾았음을 밝혔다. 이승만이 개신교를 수용하며, 전통적 중화인식과 단절을 추구했다면, 마사릭은 유럽 전체의 개신교적 기원을 체코슬로바키아의 역사에서 찾는 형태로 독립적 국가 정체성을 구축해갔다. 이승만과 마사릭은 반공인식을 견지했으나, 제2차세계대전 이후 두 국가의 운명은 엇갈렸다.

이은선은 "독립촉성중앙협의회 지방 조직과 선전총본부의 활동"에서 1945년 10월 23일에 조직된 독립촉성중앙협의회의 지방 조직에 주목한다. 당시 이승만에게 독촉중앙협의회 지방조직은 중앙조직에 못지않게 중요했으며, 1946년 1월 초에 이르면 80개의 지부가 조직되었다. 이은선은 독립촉성중앙협의회의 지방 조직 구성 과정과 지방 조직을 담당했던 인물, 그리고 기독교인들의 참여와 역할을 분석했다. 이 연구는 독립촉성중앙협의회의 지방 조직에 대한 다음의 특징을 밝히고 있다. 첫째, 반탁운동 전후로 하여 지방 조직의 좌우 합작 운동 성격은 좌우 분열로 전환되었다. 둘째, 지방 지부는 주로 지방의 우익 유지그룹들이 중심으로 구성되었고, 해당 지역의 기독교세력들도 일정한 역할을 담당했다.

네 번째 "이승만의 남선 순행과 정읍 발언의 의미 분석"에서 이은선은 이승만의 남선순행을 분석한 기존 연구들이 이승만의 정치적 의미를 해석하는데 한계가 있었던 점을 지적한다. 특히, 이은선은 '정읍발언'에서 이승만이 '단정'을 주장했다는 기존 연구의 주장에 의문을 제시하며, 당대의 맥락에서 재평가를 시도했다. 남선순행 시기 미소공위가 진행되는 동안 이승만은 반탁강연에 치중하기보다는 미소공위 참여를 통한 통일정부 수립 가능성에 관심을 집중하였다. 하지만 미소공위가 무기 휴회된 이후 이승만은 반탁의 입장을 표명하며, 남한의 임시정부 수립을 주장하였다. 따라서 이은선은 이승만의 정읍발언이 '남한 단독정부의 출발점'이었다는 평가와 "이승만을 분단의 장본인"이란 평가는 지나치게 일방적인 것임을 지적한다.

다섯 번째 글인 "1946년 미군정의 여론조사에 나타난 한국인의 사회성향"에서 박명수는 "해방 후 한국사회는 좌파 내지는 중도세력이 우세했을 것"이라는 기존의 견해를 미군정시기 한국인들을 대상으로 한 미군정의 여론조사 분석을 통해 실증적으로 검토한다. 박명수는 1946년 3월부터 7월까지의 7차례에 걸친 여론조사 분석을 통해 "해방 이후 대다수 한국인들은 정치적으로는 우파 지도자, 우파 정당 및 단체, 그리고 서구식의 대의민주주의를 지지"했음을 밝혔다. 이에 따라 "우익 인사들에 대한 지지가 약 70%"에 이르렀음을 밝히며, "해방 정국에서 좌익이 우세했다"라고 하는 기존의 주장이 사실과 다르다고 강조했다.

여섯 번째 글인 "제2의 반탁운동과 1947년 초 국내 정치세력 동향"에서 박명수는 1947년 1월에 일어난 제2의 반탁운동과 정치 지형을 분석했다. 1947년 1월 전국학생총연맹(All-Korean Student League)은 대규모 반탁투쟁을 계획했으나, 이승만의 제지로 과격 행동은 중지되었다. 남조선과도입법의원에서는 44대 1로 반탁을 결의했고, 이는 미소공위에 대한 한국인들의 공식적 부정을 나타낸 것이었다. 박명수는 제2의 반탁운동을 둘러싼 이승만과 미군정, 김구, 여운형, 김규식, 그리고 좌익세력과의 역학관계를 분석하며, 반탁운동이 우익에게는 큰 지지였고, 좌익에게는 좌절이었음을 밝힌다. 1947년 초 이남의 정치지형은 하지를 중심으로 하는 미군정 세력과 이승만을 중심으로 하는 민족주의 세력의 대립 구도였다. 미군정은 소련과 함께 한반도의 문제를 풀어보고자 하였지만 이승만 중심의 우익세력은 신탁통치를 반대하였고, 남한에 단독정부를 세우는 전략을 세웠다. 당시 이남 인구의 대부분은 이승만의 입장을 지지했으며, 이러한 흐름은 "1948년 대한민국의 탄생"으로 이어졌다.

양준석은 "1948년 유엔한국임시위원단의 활동과 5.10총선"에서 1948년 대한민국의 독립을 가능하게 한 국제사회 지원을 유엔의 한국유엔임시위원단 파견 활동으로 파악하며, 임시위원단의 활동과 5.10총선에 대한 미국정부와 한국인들의 인식을 분석했다. 양준석은 유엔한국임시위원단의 호주와 캐나다 대표가 남북협상을 지지하고 적극적으로 총선거를 반대했음에도 불구하고 "자유로운 분위기에서" 총선거가 치러졌음을 밝혔다. 선거결과 구성된 제헌국회, 제헌의원에 대해 호주와 캐나다 대표는 '전국적'이거나 '대표자'라고 표현하는 것에 반대했지만, 미국정부는 1947년 11월 14일 유엔의 결의, 1948년 2월 유엔소총회의 결의 그리고 전한국의 3분의 2가 거주하는 지역에서 치른 선거라는 판단에 의해 신생 정부는 전국적 정부로 인정되어야 할 것이라는 입장을 견지했다.

마지막 "제헌국회와 기독교 국회의원"에서 이은선은 제헌국회에서 기독교인들의 비중과 역할을 분석했다. 이 연구에서는 첫째, 제헌국회의원 중 천주교인 3명을 포함해 50명이 기독교인이었다는 점을 밝혔다. 둘째, 기독교 국회의원들이 기독교 인구비율을 과대표하고 있다는 평가를 재검토하며, 국회의원의 기독교인 비율이 정상 수준임을 주장했다. 셋째, 기독교 국회의원들의 교육과정과 함께 일제 강점시기 활동상을 정리하여 친일과의 관련성을 분석했다. 넷째, 기독교 국회의원들의 해방 후 제헌국회 기간 동안의 활동상황과 정부수립 초기 기독교 국회의원들의 역할을 파악했다.

이 책의 저자들이 연구를 진행하는데 공통적으로 가장 심혈을 기울인 부분은 사료를 활용한 연구방법에 있다. 새로운 인물과 사실을 발굴하려 했고, 한국 사회에 통용되고 있는 해방공간에 대한 통설이라 하더라도, 검증하지 않고 무분별하게 재생산하지 않기 위해 다시 들여다보았다. 그 과정에서 저자들이 직접 수집한 1차 사료에 근거해 최대한 구체적이고, 있는 그대로의 사실을 정리하고 분석하려고 노력했다. 사료를 통해 구현된 해방공간은 때로는 현재를 보는 것 같은 생생함으로 다가오기도 한다. 독자들께서 이 책의 문을 열고 활자를 통해, 기억보다 선명한 해방공간을 누빌 수 있기를 바란다.

서울신학대학교 현대기독교역사연구소 연구교수
양 준 석

■ Acknowledgement

이 책에는 다음의 논문이 부분적으로 수정되어 실렸음.

유지윤 · 김명섭, "프레데릭 B. 해리스의 한국관련 활동: 이승만과의 관계를 중심으로," 『한국정치외교사논총』 제40집 1호, 2018.

양준석, "마사릭과 이승만의 민주주의, 기독교, 그리고 공산주의에 대한 인식," 『동유럽발칸연구』 제42권 3호, 2018.

이은선, "독립촉성중앙협의회 지방 조직과 선전총본부의 활동," 『한국개혁신학』 제57권, 2018.

이은선, "이승만의 남선 순행과 정읍 발언의 의미 분석," 『한국정치외교사논총』 제39집 2호, 2018.

박명수, "1946년 미군정의 여론조사에 나타난 한국인의 사회성향," 『한국정치외교사논총』 제40집 1호, 2018.

박명수, "제2의 반탁운동과 1947년 초 국내 정치세력 동향," 『숭실사학』 39권, 2017.

양준석, "1948년 유엔한국임시위원단의 활동과 5.10총선에 대한 미국정부와 한국인들의 인식," 『한국정치외교사논총』 제40집 1호, 2018.

이은선, "제헌국회와 기독교 국회의원," 『한국교회사학회지』 제47집, 2017.

| 차 례 |

독립촉성중앙협의회 지방 조직과 선전총본부의 활동 이은선

이승만의 남선 순행과 정읍 발언의 의미 분석 이은선

1946년 미군정의 여론조사에 나타난 한국인의 사회성향 박명수

제2의 반탁운동과 1947년 초 국내 정치세력 동향 박명수

1948년 유엔한국임시위원단의 활동과 5.10총선 양준석

제헌국회와 기독교 국회의원 이은선

프레데릭 브라운 해리스와 대한민국

유지윤 · 김명섭

ARROWS OF DESIRE[1)]

Bring me my bow of burning gold!
Bring me my arrows of desire!
Bring me my spear! O clouds unfold!
Bring me my chariot of fire!

Rev. Frederick Brown Harris D.D.-

1. 시작하는 말

프레데릭 브라운 해리스(Frederick Brown Harris, 1883~1970)[2)]는 미국

---

1) 프레데릭 브라운 해리스의 기도집 *Prayers* 중에서.

2) 이하 해리스로 줄여서 표기하되 전체 이름을 쓸 경우에는 해리스 자신이 그의 논저들에서 중간이름 'Brown'을 줄인 'B.'를 쓰지 않고, 'Frederick Brown

역사상 가장 오랜 기간인 24년간 미국 상원 원목(Senate Chaplain, 제56대 및 제58대)으로 재직하는 동안 한국의 해방과 독립, 그리고 6 · 25전쟁 전후 대한민국 수호 및 구호와 경제원조를 위해 기여했던 인물이다. 그의 공로를 인정하여 대한민국 태극훈장이 수여되기도 했으며,[3] 1956년 해리스의 방한 당시 서울대학교는 해리스에게 명예 법학박사 학위를 수여하기도 했다.[4]

해리스가 드루 신학대학원(Drew Theological Seminary)에서 공부할 당시 코리아(Korea) 선교활동 중 사망했던 아펜젤러(Henry G. Appenzeller, 1858-1902) 선교사의 아들(Henry D. Appenzeller, 1889-1953)도 재학 중이었다.[5] 따라서 해리스가 드루 신학대학원에 다닐 당시에 이미 아펜젤러를 통해 코리아에 관한 이야기를 들었을 가능성도 있다. 한일강제병합 이후의 조선에서 선교사역을 하던 쇼(William Earl Shaw)도 해리스에게 코리아에 대한 이야기를 들려주었다. 그러나 해리스가 코리아를 위해 기여하게 된 결정적 계기는 이승만과의 인연을 통해서였다. 이승만은 1939년 하와이를 떠나 워싱턴 D.C.로 활동거점을 옮긴 이후 해리스가 담임목사로 재직하고 있던 파운드리감리교회(Foundry Methodist Church, 이하 파운드리교회)[6]의 교인이 되었다.

Harris'라고 썼던 사실을 존중하여 프레데릭 브라운 해리스로 표기한다.

3) 「犧牲的인 援助를 해준 十二名의 美英人士에 韓國의 最高勳章 오늘駐美大使舘서 授與」, 『동아일보』, 1950년 3월 1일자; 「빛나는 太極勳章 美英12氏에 授與」, 『경향신문』, 1950년 3월 16일자; 「태극훈장 수여식」, 『자유신문』, 1950년 3월 16일자.

4) 「해리스博士에 名譽法博學位」, 『조선일보』, 1956년 8월 29일자; 「해牧師歡迎信徒大會」, 『조선일보』, 1956년 9월 3일자.

5) 현재 드루 신학대학원에는 아펜젤러의 동상이 세워져 있다.

6) 이 교회는 1814년 폭솔(Henry Foxall)에 의해 세워졌다. 미국 전직 대통령들인 포크(James K. Polk), 링컨(Abraham Lincoln), 헤이즈(Rutherford B. Hayes) 등이 이 교회와 인연이 있었다. Homer L. Calkin, *Castings from the Foundry*

한국과 미국에서 해리스의 존재와 활동이 간간히 언급되어 오기는 했지만 그에 관한 연구가 이루어지지는 못했다. 루스벨트와 홉킨스의 관계를 다룬 국외학계의 연구에서 1941년 처칠과 루스벨트가 해리스가 담임하던 파운드리교회에서 성탄연합예배에 참석한 내용이 기술되어 있다.[7] 파운드리교회 역사서에는 6 · 25전쟁 시기에 파운드리교회가 한국을 도왔고 이에 대해 이승만 대통령이 사의를 표했다는 기록이 남아 있다.[8] 이승만의 외국인 친구들에 관한 연구에서 해리스의 한국독립 지원 활동이 언급되기도 하였다.[9] 그러나 해리스에 관한 단독연구는 학계에 보고되지 않았다. 최근 세계냉전사 연구들에서 종교의 역할이 주목받는 가운데 트루먼 대통령 시기 종교의 영향을 다룬 단행본이 출간된 바 있으나 이 책에서도 해리스의 역할은 언급되지 않았다.[10]

한국 학계에서도 해리스의 한국에 대한 역할이 간간히 언급되었다.[11] 홍선표는 한미협회 이사장으로 활동했던 해리스의 역할에 대해

Mold, Nashville: The Parthenon Press, 1968.

7) Robert E. Sherwood, *Roosevelt and Hopkins: An Intimate History*, New York: Harper & Brothers, 1948, p.443.

8) Homer L. Calkin, 앞의 책, p.303.

9) David P. Fields, "Foreign Friends: Syngman Rhee, American Exceptionailism, and the Division of Korea", Ph. D. Diss., University of Wisconsin-Madison, 2017.

10) Dianne Kirby, "Harry Truman's Religious Legacy: The Holy Alliance, Containment and the Cold War", in Dianne Kirby, eds., *Religion and the Cold War*, London: Palgrave Macmillan, 2003, pp.77~102.

11) 고정휴, 『이승만과 한국독립운동』, 서울: 연세대학교 출판부, 2004; 유나영, 「미군정기 이승만의 방미외교에 대한 재평가: 이승만 사상과의 연관성을 통하여」, 『정신문화연구』 40권 4호, 2017; 유영익, 『건국 대통령 이승만: 생애, 사상, 업적의 새로운 조명』, 서울: 일조각, 2013; 홍선표, 「한국독립운동을 도운 미국인」, 『한국독립운동사연구』 43집, 2012; Young Ick Lew, *The Making of the First Korean President: Syngman Rhee's Quest for Independence, 1875~1948*, Honolulu: University of Hawaii Press, 2014.

언급했다.12) 그러나 해리스는 미국 상원의원들 중 한 명으로 오인되거나 브라운 목사라고 오기되기도 했다.13) 해방 직전 미주 한인의 독립운동과 미국 정부의 대응에 관한 연구들에서 해리스의 활동은 주목받지 못했다.14) 이 밖에 1946년 12월부터 1947년 4월까지 이어진 이승만의 방미외교활동에 관한 선행연구들에서도 해리스에 대한 인물사적 검토는 이루어지지 않았다.15)

한국근현대사에 미친 기독교의 역할에 주목한 선행연구들에서도 해리스는 주목받지 못했다.16) 이것은 해리스가 한국에서 활동한 선교사가 아니라 미국에 있으면서 한국을 위해 활동한 목사였기 때문이기도 했다. 한 연구자는 "강력한 반공정책을 표방한 친미적 기독교인인 이승만 대통령의 존재는, 미국을 비롯한 자본주의진영 및 해외 기독교계의 관심과 지원을 끌어내는 데 영향을 주었을 것이라 짐작된다"고 평가하면서도 "친미적 기독교인인 이승만"과 미국 기독교계 사이의 핵심

12) 홍선표, 위의 논문.

13) 정용욱 해설, "미 상원의원 해리스는 이승만과 친분이 두터운 사이로 미국 내에서 이승만에 대한 우호적 여론을 만드는 등의 역할을 했는데, 이처럼 1950년대 [명예박사학위] 수여자 중에는 이승만과 관련된 인물이 많다."『대학신문』, 2004년 10월 9일자; 정병준,『우남 이승만 연구』, 서울: 역사비평사, 2005, 624쪽, 637쪽.

14) 정용욱,「해방 직전 미주 한인의 독립운동과 미국 정부의 대응」,『정신문화연구』 25권 3호, 2002.

15) 정용욱,『해방 전후 미국의 대한정책: 과도정부 구상과 중간파 정책을 중심으로』, 서울: 서울대학교출판부, 2003, 309~315쪽; 최재건,「대한민국 건국기 미국의 대한정책과 주한 선교사들의 역할」, 박명수, 안교성, 김권정 외 편,『대한민국 건국과 기독교』, 서울: 북코리아, 2014, 113~173쪽.

16) 민경배,『한국기독교회사: 한국 민족교회 형성 과정사』, 서울: 연세대학교 출판부, 2007; 박명수 외,『대한민국 건국과 기독교』, 성남: 북코리아, 2014; 서울신학대학교 현대기독교역사연구소 엮음,『해방공간과 기독교』, 서울: 선인, 2017.

적 연결통로들 중 하나였던 해리스에 관해서는 언급하지 않았다.[17] 그러나 한미관계의 역사나 한국에 미친 기독교의 영향에 있어서 그의 역할은 작지 않았다.

그동안 이승만의 미국 인맥에 관해 주목한 선행연구들은 주로 이승만과 올리버의 관계에 주목했다.[18] 올리버는 이승만의 전기, 이승만과 한미관계에 대한 저서들을 출판했고,[19] 1942년 이승만을 만난 이후 약 18년간 이승만의 자문역할을 맡았다는 점에서 충분히 주목할 만한 인물이다. 그런데 올리버가 스스로를 로비스트라고 자임했던데 비해 해리스는 워싱턴 D.C.에서 로비의 대상이 될 수 있을 정도로 큰 영향력을 갖고 있던 인물이었다. 미국 대통령은 물론 영국 수상, 중화민국 최고지도자 장개석의 부인 송미령 등 세계지도자급 인물들과 연결되어 있던 해리스의 인맥이 가지는 영향력은 간과할 수 없는 것이었다. 특히, 해리스와 이승만의 관계는 미국의 루스벨트 행정부 시기부터 아이젠하워 행정부 시기까지의 한국현대사 및 한미관계사를 재조명하는데 기여할 수 있을 것이다.

이 연구에서 검토한 1차 사료들은 대한민국 국사편찬위원회 소장 대한민국 임시정부 자료, 이승만서한철, 미군정시기 자료와 동 기관에

---

17) 한규무, 「건국과 기독교 사회사업」, 박명수, 안교성, 김권정 외 편, 『대한민국 건국과 기독교』, 서울: 북코리아, 2014, 328쪽.

18) David Brickey Bloomer, “Syngman Rhee’s Spokesman in the United States: Dr. Robert T. Oliver’s Korean Lobby and Public Relations Efforts, 1942~1948”, M.A. Thesis, Yonsei University, 1996; 고정휴, 「올리버, 이승만의 충실한 대변인이자 로비스트」, 『내일을 여는 역사』 24호, 2006; 정병준, 「이승만의 정치고문들」, 『역사비평』 43호, 1998.

19) Robert T. Oliver, *Syngman Rhee: The Man Behind The Myth*, Westport, Conn.: Greenwood Press, 1973[1954]; Robert T. Oliver, *Syngman Rhee and American Involvement in Korea, 1942~1960: A Personal Narrative*, Panmun Books Co, 1978.

서 수집한 미국 국립 기록 관리청(NARA) 자료 중 올리버문서, 임병직 문서, 연세대학교 이승만연구원 소장 이승만문서, 미국 트루먼 대통령 도서관 문서, 미 의회 도서관 소장 신문자료, 그리고 파운드리교회 역사자료 등이다.

2. 해리스와 대한민국 임시정부

해리스는 1883년 4월 10일, 영국 우스터(Worcester)에서 출생하여 유년 시절에 가족과 함께 미국으로 이주했다.[20] 펜실베니아 주의 디킨슨(Dickinson) 대학에서 학사, 석사, 신학 박사(D.D.)과정을 마쳤으며, 뉴저지 주의 드루 신학대학원에서는 신학사(B.D.) 및 대학원 과정에서 공부했다. 1911년 감리교 목사 안수를 받았고, 1914년 스트리터(Helen Louise Streeter)와 결혼했다. 뉴저지 주 트렌튼 그린우드 애비뉴교회(Trenton Greenwood Avenue Church)에서 목회를 시작했으며,[21] 뉴저지 주 성 누가교회, 뉴욕 그레이스 교회에서 시무하다가 1924년 워싱턴 D.C. 파운드리교회의 담임목사가 되었다.[22] 1924년 해리스가 부임한

20) 해리스의 부친(George Thomas Harris)은 감리교 목사였다.

21) Trenton Greenwood Avenue Church. 트렌튼은 1776년 미국 초대 대통령 조지 워싱턴(George Washington)이 독립전쟁을 승리로 이끈 결전이 벌어졌던 장소이다. 해리스가 트렌튼의 그린우드 애비뉴교회에 재임하고 있을 때, 코리아의 독립을 위해 연설 활동을 한 이승만은 프린스턴 대학교에 재학 중이었다.

22) 해리스의 장인 스트리터(Lewis R. Streeter)가 시무하던 뉴욕 존 스트리트 감리교회에서 결혼식을 거행했다. 그의 장인은 드루 신학대학원 선배였다. William Pearson Tolley, ed., *Alumni Record of Drew Theological Seminary: Madison, New Jersey: 1867~1925*. New York: Drew Theological Seminary, 1926, p.419; Frederick Brown Harris, "Sermons: The Righteous Sword", *The Chaplain*, 6, 1949, p.1.

이후 파운드리교회는 전환기를 맞이했다. 박사학위를 갖고 있던 그는 1925년부터 『파운드리 팩츠(Foundry Facts)』를 발행하기 시작했으며, 1927년 4월 워싱턴교회연합회(Washington Federation of Churches) 회장으로 선출되기도 했다. 1955년까지 약 30년간 이 교회의 담임목사로 재임하는 동안 해리스는 워싱턴 D.C.의 유력 인사들과 교분을 쌓았다. 1941년 12월 진주만 사건 직후에는 루즈벨트 대통령이 미국을 방문한 영국의 처칠 수상과 함께 이 교회에서 열린 성탄절연합예배에 참석하기도 했다.[23)]

대한민국 임시정부 초대 대통령을 역임한 이승만이 주요 활동거점으로 삼은 곳은 미국이었다. 이승만은 러일전쟁 시기에 대한제국 고종황제의 측근 민영환(閔泳煥)과 한규설(韓圭卨)의 후원으로 미국에 입국했다. 1904년 11월 4일 서울을 출발한 이승만은 11월 11일 고베에서 원산 부흥의 주역 남감리교 선교사 하디 박사를 만났고, 미국에 건너간 이후 미국 감리교회와 인연이 이어졌다. 이후 이승만은 윤병구와 함께 1905년 8월까지 딘스모어(Hugh A. Dinsmore) 의원, 헤이(John M. Hay) 국무장관, 루즈벨트(Theodore Roosevelt) 대통령 등을 만나 외교활동을 전개했다. 외교적 목표를 성취하지 못한 이승만은 죠지 워싱턴대학, 하버드대학, 그리고 프린스턴대학 등에서 유학하면서 활발한 강연활동을 전개했다. 이승만은 도미 유학기 미국 각지의 교회 및 기독교단체들을 순회하며 간증 및 강연활동을 벌였다. 처음에는 주로 YMCA (Young Men's Christian Association)를 통해서 초청을 받았고, 점차 동부지역의 여러 단체들로부터 직접 초청을 받았다. 이를 통해 이승만은

---

23) Geoffrey Best, 김태훈 역, 『윈스턴 처칠, 그 불굴의 초상』, 파주: 21세기북스, 2010, 310~312쪽; Homer L. Calkin, 앞의 책, p.290; Robert E. Sherwood, *Roosevelt and Hopkins: An Intimate History*, New York: Harper & Brothers, 1948, p.443.

미국민들의 관심을 환기시키고 미국 사회에 친한(親韓) 인맥을 만들었다.[24] 이승만은 청년시절부터 감리교회와 관계가 깊었다. 비록 1908년 햄린(Lewis T. Hamlin) 목사로부터 장로교에서 세례를 받았으나 1912년 감리교 대표로 미국 미네아폴리스에서 개최되는 '기독교 감리회 4년총회'에 참석했다.[25] 이승만의 외교활동은 제1차 세계대전 이후 국제질서의 재편을 위해 개최된 워싱턴회의에서 활발하게 전개되었다.[26]

1939년 하와이에서 워싱턴 D.C.로 이주했던 이승만과 그의 부인 프란체스카가 파운드리교회의 교인이 된 것은 1939년 말이었다.[27] 1937년에 시작된 중일전쟁이 1941년 12월 8일 일본의 하와이공습으로 미·일전쟁을 포함한 아시아·태평양전쟁으로 확대된 이후 해리스와 이승만의 관계는 새롭게 발전했다. 일본의 진주만 공습에 앞서 출간되어 미·일전쟁을 예견했던 이승만의 영문저서 *Japan Inside Out*은 미국에서 큰 주목을 받았다.[28] 1925년까지 상해 프랑스조계에 있던 대한민국

---

24) Robert T. Oliver, 앞의 책, pp.98~99.

25) 유영익, 앞의 책, 90~92쪽. 이후 이승만의 하와이시절 감리교와의 관계에 대해서는 이덕희, 「이승만 박사와 하와이 감리교회, 1913~1918」, 『한국기독교역사연구소소식』 제65호, 2004; 이덕희, 『이승만의 하와이 30년』, 서울: 북앤피플, 2015를 참고.

26) 김명섭·김정민, 「워싱턴회의 시기 이승만의 외교활동과 신문스크랩, 1921~1922」, 『한국정치학회보』 제51집 제2호, 2017.

27) 이승만은 해리스의 파운드리교회 재임 25주년을 축하하는 편지에서 1939년부터 이 교회에 출석하기 시작했다고 회고했다. *Twenty-Five Years for the Nation's Capitol*, 국사편찬위원회 보관 사본 Robert T. Oliver Papers. 이승만은 1904년 12월 31일 처음 워싱턴 D.C.를 방문했고, 워싱턴 D.C.에 머무는 동안 파운드리교회에서 강연을 한 적이 있었다. 1939년 하와이를 떠나 워싱턴에 정착하면서 이승만과 프란체스카는 이 교회에 출석했고, 해리스 목사의 비서인 밀러 여사를 통해 해리스 목사를 만나게 되었다. 이승만의 요청에 따라 해리스 목사는 기독교인친한회의 이사장을 맡았다. "Dr. Frederick Brown Harris, Dictation by President Rhee," in the Manuscript file of Robert T. Oliver for Syngman Rhee's Biography, 연세대 이승만연구원 소장 이승만문서.

임시정부 초대 대통령을 역임했었던 이승만은 1941년 6월 6일 김구 주석에 의해 대한민국 임시정부 주미외교위원부 위원장으로 임명되어 활동하고 있었다.[29] 해리스는 이 시기부터 스태거스(John W. Staggers) 변호사, 윌리엄스(Jay Jerome Williams) 기자와 공동으로 코리아와 관련된 글을 여러 번 작성하여 미 국무부 관계자들에게 발송했다. 1942년 1월 9일 "Korean Situation"이라는 제목의 글을 작성하여 국무장관에게 한국문제와 관련한 요청서를 보냈다.

> 추축국과 일본에 대항하는 전쟁을 통해서 미합중국과 여러 연합국들에게 중대한 순간이 바로 지금, 특히 한국의 상황 여하에 달려있습니다. 프랭클린 루즈벨트 대통령의 말을 빌리면, 4천 2백년간 단일민족이었던 한국민족은 바로 일본의 "피로 물들인 정복 과정"의 최초의 희생자였습니다. 그리고 우리 전쟁목적 가운데 하나는 "억압받는 국가들을 자유롭게 하는 것이 목적"이라는 대통령의 고무적인 격려의 말을 인용해서 표현한다면 바로 2천 3백만의 한국인의 자유는 당연히 이루어져야하며 성취되어야 하는 것입니다.[30]

대한민국 임시정부가 설립된 1919년부터 미국 국무부의 대한정책은 일관적이었다. 국무부는 1945년 샌프란시스코에서 유엔창립총회가 개최될 때까지 거의 26년간 대한민국 임시정부를 승인하지 않는 공식 이유를 지속적으로 밝혀왔다. 그것은 민주주의 원칙을 존중하는 국무부의 관점에서 볼 때, "[국제적으로 인정될 수 있는 민주적 선거를 거치

---

28) Syngman Rhee, *Japan Inside Out: The Challenge of Today*, 2nd ed. New York: Fleming H. Revell Co, 1941, p.18.

29) 대한민국 임시정부 주석 김구는 1941년 6월 6일 이승만에게 대미 외교전권을 위임했다. 이 외교서한은 미국 대통령 루스벨트와 국무장관에게 전달되었다. 『대한민국임시정부자료집 20』, 과천: 국사편찬위원회, 2007, 94~99쪽.

30) 「국무장관에게 보내는 한국문제와 관련한 요청서」, 위의 책, 108~109쪽.

지 않은] 대한민국 임시정부가 한민족을 대표한다고 주장하는 어느 여타 단체와 다르지 않다"는 점이었다. 이러한 미국 국무부의 일관된 생각의 장벽에 맞서 대한민국 임시정부의 편에 서서 활동을 전개한 미국인들을 중심으로 한미협회가 만들어졌다.

1942년 2월 9일 『워싱턴 포스트』지는 해리스가 "대한민국(Republic of Korea)의 아버지요 일본에 반대한 1919년 봉기의 지도자 이승만 박사와의 오랜 우정에서 비롯된 한국에 대한 관심"으로 한미협회(Korean-American Council) 이사장직을 수락했다고 보도했다. 해리스는 한미협회 이사회의 법률고문 스태거스(John W. Staggers) 변호사, 재무담당 윌리엄스(Jay Jerome Williams) 기자와 공동으로 코리아 관련 호소문을 작성하여 스팀슨(Henry L. Stimson)[31] 전쟁 장관에게도 발송했다. 1942년 2월 4일자 스팀슨에게 보낸 서한에서 "이것은 미국 시민으로서 반드시 중요하게 여기고 주의 깊게 생각할 부분이며 긴급하게 대통령의 주의를 환기시켜야 할 문제"라고 강조하면서, 다음과 같이 미국의 격려와 지원을 요청했다.[32]

> 일본인들에 대항하는 혁명의 일환으로 2천 3백만의 한국인들을 도와주십시오. 그들의 지도자인 이승만 박사가 워싱턴 D.C.에 있습니다. 그는 미국 정부로부터 후원을 받을 준비가 되어있습니다. 우리는 그의 성품, 인품, 민주주의에 대한 노력에 대해 잘 알고 있습니다. 한국을 향한 그의 재능과 봉사는 지난 40년간 적들에게도 알려져 10만

---

31) 이승만의 저서 *Japan Inside Out*이 발간되었을 때 도서증정명단에 스팀슨(1867~1950)이 포함되어 있었다. 고정휴, 앞의 책, 427쪽. 그는 이승만이 제네바회의에 참석하기 위해 출국을 준비 중일 때 미 국무장관으로서 이승만의 여권 발행에 도움을 준 바 있었다. Young Ick Lew, 앞의 책, 179쪽.

32) Frederick Brown Harris, John W. Staggers and Jay Jerome Williams → Henry L. Stimson(1942.2.4), 연세대 이승만연구원 소장문서.

달러의 현상금을 걸 정도로 두려워하고 있습니다. 이승만 박사의 목소리가 한국인들에게 들리게 해주십시오. 그동안 우리의 국가정책은 압제받는 사람들을 돕는 일에 힘을 기울여왔습니다. 한 국가로서 우리는 코리아의 일본합병을 인정한 적이 없습니다. 사실 우리는 코리아와 애초에 맺은 조약을 폐지하지도 않았습니다.[33]

해리스가 이사장으로 있던 한미협회는 1942년 2월 27일부터 3월 1일까지 3일 동안 재미한족연합회와 연합하여 '대한인자유대회(大韓人自由大會, Korean Liberty Conference)'[34]를 개최했다. 워싱턴 D.C.의 라디오 방송(WINX)으로도 중계된 대한인자유대회에서 이승만은 청중에게 해리스를 '개인적인 친구'라고 소개했다. 이승만은 미국의 기독교가 코리아에서 친일파의 영향을 받았던 사실을 언급하며 미국의 교회들은 '침략자와 희생자에게 똑같이 우정을 표시했다'고 지적했다. 그러나 이승만은 "그때 한국에 있는 교회를 지키지 못한 그들의 잘못을 용서할 준비가 되어 있습니다. 오늘날에 우리는 우리에게 마음을 쓰는 친구를 가지고 있습니다"라며 코리아의 독립을 지원하고 격려하고 있는 해리스에 대한 마음을 표현했다. 이어서 해리스는 다음과 같이 연설했다.[35]

나의 다정한 친구이며 한국에 선교사로 파견되어 있는 쇼우(Shaw) 씨[36]를 통해 오래 전부터 한국에 대한 이야기를 많이 들었습니다.

---

33) 위의 글.

34) 흔히 한인자유대회라고도 불리는 이 대회의 정식 명칭은 대한인자유대회이다. 『신한민보』 1942년 3월 12일자; 1942년 5월 21일자.

35) 국사편찬위원회, 「한인자유대회 회의록」, 『대한민국임시정부자료집 20』, 과천: 국사편찬위원회, 2007.

36) 쇼(William Earl Shaw, 한국명 서위렴(徐煒廉), 1890-1967)는 1890년 시카고에서 태어나 1921년 평양 광성보통학교 교사로 한국에 온 미 감리회 선교사였다. 6 · 25전쟁 당시 주한미군에 자원입대하여 군목으로 활동하며 대한민국 육군에

그는 귀국했다가 한국의 고통에 관해서 듣자마자 이렇게 말했습니다. "나는 이대로 있을 수 없어. 나는 돌아가야 해." 그(Shaw)는 조국 이상으로 한국을 사랑했으며 지금도 한국에 있습니다. 저는 최근에 지금의 전쟁이 끝나면 새로운 시대가 오리라는 큰 희망과 용기를 가지고 오늘날 세계에서 없어진 양심과 동정을 받지 못한 채 지금의 정세를 대하고 있는 이승만 박사와 한인자유대회에 관여할 수 있음을 매우 기쁘게 생각하고 있습니다. 우리는 지금의 전쟁이 끝나면 한국이 다시 자유와 독립을 누리게 되기를 기도하고 바라고 기대하고 있습니다. 하나님께서는 그리 되도록 허락하실 것입니다.[37)]

이 연구주제를 개척했던 홍선표는 해리스가 대한인자유대회가 개최된 1942년 3월 1일까지 활동한 것으로 보았다. 1942년 3월 6일 스태거스, 윌리엄스 등과의 공동서한문을 스팀슨에게 발송했고, 1942년 4월 30일 한미협회가 미국무부를 경유하여 대통령에게 보낸 문서의 한미협회 명단에 이사장으로 포함되어 있는 것으로 보아 해리스는 대한인자유대회 이후에도 활동했던 것으로 보인다.[38)]

해리스는 제2차 세계대전 중이던 1942년 10월 10일 미국 상원의 원목에 취임했다.[39)] 이러한 해리스의 행보는 개신교 목사로서 정치에 참

군목제도를 도입했다. 당시 한반도에 있는 미국 선교사들은 일본의 선교사추방령에 의해 1940년 이후 모두 미국 본토로 돌아가야 했다. 쇼는 귀국 후 파운드리교회에 방문하여 선교경험을 나누었다. "A Visitor From Korea", *Foundry Facts*, May 29, 1941. 그의 아들(William Hamilton Shaw, 1922- 1950)은 제2차 세계대전 당시 노르망디상륙작전에 참가한 후 해군 중위로 제대했다가 6 · 25 전쟁 당시 인천상륙작전에 참가했다. 1950년 9월 22일 서울수복작전 도중 전사하여 양화진 묘지에 안장되었다.

37) 국사편찬위원회, 앞의 책, 60~61쪽.

38) 홍선표, 「한국독립운동을 도운 미국인」, 217쪽; Frederick Brown Harris, John W. Staggers, Jay Jerome Williams → Henry L. Stimson, (1942.3.6.), 연세대 이승만연구원 소장문서.

39) United States Senate 홈페이지.

여하며 외교적으로도 영향력을 발휘할 수 있었던 미국정치의 종교적 특성을 반영한다.[40] 미국은 영국 식민지로부터 독립을 쟁취함으로써 얻게 된 자유를 최고의 가치로 여기는 국가이다. 미국 초대 대통령 워싱턴(George Washington)의 독립정신은 자유와 신앙을 기초로 한 것이었다. 미국 의회의 원목제도는 청교도정신을 갖고 미국에 와서 새나라를 세운 건국의 아버지들에 의해 기초되었다.

1942년부터 1946년까지 제77회부터 제79회까지의 상원회기 중 해리스가 상원에서 기도한 내용들은 『기도(*Prayers*)』라는 제목의 단행본으로 출간되었다.[41] 상원에서의 회의가 시작되기 전 원목과 부통령은 부통령 집무실에서 회견을 가진 후 정오가 되면 함께 의장석에 올랐다. 진보주의자로 알려지기도 했던 월러스(Henry A. Wallace) 전 부통령은 "해리스가 강단에서 올린 기도는 국가적으로 중요한 의미를 지니고 있었으며, 나는 그의 기도 속에서 영감(inspiration)을 발견했다"고 회고했다.[42] 트루먼은 대통령으로서 남긴 서문에 "상원의원시절, 부통령 시절 때부터 해리스의 기도에 영감을 받았으며, 하나님께서 축복해주셔서 해리스를 통해 올려진 기도가 응답되어 사람들과 민족들 사이에 평화와 친선이 실현되기를 바란다"는 글을 남겼다.[43]

---

40) Niels Christian Nielsen, 한귀란 역, 『미국의 정치와 기독교』, 서울: 글로벌콘텐츠, 2015.

41) Frederick Brown Harris, *Prayers: Offered by the Chaplain Rev. Frederick Brown Harris, D.D., LL. D., LITT. D. at the Opening of the Daily Sessions of the Senate of the United States: during the Seventy-seventh, Seventy-eighth, and Seventy -ninth Congresses, 1942-1946*, Washington: United States Government Printing Office, 1946.

42) 위의 책, Ⅶ쪽.

43) 위의 책, Ⅸ쪽.

1945년 4월 12일 루스벨트의 급서로 트루먼이 제33대 미국 대통령에 취임했다. 부통령으로서 상원의장을 겸했던 트루먼은 상원 원목 해리스와 긴밀한 관계를 맺고 있었다. 특히 1945년 1월 21일에는 파운드리교회의 예배에 참석하기도 했다.[44] 4월 16일 해리스는 루즈벨트가 사망한 이후 상원에서 "신임 대통령에게 역사적으로 중요한 시기에 국정을 이끌어 갈 수 있는 지혜와 명철을 부어달라"고 기도했다.[45] 트루먼은 대통령 직무를 맡은 직후 해리스를 백악관으로 초청하여 면담했다. 1945년 4월 19일 해리스가 백악관의 트루먼을 예방한 기록은 트루먼 회고록과 당시 백악관 기록에서 확인된다.[46] 1945년 4월 29일 트루먼 대통령 부부가 파운드리교회 예배에 참석한 날 해리스는 "황금문의 목적지(The Goal of the Golden Gate)"라는 제목으로 설교했다.[47]

이 무렵 샌프란시스코에서는 역사적인 유엔창립총회가 개최되어 제2차 세계대전 전후처리와 국제질서 방안이 논의되었다. 1945년 4월 25일부터 6월 26일까지 샌프란시스코의 오페라 하우스와 재향군인건물(Veteran's Building) 등지에서 개최된 이 유엔창립총회에 어떤 코리아 대표단도 공식 초청을 받지 못했다.[48] 그럼에도 불구하고 대한민국 임

---

44) Homer L. Calkin, *Chronology and Historical Narratives of Foundry's 150 Years*, 1964.(http://www.lib.uiowa.edu/scua/msc/tomsc550/msc504/foundrychronology.html 검색일: 2018년 6월 13일).

45) Frederick Brown Harris, *Prayers: Offered by the Chaplain Rev. Frederick Brown Harris, D.D., LL. D., LITT. D. at the Opening of the Daily Sessions of the Senate of the United States: during the Seventy-seventh, Seventy-eighth, and Seventy-ninth Congresses, 1942-1946*, Washington: United States Government Printing Office, 1946, p.160.

46) Harry S. Truman, *Memoirs. v. 1, Years of Decisions*, Garden City, N.Y.: Doubleday, 1955, p.81; "Daily Appointments of Harry S. Truman", (1945.4.19) HTLM.

47) Calkin, 앞의 책, p.297.

48) 이승만을 반대하는 세력이 샌프란시스코 회의장에 가서 이승만의 대표단과

시정부 대표단을 이끌고 샌프란시스코에 도착한 이승만은 1945년 5월 2일 측근에게 다음과 같은 비밀 서한을 보내 대한민국 임시정부 대표단이 직면하고 있는 상황과 관련하여 해리스 목사의 도움을 요청하도록 했다. 해리스가 상원 원목으로서 곤란한 상황에 처하지 않도록 유념하라는 주의도 덧붙여졌다.[49)]

> 만약 미국 대통령이 미국 대표단에게 우리의 주장을 지지하라는 지시를 한 두 마디라도 보장받을 수 있다면, 그것이 우리에게 필요한 전부일 것이다. 기밀 정보에 따르면, 송자문(T. V. Soong)이 이번 주 금요일 워싱턴 D.C.로 갔다가 다음 주 월요일에 샌프란시스코로 돌아온다고 한다. ... 당신이 보기에 바람직하다면 해리스 박사에게 이 상황을 전달해주기 바란다.[50)]

실제로 해리스는 1945년 5월 5일 트루먼 대통령에게 다음과 같은 서한을 보내 한국대표단을 지원했다.

> 여기 미국지역에서 한국 정부의 대표로 많이 알려진 이승만 박사는 그의 삶을 코리아를 위해 헌신했습니다. 여전히 그는 코리아 독립

서로 경쟁을 벌이다 한 팀으로 참석하는 데 결의했으나 이미 미 국무부의 히스(Alger Hiss)는 한국 대표단의 분열상을 이유로 한국인들의 서류접수를 거부했다. 샌프란시스코 회의에 이승만과 동행한 인물은 송헌주, 이살음 목사, 윤병구 목사, 정한경, 유경상, 임병직이다. 유영익, 『이승만의 삶과 꿈: 대통령이 되기까지』, 서울: 중앙일보사, 1996, 200~205쪽.

49) 이 서한의 머리부분에 Confidential.(기밀사항) 이라고 표시되어 있다. 연세대학교 현대한국학연구소 영인본에 의하면 프란체스카나 올리버에게 전달되었을 것으로 추정된다. Syngman Rhee → [?Francesca Rhee/Robert T. Oliver], (1945.5.2), 연세대 이승만연구원 소장문서.

50) Syngman Rhee → [?Francesca Rhee/Robert T. Oliver], (1945.5.2), 연세대 이승만연구원 소장문서.

> 을 위해 싸울 준비가 되어 있는 전사입니다. ...... 우리들 중 몇 사람은 모든 요건을 갖췄지만 코리아가 샌프란시스코 회의에 [공식적으로] 참석하지 못한 것에 대해 매우 실망했습니다. 이승만 박사가 이끄는 대표단이 거기 있고, 만약 정의의 힘이 코리안들의 긴박한 요청이 받아들여지도록 한다면, 그들의 자리를 지킬 준비가 되어있습니다.[51)]

트루먼 대통령은 3일 후인 1945년 5월 8일 해리스에게 보낸 회신을 통해 긍정적 반응을 보였다.[52)] 트루먼이 해리스에게 회신을 보낸 다음 날인 5월 9일 해리스와 트루먼은 백악관에서 접견했다.[53)] 해리스와 트루먼이 백악관에서 만나고 일주일 후인 5월 15일 이승만은 샌프란시스코 모리스 호텔에서 트루먼 대통령에게 서한을 보낸다. 이 서한의 도입부에서부터 이승만은 얄타밀약에 관해 언급했다. "1905년에도 미국의 비밀협약에 의해 코리아가 일본에게 넘어간 일이 있었는데 다행히 이번에는 비밀협약 시도가 밝혀졌으니, 샌프란시스코 회의에서 코리아가 발언할 수 있도록 문을 열어 달라"고 요청했다.[54)] 비록 이러한 바램은 이루어지지 못했지만 이 시기에 이미 이승만-해리스-트루먼 간의 외교적 연결통로가 형성되고 있었다.

---

51) Frederick Brown Harris → Harry S. Truman, (1945.5.5), Truman Papers, Official File. OF 471: Korea. Harry S. Truman Library & Museum(이하 HTLM).

52) Harry S. Truman → Frederick Brown Harris, (1945.5.8), Truman Papers, Official File. OF 471: Korea. HTLM.

53) "Daily Appointments of Harry S. Truman", (1945.5.9) HTLM. 해리스는 당일 12시 45분부터 15분간 플린트 목사(Rt. Rev. Charles W. Flint)와 함께 트루먼 대통령을 예방했다.

54) Syngman Rhee → Harry S. Truman(1945.5.15), 연세대 이승만연구원 소장문서.

3. 해리스와 대한민국의 독립

1945년 8월 제2차 세계대전 종전 무렵 아직 워싱턴 D.C.에 머물고 있던 이승만은 주요 연합국 정상들에게 보낸 전문을 통해 코리아에 대한 관심을 촉구했다. 이승만은 8월 15일 소련의 대원수 스탈린에게 "전승과 세계평화를 축하한다"는 메시지를 전했다.[55] 8월 21일에는 영국 애틀리 수상에게 "코리아가 또 다른 폴란드가 되지 않도록 거중조정 조항을 실행해주시길 요청한다"는 전문을 보냈다.[56] 그리고 같은 날 중화민국의 장개석 총통에게 "트루먼 대통령에게 전보를 쳐서 코리아의 독립을 명목상으로만 승인하는 일이 없도록 요청해달라"고 부탁했다.[57] 이승만은 8월 27일 트루먼 대통령에게도 전보를 보내 "신탁통치 혹은 분단정책은 피의 내전을 야기하니 부디 코리아의 완전한 독립을 주장해주십시오"라고 당부했다.[58]

이처럼 이승만은 약 7백 2십만의 일본군에게 항복을 받아낸 주요 연합국 정상들에게 외교전문들을 발송했다. 이들 주요 정상들 중 트루먼의 경우는 해리스의 추천을 통해 이미 이승만이 서한을 보낸 경험이 있었다. 1945년 9월 28일 아직 한국행 비행기에 오르지 못하고 미국에 있던 이승만은 해리스를 통해 트루먼 대통령에게 다시 서한을 보내면서 태극기를 선물로 전달했다.

> 나는 나의 친구이자 목사인 프레데릭 브라운 해리스에게 이것을 부탁합니다. 한국 독립에 대한 애정어린 관심에 대하여 각하께 이 신

---

55) Syngman Rhee → Joseph Stalin(1945.8.15), 연세대 이승만연구원 소장문서.
56) Syngman Rhee → Clement R. Atlee(1945.8.21), 연세대 이승만연구원 소장문서.
57) Syngman Rhee → Chiang Kai-shek(1945.8.21), 연세대 이승만연구원 소장문서.
58) Syngman Rhee → Harry S. Truman(1945.8.27), 연세대 이승만연구원 소장문서.

의와 깊은 감사의 마음을 표현합니다. 이 깃발은 한국 민족(the Korean Nation)을 의미하며, 곧 전체 한국 사람들의 정서를 표현하는 것입니다. 영원히 대통령께 감사드리며, 하나님께서 당신과 늘 함께 하시길 기원합니다.[59]

이승만으로부터 트루먼에게 태극기 선물을 전해달라는 부탁을 받은 해리스는 아직 미국에 있던 프란체스카에게 보낸 메모에서 하셋(William D. Hassett)을 통해 태극기를 전달하는 편이 좋을 것이라고 조언했다. 결국 이 태극기는 하셋을 통해 트루먼 대통령 비서실에 전달되었고, 비서실의 콘웨이(Rose A. Conway)는 이승만에게 다음과 같이 회신했다. "한국 민족을 상징하는 깃발에 대해 대통령이 표현한 감사의 마음을 받아주십시오."라고 전했다. 해방직후 미국에서 이루어진 이러한 태극기 전달과정은 이승만-해리스-트루먼의 비공식적 외교통로가 어떻게 기능했는지를 보여준다.[60]

1945년 10월 16일 이승만이 서울에 도착하여 25일 독립촉성중앙협의회를 결성하여 활동을 시작한 이후에도 해리스는 워싱턴 D.C.에서 코리아 관련 활동을 지속했다. 해리스가 1945년 11월 1일에 공동신탁제를 제안한 미국 국무부 극동부장 빈센트(John C. Vincent)[61]에게 다음과 같은 서한을 보내 코리아에 대한 신탁통치에 반대하는 의사를 전달했음이 『서울신문』에 보도되었다.

오래동안 조선독립문제에 큰 관심을 가지고 李承晩박사의 용감한

---

59) Syngman Rhee → Harris S. Truman(1945.9.28), HTLM.

60) "Syngman Rhee to Harry S. Truman With Related Material and Reply From Rose Conway", (1945.10.17.), HTLM.

61) 미 국무부 내에서 빈센트는 히스(Alger Hiss) 등과 더불어 소련과의 동맹관계를 중시하는 입장을 갖고 있었다.

> 투쟁을 찬조하여 오던 한 사람으로서 귀하가 조선통치에 대하여 연합국의 대표자로서 조직된 위원제를 채용하자고 제안하였다는 신문 보도에 접하고 크게 슬퍼하는 바이다. 그와 같은 위원제(소위 공동신탁제)는 사태를 일층 분규하게 할 것이요 조선의 완전한 독립을 주장하는 우리는 전연 원치 아니하는 바이다. 우리가 조선에 대하여 약속을 지킬진대 조선의 전부를 조선인에게 돌려주는 것밖에 아무 정책이 없는 것이오. 조선은 일본인이 조선인민으로부터 도적질 하였던 것이오. 물론 나는 얄타나 기타 어떤 곳에서 무슨 국제적 약속이 있었는지 알지 못하나 현하 조선의 분할점령상을 참기 어려운 바이오.[62]

당시 언론은 해리스를 "이승만의 개인적 친구요 한미친우회원," 혹은 "미국상원목사인 동시에 트르만대통령의 개인적 친우이요 한미제우회 회원[원문 그대로]"이라고 소개하며 해리스의 활동에 주목했다.[63] 이승만과 함께 귀국하지 못한 채 워싱턴 D.C.에 남아 있던 프란체스카는 해리스와 긴밀한 관계를 유지하고 있었다.[64] 1945년 12월 2일 이승만은 프란체스카에게 서한을 보내, 동봉한 편지를 해리스에게 보여주고 "해리스가 보기에 괜찮다면 그것을 '우리의 친구들'에게도 보여주라"고 했다.[65] 그리고 1945년 12월 7일 다시 프란체스카에게 서한을 보내 해리스의 반탁활동과 관련하여 감사의 뜻을 전하도록 했다.[66] 이승만과 김구는 신탁통치반대를 또 하나의 독립운동이라고 보았다.

미소공동위원회 개회중인 1946년 4월 6일 AP통신은 남한만의 단독

---

62) 「미상원 목사 해리스, 빈센트에게 신탁관리제에 관한 항의서한」, 『서울신문』, 1945년 11월 25일자.

63) 위의 글; 「신탁관리안에 항의, 美國上院議員해리스氏蹶起」, 『조선일보』, 1945년 11월 25일자.

64) Francesca Rhee → Syngman Rhee(1945.11.26), 연세대 이승만연구원 소장문서.

65) Syngman Rhee → Francesca Rhee(1945.12.2), 연세대 이승만연구원 소장문서.

66) Syngman Rhee → Francesca Rhee(1945.12.7.), 연세대 이승만연구원 소장문서.

정부 수립가능성에 대해 보도했다. 결국 5월 6일 미소공위가 결렬되자, 6월 3일 정읍에서 이승만은 "이제 우리는 무기휴회된 共委가 재개될 기색도 보이지 않으며 統一政府를 고대하나 여의케 되지 않으니 우리는 南方만이라도 臨時政府 혹은 委員會 같은 것을 조직하여 38이북에서 蘇聯이 철퇴하도록 세계공론에 호소하여야 될 것이니 여러분도 결심하여야 될 것"이라고 발언했다.[67] 이 발언으로 인해 루즈벨트 행정부 시기의 신탁통치 구상에서 크게 벗어나지 못하고 있던 하지의 미군정과 이승만의 갈등은 더욱 첨예해졌고, 이승만은 하지 장군 보다 고위급의 정책결정자들과 접촉하기 위해 1946년 말 미국으로 향했다.

1946년 12월 4일 서울을 출발한 이승만은 도쿄에서 맥아더와 회동한 후 12월 7일 워싱턴 D.C.에 도착했다. 이승만은 국내외 정계인사들이 많이 출입하던 칼튼 호텔(Carlton Hotel)에 여장을 풀고, 회의를 개최했다. 백악관 인근에 위치한 칼튼 호텔[68]은 제2차 세계대전 중 헐 국무장관이 상주하며 국무를 담당했고, 트루먼 대통령도 임기 중 애용하는 등 정치인들이 많이 출입하던 장소였다.[69]

해리스는 칼튼 호텔에서 이승만과 회동하여 정세를 분석하고, 미래를 계획했다. 이 회의에는 해리스 이외에도 변호사 스태거스, 언론인 윌리엄스, 전 OSS 책임자 굿펠로우, 미군정청사법관 우달, 임영신, 그리고 임병직 등이 참석했다.[70] 이 회의에서는 코리아문제에 관한 다음

---

67) 「이승만, 정읍환영강연회에서 단정수립 필요성 주장」, 『서울신문』, 1946년 6월 4일자.

68) 1999년 이후 세인트 레지스 워싱턴(The St. Regis Washington, D.C.) 호텔로 이름이 바뀌었다.

69) Julius W. Pratt, *Cordell Hull, 1933~44: The American Secretaries of State and Their Diplomacy*, Vol. XII~XIII, New York: Cooper Square, 1964, p.311; Margaret Truman, *Bess W. Truman*, London: Macmillan, 1986, p.341.

70) 임병직, 『임병직 회고록: 근대 한국외교의 이면사』, 서울: 여원사, 1964, 288~

과 같은 해결방안이 만들어졌다.71)

① 코리아(Korea)의 두 반쪽이 통일되고 총선거가 실시될 때까지 코리아의 남쪽에 과도적 국민정부(an interim national government)가 선출되어 역할을 수행해야 한다.72)
② 코리아에 관한 미 · 소협의를 방해하지 않으면서 이 과도정부는 [유엔에 가입해야만 하며] 미국과 러시아의 코리아 점령과 다른 돌출사안들과 관련하여 협의할 수 있어야만 한다.
③ 코리아의 경제재건을 위해 일본에 대한 코리아의 배상 주장이 가능한 빨리 검토되어야 한다.
④ 다른 국가와의 평등에 기초해서, 그리고 다른 국가에 대한 편향됨이 없는 완전한 통상권이 코리아에 부여되어야 한다.
⑤ 코리아의 통화는 국제적인 교환원칙에 입각해서 안정되어야 한다.
⑥ 미군은 미 · 소 양국의 점령군이 동시에 철수할 때까지 코리아의 남쪽에 주둔해야 한다.73)

칼튼 호텔에서의 회의 후 해리스는 백악관 비서실에 서한을 발송하여 이승만이 전한 코리아의 상황을 트루먼에게 전달하려고 노력했다.74) 1946년 12월 19일 해리스에게 전달된 바에 따르면 이 계획안이

289쪽; Robert T. Oliver, 앞의 책, p.232; 우남실록편찬위원회 편, 『우남실록: 1948~1948』, 서울: 열화당, 1976, 192쪽; 한표욱, 『이승만과 한미외교』, 서울: 중앙일보사, 1996, 40~41쪽; 유영익, 『건국 대통령 이승만: 생애, 사상, 업적의 새로운 조명』, 77쪽; Young Ick Lew, 앞의 책, p.274.

71) 유영익은 이 회의에 올리버 박사도 포함되어 있었다고 기술했다. Young Ick Lew, 앞의 책, 274쪽.

72) 당시 현장에 있었던 임병직은 1항의 요지를 "양단된 한국이 통일되며 그 후 즉시 총선거가 실시될 때까지 남한에 임시정부가 수립되어야 한다"로 기억했다. 임병직, 앞의 책, 288~289쪽.

73) *FRUS*, Ⅵ, 1947, pp.604~605; Robert T. Oliver, *Syngman Rhee and American Involvement in Korea, 1942~1960*, p.232.

트루먼에게 전달된 것으로 추정된다. 동아시아지역에 관해 트루먼에게 자문하고 있던 로크(Edwin A. Locke)를 통해 전달된 계획안을 열람한 트루먼은 긍정적 반응을 보였으며, 국무장관 번즈(James F. Byrnes)에게 전화하여 즉시 실행가능한 일이 무엇인지 알아보라고 지시했다.[75] 갓윈(Earl Godwin)을 비롯한 몇몇 인사들이 대통령을 접견할 당시 트루먼은 "코리아를 위해 무슨 일이든 해야 하며 실행되어야 한다고 전했다."[76]

해리스는 1947년 1월 공화당이 상원의 다수당이 되자 마샬(Peter Marshall)에게 상원 원목직을 물려주고, 한국관련 활동을 지속했다.[77] 아직 이승만이 미국에 체류 중이던 1947년 3월 12일 트루먼은 공산주의의 팽창을 저지하기 위해 세계 여러 나라에 군사적, 경제적 원조를 제공할 것을 골자로 하는 트루먼 독트린을 발표했다. 바로 다음날 이승만은 트루먼에게 감사 서한을 보냈다. 이승만은 트루먼에게 "코리아는 그리스와 비슷하게 전략적으로 중요한 위치에 있으므로 공산주의와 대항하여 코리아의 남방과 북방이 연합하여 통일을 이루어 독립적인 정부를 세우는 데 후원해 줄 것"을 요청했다.[78]

같은 날인 3월 13일 해리스는 파운드리교회에서 발행하는 『파운드리 팩츠』에 "KOREA"라는 제목의 글을 게재했다.[79] 두 면에 걸쳐 게재

---

74) Frederick Brown Harris → Matthew J. Connelly(1946.12.12), HTLM.

75) 로크는 트루먼 대통령의 극동지역자문, 번즈는 당시 미국 국무장관이다.

76) (Unidentified addresser) → Frederick Brown Harris(1946.12.19), 연세대 이승만연구원 소장문서. 이 문서는 비슷한 시기에 윌리엄스(Jay Jerome Williams)가 작성한 다른 서한들과 유사한 형식을 취하고 있는 것으로 보아 윌리엄스가 작성하고 해리스에게 전달한 것으로 보인다.

77) 마샬은 해리스와 함께 기독교인친한회(Christian Friends of Korea)의 멤버였다.

78) Syngman Rhee → Harry S. Truman(1947.3.13), 연세대 이승만연구원 소장문서.

79) 해리스는 미 상원 원목직에서 물러나 있던 1947년 1월부터 1949년 2월 복직

된 이 글에서 해리스는 코리아의 역사와 지정학적 위치, 국제적으로 중요한 의미에 대해 서술하고 이승만의 역할에 대해서도 언급했다. 그는 이 기고문에서 "오래 전에 영국의 아이들은 '러시아인들이 콘스탄티노플을 가질 수는 없다'라고 끝나는 노래를 배운 적이 있다고 하면서 이제는 '러시아인들이 코리아를 가질 수는 없다'라고 끝나는 노래를 부를 때다. 한국인들은 자신들의 나라를 가져야만 한다"라고 주장했다.[80] 해리스의 이 글은 『네이션(The Nation)』지에 실린 로빈슨(Richard D. Robinson)의 글에 대한 반론적 성격을 지닌 것이기도 했다.[81] 미군정에서 근무하던 20대 청년장교 로빈슨은 "한 나라에 대한 배신자"라는 제목의 글에서 이승만이 달러를 가지고 돈세탁을 해서 미국으로 가지고 갔으며, 김구와 음모를 꾸미고 있다며 공격했다.[82]

『파운드리 팩츠』에 게재된 해리스의 글은 감리교회 교인들뿐 아니라 워싱턴 D.C. 정가의 여러 정치인들에게 보내졌다. 그중에는 트루먼 대통령과 반덴버그 상원의장도 있었다. 1947년 3월 20일 해리스는 『파

하기 전까지 파운드리교회 목사로 활동하면서 코리아 관련 기고문을 작성하여 정치인들에게 발송했다. 상원 원목을 지낼 당시 친분을 쌓았던 정치인들에게 코리아를 위해 노력해달라는 내용의 기고 활동을 펼치면서 꼭 응답하지 않아도 된다는 단서를 다는 조심스러운 모습을 보였다.

80) Frederick Brown Harris, "Korea", *Foundry Facts*, Vol. 14, No. 24. Washington, D. C.: Foundry Methodist Church, 1947. 이 기고문은 한 달 후 번역되어 한국 언론에 소개되었다. 「美의 朝鮮觀 FB해리스氏評」, 『동아일보』, 1947년 4월 19일자.

81) 해리스의 글이 로빈슨의 글에 대한 반론적 성격도 가지고 있다는 박명수 서울신학대 교수의 조언에 동의하며 감사한다.

82) "Betrayer of a Nation"이라는 제목은 직역하면 '한 나라에 대한 배신자'라고 표현할 수 있지만 『미국의 배반』이라는 오역으로 출간된 것은 당시 한국의 반미분위기에 편승한 것이었다. 김명섭, 『전쟁과 평화: 6 · 25전쟁과 정전체제의 탄생』, 서울: 서강대학교출판부, 2015, 739쪽; Richard D. Robinson, 정미옥 역, 『미국의 배반: 미군정과 남조선』, 서울: 과학과사상, 1988, 165~168쪽.

운드리 팩츠』를 트루먼 대통령에게도 보내면서 코리아문제 해결을 위해 적극 나서줄 것을 요청했다. 1947년 3월 24일 트루먼은 해리스에게 보낸 서한에서 3월 20일 해리스가 트루먼에게 보낸 편지에 대한 감사와 더불어 해리스의 글을 읽은 소감을 표현했다. 더불어 "한국과 모든 곳에 민주적인 방식의 삶이 이루어지도록 끊임없이 일합시다"라며 서한을 마무리했다. 이 서한에서 트루먼은 코리아 문제와 관련된 해리스의 생각에 대해 동의를 표했다.[83)]

해리스와 이승만은 굿펠로우(M. P. Goodfellow)를 한국으로 파견하기 위해서도 서한을 작성했다.[84)] 굿펠로우는 제2차 세계대전 당시 도노반(William Donovan)의 휘하에서 OSS를 지휘한 바 있었다. 굿펠로우에 대한 이승만의 추천서는 트루먼 대통령에게, 해리스의 추천서는 공화당 소속의 상원 외교위원장이었던 반덴버그(Arthur H. Vandenberg, 1884~1951)에게 보내졌다. 3월 25일 작성한 서한에서 이승만은 트루먼에게 합당한 자격을 갖춘 굿펠로우를 코리아에 대사로 파견해달라고 제안했다. 해리스는 다음날 『파운드리 팩츠』를 보내 준 것에 대한 감사의 표시로 답장을 보낸 반덴버그에게 굿펠로우를 미군정 고등판무관(American High Commissioner)으로 추천하는 내용의 서신을 보낸다.[85)]

공화당 반덴버그 상원의원은 소속 정당은 달랐으나 외교노선은 트

83) Harry S. Truman → Frederick Brown Harris(1947.3.24), 연세대 이승만연구원 소장문서.

84) 굿펠로우는 브루클린에서 출판업에 종사하던 1942년 초부터 이승만과 미 국무부 관리들을 연결시켜 주었다. RG 59, 895.01/9-3042, 1942년 9월 30일. Bruce Cumings, *The Origins of the Korean War*, Vol. 1: *Liberation and the Emergence of Separate Regimes, 1945~1947*, Princeton: Princeton University Press, 1981에서 재인용.

85) Frederick Brown Harris → Arthur H. Vandenberg(1947.3.26), 연세대 이승만연구원 소장문서.

루먼 행정부의 정책방향과 일치했다. 제2차 세계대전 이후 '고립주의'에서 '국제주의'로 외교전략을 선회해야한다고 주장했고, 뉴딜정책에 반대하는 입장이었던 반덴버그는 트루먼 독트린, 마샬 플랜, 북대서양 조약기구, 반덴버그 결의안 등이 상원을 통과하는 동안 트루먼 대통령과 협조했다.[86] 상원 원목이었던 해리스가 대통령, 상원의원 등과 서한을 주고받는 등의 활동은 조심스러운 일이었다. 반덴버그에게 보낸 서한을 보면 코리아문제에 대해 청탁하면서도 최대한 부담을 주지 않으려는 조심성이 읽혀진다.

1948년 5월 30일 중앙청에서 열린 제헌국회 개회식에서 이승만 의장은 목사였던 이윤영 의원에게 기도를 부탁했다. 예정에 없던 순서였다. 이승만은 1919년 대한인총대표회의, 1942년 대한인자유대회 개회 당시에도 기도로 시작했다. 이는 미국의 상원과 하원이 기도로 개회하는 전통과도 상통하는 것이었다.

1948년 8월 15일 마침내 대한민국 정부가 미군정으로부터 정권을 이양받게 되자 해리스는 대통령취임식에 초청될 미국인들 중 한 명으로 지명받기도 했다.[87] 1948년 12월 16일 이승만은 대한민국 정상의 자격으로 트루먼 대통령에게 외교서한을 보내 무초 대사와 콜터 장군을 한국에 파견해준 것에 대해 감사의 뜻을 전했다. 트루먼 독트린을 통해 천명한 미국의 국제정책은 반공블럭에 대항해 민주주의를 지키고자 하는 국가들을 지원하는 것과 연결되어 있었다. 더불어 이 서한에서 경제협조처(ECA)[88]를 통해 한국을 원조해 준 미국에 대해 사의를 표

---

86) Lawrence S. Kaplan, *The Conversion of Senator Arthur H. Vandenberg: From Isolation to International Engagement*, Kentucky: University Press of Kentucky, 2015.

87) 「李博士當選反響 美國務省은 沈默」, 『남조선민보』 1948년 7월 23일자; 「李博士當選에 美國務省當局은沈默」, 『경향신문』, 1948년 7월 23일자.

했다.[89] 1949년 2월 7일 트루먼은 "서울에서 한국인들과 미국인들의 지속적인 협력관계에 관한 소식을 듣게 되어 기쁩니다"라며 답신을 발송했다.[90]

이처럼 이승만이 국가정상으로서 미국 대통령과 직접 서한을 주고받는 관계가 되기 전까지 트루먼과 수시로 연락하고 만날 수 있었던 해리스의 도움이 있었다. 1950년 3월 1일 대한민국 정부는 독립 선언 31주년을 기념하는 자리에서 한국독립촉성에 관한 공로를 기리며 해리스에게 태극훈장을 수여했고, 이 훈장은 장면 대사를 통해 전달되었다. 장면 대사는 훈장수여식에서 다음과 같이 연설했다.

> 우리나라가 일제에 병합되어 참담한 일을 밟아온 지 10년째 되는 날이었습니다. (중략) 이 기념할 만한 1919년 3월 1일에는 계획된 시각을 기하여 우리 국민은 공공장소에 쇄도하여 자유에 대한 사랑을 부르짖었습니다. 비밀 장소로부터는 태극기가 나왔으며 우리들은 위대한 미국 대통령이 주창한 민족자결주의원칙에 입각하여 우리의 권리를 주장하였습니다. 이러한 우리의 독립투쟁 기한 중 용기와 깊은 통찰력을 가진 우리의 벗들은 그들의 시간과 정력을 아낌없이 바쳐가며 우리들이 최종의 목표를 실현시키는 데 힘이 되어주었습니다.

---

88) 경제협조처는 1948년 유럽에 경제적 지원하기 위한 목적으로 설립된 미국의 대외원조기구이다. 마셜 플랜의 일환으로 경제협력법(Economic Cooperation Act)에 의거해 출범했다. 1951년에 상호안전보장본부(Mutual Security Agency), 1953년에 대외활동본부(Foreign Operations Administration), 1955년에 국제협조처(International Cooperation Administration)로 변경되었다.

89) Syngman Rhee → Harry S. Truman(1948.12.16), 국가기록원 사료관. 1948년 8월 16일 트루먼은 정부 각 부처에 한국에 대한 미국 경제원조 기관을 결정하라고 한 후, 1948년 8월 25일 국무장관에게 보내는 비망록에서 대한경제원조의 책임을 경제협조처(Economic Cooperation Administration)로 이관할 수 있도록 지시한 바 있다. 이현진, 『미국의 대한 경제 원조 정책 1948-1960』, 서울: 혜안, 2009, 69~70쪽.

90) Harry S. Truman → Syngman Rhee(1949.2.7), 국가기록원 사료관.

4. 해리스와 6·25전쟁 전후의 대한민국

1950년 6월 25일 김일성 휘하의 조선인민군이 38선을 넘어 전면적 군사공격을 시작하자 미국 대통령 트루먼은 의회의 비준에 앞서 신속하게 미군을 파병했다. 해리스를 통해 제2차 세계대전 종전 이전부터 대한민국 독립 이후까지 형성된 트루먼과 이승만의 관계는 이러한 신속한 결정이 이루어질 수 있었던 배경들 중 하나였다. 그레이엄(Billy Graham) 목사의 자서전에 근거해서 트루먼의 신속한 파병결정에 그레이엄 목사의 전보가 영향을 미쳤다는 주장도 제기되고 있다. 6 · 25전쟁 발발 직후 그레이엄 목사는 트루먼에게 전보를 보내 "코리아의 남쪽에는 인구대비 세계 그 어느 지역보다 많은 기독교인들이 있다. 그들을 내버려두어서는 안된다"라고 전보를 보냈다. 그런데 당시 그레이엄은 31세의 소장목사였고, 전보를 보낼 당시까지는 트루먼을 만난 적이 없었다. 그레이엄은 1950년 7월 14일 처음 트루먼 대통령을 만났을 때의 감격을 그의 자서전에 자세히 기록해놓고 있다.[91)]

그레이엄에 비해 해리스는 트루먼이 부통령이던 시절부터 친밀한 관계를 쌓아왔고, 6 · 25전쟁 발발 약 한달 전에도 트루먼과 서한을 주고 받았다. 해리스는 트루먼에게 "한국인들은 트루먼을 진정한 친구로 여기고 있다"면서 이승만 대통령을 미국에 공식 초청할 것을 제안했다.[92)] 이에 대해 트루먼은 "이승만을 국빈으로 초청하고 싶으나 당면

---

91) Billy Graham, *Just As I Am: The Autobiography of Billy Graham*, New York: HarperCollins, 1997, p.xviii. 백악관 비서실은 그레이엄과 그의 동료들에게 1950년 7월 14일 12시부터 15분간의 대통령 면담을 허용했다. 이 면담요청은 사우스 캐롤라이나주 브라이슨(Joseph R. Bryson)의원이 맥코맥(McCormack) 의원에게 부탁하여 성사된 것이었다. "Daily Appointments of Harry S. Truman", July 14, 1950. HTLM.

한 국제정세 속에서 세계의 모든 정상들을 초청하는 것은 불가능하고, 특히 한국의 선거를 앞두고 정상회담을 하는 것은 시기적으로 부적절하다. 한국의 상황에 대단히 긴밀한 관심을 갖고 있으며, 궁극적으로는 잘 해결될 것"이라고 답변했다.[93]

해리스가 트루먼에게 서한을 보낸 지 한 달이 안 되어 6·25전쟁이 발발했다. 전쟁 발발 직후 해리스는 래티모어(Owen Lattimore)의 이승만 비판에 대해 반박하는 글을 발표했다. 상원 원목이 직접 이러한 반박문을 발표한 것은 이례적인 일이었지만, 그만큼 관념적 대립은 치열했다.[94] 래티모어는 저명한 지식인이었지만 소련을 위한 첩보행위를 했다는 의심을 받던 인물이었다. 역시 저명한 학자였던 비트포겔(Karl A. Wittfogel)은 그가 래티모어와 절연한 이유들 중 하나는 1944년 코리아의 미래에 관해 토론하면서 "코리아를 소련에 넘겨주는 것이 나쁜 일이 아니라고 생각한다"는 그의 말을 들었던 것이 계기가 되었다고 회고했다.[95]

해리스는 대한민국을 옹호하는 글을 트루먼 대통령에게 추천하며 한국에 대한 지속적 지원을 호소하는 한편 대한민국이나 이승만을 비방하거나 왜곡하는 글에 대해서는 직접 반박하는 글을 기고하기도 했다. 1950년 8월 18일 해리스는 트루먼에게 보낸 서한에서 트루먼의 신

---

92) Frederick Brown Harris → Harry S. Truman(1950.5.23), HTLM.

93) Harry S. Truman → Frederick Brown Harris(1950.5.26), HTLM. 1950년 한국은 두 번째 맞이하는 5.30총선을 앞두고 있었고, 미국에서도 1950년 11월 7일 상하원 양원 선거가 있었다.

94) "Senate Chaplain defends Rhee against critics", *The Washington Religious Review* July 17, 1950. 국사편찬위원회 올리버문서(Robert T. Oliver Papers) 사본.

95) *Washington Times-Herald*, December 8, 1950. Anthony Kubek, *How the Far East Was Lost: American Policy and the Creation of Communist China, 1941~1949*, Chicago: Henry Regnery Company, 1963, p.431.에서 재인용.

속한 파병결정을 치하하며 토인비의 저술을 인용했다. 토인비는 유엔이 취한 "현명한 발걸음(wise step)"을 치하하면서 특히 미국이 공산주의 침략의 위험을 견제하기 위한 연합행동을 용감히 이끈 것을 높이 평가했다. 해리스는 트루먼의 결정이 "훗날 20세기의 가장 중대한 결정이었다고 회고될 것"이라고 격려했다.[96] 트루먼은 해리스의 이러한 편지에 감사하는 회신을 통해 토인비의 저술들을 이미 읽어보았음을 밝히고, 토인비의 역사적 안목에 찬성한다는 입장을 밝혔다.[97]

6·25전쟁 시기에 해리스는 물심양면으로 대한민국을 지원했다. 1950년 10월 1일 해리스는 파운드리교회에서 전쟁의 폐허 속에 있는 한국을 위해 기도할 것을 제안하고, 헌금으로 모인 300달러를 한국 정부 앞으로 기부했다. 1951년에도 특별 부활절 헌금 1,550달러를 전달했다. 이승만 박사는 "이 어려운 시기의 정신적 물질적 후원은 우리에게 큰 격려가 됩니다"라며 감사의 뜻을 전했다. 해리스는 1951년 10월에도 6·25전쟁에서 아들 쇼(William H. Shaw)를 잃은 아버지 쇼 선교사를 통해 360달러를 한국에 기부했다. 그 중에서 100달러는 전쟁 중 피해를 입은 한 살배기 아기를 위해 사용해달라고 특별히 부탁했다. 전쟁 중 왼손과 시력을 잃은 그 아기는 부모와 집도 없던 상황이었다. 그리고 1951년과 1953년에는 방한용품을 모아서 파운드리교회 전 부목사이자 당시 주한 미군 군종 목사 존(Ralph John)을 통해 후원했다.[98]

같은 달 파운드리교회에서는 약 40여명의 한인들이 김태묵 목사를 중심으로 매주 오후에 전쟁 기간 중 한국을 돕는 일에 힘을 기울였으며,

---

96) Frederick Brown Harris → Harry S. Truman(1950.8.18), HTLM.

97) Harry S. Truman → Frederick Brown Harris(1950.8.21.), HTLM. 당시 토인비의 공산주의관에 대해서는 Arnold Toynbee, "A Turning-Point in the Cold War?", *International Affairs* 26, No.4. 1950, pp.457~462.를 참고.

98) Homer L. Calkin, 앞의 책, pp.303~304.

이 모임이 주축이 되어 1951년 10월 14일부터 워싱턴 D.C.지역 최초의 한인교회(The Korean Church)가 시작되었다.[99] 아직 인종분리(segregation) 정책이 실시 중이던 미국에서 파운드리교회가 한인교회탄생의 보금자리가 되었다.

대한민국 독립 이후 지속된 미국의 대한경제원조는 1953년 한미상호방위조약 체결 이후 더욱 활발하게 진행되었다. 미국의 대한경제원조는 경제협조처(ICA), 유엔한국위원단 등을 통해 이루어졌다. 1952년 5월 24일 부산에서 한국의 백두진 재무부 장관과 마이어(Clarence E. Meyer) 미국 특사가 체결한 '대한민국 정부와 통일사령부간의 경제조정에 관한 협정(Agreement on Economic Coordination between the Republic of Korea and the United Nations Command)'은 전후 한국의 경제문제 조정을 목적으로 한 것이었다. 마이어 특사의 이름을 따서 마이어협정(Meyer Agreement)이라고 약칭되는 이 협정은 원조의 규모, 기간, 단계 등을 상세히 규정한 대한경제원조의 밑그림이었다.[100]

해리스는 경제원조정책에서 중요한 역할을 담당했던 인물들을 통해 한국에 대한 경제원조에도 관심을 기울였다. 특히, 미국의 원조정책에서 중요한 역할을 담당했던 모이어(Raymond T. Moyer)는 해리스에게

---

99) Homer L. Calkin, *Chronology and Historical Narratives of Foundry's 150 Years*; 김태묵 목사는 대한민국 정부수립 선포 이후 이승만 대통령의 요청으로 1948년 10월부터 1951년 7월까지 하와이에 위치한 한인기독교회를 담임하였었다. 김태묵의 하와이 한인기독교회 재직기간은 "불화한 교회를 평정시키고 교인들에게서 가장 큰 신임을 받는 목회"였다. 이덕희, 『한인기독교회, 한인기독학원, 대한인동지회』, 한국기독교역사연구소, 2008, 125쪽.

100) AGREEMENT ON ECONOMIC COORDINATION BETWEEN THE REPUBLIC OF KOREA AND THE UNIFIED COMMAND. Signed at Pusan May 24, 1952. Entered into force May 24, 1952.
Superseded by the Agreement of Feb. 8, 1961. USFK(United States Forces Korea). (http://www.usfk.mil 검색일: 2018. 7. 27.)

한국에 대한 원조 프로그램(aid program)에 관해 상의했다. 미국의 경제원조정책결정에서 주요한 역할을 담당했던 모이어가 대한원조 프로그램 실행에 앞서 해리스에게 먼저 의논한 것은 해리스가 한미관계에서 차지하고 있었던 영향력을 보여준다.[101)]

해리스는 모이어에게 이승만과 자신의 교분, 그리고 한국의 주권을 빼앗기지 않고자 했던 이승만의 강한 애국심과 굽힐 줄 모르는 결단력 등에 관해 이야기했다. 모이어는 이승만과 해리스의 특별한 관계를 통해 한국에 대한 원조 프로그램을 추진하는 것이 좋겠다고 여기며 피츠랄드(Dennis A. Fitzgerald)에게 두 가지 방안을 제시했다. 첫째, 해리스가 이와 관련된 주제로 글을 쓰도록 한다. 둘째, 해리스가 한국으로 친선여행을 갈 수 있도록 주선한다.[102)]

해리스는 미국의 대한경제원조정책에 있어서 핵심적 역할을 한 인물들과의 접촉을 통해 대한원조에 대해 깊은 관심을 표명했다. 해리스는 1956년 아이젠하워 특사로 방한했을 당시 유엔군 사령관 렘니처[103)]와 대한경제원조에 관해 의견을 교환했다. 1957년 10월 25일 프란체스카가 해리스의 부인 헬렌(Helen Streeter Harris)에게 보낸 서한도 해리스 부부와 다울링 대사 부부 및 렘니처 장군 부부 등이 서로 각별한 관계에 있었음을 보여준다.[104)]

원래 미국의 대한원조는 1949년 초 체결된 한미경제원조협정에 의거

---

101) R. T. Moyer → D. A. Fitzgerald(1953.12.21), 미국 국립문서기록관리청 소장문서(이후 NARA).

102) R. T. Moyer → D. A. Fitzgerald(1953.12.21.), NARA.

103) 렘니처(Lyman L. Lemnitzer, 1899-1988)는 제2차 세계대전 중 아이젠하워 연합군사령관 아래에서 참모차장보로 있었다. 주한 제8군사령관 겸 유엔군 사령관을 지냈으며, 1956년 이승만 대통령 취임식 때 아이젠하워 대통령의 특사로 방한했다.

104) Francesca Rhee → Helen Harris(1957.10.25), 국가기록원 대통령기록관.

하여 미국 경제협조처가 중심이 되어 추진된 바 있었다. 이는 1947년의 트루먼 독트린의 주요 골자인 공산주의 팽창저지 정책의 실현과정이었다. 그런데 6·25전쟁을 계기로 상호안전보장법(MSA)이 제정되자 미국은 경제원조를 군사원조에 포함시켜 사용하도록 했다. 이처럼 미국의 대한원조정책에서 경제분야와 군사분야가 밀접한 관련이 있었던 만큼 미국은 유엔군 총사령부 휘하에 1953년 경제조정관실(Office of Economic Coordinator)을 설치하고 대외활동본부(Foreign Operation Administration)를 포함한 경제원조를 담당하도록 했다. 유엔군 사령부는 군사적 원조뿐만 아니라 경제적 원조에 있어서도 중요한 역할을 담당했던 것이다.[105] 1954년 미국 방문시 백악관 만찬 연설에서 이승만 대통령은 미국의 원조와 지원에 대해 다음과 같이 감사를 표시했다.

> 나는 미국의 원조와 지원이 한국에서 무엇을 이루어 놓았는지, 그리고 전쟁으로 반쪽이 된 한반도의 절반이나마 구하기 위해서 미군 장병들이 행한 일에 대해서 얘기하고 싶습니다. 또한 얼마나 많은 미국인들이 개인적으로나 집단적으로 한국인들을 구호하는 사업에 기여했는지에 대해서도 말씀드리고 싶습니다. 그러나 그럴 수 없습니다. 말을 어떻게 시작해야 할지, 어떻게 맺어야 할지 모르겠기 때문입니다. 친구들이여, 단지 내가 바라는 것이 있다면, 여러분이 우리를 위해서 해주었고 지금도 하고 있는 모든 일에 대해서 우리가 고마워하고 있다는 것을 알아주었으면 하는 것입니다.[106]

1954년 7월 이승만의 미국 국빈 방문으로 해리스와 이승만의 재회가 이루어졌다. 이승만이 워싱턴 D.C.에 도착했을 때 아이젠하워 대통령, 닉슨 부통령 등 미국 지도자들이 그를 맞이했다. 이 때 해리스는 미 국

105) 이현진, 앞의 책.

106) 이승만 저, 이현표 역, 『이승만 대통령 방미일기』, 서울: 코러스, 2011, 26~27쪽.

무부의 배려로 이승만이 탑승한 비행기에까지 올라 그를 영접했다. 착륙 직후 비행기에서 이승만은 워싱턴 D.C.에 돌아온 소감에 관한 질문을 받자 "나의 목사님 해리스"를 언급했다.[107] 이승만은 방미기간 중이던 8월 1일 파운드리교회 예배에 참석했다. 이 예배에는 미 공화당 상원 원내대표 노울랜드 의원, 전 주한 미8군 사령관 밴 플리트 장군도 참석했다.[108] 이승만은 이 교회를 통해 이루어진 해리스와의 오랜 관계를 다음과 같이 회고했다.

> 파운드리교회가 8월 1일(일요일), 나를 다시 워싱턴 D.C.로 돌아오게 만들었다. 이는 교회와 나의 상징적인 재회였다. 1945년 이전에 워싱턴 D.C.에서 망명생활을 할 때, 나는 이 교회에서 예배를 보았었고, 평생의 친구이자 현재 이 교회를 관할하는 프레데릭 브라운 해리스 목사를 사귀었다.[109]

당일 설교시간에 해리스는 미국 전역으로 확산되고 있던 공산주의적 무신론에 대해 경고했다. 해리스는 미국사회에 퍼지고 있는 고백적 무신론으로서의 공산주의(avowed atheism of Communism)가 순진한 평화주의자들과 손을 잡을 경우 미국은 위기를 맞게 될 것이라고 보았다. 이러한 해리스의 논리는 이승만이 1941년 *Japan Inside Out*에서 일본제국주의에 대해 걸화(乞和)주의적 태도를 갖고 있던 미국인들에게 경고했던 것과도 맥을 같이 하는 것이었다. 1954년 8월 5일 이승만은 미주리 주 캔자스시티에서 대통령도서관 건립에 힘쓰고 있던 트루먼

---

107) Frederick Brown Harris → Syngman Rhee(1954.9.20), 연세대 이승만연구원 소장문서.

108) Hongkee Karl, *President Syngman Rhee's Journey to America*, Seoul: Office of Public Information, 1955, pp.53.

109) 이승만 저, 이현표 역, 앞의 책, 122~123쪽.

전 대통령을 방문하여 6·25전쟁 참전에 대한 감사의 뜻을 전했다.[110] 이승만의 방미활동 이후 해리스는 이승만의 의회연설문, 접견 인사 명단 등을 포함한 방미 기록 등을 담은 글을 *Washington Sunday*지에 기고했으며, 이 글의 일부는 미 의회 기록에도 남았다.[111]

이승만의 방미 이후 개최된 파운드리교회 재임 30주년 기념행사에서 양유찬 주미대사가 이승만이 보내는 메시지를 대독했다. 이승만은 행사 준비위원에게 편지를 보내 "나는 코리아가 가장 어두울 때 해리스로부터 지혜로운 가르침을 받을 수 있었다. ... 그는 나의 친구이자 멘토이며, 내 조국의 위대한 챔피언(champion)"이라고 해리스를 묘사했다.[112]

해리스는 이승만 대통령의 미국 국빈방문 이후에도 대한민국과 미국의 주요 인물과 소식을 두 국가의 중심에서 지속적으로 연결했다. 파운드리교회 재임기 중에 교계지도자로서 한국에 방문할 블레이크(Eugene Blake) 박사를 이승만에게 추천했다. 그의 추천서에 따르면 블레이크는 한국 방문에 앞서 전미국 교회협의회(The National Council of Churches in the U.S.A.) 회장으로 선출되었으며, 공산주의의 위협에 맞서 싸우는 인물이었다.[113]

해리스는 1955년 3월 26일 이승만의 생일을 축하하는 전문을 통해 "훌륭한 기독교인이자 국가원수이며 세계적으로 용맹스런 자유수호자에게 당신의 교회 파운드리가 생일 안부를 전한다"고 했다.[114] 이승만은

---

110) 위의 책, 218쪽.

111) Frederick Brown Harris → Syngman Rhee(1954.9.20), 연세대 이승만연구원 소장문서.

112) Syngman Rhee → Walter G. Keim(1954.10.20), 연세대 이승만연구원 소장문서.

113) Frederick Brown Harris → Syngman Rhee(1954.12.2), 연세대 이승만연구원 소장문서.

"우리의 교회 파운드리 구성원들에게 감사를 표하며", "나의 연수는 짧을지라도 여전히 열정으로 불타오르고 있으며, 나의 사랑하는 조국이 독립적인 민주주의적 방법으로 통일되고 자유롭게 되기까지 쉬지 않을 것입니다. ...... 무신론적 공산주의에 맞선 나의 충성스런 국민들에게 하나님의 은혜가 함께하여 곧 실현될 것입니다"라는 답신을 보냈다.[115)]

1956년 해리스와 이승만은 한국에서 재회했다. 해리스는 1955년 6월 5일 파운드리교회 담임목사직에서는 물러났지만 계속 상원 원목으로 있었다. 이승만은 여러 차례의 서신을 통해 해리스를 한국으로 초청했었으나 여러 상황에 의해 이뤄지지 못했었다.[116)] 해리스는 1956년 이승만이 세 번째로 대통령에 선출되자 개인적으로 취임식 참석을 준비하고 있었다. 그런데 마침 아이젠하워 대통령이 그를 특사로 임명함으로써 특사단과 함께 방한하게 되었다. 이 해 8월 25일 이승만은 경무대에서 아이젠하워 대통령 특사 자격으로 방한한 해리스 부부를 영접했다. 서울운동장에서 열린 환영대회에서 해리스는 많은 한국인들의 환영을 받았다. 해리스 부부는 이승만 대통령 취임식에 참석한 다음, 한국의 재건 상황을 시찰하기도 했다.[117)]

해리스가 한국에서 방문한 장소들은 충현영아원, 혜명보육원, 냉천동 감리교 총본부, 이태원동 후생주택, 경기여자고등학교, 덕수초등학교, 육군본부교회, 육군사관학교, 해군장교단 초청만찬, 진해해군기지,

---

114) Frederick Brown Harris → Syngman Rhee(1955.3.27), 연세대 이승만연구원 소장문서.

115) Syngman Rhee → Frederick Brown Harris(1955.3.29), 연세대 이승만연구원 소장문서.

116) Syngman Rhee → Frederick Brown Harris(1955.6.30), 연세대 이승만연구원 소장문서.

117) 「경축사절에게 명예학위 수여」, 『대한뉴스』, 1956년 9월 2일, 「해리스목사 환영 신도대회. 1일 서울운동장서 성대」, 『조선일보』, 1956년 9월 3일자.

이충무공유적지, 그리고 경주불국사 등이다. 그를 위해 진해시민환영대회가 개최되기도 했고, 유엔가입추진대회에는 이승만 대통령 부처와 함께 참석했다. 중앙소년직업학교기숙사를 돌아본 해리스는 미국대외식량구호단체(CARE) 사무실을 방문하여 구호품을 전달하는 행사를 갖기도 했다.[118)]

1956년 8월 31일 해리스는 한미양국의 문화향상에 기여한 공로를 인정받아 서울대학교 윤일선 총장으로부터 명예법학박사학위를 받았다.[119)] 같은 날 해리스의 부인 헬렌은 국제친선과 한국독립에 기여한 공로로 이화여자대학교에서 명예문학박사학위를 받았다.[120)] 해리스 부부는 9월 2일 조정환 외무부장관 서리, 김일환 상공부장관, 임병직 주유엔 상임대사, 오재경 공보실장 등의 환송을 받으면서 여의도 공항을 떠나 렘니처 유엔군사령관 전용기를 타고 귀국했다.[121)]

1950년대 말 미국정부가 대한원조규모를 축소하려고 했을 때도 이승만은 해리스에게 서한을 보냈다. 1958년 1월 3일 이승만은 해리스에게 보낸 서한에서 "우리(한국)는 미국 국방부의 한국에 대한 군비 축소 움직임에 대해 염려한다. 워싱턴에 있는 우리의 친구들이 의회나 다른 권위자들에게 알려서 우리 뿐 아니라 미국에도 재앙과 같은 상황이 일어나지 않기를 희망한다"고 전했다.[122)]

---

118) 국가기록원 영구기록물관리기관 소장자료. 1945년 제2차 세계대전 중 교전국 국민들 구제를 위해 설립된 미국의 민간 구호단체이다. CARE(Cooperative for American Remittances to Europe, 유럽구제협회)는 민간 기구로서 초기에는 유럽을 대상으로 활동하다가 6·25전쟁 당시 한국에도 구호물자를 제공했다. 구제품은 주로 식량(잉여농산물), 의료품, 의류 등도 포함되었다.

119) 「해리스목사에 명예법학 학위. 31일 서울대서 수여」, 『조선일보』, 1956년 8월 29일자.

120) 「경축사절에게 명예학위 수여」, 『대한뉴스』, 1956년 9월 2일자.

121) 「경축사절에게 명예학위 수여」, 『대한뉴스』, 1956년 9월 2일자.

1958년 봄 올리버는 이승만 대통령 부부에게 작성한 서한을 통해 대한민국 독립 10주년을 맞이하며 미국 언론에 기획기사를 낼 것을 제안했다. 그 중 한 꼭지의 제목을 "경제원조프로그램의 목적과 성과"로 설정하고 원, 다울링[123], 혹은 콜터 장군에게 작성을 제안하면 어떨지 의견을 구했다.[124] 다울링 대사를 포함한 이들은 미국의 대한경제원조정책에 있어서 핵심적 역할을 한 인물들이다. 1958년 1월 14일 경무대에서 열린 국무회의에서 송인상 부흥부 장관은 '미국의 신년도 예산 요구 중 경제원조에 관한 보고'를 발표했다. 이 보고에서 미국의 원조규모가 감소될 전망이라는 내용을 들은 이승만은 "공보실장은 이러한 사실을 조사하여 테일러, 렘니처 같은 이들에게 알려서 한국원조를 돕게 해야 할 것이다"라고 지시했다.[125]

해리스는 이승만이 출석하던 교회의 담임목사로서 보낸 십 년 간의 시절을 "비록 어려운 시기였으나 내겐 기쁨의 시간이었다"고 회고했다. 그는 한국에서 일하게 된 동료 목사에게 "이승만이 모든 곳에서 한국의 조지 워싱턴(George Washington of Korea)으로 인정받고 있다는 것을 듣게 될 것이다"라고 말하기도 했다.[126]

---

122) Syngman Rhee → Frederick Brown Harris, (1958.1.3), 국가기록원 대통령기록관.

123) 제4대 주한 미국대사 다울링(Walter C. Dowling, 1905-1977)은 1956년 10월 25일자 보고서에서 "미국의 대한원조가 전반적으로 삭감추세에 있고, 한국의 경제개발을 위해 새로운 재원을 기대할 수 없는 상황에서는 한국과의 적극적인 협력 속에서 미국 및 한국의 능력 범위 내에서 해결책을 찾아야 한다"고 주장했다. 이현진, 앞의 책.

124) Robert T. Oliver → Syngman Rhee and Francesca Rhee, (1958.3.23), 국사편찬위원회 이승만관계서한자료집.

125) 「第四會 國務會議」, 『第一共和國 國務會議(上)』, 국무원 사무국, 1958.

126) Frederick Brown Harris, "The Portrait Of A Man", *Syngman Rhee Through Western Eyes*, Seoul: Office of Public Information Republic of Korea, 1954 [1952], pp.3~4.

1960년 4월 이승만이 정치적 파국을 맞이하던 상황에서도 해리스는 이승만을 "독재의 피가 한 방울도 섞이지 않은 고결한 인격의 자유애호가"라고 옹호했다. 4월 22일 워싱턴 D.C. 컨스티튜션 홀(the Constitution Hall)에서 열린 '제69회 미국 애국 여성회[127](The Daughters of the American Revolution) 대륙회의' 폐회연설에서 해리스는 "북한의 공산진영에서 지금 남한에서 일어난 봉기에 대해 큰 박수를 보내는지 주의 깊게 봐야 한다"고 주장했다. 이 사실을 보도한 『워싱턴 포스트』지는 "공산주의자들이 주목하고 두려워하는 존재는 바로 이승만"이라면서 "그들은 모든 노력을 이승만을 잡는 데 보냈으나 그들의 뜻이 이뤄지지 않았으며, 그(이승만)는 한국과 미국을 위해 싸우고 있다"는 해리스의 주장을 인용했다.[128] 이러한 해리스의 한국관련 인식은 러시아를 경계했던 영국 출신 미국인으로서의 지정학적 인식, 반공주의, 그리고 이승만과 공유한 개신교 정신으로부터 큰 영향을 받고 있었다.

1960년 이승만이 대통령직에서 물러남으로써 대한민국을 위한 해리스의 활동은 일단락되었지만 그의 대한민국 관련 활동은 한국문화자유재단(Korean Cultural and Freedom Foundation) 등을 통해 지속되었다. 해리스 부부는 하와이를 방문하여 이승만 부부와 재회했다. 해리스는 1955년에 파운드리교회 담임목사직에서 물러났지만, 1969년까지 미 연방 상원의원 원목의 직책은 계속 수행했다.

---

127) 독립혁명에 참전했던 미국인의 자손들이 1890년에 만든 애국주의적 여성단체.

128) "Before DAR Harris Defends Rhee", *The Washington Post*, April 23, 1960.

5. 맺는 말

프레데릭 브라운 해리스의 이름은 한국근현대사나 한미관계사 연구에서 간헐적으로 언급되기는 했으나 그와 대한민국의 관계가 통시적으로 고찰되지는 못했다. 당시 미국 내에서 기독교가 지닌 영향력을 고려할 때, 해리스가 워싱턴의 정책결정자들에 대해 가진 영향력은 매우 컸다. 특히, 트루먼 대통령이 부통령(상원의장)일 때부터 해리스가 상원 원목으로서 트루먼과 돈독한 관계를 형성했다는 점을 주목할 필요가 있다. 저자들은 해리스와 대한민국 간의 관계를 다음과 같은 세 시기로 나누어 살펴보았다.

첫째, 1939년 말 이승만과 프란체스카가 파운드리 교회 교인이 되었을 때부터 1945년 제2차 세계대전 종전까지의 시기. 이 시기 해리스의 대한민국 임시정부 관련 활동은 자신이 담임하고 있던 파운드리 교회의 교인이었던 이승만을 통해 이루어졌다. 1941년 이승만이 대한민국 임시정부 주미외교위원부 대표로 임명받은 후 워싱턴 D.C.에서 외교활동을 수행하는 동안 해리스는 한미협회의 이사장을 맡아 대한민국 임시정부를 승인해달라는 호소문을 작성하여 미국 국무부에 제출했다. 또한 1942년 2월 27일부터 3월 1일까지 3·1운동 23주년을 기념하는 대한인자유대회에 참가하여 한국에 대한 미국 내의 관심을 환기시켰다. 해리스는 1945년 4월부터 6월까지 유엔 창설을 위해 개최된 샌프란시스코회의에 참석하고자 했던 대한민국 임시정부 대표단을 위해 부통령 시절부터 교분을 쌓았던 트루먼 신임 대통령에게 추천서를 전달하고 직접 백악관을 방문하기도 했다.

둘째, 1945년 제2차 세계대전 종전 이후 1950년 6·25전쟁 발발 이전까지의 시기. 1945년 이후 대한민국의 독립을 지원하기 위한 해리스의 활동은 한국이 스스로 설 수 있도록 후원하는 한편 인접한 강대국에 의해 장악되지 않는데 초점이 맞춰졌다. 이 시기 해리스는 트루먼 대통령과 이승만이 연결될 수 있는 비공식적 외교통로의 역할을 수행했다. 해리스는 코리아의 독립을 저해하는 신탁통치안에 대해 항의했고, 이승만의 방미기간 중 트루먼에게 코리아의 상황을 전달하려고 시도했으며, 코리아 관련 기고문을 발표한 후 자신의 기고문을 미국의 유력 정치인들에게 발송했다. 영국 출신이기도 했던 해리스는 영국과 러시아의 오랜 지정학적 경쟁관계에 주목했고, 콘스탄티노플이 과거 러시아의 영향권에 들어가서는 안되었던 것과 마찬가지로 코리아가 소련에 종속되어서는 안된다는 지정학적 논리를 발표하기도 했다.

셋째, 1950년 6 · 25전쟁 발발 이후 1960년 이승만 대통령 하야까지의 시기. 6 · 25전쟁이 발발되기 약 한 달 전 해리스는 트루먼 대통령에게 긴급서한을 보내 한국을 둘러싼 국제정세가 긴박하게 돌아가고 있으며, 대한민국 대통령에 취임한 이승만을 국빈으로 초청할 것을 요청했다. 6 · 25전쟁 발발 직후 이루어졌던 트루먼의 신속한 파병결정은 제2차 세계대전 종전 이전부터 대한민국 독립 이후까지 해리스가 트루먼에게 제공했던 코리아 관련 지식들과 무관하지 않았다. 그는 워싱턴의 대한민국에 대한 정책에 악영향을 미칠 수도 있었던 래티모어의 논설에 대해 직접 반론을 펼치기도 했다. 6 · 25전쟁 기간 중 해리스는 파운드리교회 성도들을 중심으로 구호성금 및 방한용품을 모아 전란 중의 대한민국을 도왔다. 6 · 25전쟁 이후 해리스는 한국에 대한 미국의 경제원조정책에도 관심을 기울였고, 1956년에는 아이젠하워 대통령 특사로 방한했다.

해리스는 기독교 목사로서의 본분을 지키려고 노력하는 한편 미국 상원의 원목으로서 대한민국을 위한 '그림자 대사'(a shadow ambassador)

와 같은 역할을 수행했다. 해리스의 한국관련 활동에 대해서는 미국, 기독교, 그리고 이승만에 대한 입장의 차이에 따라 다양한 평가가 있을 수 있겠으나 그러한 평가에 앞서 그의 대한민국 관련 행적은 '있었던 그대로' 정확하게 기록될 필요가 있다. 이승만의 대한민국에 대한 기여가 제대로 조명되지 못한 것과 맥을 같이하여 이승만을 통한 해리스의 대한민국에 대한 기여 역시 제대로 조명되지 못했다고 보여진다. 특히, 한국과 미국의 기독교계에서 목사였던 그의 활동이 제대로 기억되어야 하겠지만, 해리스의 활동이 한국근현대사와 한미관계사에 미친 영향을 고려할 때, 비단 기독교계 뿐만 아니라 국내외 학계에서도 정확하고 정당한 자리매김이 이루어져야 할 것이다.

〈참고문헌〉

1. 1차 문서

국가기록원 대통령기록관 소장 문서.

국가기록원 영구기록물관리기관 소장자료.

국무원 사무국, 『第一共和國 國務會議(上)』, 1958.

국사편찬위원회 한국사데이타베이스.

국사편찬위원회, 『대한민국임시정부자료집 20』, 과천: 국사편찬위원회, 2007.

미국 국립문서기록관리청 소장자료.

미국 의회도서관 소장자료.

연세대학교 학술정보원 및 이승만연구원 소장 문서.

연세대학교 국가관리연구원 편, 『이승만(1): 트루먼 아이젠하워 대통령과의 서신』, 2010.

FBI Report, "Owen Lattimore, Internal Security - R, Espionage – R", (FBI File: Owen Lattimore, Part 1A), p.2 (PDF p.7), September 8, 1949, https://vault.fbi.gov/Owen%20Lattimore/Owen%20Lattimore%20Part%201%20of%202/view(검색일: 2018. 6. 7.)

Harry S. Truman Presidential library & Museum, https://www.trumanlibrary.org(검색일: 2018. 6. 15)

United States Department of State, Foreign Relations of the United States, Washington D.C.: United States Government Printing Office.

United States Senate, http://www.senate.gov(검색일: 2017. 10. 24)

The Syngman Rhee Correspondence in English, 1904~1948, Lew Young Ick, ed., with an Introduction, in Collaboration with Young Seob Oh, Steve G. Jenks and Andrew D. Calhoun, Seoul: The Institute for Modern Korean Studies, Yonsei University, 2009.

Tolley, William Pearson, ed., *Alumni Record of Drew Theological Seminary: Madison, New Jersey: 1867~1925*. New York: Drew Theological Seminary, 1926.

2. 신문

『경향신문』, 『남조선민보』, 『대학신문』, 『대한뉴스』, 『동아일보』, 『서울신문』, 『신한민보』, 『자유신문』, 『조선일보』, *Foundry Facts*, *The Washington Post*

3. 한글 단행본 및 논문

고정휴, 「올리버, 이승만의 충실한 대변인이자 로비스트」, 『내일을 여는 역사』 24호, 2006.

______, 『이승만과 한국독립운동』, 서울: 연세대학교 출판부, 2004.

김명섭, 『전쟁과 평화: 6·25전쟁과 정전체제의 탄생』, 서울: 서강대학교출판부, 2015.

______, 「조선과 한국: 두 지정학적 관념의 연속과 분화」, 『한국정치연구』 25권 1호, 2016.

김명섭·김정민, 「워싱턴회의 시기 이승만의 외교활동과 신문스크랩, 1921~1922」, 『한국정치학회보』 제51집 제2호, 2017.

닐슨(Niels Christian Nielsen), 한귀란 역, 『미국의 정치와 기독교』, 서울: 글로벌콘텐츠, 2015.

로빈슨(Richard D. Robinson), 정미옥 역, 『미국의 배반: 미군정과 남조선』, 서울: 과학과사상, 1988.

민경배, 『한국기독교회사: 한국 민족교회 형성 과정사』, 서울: 연세대학교 출판부, 2007.

박명수 외, 『대한민국 건국과 기독교』, 성남: 북코리아, 2014.

베스트(Geoffrey Best), 김태훈 역, 『윈스턴 처칠, 그 불굴의 초상』, 파주: 21세기북스, 2010.

서울신학대학교 현대기독교역사연구소 엮음, 『해방공간과 기독교』, 서울: 선인, 2017.

우남실록편찬위원회 편, 『우남실록: 1948~1948』, 서울: 열화당, 1976.

유나영, 「미군정기 이승만의 방미외교에 대한 재평가: 이승만 사상과의 연관성을 통하여」, 『정신문화연구』 40권 4호, 2017.

유영익, 『건국 대통령 이승만: 생애, 사상, 업적의 새로운 조명』, 서울: 일조각, 2013.

______, 『이승만의 삶과 꿈: 대통령이 되기까지』, 서울: 중앙일보사, 1996.

유지윤·김명섭, 「프레데릭 B. 해리스의 한국관련 활동: 이승만과의 관계를 중심으로」, 『한국정치외교사논총』 제40집 1호, 2018.

이덕희, 「이승만 박사와 하와이 감리교회, 1913~1918」, 『한국기독교역사연구소 소식』 제65호, 2004.

______, 『한인기독교회, 한인기독학원, 대한인동지회』, 한국기독교역사연구소, 2008.

이덕희,『이승만의 하와이 30년』, 서울: 북앤피플, 2015.

이승만 저, 이현표 역,『이승만 대통령 방미일기』, 서울: 코러스, 2011.

이현진,『미국의 대한 경제 원조 정책 1948-1960』, 서울: 혜안, 2009.

임병직,『임병직 회고록: 근대 한국외교의 이면사』, 서울: 여원사, 1964.

정병준,「이승만의 정치고문들」,『역사비평』43호, 1998.

______,『우남 이승만 연구』, 서울: 역사비평사, 2005.

정용욱,「미군정기 이승만의 방미외교와 미국의 대응」,『역사비평』32호, 1995.

______,「해방 직전 미주 한인의 독립운동과 미국 정부의 대응」,『정신문화연구』25권 3호, 2002.

______,『해방 전후 미국의 대한정책: 과도정부 구상과 중간파 정책을 중심으로』, 서울: 서울대학교출판부, 2003.

최재건,「대한민국 건국기 미국의 대한정책과 주한 선교사들의 역할」, 박명수, 안교성, 김권정 외 편,『대한민국 건국과 기독교』, 서울: 북코리아, 2014, 113~173쪽.

한규무,「건국과 기독교 사회사업」, 박명수, 안교성, 김권정 외 편,『대한민국 건국과 기독교』, 서울: 북코리아, 2014, 308~331쪽.

한표욱,『이승만과 한미외교』, 서울: 중앙일보사, 1996.

홍선표,「1945년 샌프란시스코회의를 둘러싼 미주한인의 대응과 활동」,『한국독립운동사연구』25집, 2005.

______,「한국독립운동을 도운 미국인」,『한국독립운동사연구』43집, 2012.

4. 외국어 단행본 및 논문

Bloomer, David Brickey, “Syngman Rhee’s Spokesman in the United States: Dr. Robert T. Oliver’s Korean Lobby and Public Relations Efforts, 1942~1948”, M.A. Thesis, Yonsei University, 1996.

Calkin, Homer L, *Chronology and Historical Narratives of Foundry’s 150 Years*, 1964, http://www.lib.uiowa.edu/scua/msc/tomsc550/msc504/foundrychronology.html. (검색일: 2018. 6. 13)

______________, *Castings from the Foundry Mold*, Nashville: The Parthenon Press, 1968.

Cumings, Bruce, *The Origins of the Korean War*, Vol. 1: *Liberation and the Emergence of Separate Regimes, 1945~1947*, Princeton: Princeton University Press, 1981.

Fields, David P, "Foreign Friends: Syngman Rhee, American Exceptionailism, and the Division of Korea", Ph. D. Diss., University of Wisconsin-Madison, 2017.

Graham, Billy, *Just As I Am*: *The Autobiography of Billy Graham*, New York: HarperCollins, 1997.

Harris, Frederick Brown, "Sermons: The Righteous Sword", *The Chaplain*, 6, 1949, pp.1.

____________________, "The Portrait Of A Man", in *Syngman Rhee Through Western Eyes*, Seoul: Office of Public Information Republic of Korea, 1954[1952], pp.1~6.

____________________, *Prayers*: *Offered by the Chaplain Rev. Frederick Brown Harris, D.D., LL. D., LITT. D. at the Opening of the Daily Sessions of the Senate of the United States*: *during the Seventy-seventh, Seventy-eighth, and Seventy-ninth Congresses, 1942-1946*, Washington: United States Government Printing Office, 1946.

Hodge, Carl C. and Cathal J. Nolan, eds., *U.S. Presidents Foreign Policy: from 1789 to the Present*, Santa Barbara, Calif.: ABC-CLIO, 2007.

Kaplan, Lawrence S, *The Conversion of Senator Arthur H. Vandenberg: From Isolation to International Engagement*, Kentucky: University Press of Kentucky, 2015.

Karl, Hongkee, *President Syngman Rhee's Journey to America*, Seoul: Office of Public Information, 1955.

Kirby, Dianne, "Harry Truman's Religious Legacy: The Holy Alliance, Containment and the Cold War", in Dianne Kirby, eds., *Religion and the Cold War*, London: Palgrave Macmillan, 2003, pp.77~102.

Kubek, Anthony, *How the Far East Was Lost: American Policy and the Creation of Communist China, 1941~1949*, Chicago: Henry Regnery Company, 1963.

Lattimore, Owen, *The Situation in Asia*, Boston: Little, Brown, 1949.

Lew, Young Ick, *The Making of the First Korean President: Syngman Rhee's Quest for Independence, 1875~1948*, Honolulu: University of Hawaii Press, 2014.

Newman, Robert P, *Owen Lattimore and the "Loss" of China*, Berkeley: University of California Press, 1992.

Oliver, Robert T, *Syngman Rhee and American Involvement in Korea, 1942~1960: A Personal Narrative*, Panmun Books Co, 1978.

______________, *Syngman Rhee: The Man Behind The Myth*, Westport, Conn.: Greenwood Press, 1973[1954].

Pratt, Julius W, *Cordell Hull, 1933~44: The American Secretaries of State and Their Diplomacy*, Vol. XII~XIII, New York: Cooper Square, 1964.

Rhee, Syngman, *Japan Inside Out: The Challenge of Today*, 2nd ed. New York: Fleming H. Revell Co, 1941.

______________, *The Spirit of Independence: A Primer of Korean Modernization and Reform*, Translated, Annotated, and with an Introduction by Han-Kyo Kim, Honolulu, Hawaii: University of Hawai'i Press and The Institute for Modern Korean Studies, Yonsei University, 2001.

Sherwood, Robert E, *Roosevelt and Hopkins: An Intimate History*, New York: Harper & Brothers, 1948.

Toynbee, Arnold, "A Turning-Point in the Cold War?", *International Affairs* 26, No.4. 1950, pp.457~462.

Truman, Harry S, *Memoirs: Volume One Years of Decisions*, Garden City, N.Y.: Doubleday, 1955.

Truman, Margaret, *Bess W. Truman*, London: Macmillan, 1986.

토마쉬 마사릭과 이승만의 국가독립 인식

양준석

1. 시작하는 말

체코슬로바키아 초대대통령 마사릭(Tomáš Garrigue Masaryk, 1850~1937)과 대한민국 초대대통령 이승만(李承晩, 1875~1965)의 활동반경은 유라시아의 양 극단에 위치하여 서로 무관하다 여겨질 정도로 상이한 지역적, 문화적, 역사적 배경을 갖고 있었다.

두 인물의 청년기부터의 생애를 잠시 들여다보면, 마사릭은 1878년 철학박사 학위를 받고 1882년 체코대학교 철학과에서 근무했고, 1897년 카렐대학교 교수로 채용됐다. 뉴욕에서 온 사업가의 딸과 1878년 뉴욕에서 결혼식을 한 후 정치활동에 돌입, 1900년 현실주의당을 창당했다. 제1차 세계대전시기 해외로 망명하여 반합스부르크 항쟁을 시작하며, 1916년 영국, 프랑스, 1917년 호주, 1918년 미국에서 체코슬로바키아 독립에 대해 논의했고, 1918년부터 1935년까지 체코슬로바키아 공화국의 대통령을 지냈다. 이승만은 고종황제폐위음모사건에 연루되어 한성감옥에 투옥되었고, 1904년 출옥 후 미국으로 가서 루즈벨트(Theodore Roosevelt) 대통령을 만나 한국 독립을 청원했다. 프린스턴 대학에서 박사학위를 받은 후 귀국하여 선교사로 활동하였으나, 105인 사건에 연루되어 1912년 다시 미국으로 가서 독립운동을 했고, 1919년 상해임시정부의 임시대통령으로 추대되었다. 제2차세계대전기 임시정부의 한국대표 승인을 요청하며 외교독립노선을 추구했고, 1945년 10월 귀국하여 정부수립을 위해 활동했고, 1948년 7월 대통령에 취임하여 1960년까지 대통령직을 수행했다.

두 인물은 자국이 갖는 지정학적 배경의 제약을 압도할 정도로 국제정치 정세의 파악능력이 탁월했고, 외교독립을 추구했으며, 독립운동에 종교적 신앙을 연계하는 특징을 나타냈다. 이러한 두 인물의 인식은 어떠한 정치적, 사상적, 종교적 배경에서 출발한 것일까? 이승만은 중화중심주의를 탈피하며, 러시아 지향의 노선 반대를 확고히 했고, 마사릭은 합스부르크왕가의 신권정치를 반대하며, 친러시아 신슬라브주의 노선을 회피했다. 상이한 국내외적 배경에서 두 인물의 공통적으로 모색한 국가독립방식은 민주주의 정치시스템 운영과 개신교 수용이었다. 공산주의에 대해서 두 인물이 모두 반공 이전부터 반러(反露)를 견지했고, 이승만은 국가의 독립 차원에서 반공을 내면화 했거나 표출했다면, 마사릭은 공산주의의 이론적 특징을 밝혀내고 있었다.

이승만이 견지했던 민주주의와 미국 그리고 공산주의에 대한 인식[1)]

---

1) 고정휴, 「미주한인사회의 변화와 신진단체의 출현」, 『1920년대 이후 미주 · 유럽지역의 독립운동』, 한국독립운동사편찬위원회, 독립기념관 한국독립운동사연구소, 2009; 김명섭, 김석원, 「독립의 지정학」, 『한국정치학회보』 42(4), 2008; 김명섭, 김정민, 「워싱턴회의 시기 이승만의 외교활동과 신문 스크랩, 1921-1922」, 『한국정치학회보』 51(2); 김신규, 「민주주의 정치사상: '마사리크(T. G. Masaryk)의 민주주의' 재해석과 현대적 평가」, 『기억과 전망』 32, 2015;

을 검토한 연구는 다수 존재하며, 이승만의 기독교에 대한 인식[2)]도 확인할 수 있다. 또한 마사릭의 민주주의에 대해서도 국내에서 중요한 연구[3)]들이 진행되었지만, 마사릭이 갖는 세계사적 중요성을 고려할 때 지속적으로 연구를 확대할 필요가 있다. 그럼에도 김학은은『이승만과 마사리크』[4)]라는 저서를 통해 두 인물의 사상, 외교활동, 국가건설활동에 대해 비교 연구를 진행했다. 이 논문은 김학은의 연구를 참고하여 문제의식을 발전시켰으며, 특히 기독교, 민주주의, 공산주의에 초점을 두고 두 인물이 지닌 인식을 비교했다.

김영호, 「이승만의 국제정치관에 관한 연구 -『일본내막기』를 중심으로」,『한국정치외교사논총』 38(1), 2016. 김용직, 「이승만의『독립정신』과 후기 개화기 정치외교 담론」, 송복 외,『저서를 통해 본 이승만의 정치사상과 현실인식』, 연세대학교 출판부, 2011; 양동안, 「이승만과 반공」, 이주영 외,『이승만연구의 흐름과 쟁점』, 연세대학교 대학출판문화원, 2012; 유영익,『건국대통령 이승만: 생애 사상 업적의 새로운 조명』, 일조각, 2013; 정승현, 강정인, 「이승만의 초기 사상에 나타난 서구중심주의」,『정치사상연구』 20(2), 2014; 차상철, 「이승만의 미국인식-형성과 전개」,『韓國人物史硏究』 9, 2008; 최연식, 「개혁적 사회진화론의 수용과 청년기 이승만의 독립정신」,『한국정치외교사논총』 31(2), 2010.

2) 박혜수, 「이승만과 하와이 감리교회와의 관계」,『신학논단』 68, 2012; 안종철, 「문명개화에서 반공으로-이승만과 개신교의 관계의 변화 1912-1950」, 최상오, 홍선표 외,『이승만과 대한민국 건국』, 연세대학교출판부, 2010; 이덕주, 「이승만의 기독교 신앙과 국가건설론」,『한국기독교와 역사』 30, 2009; 장규식, 「한국교회핍박에 나타난 이승만의 기독교입국과 외교독립 구상」, 송복 외,『저서를 통해 본 이승만의 정치사상과 현실인식』, 연세대학교 출판부, 2011.

3) 김규진, 「마사릭의 민주주의 사상」,『동유럽연구』 17, 2006; 김신규, 「민주주의 정치사상: '마사리크(T. G. Masaryk)의 민주주의' 재해석과 현대적 평가」; 김장수, 「체코정치가들의 활동 및 지향목표 - 소극정치(pasivní politika)이후부터 체코슬로바키아공화국 등장 이전까지의 시기를 중심으로」,『서양사학연구』 24, 2011; 권재일,『체코 · 슬로바키아사』, 한국외국어대학교 지식출판원, 2015.

4) 김학은,『이승만과 마사리크』, 북앤피플, 2013.

이 연구는 분석방법으로서 역사적 연구방법을 택하면서 이승만과 마사릭이 남긴 문헌, 문서들과 주변 인물이 그들에 대해 남긴 기록을 통해 두 인물의 인식을 비교, 분석하도록 할 것이다. 특히, 이승만의 경우『청일전기』,『독립정신』,『한국교회핍박』, *Japan Inside Out* 등 그가 작성한 문헌들을 정리하였고, 마사릭의 경우도 *The Making of a State, The Ideals of Humanity and How to Work, President Masaryk Tells His Story* 등의 직·간접적 기록을 활용했다. 이러한 자료를 통해 두 인물이 견지했던 사상과 행보를 구체적으로 분석할 것이다.

2. 민주주의와 미국에 대한 인식

1) 마사릭의 인식

① 도덕적 국가건설을 위한 새로운 대안, 민주주의

1800년대 중반 유럽의 자유주의 운동이 실패한 이후 오스트리아는 절대전제주의를 강화해 나갔지만 체코인들은 자신들의 권리를 강화하기 시작했다. 1882년 마사릭은 자신과 정치적 관점을 같이하는 지식인들과 '현실주의 모임'을 발족시켰다. 마사릭은 자신의 정치적 이념을 현실화하기 위해 1900년 현실주의정당(Realistická strana)을 창당했다.[5] 베네쉬에 의하면 1880년에서 1900년 사이에 마사릭은 유럽에서 거대한 지적, 사회적, 정치적 투쟁상태가 진행되고 있다고 파악했고, 진보적인 앵글로색슨과 미국식 민주주의의 전통과 연계된 유럽의 민주주의 초

---

5) 김장수,「체코정치가들의 활동 및 지향목표 - 소극정치(pasivní politika) 이후부터 체코슬로바키아공화국 등장 이전까지의 시기를 중심으로」, 140쪽.

기단계에 주목했다. 마사릭은 19세기에 정치적, 경제적 자유주의의 성장과 진화를 목도하고 있었다.[6)]

마사릭은 제1차세계대전 발발부터 대외정세를 객관적으로 분석하는데 주력하며, 현실주의적 입장에서 오스트리아-헝가리제국 존속을 지지했으나, 결국 제국 내에서 체코문제를 해결할 수 없다는 것을 인지했고, 반합스부르크 항쟁을 통해 체코문제를 해결해야한다는 인식을 구체화했다.[7)] 마사릭은 체코슬로바키아라는 새로운 국가가 건설될 수 있는 여건을 마련하기 위해 1914년부터 프랑스, 영국, 러시아, 미국을 방문해 교포들을 대상으로 체코슬로바키아를 탄생시킨다는 구상을 구체화하며 동지를 규합했고, 동시에 군사조직 창설에 착수하기 시작하였다.

마사릭은 제네바의 종교개혁강당에서 후스화형 500주년 기념식에서 오스트리아-헝가리제국에 대한 항전을 제기했고, 1915년부터 영국 왕립대학 교수로 임명되며 제국으로부터 이탈한 독립국가 건설을 밝혔다. 마사릭은 전쟁의 양상을 민족적 대립보다는 정치체제의 대립, 즉 신권정치와 민주정치와의 대립으로 파악했다. 신권정치를 펼치는 대표적인 국가들로 오스트리아와 독일, 민주정치를 지향하는 국가로는 프랑스와 영국이라는 관점이었다.[8)] 마사릭은 1916년 논문에서 기존 질서체제의 붕괴(오스트리아-헝가리제국과 독일의 패전)와 그것을 대신할 새로운 질서체제, 즉 민주주의체제의 도입을 세계혁명으로 지칭했다. 그리고 세계혁명의 진행과정에서 체코슬로바키아 공화국 등장

---

6) Edvard Beneš, *Masaryk's Path and Legacy*, Arno Press & The New York Times, 1971[first printed in 1937], p.15.

7) 김장수, 「체코정치가들의 활동 및 지향목표-소극정치(pasivní politika)이후부터 체코슬로바키아공화국 등장 이전까지의 시기를 중심으로」, 143쪽.

8) 위의 책, 144~145쪽.

도 예견했다.[9] 또한 마사릭의 중요한 특징은 강력한 슬라브주의 경향 속에서 서구주의의 입장을 고수하였고, 후스주의를 체코의 국가적 전통으로 파악하며, 1917년 제정러시아의 붕괴를 환영했다.[10]

당시 유라시아 반대편에 한국인들은 체코슬로바키아의 건국과 마사릭에 대해 여러 가지 영감을 받고 있었다. 연희전문학교 교수를 지냈던 백낙준(白樂濬)은 제1차세계대전에서 마사릭의 활동에 대해 구체적으로 파악하고 있었다. “1914년에 세계대전이 버러질 때에 마사릭은 이원제국 국회의원으로 있었다. 이 전란이 일어나자 마사릭은 첵크인의 민족위원회 조직을 구성하여, 1914년 12월에 이태리, 불란서, 영국, 노서아, 일본, 아메리카 등 여러 나라를 방문하여 정치적, 외교적, 군사적[11] 활동을 진행하며 체코슬로바키아 공화국인 성립될 때까지 노력하였다”[12]라고 하며, 마사릭의 독립활동에 대해서 서술하고, 마사릭의 저작 『건국론』이란 문헌의 일독을 권했다.[13]

---

9) 위의 책, 234쪽.

10) Ladislav Cabada, and Sárka Waisová, 김신규 옮김, 『체코와 국제정치(Czechoslovakia and the Czech Republic in world politics)』, HUINE. 2013, 32~33쪽.

11) 백낙준이 강조한 체코의 독립을 위한 군대조직의 업적은 실제 마사릭에게도 체코슬로바키아의 건국 이전 주요하게 고려하던 문제였다. 마사릭은 “오스트리아-헝가리제국이 무너지기 전에 우리의 임시정부는 영국 · 프랑스 · 러시아의 3국협상에 의해 인정되었습니다. 그러므로 우리는 우리의 인정받은 정부와 군대를 해외에 가지고 있었습니다. 국제법적 관점으로부터 그것은 독특한 상황이었다”라고 하며 체코슬로바키아의 군대창설의 의미를 강조했다. Emil Ludwig, *Defender of Democracy*, Arno Press & The New York Times, 1971[first printed in 1934], p.166.

12) 이하 한국어 인용구문의 맞춤법 사용은 원문의 의미전달을 위해 필요한 경우 원문의 표기를 그대로 따른다.

13) 白樂濬, 「建國時代의 마사릭, 첵크 국부, 토마쓰 마사릭 傳士」, 『東光』 19, 1931. 백낙준은 1931년 그의 저술에서 마사릭의 독립운동과 군대창설, 체코슬로바키아 군단과 한국인들의 조우에 대해 기록했다. “1916년 1월 체코슬로바키아 국민위원회가 조직되었고 그 본부를 파리에 두고 마사릭이 위원장이 되었다.

1918년 오스트리아-헝가리제국의 붕괴 후 체코슬로바키아국회가 소집되었고, 헌법을 제정하며, 헌법의 기본 조항을 선포되었으며, 마사릭은 대통령으로 선출되었다. 마사릭은 "나는 대통령으로 선출되었고, 공화국은 안정적으로 수립되었다. 우리는 행정부를 수행하기 위한 모든 부서들에서 충분한 공무원들이 보유했다 … 나는 내가 대통령이 될

마사릭은 전쟁 당시에 파리는 군사상으로 보아 세계의 수도(首都)요 또한 윤돈(倫敦, 런던)에서는 아메리카로 연락하기 편의할 것이라 하야 첵크인 운동(運動)에 동정하는 유력한 영국인들의 주선으로 1915년 가을에 윤돈으로 건너가 윤돈대학의 강사의 임(任)을 가지고 외교활동을 하였다. 그러나 첵코슬로바키아 독립은 외교와 선전이나 지상조직(紙上組織)으로만 될 것이 아니요, 실제활동이 있어야 필요할 것을 깨닫고 군사활동을 추진하였다. 대전이 시작될 때에 첵코슬로바키아인은 이원제국 군대(軍隊)에 많이 참가하였다. 그러나 이 군인들은 이원제국의 승리를 위하야 헌신하는 것이 아니요, 다른 자백(自白)이 있었음이다. 동서남의 각 전선(全線)에 출전한 첵코슬로바키아 군인들은 각국의 포로(匏蘆)가 되었다. 이 포로군들은 각국 군대에 가입하여 출군한 일도 있었다. 그 중에 첵코슬로바키아 포로군이 노서아에 많았다. 마사릭은 이 포로군을 조직하야 무장시켜 서부전선으로 출전시킬 계획을 가지고 1917년 5월에 윤돈을 떠나 노서아로 도착하여 첵코슬로바키아 이재민의 활동을 지휘하며 노서아와 연합군의 원조하에서 노서아에 포로되었든 군인까지 합하야 9만2천명의 첵코슬로바키아 독립군을 조직하고 무장시켜 서백리아를 통과하야 블라디보스톡을 거쳐 수로로 구주전장(歐洲戰場)에 출전케하기로 결정하고, 마사릭 자신은 또한 수로(水路) 이병(移兵)을 주선하기 위하야 블라디보스톡을 떠나 남만철도(南滿鐵道)로 조선을 경유하야 아메리카를 향하는 노차(路次)에 일본에 도착케 되었다. 마사릭이 동경에 도착하든 때는 바로 1918년 4월이었다. 동경에서 첵코슬로바키아 독립군과 볼쉬비끼군 사이에 충돌이 생긴다는 통신을 받고 아메리카로 직행하야 구주 이병을 노력하였으나, 적군으로 충돌이 심하야 필경 적국으로 더불어 전쟁까지 하게 되었다. 첵코슬로바키아 독립군의 서백리아 행군은 근대전사(近代戰史)상에 장쾌한 기록이요, 노서아에서 된 군사상 활동도 장하였다. 그러나 여기서 역사를 기록할 수 없다. 만일 마사릭이 없었다면 누가 저 오합지졸을 조직하야 독립군을 만들어 이역만리(異域萬里) 북풍한설(北風寒雪)에 구만 여명을 동(動)할 무엇이 없었을 것이다. 오직 마사릭의 몽상과 같이 첵코슬로바키아의 독립군이 구주전장에 출전할 기회를 주지 아니하고 전쟁이 끝나게 된 것이다. 白樂濬, 「建國時代의 마사릭, 첵크 국부, 토마쓰 마사릭 傳士」, 19쪽.

것이라고 생각하지 않았다. 하지만 생각은 민주적 국가를 지향하고 있었고, 기본적으로 그런 민주국가를 만들어 가야하는 헌법을 생각했다. 나는 새로운 공화주의적 조직을 위해서 깨끗한 계획을 세웠다"[14]라고 하며, 민주주의에 기반 한 국가건설에 집중했음을 강조했다.

이승만과 마찬가지로 마사릭에게서 민주주의와 공화주의 시스템 구축의 의미는 군주제도에 한계를 극복하는 것이었다. 마사릭은 "공화국에서는 세습군주보다 헌법, 대통령과 행정부의 능력, 시민들과 의원들의 정치적 교육에 더 의존한다. 종종 군주들은 대통령보다 더 힘이 권력이 약하다. 왜냐하면 대통령은 국가의 의회의 대표이기 때문이다. 그것은 논리적이며, 미학적이라고 말할 수 있다 … 현대 공화주의자와 민주주의는 그들의 초기단계에 들었다. 그 원리에서 나는 영속적인 독재자와 전제주의에 반대한다"[15]고 하였다. 또한 마사릭은 민주주의란 원리는 아직 미숙하지만 기존의 유럽을 지배했던 전제적 군주 시스템에 비하여 덜 위협적이며, 유럽역사의 과오에서 책임이 벗어나 있음에 따라 새로운 국가건설원리의 대안으로 기대하고 있었다.

> 현대의 민주주의는 신생(young)이다. 미국과 프랑스 혁명으로부터 출발한 현재까지의 민주주의는 결코 완벽한 것이 아니다. 하지만 미래는 민주주의에 있다. 유럽의 지도를 보면 다수의 국가들이 공화주의이며 유럽은 본질적으로 민주주의적이다. 나는 유럽의 민주주의가 여전히 불완전하다는 것을 망설임없이 받아들일 수 있다. 하지만 독일의 왕가, 오스트리아-헝가리제국, 프러시아의 군주는 어떠했는가? 누가 전쟁을 일으켰는가? 누가 전쟁에 패했는가? 민주주의 국가인가? 또는 민주주의가 경제적 위협을 가져왔는가?[16]

---

14) Emil Ludwig, *Defender of Democracy*, pp.165~166.

15) Ibid, p.170.

마사릭은 민주주의의 도덕적 기능을 우선했고, 신념, 사랑까지도 포함되어야 할 것을 강조했다. "우리 체코슬로바키아는 우리 자신의 왕가가 없고, 외국 왕가와 연결되지 않는다는 측면에서 미국과 닮아있다. 우리는 귀족, 군대, 군사적 전통이 없다. 반면에 우리의 혁신전통은 교회와의 친밀함을 배제한다. 이것이 민주주의와 공화제가 도덕적 토대위에 놓여있어야 하며, 우리가 깨닫지 못하는 순간 약점으로 작용될 수 있다. 우리의 새롭게 태어나는 국가, 우리의 민주주의적 공화국은 이러한 아이디어에 기초해야 할 것이다"[17]라고 하며, 왜 신국가 운영시스템의 기초가 정교분리의 원칙에 의거해 도덕적 책무와 연계되어야 하는가를 중요하게 인식했다. 신념과 사랑에 대해서 "민주주의는 정부의 구성뿐만이 아니라 헌법에 명시된 것들까지 포함한다. 민주주의는 인간애와 인간 본성에서 나타나는 삶의 관점이며, 사랑이 없는 신념은 없고, 신념없는 사랑도 없다. 나는 민주주의는 토론(discussion)이라고 말한 적 있다. 하지만 진정한 민주주의는 인간이 또 다른 인간을 신뢰하는 것에서 오직 가능"[18]하다고 주장했다.

1918년 12월부터 1935년 5월까지 마사릭이 대통령으로 재임했던 기간의 체코슬로바키아가 권위주의 국가들에 둘러 쌓여있는 상황에서 '민주주의의 섬'이라고 불렸던 것은 당시 체코슬로바키아에서 민주주의와 의회주의 원칙이 준수되었기 때문이었다. 헌법과 법에 따라 정상적으로 선거가 실시되었고 절차와 규정에 따라 정부가 구성되었으며

---

16) Ibid, pp.220~221.

17) Tomáš Garrigue Masaryk, *The Making of a State: Memories and Observations, 1914-1918*, Frederick A. Stokes company, 2009[first printed in 1927], pp.226~227.

18) Tomáš Garrigue Masaryk, *Masaryk on Thought and Life Conversations with Karel Čapek,*. Arno Press & The New York Times, 1971[first printed in 1938], p.191.

정권이 교체되는 민주주의 제도의 특징들이 유지되고 있었다.[19] 마사릭은 자신이 미국과 프랑스식의 대통령제 민주주의를 선호하지만 현재 존재하는 어떤 민주주의도 완벽한 것이 아니기 때문에 체코슬로바키아식 민주주의가 필요하다고 판단했고, 의회제에 기반하지만 대통령의 역할을 강화하는 형태를 추진했다.[20]

② 유럽의 대안으로서 미국

마사릭은 미국에 대해서 지속적으로 관심을 표명했고, 1918년 독립과 건국을 위해 미국에 갔을 때가 네 번째 방문이었다. 1878년에 처음 미국에 갔고, 1902년, 1907년 지속적으로 미국의 성장을 직접 경험했다. 마사릭은 미국인들의 솔직함을 좋아한다며, "그들은 인도주의, 종교 또는 문화에 상관없이 좋다고 생각하는 모든 것을 위해 역동적이다. 그들은 우리보다 더 진취적으로 선하다"라고 했다.[21] 마사릭은 윌슨(Woodrow Wilson) 대통령과의 관계를 언급하며 "윌슨 대통령이 나를 초대해주기를 소망했다. 내 개인적으로 그리고 내 가족은 미국과 가까웠고, 나는 1878년부터 반복적으로 미국에 갔으며, 미국식 민주주의와 미국 시민사회의 발전은 내 학문적, 정치적 경력의 초기부터 생생하게 나의 관심을 이끌었다"[22]고 언급했다.

마사릭이 주장하고 있는 민주주의는 기본적으로 그가 좋아하는 미국에서 출발하여 전세계로 확산되고 있는 사상에 기반하고 있었다. 마

---

19) 김신규, 「민주주의 정치사상」, 181쪽.

20) 김신규, 「민주주의 정치사상」, 185쪽.

21) Karel Čapek, *President Masaryk Tells His Story*, Arno Press & The New York Times, 1971[first printed in 1935], p.278.

22) Tomáš Garrigue Masaryk, *The Making of a State: Memories and Observations*, p.225.

사릭은 1918년 5월 시카고에 도착하여 미국인들을 대상으로 체코슬로바키아의 독립지지를 요청했고, 미국인들의 지원을 받아 시카고, 볼티모어, 클리브랜드, 워싱턴 등지에서 체코슬로바키아 독립을 호소했다.[23] 1918년 6월 20일 워싱턴 가톨릭 모임에서 마사릭은 왜 자신이 오스트리아-헝가리제국의 정치적 가톨릭주의에 반대자가 되기로 결정했는지 설명했다. 마사릭은 미국의 정교분리 정책을 옹호했고 미국의 가톨릭은 교회로부터 국가의 독립이 전혀 해롭지 않음을 강조했다.[24] 마사릭은 유럽과 달리 정교분리의 미국사회가 하나의 새로운 국가적 지향이 될 수 있음을 강조했던 것이다.

특히, 마사릭은 "미국식 공화제에 종교의 도덕적 영향력의 중요성은 토크빌에 의해서 강조되어 왔다. 종파 간 분열은 종교적 활력의 특징이며, 마찬가지로 현대 개별성의 상징이기 때문에 공화주의나 민주주의가 미국을 분열시키는 것도 아니다. 영국과 마찬가지로 미국에서는 가톨릭조차도 유럽의 가톨릭 국가들 보다 종교적으로 더 확고하게 뿌리내리고 있다"[25]고 하며, 미국의 종파 간 분열이 배척의 대상이 될 것이 아니라 종교의 근본을 더욱 확고하게 하는 요인으로 인식했다.

당시 유럽에서 특히 독일과 오스트리아에서 미국주의(Americanism)는 종종 삶에 대한 기계적이고, 물질적인 관점으로서 비난을 받고 있는 상황이었다. 미국인들의 과학과 문화의 부적절함, 미국인들 사이에 정치적 감각의 결핍, 달러에 대한 전지전능성 등을 지적하고 있었다. 이에 대해 마사릭은 이러한 비판들에 대해서 다음과 같이 언급했다.

---

23) Ibid, p.219.

24) Ibid, p.220.

25) Ibid, p.225.

> 미국의 민주주의에 대한 지적이라면, 그것들은 동등하게 유럽의 귀족들에게도 지적되어야 한다. 미국식 문명은 나에게 호소했고, 나는 우리 민족의 주목할 만한 이민자들에게도 그 호소가 의미있다고 믿는다. 미국에서 나는 단순히 기계적인 것만이 아니라 자유의 사랑(love of freedom)과 개인의 독립(individual independence)까지 배울 수 있었다. 공화국에서 정치적 자유는 미국적 단순성(American simplicity)과 개방성의 모태와 같다. 미국에서 박애와 돈(money)에 대한 관대는 발전하고 있다. 소수의 관점에서 볼 때 미국은 미래의 문명에 대한 선례를 창조하고 있다.[26] [저자 강조]

마사릭은 '정치적 자유'를 기반으로 하고 있는 미국을 새로운 문명의 출발점으로 보고 있었다. 자유에 대한 마사릭의 인식은 영어를 배우려 배제학당에 입당했던 이승만이 "영어보다 더 중요한 것을 배웠는데, 그것은 정치적 자유에 대한 사상이었다"[27]고 술회했던 것과 유사함을 알 수 있다.

2) 이승만의 인식

① 자강과 독립을 위한 구체적 운영시스템, 민주주의

이승만은 한성감옥에 있던 시기부터 민주주의의 구체적 논리와 구조를 파악하고 있었다. 이승만은 『독립정신』에서 영국식 군주제나 다른 국가의 군주제보다도 미국과 프랑스의 정치제도와 전통, 즉 공화제의 사상과 제도적 운영을 16장에서 20장까지 할애하여 상세히 소개하고 있다. 민주정치(공화제)를 "백성이 주장한다는 뜻"이라고 정의하면서 대통령이 다스리는 체제라고 하며, 미국 독립사례와 프랑스 혁명사

---

26) Ibid, p.228.

27) 김명섭, 김석원, 「독립의 지정학」, 62쪽.

례를 통해 민주주의 발전상을 긍정적으로 소개하고 있다. 특히, 미국이 자유와 평등 사회로서 헌법적 권리를 부여한 사회라는 점을 지적함으로써 자신의 개혁사상을 개진했다. 점진적 변화를 경험한 영국식 정치체가 아니라 전통적 지배체제를 급격하게 단절하고 급진적 개혁을 달성한 공화체제에 대한 이승만의 실천적, 이론적 관심을 확인할 수 있다.[28]

또한 이승만은 1900년 『중동전기본말』(中東戰記本末)을 발췌, 정리하며, 후반부에 '권고하는 글'을 추가하여 『청일전기』를 작성했다. 이 글에서 당시 그가 인식하던 민주주의가 잘 나타나있는데, 이승만은 민주주의 제도를 하나의 운영시스템으로 이해하고 이 운영시스템을 대한제국에 들여와 행정방식을 시도하려는 인식을 보여주고 있다.

> 서양에서 시행중인 새로운 제도는 나라와 백성을 이롭고 편안하게 하자는 주의다. 서양에서도 100여 년 전까지는 좋지 못한 정치와 완고한 풍속으로 많은 사람이 죽고 난리도 수없이 발생하자 견디다 못해 새로운 제도를 만들기 시작했다. 그 결과 오늘날 시행중인 제도는 백성의 생명과 재산을 지키는데 대단히 이롭게 되어 있다. 우리는 지금 새로운 제도를 만들어 남들과 같이 되고자 애쓸 것 없이 서양 사람들이 훌륭하게 만들어 놓은 제도들을 도입하여 시행하면 우리도 빠르게 발전할 수 있다.[29]

일제강점기 독립을 위한 행보, 그리고 1948년 대한민국 정부수립 후 우선적으로 시도했던 유엔승인외교에서 알 수 있듯이 이승만은 국제관계에서 외교와 국제법을 중요하게 인식했다. 이러한 그의 인식은 일

---

28) 김용직, 「이승만의 『독립정신』과 후기 개화기 정치외교 담론」, 97~98쪽.

29) 이승만 편저, 「권고하는 글」, 김용삼, 김효선, 류석춘 번역 · 해제, 『(쉽게 풀어쓴) 청일전기』, 북앤피플, 2015, 341쪽.

찍이 한성감옥에서부터 나타나고 있었는데, "다른 나라가 우리를 인정하도록 하려면 국제기구에 가입해야 한다. 국제기구에 가입하려면 우선 국제기구에 가입한 나라 사람들의 마음과 제도를 본받아야 한다. 그래야 남들이 우리를 의지와 기개가 서로 맞는 친구로 여겨 인정해주는 마음이 생긴다. 개화는 싫고 내 방식만 좋다고 고집하면 내 마음속에 남을 업신여기려는 뜻이 있는 것으로 인식되어 남들이 나를 동료로 알아주지 않는다"[30]라며 외교를 잘하고, 국제기구에 가입해야 국제사회의 동료가 된다고 파악했고, 조선의 전통적 기준보다도 국제적 흐름을 잘 이해해야하며 이러한 상태가 되도록 배우려는 자세가 확립되어 있어야 함을 말하고 있었다.

이승만은 1914년 2월『태평양잡지』에 '미국헌법의 발전'이라는 글에서 "미국헌법이 생기는 권리는 입법부에 달렸고, 마지막 보호하는 권리는 사법부에 달렸으며, 행정부는 다만 조차 시행할 따름이니 백성의 자유를 보호하는 자는 헌법이요, 헌법의 실시를 보호하는 자는 중앙대심원장이라. 그 지위가 심히 높고 책임이 가장 중하도다 … 일정한 규모를 모본해 다 한결같이 시행하기는 불능하니 대강 종지만 알면 지혜로운 사람이 있어 지혜롭게 인도하기에 있도다"[31]라며 미국에서 헌법의 시행과 3권분립의 기능을 이해하고 따르기를 강조했다. 또한 필라델피아 '대한인총대표회의'에서 "우리는 할 수 있는데까지 미국의 정치체제를 모방한 정부를 세우기로 제의한다"[32]라고 하며 독립국가의 방향을 미국식 민주주의 헌법이 기초가 되는 국가 형태로 그려내고 있었다.

---

30) 위의 책, 338쪽.

31) 유영익,『건국대통령 이승만: 생애 사상 업적의 새로운 조명』, 119쪽.

32) 위의 책, 122쪽.

1941년 *Japan Inside Out*에서 이승만은 민주주의와 전체주의를 비교하며 민주주의적 정부 원리를 신봉하는 사람은 근본적으로 개인주의자이며, 정부의 권력은 시민으로부터 나오고 개인의 권리와 자유 위에 한 국가의 구조가 세워지게 된다고 보았다. 이에 반해 전체주의는 국민이 정부에 복종하는 것으로 보았다. 그는 "일본과 소련 · 독일 · 이태리가 미주대륙만 빼놓고는 거의 다 장악하고 있으므로 미국의 민주주의는 전체주의 대양 속에 있는 한 개의 섬과 같다"[33]고 보았다. 또한 극동과 유럽의 나라들은 미국이 영토에 야심이 없는 유일한 나라며 미국의 자유와 평등, 정의 사상은 전인류에게 영감을 주는 원천이고, 물질적 풍요와 정신력, 천재성의 자유로운 발전에 따라 미국은 쉽사리 구세계에서 신질서를 도입할 수 있었다고 보았다.[34] 이승만은 미국이 전체주의국가들에 침략당하지 않기 위해서는 먼로독트린에 종지부를 찍어야 할 것을 강조했다.[35] 이승만의 민주주의에 대한 인식은 그의 청년시기에 기본 구조에 대한 학습에서부터 국제정치를 이해하는 기준이 확립되어가는 형태로 발전했음을 확인할 수 있다.

② 미국, '한국인들의 자주독립을 돕는 나라'

그렇다면 이승만이 생각하던 미국은 어떠한 나라일까? 대한제국시기 이승만에게서 미국은 청의 종속적 질서에 균열을 일으켜 자주독립을 도울 수 있는 나라였다. 이승만은 미국에 대해서 다음과 같이 언급한다.

---

33) 이승만 지음, 류광현 옮김, 『일본의 가면을 벗긴다(Japan Inside Out)』, 비봉출판사, 2015, 276~279쪽.

34) 위의 책, 281쪽.

35) 위의 책, 289~291쪽.

> 미국 국무장관 미철(미첼)은 우리나라의 일을 의회에 제안하여 조선이 자주국임을 확증하는데 찬성하고 청나라 조정의 가혹하고 무례함을 통척(痛斥)하였다. 또 그는 어느 나라를 막론하고 만약 조선에 대하여 불공평하거나 가혹하게 행동하는 경우 항구적인 평화와 친목을 도모하기 위하여 현재의 국면을 지키도록 힘쓰는 것이 바로 통상을 하는 여러 나라의 당연한 직분이라는 뜻을 회의에 부쳐 그 의결을 얻어 세계에 공포하였다. 지금이 바로 울 나라가 스스로를 도모할 때이다.[36)]

이승만은 그의 박사논문에서도 영국과 미국의 대외 정책을 구분하여 미국의 유능한 지도자들은 스코틀랜드 계몽주의의 후예들이며 미국의 진보적 중립원칙은 스코틀랜드 자유주의-독립주의-민주주의-자유통상사상으로 파악하고 있었다. 이승만은 영국을 호전적인 국가로 생각하며, 중상주의-식민주의-제국주의의 원형으로 파악하고 있었다.[37)] 이승만은 유럽국가들은 식민지 통상에 대하여 다른 나라에게 어떠한 권리도 허용하지 않았던 반면, 미국은 언제나 통상의 자유를 위하여 투쟁하였다고 파악하며, 유럽의 무력통상 대 미국의 자유통상을 대비시키고 있었다.[38)]

이승만의 『한국교회핍박』의 두 번째 장은 "미국교회들이 움직이다"였다. 이승만은 105인사건 이후 미국정부와 일본공사가 수차례 접촉하였고, 미국 "장로교와 남 · 북감리교 선교회 본부와 미국 성서공회와 만국청년회 본부에서 각각 대표를 파송했으며, 전미 국무대신 로우씨와 포스터씨, 전하버드대학 총장 엘리오씨와 예일대 총장 해들리씨 …

36) 이승만, "국시를 계정하다," 역사노트, 유영익, 『젊은 날의 이승만 한성감옥생활(1899~1904)과 옥중잡기 연구』, 330쪽에서 재인용.

37) 김학은, 『이승만과 마사리크』, 185쪽.

38) 위의 책, 158~159쪽.

미국 각 교회의 지도자들이 일본정부와 교회 지도자들을 직접 접촉하여 이 일이 공정하게 마무리 될 수 있도록 애쓸"[39] 것이라는 내용을 우선적으로 전했다. 이 당시 이승만에게는 미국의 종교계와 학계, 그리고 정관계의 지도자들이 일제에 의한 한국의 핍박을 해결해 줄 것이라는 기대가 있었다. 1921년 워싱턴회의를 한국대표로 참여했던 이승만을 취재한 『동아일보』 기자 김동성은 "이승만 박사에게 있어서 워싱턴 D.C.는 친우도 많고 교제 범위도 넓어" 사실상 그에게 "고향이나 다름없다"고 보도하기도 했다.[40]

이승만은 1944년 9월 1일 미국무부 극동국 국장 발렌타인(Joseph W. Ballantine)과의 면담에서 "우리 한국은 국제연합이란 집안에서 우는 아이와 같습니다. 우리만 유일하게 차별대우를 받습니다 … 제발 마음을 여시고 약간의 동정심과 공정함으로 저희를 봐 주십시오"[41]라고 언급하며 조미수호통상조약과 민족자결주의의 재고를 통해 미국과 국제연합이 코리아 독립을 지원해 주길 요청했다. 하지만 이승만의 미국에 대한 인식이 우호적 방향으로만 진행된 것은 아니었다. 차상철은 배재학당과 한성감옥에서 이승만의 미국인식에 대해 호의적인 미국관을 '무비판적으로' 수용함으로서, 지나친 '미국 숭배자'의 모습을 드러냈으나, 1905년 루즈벨트와의 면담과 유학생활, 33년간의 망명생활을 통해 당대 최고의 미국전문가인 '지미(知美)주의자'가 되었다고 파악했다.[42]

---

39) 이승만 지음, 건국대통령 이승만 박사 기념사업회 · 건국60년출판위원회 편, 『한국교회핍박』, 청미디어, 2008, 49~50쪽.

40) 「東亞日報」, 1922.02.11., 김명섭, 김정민, 「워싱턴회의 시기 이승만의 외교활동과 신문 스크랩, 1921-1922」, 184쪽에서 재인용. 저자들에 따르면 한국대표단이 워싱턴회의 미국대표단에게 제출한 청원서에는 일본의 압제와 고통 받는 한국 기독교의 참상이 포함되었다.

41) 이승만 지음, 류석춘, 오영섭, 데이빗 필즈, 한지은 공편, 『국역 이승만 일기』, 대한민국역사박물관 · 이승만연구원, 2015, 287~288쪽.

특히 이승만은 *Japan Inside Out* 15장에서 미국의 민주주의가 국민 통합을 저해하고, 전체주의 팽창에 대응을 방해하고 있는 점을 지적하고 있다. 이승만에게 일제 침략으로 나라를 잃은 한국인들의 처지를 고려할 때 미국인의 자유와 권리의 남용은 사치스러운 것으로 받아들여지기도 했던 것이다.[43)]

마사릭은 "우리는 체코국가의 독립이 반드시 연합국에게도 유익하다는 점을 설득시켜야 한다" 하였고, 이승만 역시 한국의 독립이 미국에 유익하다는 사실을 깨달았던 인물이었다.[44)] 이승만과 마사릭은 민주주의를 국가운영시스템으로 적극 활용하는 미국에 대해서 기대하며, 이를 자국의 독립방향과 적극적으로 연결시켰다. 다만 이승만이 개인과 민족, 국가의 자강과 독립에 민주주의를 연결시켰다면 마사릭은 보다 민주주의에 있어서 종교적, 인본주의적 요소에 주목했다.[45)]

---

42) 차상철, 「이승만의 미국인식-형성과 전개」, 284~287쪽.

43) 김영호, 「이승만의 국제정치관에 관한 연구-『일본내막기』를 중심으로」, 135쪽.

44) 김학은, 『이승만과 마사리크』, 256쪽.

45) 마사릭은 제1차세계대전 이후 윌슨의 민족자결주의에 영향을 받으며 민족의 정의와 의미에 대해 고민했다. 특히, 18세기를 모든 현대적 도덕의 기반이 형성된 시기라고 생각하며 18세기를 인간성과 계몽의 시대라고 평가했다. 인도주의적 원칙은 민주주의, 사회주의, 민족에 대한 정의와 필요성으로부터 나오며, 민주주의와 사회주의의 리더와 이론가들은 다른 이들에 대한 사랑을 기반으로 하는 기독교 공동체에서 민주주의, 사회주의, 민족의 정의와 정당성을 세워간다고 생각했다. 이러한 인도주의적 원칙은 자유, 평등, 박애라는 프랑스 혁명의 모토에 의해서 적용되었던 것이다. Tomáš Garrigue Masaryk, Ed. W. Preston Warren and William B. Weist. *The New Europe (The Slav Standpoint)*, Bucknell University Press, 1972[first printed in 1918], p.66.

3. 기독교에 대한 인식

1) 개신교의 수용과 신앙적 자세

이승만은 배재학당 졸업 후 서재필(徐載弼)이 조직한 독립협회에 가입하여 개혁활동을 펼치던 끝에 고종황제를 폐위시키고, 급진개혁가 박영효(朴泳孝) 중심의 입헌군주제 정부를 세우려는 쿠데타 음모에 가담하였다가 1899년 1월 투옥되었다. 투옥 후 '절망적인' 상황에서 그의 종교적 '귀의'가 시작되었고, '어리석게만' 느껴졌던 기독교의 천국 교리도 '다음 세상의 희망'으로 다가왔다.[46] 이승만은 5년 7개월간 감옥생활 중 옥중도서실을 개설하고 『영한사전』을 편찬하며 『독립정신』을 저술했고, 성경반을 조직하여 동료 정치범들과 함께 성경을 공부하고 예배를 보며 죄수와 간수들을 전도했다. 이승만은 한성감옥에서 풀려날 때까지 40여 명의 죄수와 옥리(獄吏)들을 기독교로 개종시켰다.[47]

이승만은 수감 동안 『신학월보』라는 잡지에 "예수교가 대한 장래의 기초"라는 글을 발표했고, "예수교는 본래 교회 속에 경장하는 주의를 포함한 고로 예수교가 가는 곳마다 변혁하는 힘이 생기지 않는 데 없고"라며 한민족이 소생할 수 있는 유일한 희망의 원천이 기독교에 있

46) 이덕주, 「이승만의 기독교 신앙과 국가건설론」, 47쪽. 이승만은 당시 처음으로 "나의 영혼과 국가를 위해" 하나님께 기도하였다. 그 때 그는 자신에게 사형선고가 내릴 것을 초조하게 기다리는 한계상황에서 캐나다 선교사가 차입해 준 성경을 읽다가 칼에 머리를 얹은 채 "오, 하나님! 저의 영혼과 우리나라를 구원해 주옵소서"라는 기도를 하며 기독교에 받아들였다고 한다. 이승만은 1905년 4월 23일 부활절에 미국 워싱턴D.C.의 커버넌트 장로교회에서 세례를 받았다. 유영익, 「우남 이승만의 기독교 건국 리더십(上)」, 『크리스천투데이』, 2009.03.17.

47) 유영익, 「우남 이승만의 기독교 건국 리더십(上)」.

다고 봤다.[48] 이승만의 개신교 수용은 그에게 많은 영향을 미쳤던 서재필, 윤치호(尹致昊)의 개신교 수용과 유사했고, 중국중심주의에 대한 대체적 성격을 지닌 것이었다.[49]

마사릭은 가톨릭 집안에서 태어났지만, 1870년 교황무류성(Papal infallibility)선언과 개신교 아내의 영향[50]으로 개신교인이 되었다.[51] 마사릭은 철학자보다는 보다 근본적으로 신앙인이었고, 신앙인 보다는 좀 더 실용적 기독교인으로 평가받고 있다.[52] 마사릭은 프로테스탄트는 쉽게 합리주의자가 될 수 있다고 보았다. 신과 인간의 관계에 대해서 "예수는 종교다. 나는 복음서와 오래된 문헌들을 통해 매우 확고한 생각을 형성해왔다. 내 삶은 두 가지 축으로 형성되었는데, 하나님을 사랑하라 그리고 이웃을 사랑하라. 나에게 종교와 인간성은 긴밀하게 연결되어 있다"[53]라고 하며, 개신교와 합리성이 연결된 측면을 인식하였고, 하나님과 이웃에 대한 사랑을 삶의 두 축으로 삼고 있음을 밝혔다.

> 우리는 동유럽과 서유럽의 경계에 있었고, 기독교는 동유럽으로부터 우리에게 왔다. 우리는 유럽에서 처음으로 교회의 개혁과 르네상스를 진행시켰다. 체코의 종교개혁(Czech Reformation)을 통해 다른 국

---

48) 유영익,『건국대통령 이승만: 생애 사상 업적의 새로운 조명』, 90~91쪽; 박혜수,「이승만과 하와이 감리교회와의 관계」, 98쪽.

49) 김명섭, 김석원,「독립의 지정학」, 69쪽.

50) 마사릭은 여성에 대한 가톨릭과 마르크스주의의 견해를 비판했고, 여성들의 정치참여를 위해 캠페인을 벌였다. 민주주의와 페미니즘에 대해서는 김규진,「마사릭의 민주주의 사상」을 참조.

51) Francisca de Haan, Krasimira Daskalova, and Anna Loutfi, *Biographical Dictionary of Women's Movements and Feminisms in Central, Eastern, and South Eastern Europe: 19th and 20th Centuries,* Central European University Press, 2006, p.306.

52) Emil Ludwig, *Defender of Democracy*, p.73.

53) Ibid, pp.74~75.

> 가들의 종교개혁이 진행되었다. 루터가 우리는 모두 후스주의자(We are all Hussites)라고 말한 것은 옳았다. 후스(Jan Hus), 첼시스키(Petr Chelčický), 코멘스키(Jan Amos Komenský)는 우리의 종교지도자들이다. 후스는 도덕의 출중함을 종교와 교회에서 파악했다. 첼시스키는 교회와 국가사이에 관계를 주목했고, 신정국가를 요청했다. 코멘스키는 영적인 삶은 교육과 인간성으로 이루어진다는 개념을 통해 종교개혁을 추구했다.[54]

마사릭은 체코슬로바키아 기독교사를 언급하며 기독교가 서유럽으로 확장되는데 체코슬로바키아가 중간자의 역할을 했고, 종교개혁의 출발점이었음을 강조했다. 이승만은 개신교를 수용하며, 전통적 중화인식과 단절을 추구했다면, 마사릭은 유럽 전체의 개신교적 기원을 체코슬로바키아의 역사에서 찾았고 이는 오스트리아-헝가리제국과 다른 국가적 · 종교적 정체성을 추구하는 것이었다.

2) 정교분리와 개신교/가톨릭에 대한 인식

구교의 신권정치에 대한 문제점을 인식한 마사릭에게 정교분리는 중요한 문제였다. 마사릭은 종교의 자유에 대해 "체코슬로바키아 공화국에서 다양한 민족뿐 아니라 다양한 교회들을 존재하고 있다. 가톨릭, 정교회, 그리고 프로테스탄트들로 구성된 신교가 있다. 다른 기독교 교파에 속하는 것을 거부하는 유대인들과 국민들이 있다. 종교적 자유, 나는 그들 모두를 향한 대통령으로 행동하고 존재해야"[55]한다고 하였다. 이러한 마사릭의 종교적 자유와 정교분리의 인식은 그의 역사

54) Tomáš Garrigue Masaryk, *Masaryk on Thought and Life Conversations with Karel Čapek*, pp.111~112.

55) Emil Ludwig, *Defender of Democracy*, p.179.

에 대한 이해에서 기인했는데, "기독교인들의 인구는 점차 많아지고 있고, 교회는 중앙집권화되어갔다. 로마의 황제들은 기독교인들을 박해했지만 교회는 이교도들의 국가를 멸망시키는 시도를 해서는 안 된다. 또는 정치적으로 그것을 개혁하려는 시도를 해서는 안 된다. 그들이 기독교인이 되었을 때 기독교인들의 정치가 나타나는 것이며, 교회는 도덕적이고 종교적인 기초를 확립"[56]하는 역할을 해줄 것임을 밝히며 정교분리가 이루어져야 함을 강조했다. 동시에 기독교인들이 정치의 중심이 되어 도덕적이고 종교적인 기초를 확립할 것을 강조하기도 했다.

이승만은 서양과 동양 문명의 분기점, 서양이 동양을 앞서게 된 결절점을 개신교에서 찾았으며 문명화를 위해서 구교를 받아들여서는 안 된다고 보았다. 개신교를 믿는 나라에서만 진정한 문명화가 가능하며, 루터로부터 시작된 서구문명의 근본정신이 정점에 도달한 나라가 미국인 것으로 파악했다.[57] 이승만은 마사릭과 마찬가지로 개신교와 가톨릭을 구분해야 하는 세계사적 흐름을 이해하고 있었고 이를 대한제국의 상황에 적용하고 있었다.

> 오직 예수신교만은 오랜 병폐를 잘라버리고 본원의 진리를 절충하여 믿음을 통해서 구원을 얻는 것은 종지로 삼고 자유를 통해서 해방되는 것을 그 공효(功效)로 삼고 있다. 지금 신교를 신봉하는 여러 나라가 끊임없이 날로 진보하는 것은, 실로 그 이득에 힘입고 있다는 분명한 결과요 커다란 증좌이다. 그러므로 현대에 사는 사람들이 자신들이 받들어 행하는 종교에 대하여 신구(新舊)와 진가(眞假)의 차이를 깊이 살피지 않을 수 있겠는가.[58]

---

56) Masaryk, Tomáš Garrigue, *Masaryk on Thought and Life Conversations with Karel Čapek,*. p.116.

57) 정승현, 강정인, 「이승만의 초기 사상에 나타난 서구중심주의」, 45쪽.

58) 이승만, "러시아의 南下경고와 改新敎 · 新學問 권장론," 유영익, 『젊은 날의 이

또한 이승만은 "한사람의 마음으로써 천만인의 마음을 삼고 한 사람의 눈과 귀로써 천만인의 눈과 귀를 삼아 그르치고 규제하는 것은, 사람을 구속하고 압제하려는 의미가 있음을 면하기 어렵다. 이것이 구교 중에서 허다한 폐단이 생겨난 이유다"[59]라고 했다. 군주제를 벗어나 정치적 자유를 추구하기 위해 가톨릭의 폐단을 비판하고 정교분리를 주장하던 마사릭의 인식은 이승만의 가톨릭 비판과 맥락을 같이하고 있었다.

3) 개신교를 기초로 한 독립과 자강, 국가건설

이승만은 『독립정신』의 "독립주의의 긴요한 조목"에서 통상증진, 외교주력 등에 힘써도 '가지의 잎새'에 해당되며 근본적인 변화를 위해서는 서구의 기독교를 받아들여야 인간 사회의 모든 일들이 다 바로 잡힐 수 있다고 그의 기독교적 관점에서의 정치개혁 방안을 피력했다. 이승만은 정치, 법률보다 교화로 인한 감화에 의해 신인간을 창조하여 새로운 문명개화에 다다른다고 본 기독교 계몽주의적 교화론을 신봉하였다. 이승만의 기독교 교화사상은 '입국이교화위본(立國以教化爲本)'이라는 논설에서 잘 나타나는데 일본이나 러시아의 정치사회적 무질서나 폐단 등에서 보듯이 정치와 법률의 개선을 우선하기 보다는 기독교적 인격 수양이 우선되어야 한다고 주장했다.[60]

한성감옥에서 이승만은 서구문명 뒤에 있는 자유주의의 기원은 기독교라고 보았는데, "이 [기독]교로써 근본을 삼지 않고는 … 자유권리

승만 한성감옥생활(1899~1904)과 옥중잡기 연구』, 322쪽에서 재인용.

59) 위의 책, 322~323쪽에서 재인용.

60) 김용직, 「이승만의 『독립정신』과 후기 개화기 정치외교 담론」, 82~83쪽.

를 중히 하려도 평균한 방한을 알지 못할지라 … 세계 문명국 사람들이 기독교를 사회의 근본으로 삼고 있으며, 그 결과 일반 백성까지도 높은 도덕적 수준에 이른 것이다 … 기독교를 근본으로 삼지 않고는 온 세계와 접촉할지라도 참된 이익을 얻지 못할 것"이고, "유교는 사람의 도이고 기독교는 하나님의 도"이므로 "예수교 받드는 나라들이 문명부강 태평안락[평화]"하다는 것이었다.[61] 이승만에게 있어서 개신교를 통한 점진적 정치개혁의 궁극적 목표는 조선의 정치적 독립이었고, 기독교신앙을 통해 유교적 세계관을 버리고 문명의 발전과 국가의 부강을 낙관하는 진보적 세계관을 구축해갔다.[62]

또한 이승만은 개인과 민족의 발전에 기독교를 활용했다. 이승만은 조선사회의 기독교 수용을 강조하면서, 본질적으로 정치와 교육의 변화로 연결될 것을 기대했다. "구주속에 있는 영국과 미국 등과 같은 나라는 백년 이래로 세교가 크게 변하였다. 그 나라의 정치와 교육은 모두 더불어 새롭게 변하여 공부하는 사람이 100명당 70여명이나 된다. 어찌 공경히 우러러보고 부러워할 일이 아니겠는가?"[63]라고 하며 기독교를 믿는 국가들의 교육열을 부러워했다. 이승만은 교육과 학문을 가능하게 하는 방법을 기독교에서 찾고 있었는데 이는 우선 개인의 권리회복과 연관되어 있었다. 기독교의 모든 사람이 다 하느님의 동등한 자녀가 되는 이치와 사람의 마음이 모든 죄악에서 벗어나 자유 활동하는 이치야말로 근대 시민혁명의 이념이 자유, 평등, 박애의 원류라고 주장하였다.[64] 이승만은 다음과 같이 주장하며, 신앙을 기초로 교육과

---

61) 김학은, 『이승만과 마사리크』, 181~182쪽.

62) 최연식, 「개혁적 사회진화론의 수용과 청년기 이승만의 독립정신」, 155~156쪽.

63) 이승만, "[정해상이 쓴] 신학문을 권하는 글," 신변노트, 유영익, 『젊은 날의 이승만 한성감옥생활(1899~1904)과 옥중잡기 연구』, 281쪽에서 재인용.

64) 장규식, 「한국교회핍박에 나타난 이승만의 기독교입국과 외교독립 구상」, 160쪽.

학문을 정진하여 독립과 자강을 확립할 것을 기대했다.

> 우리가 그 화란을 입지 않으려고 한다면 교육과 학문의 두 가지 큰 길 밖에는 없다. 자유스러운 신교로써 기왕에 속박당한 사상을 풀어버리고 활발하게 자강지심을 갖게 하며, 또한 다같이 하나님이 똑같이 사랑하는 자녀가 되어 맹세코 두 번 다시 남에게 절제를 받지 말아야함을 알게 해야 한다. 자치의 규범을 알게 하고 나아가 그것을 독립의 기초로 삼는다면, 머지 않아 영국과 미국 사람들과 더불어 수레를 나란히 하고 함께 달릴만큼 발전하여 유태인들이 여러번 겪었던 참화를 면할 수 있을 것이다.[65] [저자 강조]

1908년 유학시절 필라델피아에서 기독교 집회에서도 한국대표로 연설하며 1885년 기독교가 소개된 후 "지금 10만이 넘는 한국 크리스천들이 진지하게 그리고 끊임없이 그들의 아름답고 자그마한 나라가 20년 이내에 완전한 기독교의 나라가 될 수 있도록 기도"한다 하였다.[66] 1911년 105인사건 이후 기독교인들에 대한 탄압이 강화되던 시기 이승만은 미국에 망명하여 하와이에서 『한국교회핍박』을 출간하여 일제의 한국지배 문제를 기독교 억압이라는 차원에서 제기했다. 이 책에서 이승만은 기독교 세력이 한국에 예수교 문명과 혁명사상을 만들고 미국과 연결되어 있기 때문에 일본이 이를 탄압하려한다고 주장했다.[67]

---

65) 이승만, "러시아의 南下경고와 改新敎 · 新學問 권장론" 한문 논설, 유영익, 『젊은 날의 이승만 한성감옥생활(1899~1904)과 옥중잡기 연구』, 326쪽에서 재인용. 또한 이승만은 "개명된 신학문으로 몽매함을 깨우쳐서 백성들로 하여금 각자 어둠을 버리고 밝음으로 나가며 옛 것을 고쳐서 새것으로 바꾸게 하고 일본과 더불어 서로 연맹하여 방어하는 방책을 강구해야 한다."라고 주장하기도 했다.

66) 유영익, 『건국대통령 이승만: 생애 사상 업적의 새로운 조명』, 91쪽.

67) 안종철, 「문명개화에서 반공으로-이승만과 개신교의 관계의 변화 1912-1950」, 162쪽.

『한국교회핍박』에 나타나 있는 이승만의 기독교 입국론은 기독교로 국민을 교화하여 장차 구미 각국과 동등한 문명, 자유, 복락을 누리자는 기조위에 1. 하느님에 대한 믿음과 소망으로 국민의 원기를 되살리고, 2. 예수가 가르친 이웃사랑의 정신으로 국민통합을 도모하는 한편, 3. 기독교 자유평등 이념에 기초해 상등 문명국가로 나아가는 것을 주요 내용으로 하고 있다.[68] 이승만은『한국교회핍박』'고난의 기독교정신'에서 서양인들이 한국인들의 핍박에 민감한 이유를 다음으로 설명했다. 첫째, 유럽과 미국 각국이 쟁취한 자유와 행복은 핍박 중에 다져나간 기독교의 힘이기 때문에 한국인들에게 동정(sympathy)을 표하기 위해서이며, 둘째는 교회를 보호하기 위해서였다고 밝힌다. 미국이 아시아국가들과 교섭하는 두 가지 큰 목적은 통상과 기독교의 선교이고, 이 목적에 기반해 한국 교회를 돕고 있음을 강조했다. 한국의 경우는 통상한지 30년 만에 기독교인 수가 25만 명에 달했으며 해외에서는 "하나님이 한국백성을 이스라엘 백성같이 특별히 택하여 동양에 처음 기독교 국가를 만들어 아시아에 기독교 문명을 발전시킬 책임을 맡긴 것"이라고 말할 정도였다.[69]

이승만은 1919년 노령임시정부의 국무경으로 추대된 후 미국인 기자와의 인터뷰에서 "이번 독립운동 지도자들의 주의는 한국을 동양 처음의 기독교국으로 건설하는 것"이라고 언명했고, 4월 14일 필라델피아 대한인총대표회의에서 "우리의 목적은 일본의 군사독재로부터 자유를 찾는 것이며, 우리의 투쟁목표는 아시아에서 민주주의를 실현하는 것입니다. 또한 우리의 희망은 기독교 신앙을 널리 전파하는 것입니다"라고 하며 신대한(新大韓)을 아시아 최초의 모범적인 기독교 국

---

68) 장규식, 「한국교회핍박에 나타난 이승만의 기독교입국과 외교독립 구상」, 161쪽.

69) 이승만 지음, 『한국교회핍박』, 59~62쪽.

가로 만들고자 했다.[70] 이승만은 한성감옥 시기 이미 유교적 세계관을 버리고 기독교에 기초한 국가건설을 주장했다. 신앙을 통해 개인의 독립과 자유를 확립하고, 교육과 학문에 정진해 미국과 유럽의 개신교 국가형태를 지양하고 있었다.

이승만처럼 마사릭 역시 기독교는 민주주의와 긴밀하게 연결된 것으로 인식했다. 마사릭은 개신교국가들이 가톨릭국가보다 더 민주적이라고 했는데 개신교는 귀족적 사제와 교회 권위에 대항해서 개인주의, 주관주의 개인의 자유, 그리고 개인의 책임을 강조했고, 이러한 의미에서 개신교는 정치적 민주주의를 위한 기반이 준비되어 있다고 보았다.[71] 마사릭은 당시의 개신교국가들이 완전히 민주적이라고 확신할 수는 없지만 그들의 발전을 기다려야 한다고 보았다. 개신교 국가는 영국, 미국을 의미하고, 영국의 의회제도나 미국의 인권 선언은 민주주의의 선생이라고 보았다.[72]

> 오래된 신권정체는 민주주의에 의해 붕괴될 것이다. 민주주의는 반종교를 의미하지는 않는다. 이것과 연결하여 미국은 독특하다. 왜냐하면 기독교와 국가가 독립적이기 때문이다. 하지만 동시에 많은 대중들은 종교적이고 교회로 향해있다. 영국의 민주주의에서 우리는 동일한 경향이 있다는 것을 받아들여야 한다. 민주주의 시민들이 반종교적이고, 종교에 무관심하다거나, 교회에 반대한다고 하는 주장들은 사실과 다르다. 나는 종교가 천국에서뿐만 아니라 지상에서도 유기적인 연합으로 인류를 유지하기 위한 가장 중요하고 심오한 사회적 강제력(social forces)이라고 생각한다.[73]

---

70) 유영익, 『건국대통령 이승만: 생애 사상 업적의 새로운 조명』, 97~98쪽.

71) Tomáš Garrigue Masaryk, *Masaryk on Thought and Life Conversations with Karel Čapek*,. pp.186~187.

72) Ibid, p.187.

73) Emil Ludwig, *Defender of Democracy*, pp.182~183.

이러한 마사릭의 주장에서 종교적 자유는 결국 민주주의의 발전을 이끌고 신권정치를 붕괴하는 정치활동으로 진행될 것임을 말했다. 마사릭은 종교와 정치의 결합 형태의 신권정치는 반대했지만, 민주주의 사회에서 종교가 건강하게 기능하는 것에 대해서는 긍정적으로 파악하고, 사회 구성의 근간이 종교에서 시작된다고 파악했다. 마사릭은 "민주주의는 역사적으로 실제적으로 오래된 신권정치를 분해하고 대체했다. 왜냐하면 도덕은 종교의 가장 중요한 표현이기 때문이다. 구 신권정치의 반대는 인간중심주의(anthropocracy)가 아니다. 그것은 민주주의다. 이것을 풀이한다면 나는 인류의 이기적 인간성이 아닌 것을 의미한다"[74]고 하였다. 마사릭의 주장은 그가 정교분리를 정치적 원칙으로 삼고 있지만, 국가 건설에 있어서 개신교가 건강한 형태로 작동하기를 희망했고, 이것이 민주사회에서의 중요한 활동이자 "사회적 강제력"임을 역설했다.

마사릭은 유럽의 위기는 "시저가 아니라 예수"가 구해야 한다고 표현하며, 종교적으로 해결되어야 함을 강조했다. 또한 "현대 민주주의는 새롭게 탄생한 기독교주의"여야 하며, 마사릭은 체코슬로바키아의 역사와 유럽역사의 연결고리를 찾았는데, 그것은 부패한 바티칸 천주교회의 절대주의에 최초로 대항한 후스로부터 면면히 이어지는 역사로 해석하였기 때문이다.[75] 이승만과 마사릭은 발전된 국가들이 공유하는 민주주의를 가능하게 하는 것은 윤리적, 인격적, 도덕 수양 등 신교의 종교적 기능에 의한 것이라 파악하였고, 민주주의와 기독교에 기초한 국가창설을 열망했다.

---

74) Ibid, p.183.

75) 김학은, 『이승만과 마사리크』, 500쪽.

4) 전체주의에 대한 대항

마사릭은 유럽 전체를 위협하는 파시즘과 가톨릭의 관계성을 지적했다. 마사릭은 범게르만주의와 같이 파시즘은 실용적 정책을 추구하지 않으며, 철학적 희생 없는 삶과 세계에 대한 관점이며,[76] "파시즘에서 국가는 진정한 집합체(collectivity)이다. 그 국가는 민족에서 출발하지만 결국 국가가 우선이고 국가는 민족을 용해한다"[77]라고 파시즘의 한계를 지적한다. 마사릭은 정치와 결탁한 가톨릭의 신권정치를 비판한 것과 같은 형태로 가톨릭의 영향을 받은 파시스트 지도자에 의해 보호받은 가톨릭을 지적하고 있다.

> 무솔리니의 경우 종교와 교회는 후기에 이론적이고 추상적인 정치적 독트린에 의한 것 보다 더 강력한 영향력을 그의 유년시절에 영향을 미쳤다. 이러한 요소가 흔히 간과되지만 그의 정치 프로그램에 실제로 광범위하게 나타나고 있다. 따라서 파시즘은 가톨릭의 외형, 문자의 상징주의, 단결된 조직, 그리고 지도자의 확고한 권위를 받아들인다. 특히 가톨릭은 파시즘에 의해 보호되었고, 인정되었다.[78]

이승만 역시 *Japan Inside Out*의 제6장 "외국인 선교사들"에서 일본의 군국주의의 미카도이즘(Mikadoism)에게 서양의 민주주의 정신은 독소와 같으며, 민주주의 국가에서 시민들이 자유수호를 위해 목숨을 바치는데 사무라이 정권에서는 있을 수 없는 것이라고 비판했다. 따라서 기독교는 일본의 국교라고 할 수 있는 불교와 신도 사상과는 서로 상

---

76) Emil Ludwig, *Defender of Democracy*, p.212.

77) Ibid, p.214.

78) Ibid, p.215.

극임에 따라 일본인들은 기독교 선교사들을 추방되어야만 하는 존재로 파악했다고 보았다.[79] 이승만은 105인사건에 대해 인간이 극복할 수 없는 상황에서 구원의 손길이 개입해 "숭고한 기독교 순교자들이 박해자의 손에 붙잡혀 고초를 겪을 때 나는 출국해서 자유인의 나라 미국"에 돌아왔음을 기록했다.[80] 두 인물 모두 전체주의를 경계하고 있었지만 이승만의 경우 기독교와 민주주의를 압박하는 전체주의 위협에 집중했고, 마사릭은 오히려 신권정치를 주도했던 가톨릭의 파시즘과의 연결성을 경계하고 있었다.

결국 이승만은 개신교의 수용을 강조하면서 이는 본질적으로 신앙을 통해 정치와 교육의 변화, 개인의 독립과 자유를 통한 민주주의를 확립으로 연결될 것을 기대했다. 마사릭은 합스부르크왕가의 폐단을 신권정치에서 찾았고, 정교분리를 추구하지만, 동시에 국가 건설에 있어서 개신교의 '사회적 강제력'이 건강한 형태로 작동하기를 바랬다. 마사릭은 파시즘과 가톨릭의 결탁을 문제시했고, 이승만은 선교사들을 억압하는 일본의 군국주의를 비판했다. 이승만은 개신교의 교리를 통한 자유와 발전, 독립에 힘썼다면, 마사릭은 개신교의 도덕성과 신앙의 근간으로 민주주의의 활성화와 도덕성을 회복하는 것을 국가 건설에 기초로 삼았다.

---

79) 이승만 지음, 『일본의 가면을 벗긴다(Japan Inside Out)』, 111~112쪽.
80) 위의 책, 127쪽.

4. 공산주의와 러시아/소련에 대한 인식

1) 공러(恐露) 또는 반러(反露)의 형성

이승만이 러시아의 야심을 파악한 것에 대해 김학은은 표트르대제(Pyotr I)의 유언장이라고 알려진 문서를 그가 읽었기 때문으로 파악했다. 이승만은 "미국 역시 러시아의 대피득의 욕염 속에 들어 있었으니 아! 음험하도다"라고 러시아를 경계하였고, 러시아의 야욕은 변하지 않아서 조선에 대한 정책은 핀란드처럼 속국을 거쳐 식민지로 만들 계획이었다고 파악했다.[81] 이승만이 독립정신을 저술하던 시기부터 이승만이 반일이 아니라 반러시아주의(Russo-phobia)에 몰두하고 있었다는 것은 매우 특이한 점이었다.[82] 한성감옥에서 이승만의 인식을 통해 구교를 신봉하는 러시아를 조선에 대한 직접적인 위협으로 간주하는 강한 공러사상을 확인할 수 있다.

> 지금 러시아인들이 신봉하는 희랍정교도 구교 가운데 하나이다. [중략] 지금 저 러시아인들은 강성함을 믿고 순리를 어기고 욕심을 부리며 횡포를 자행하고 있으니 천하가 꺼리고 두려워한다 [중략] 예로부터 러시아의 잔학함은 사람의 마음과 눈을 놀라게 하였고, 그 참혹함에 하늘의 해도 빛을 잃을 지경이었다. 이백 년 전에 파란에서 마음대로 학대하고 경자년(1900)에 청나라의 북쪽지방에서 살해하고 노략질한 것은 천하가 함께 듣고 함께 보고 함께 분개한 사실이다. 저들은 처음에는 농락하는 수단으로 우매한 나라에게 은혜를 베풀고, 마침내 줄기를 자르고 뿌리를 캐내어 백성을 하나도 남기지 않으려

---

81) *The Independent*, March 22, 1898. 김학은, 『이승만과 마사리크』, 256쪽에서 재인용.

82) 신복룡, 『인물로 보는 해방정국의 풍경』, 지식산업사, 2017, 103쪽.

> 고 하였다. 이 어찌 러시아와 국경을 접하고 있는 나라가 크게 두려워하고 크게 경계해야 할 일이 아니겠는가?[83)]

마사릭의 러시아 인식은 이승만보다 구체적인 경험을 통한 실감으로 나타났다. 마사릭은 1887년에 처음 바르샤바, 페테르부르크, 모스코바, 키에프, 오데사를 경유해서 러시아에 갔다. 마사릭은 도스토예프스키의 문학을 공부하며, 그에게서 예수와 비슷한 간절함이 있는 것을 느꼈다. 하지만 이미 사망한 도스토예프스키를 만나지 못한 마사릭은 톨스토이에게 만나기를 요청했고, 모스크바에서 그를 처음 만났을 때, 초라한 행색과 쇼펜하우어에 대한 부족한 이해에 대해 실망했다.[84)]. 이후 톨스토이가 러시아 야스나야폴랴나(Yasnaya Polyana)로 마사릭을 초대한 두 번째 만남에서도 마사릭은 톨스토이와 러시아의 보건환경에 대한 불편함을 회고했다.[85)] 이러한 마사릭의 러시아에 대한 인상은 당시 체코슬로바키아의 친슬라브주의적 흐름에서 일정 거리를 유지한 것과 긴밀하게 연관이 있었다.

마사릭이 톨스토이에게 느낀 러시아 사회의 단면을 사회적으로 확장한 기술도 나타나는데, "내가 러시아에 있었을 때 나는 전쟁에 가기

---

83) 이승만, "러시아의 南下경고와 改新教 · 新學問 권장론", 유영익, 『젊은 날의 이승만 한성감옥생활(1899~1904)과 옥중잡기 연구』, 323~325쪽에서 재인용

84) Karel Čapek, *President Masaryk Tells His Story*, pp.162~163.

85) 마사릭에 따르면 톨스토이의 집에 도착했을 때 그는 여전히 자고 있었다. 마사릭은 동네를 한 바퀴를 돌았는데 그 지역은 더럽고 빈곤에 시달린 동네였다. 한 젊은이와 이야기를 나누었는데 그는 성병으로 인한 염증이 있었다. 톨스토이는 그 젊은이와 같은 물 컵을 사용하며 마사릭에게 젊은이에 대한 혐오와 모욕을 보이지 말 것을 당부했다. 마사릭은 그의 마을과 집에서 본 무질서와 질병, 더러움을 언급했고, 마사릭은 청결은 경건 곁에서 온다(Cleanliness comes next to godliness)고 말을 했지만 결국 그 둘은 서로를 이해하기 힘들었다. Ibid, pp.163~165.

전에 결혼하는 덜 성숙한 어린애들을 보곤 했다. 아이들은 올바른 자손을 생산할 수 없다는 것이 나의 견해다. 만약 남자는 26살, 여자는 24살 정도에 결혼하는 제도"[86]가 적절하다며, 러시아의 사회상을 비판적으로 지적하고 있었다. 마사릭은 그가 경험한 러시아혁명에 관련해 혁명 이후 발생한 러시아 상황에 대해서 경계를 나타냈다.

> 러시아인들은 그들의 목표가 혁명이 아니라 민주주의라는 것을 잊기 쉽다. 러시아의 혁명 주의자들은 무정부주의와 허무주의에 쉽게 빠지게 된다. 러시아 상황의 미숙함은 러시아 혁명 운동의 전형적 특징으로서 테러리즘의 출현을 설명한다. 테러리즘 자체는 개인주의자, 개인이 개인을 공격하는 방법이다.[87]

2) 이승만의 공산주의 인식과 독립운동

공산주의에 대한 이승만의 구체적 이해는 그가 출간한 『태평양잡지』에 "공산당의 당부당(當不當)"이라는 글에서 확인할 수 있다. 이승만은 공산주의에 합당한 부분으로서 "인민의 평등주의"를 꼽았지만, 부당한 것을 언급하며, 재산 분배, 자본가 철폐, 지식계급 철폐, 종교단체 혁파, 정부, 군사, 국가사상 철폐라는 공산주의의 주장은 부당하다고 보았다. 특히, 이승만은 "우리 한인은 일심단결로 국가를 먼저 회복하야 세계에 당당한 자유국을 만들어 놓고 군사를 길러서 우리 적국의 군함이 부산항구에 그림자도 보이지 못하게 만든 후에야 국가주의를 없이 할 문제"[88]라며, 공산주의의 옳고 그름보다 국가의 독립과 생존, 발전

---

86) Emil Ludwig, *Defender of Democracy*, p.230.

87) Tomáš Garrigue Masaryk, Ed. George J. Kovtun, *The Spirit of Thomas G. Masaryk (1850-1937): an Anthology*, the Masaryk Publications Trust, 1990, p.170.

88) 李承晩, 「공산당의 當不當」, 『태평양잡지』 3월호, 1923.

을 시급한 문제로 보았다.

특이한 점으로 이승만은 상해임시정부에서 임시대통령으로 활동하던 시기에 공산주의에 반대하는 입장을 보이지 않았다. 1921년 임시정부는 이희경(李喜敬)과 안공근(安恭根)을 대표단으로 선정하여 소련정부에 파견할 정도로 명확한 반공을 드러내지 않았다. 당시 국민대표회의 참여자들 중 상해파 공산주의자들이 속한 개조파에 의해 이승만에 대한 탄핵절차가 진행되어 1925년 3월 탄핵되었고, 임시정부의정원은 워싱턴의 구미위원부 폐쇄 명령을 공포했다. 하지만 이승만은 독립운동에 있어서 공산주의자들을 배척하지 않았고, 소련의 협조도 구해야 한다고 판단했다.[89)]

1933년 2월 21일 제네바정치회의 참가 후 이승만은 일본과 미국의 충돌이 예견되는 상황에서 소련의 지원을 고려하여 소련행이라는 모험을 시도했다. 고정휴에 따르면 이승만의 계획은 첫째, 중국, 한국 그리고 소련의 반일연합전선 구축, 둘째, 소련의 실상 파악과 정부당국자들과 우호적 관계, 셋째, 시베리아의 한인사회 방문과 이 지역 독립운동가들과 만남을 통해 향후 일본과 중국, 일본과 소련, 나아가 일본과 미국이 충돌할 가능성에 대비한 준비를 해두고자 했다. 이승만의 소련행은 이러한 다목적을 통해 이루어졌고 1933년 7월 19일 모스크바에 도착하였으나, 소련 외무부의 출국명령을 받고 다음날 모스크바를 떠나며, 국제적 항일연대구상과 시베리아의 한인사회 방문계획은 무산되었다.[90)] 일제강점기 이승만의 러시아, 공산주의 인식은 공러, 반

---

89) 양동안, 「이승만의 민족통합주의와 반공간의 양립성」, 『이승만의 민족통합주의 연구』, 연세대학교 출판부, 2017, 133~140쪽.

90) 고정휴, 「미주한인사회의 변화와 신진단체의 출현」, 187~188쪽. 이승만은 1933년 7월 19일 수개월간 행정적 준비를 마친 후 러시아에 입국했으나 비자발급의 문제를 이유로 강제추방이 결정되었다. 이승만의 일기에 따르면 러시아행

공에 기반 했으나 해방과 독립이라는 숙원 아래 연대와 협력을 우선하고 있었다.

3) 마사릭의 공산주의와 사회주의 인식

공산주의에 대한 구체적 이해를 파악하기 어려운 이승만에 비해 마사릭은 공산주의, 사회주의 그리고 민주주의에 대해 다수의 글에서 그의 구체적 이해를 나타냈다. 인류애와 도덕적 가치를 견지하던 마사릭에게 공산주의와 대별되어 인식된 민주주의는 다음과 같았다. "사랑은 악에 대해 지속적으로 투쟁하고, 방어하고 보호한다. 사랑은 일반적으로 범죄를 저지르지 않는다. 사랑의 윤리와 종교성은 매일 지속된다. 민주주의는 정치적 시스템이 아니라 도덕적인 체계"[91]라고 했다. 또한 마사릭은 "민주주의는 위로부터 부과된 규칙을 의미하지 않는다. 민주주의는 세상을 보는 관점, 인생의 태도같은 정치적인 것이 아니다. 민주주의는 정의를 의미한다"[92]며 사랑과 도덕, 정의를 기초하여 민주주의를 이해하고 있었다.

마사릭은 이러한 민주주의에 대한 이해를 기초로 공산주의를 반대

을 도왔던 중국인들에게도 러시아 비판을 자제했고, 좀 더 신중하게 판단하여 "이 문제는 나만 알고 있다가 때가 오면 이를 우리에게 유리하게 이용하는 것이 좋겠다"고 생각했으며, 오히려 이 사건을 알리는 것은 러시아인들을 자극하는 현명치 못한 처사기이기 때문에 아무에게도 알리지 말아달라는 당부를 중국인들에게 했다. 또한 러시아 외무성 직원을 통해 "귀하의 외무성에 어떠한 감정도 없이 이 나라를 떠난다고 전해 달라. 오히려 외무성이 내게 보여 준 태도에 감사드린다. 나 개인에 대한 감정에서가 아니라 작금에 처한 상황 때문에 현재로서는 나를 받아들일 수 없음을 이해한다"고 언급했다. 이승만 지음, 『국역 이승만 일기』, 201~214쪽.

91) Tomáš Garrigue Masaryk, *The Spirit of Thomas G. Masaryk (1850-1937)*, p.141.

92) Emil Ludwig, *Defender of Democracy*, p.222.

했다. “민주주의적 이상은 정치적인 것뿐 아니라 사회적이고 경제적이다. 나는 공산주의를 거부한다”고 하며, 개인주의, 재능 있고 창조적인 개인, 유능한 지도자들, 천재적인 집단이 없는 합리적이고 공정한 조직은 존재할 수 없다며 공산주의를 거부했다.[93] 마사릭은 완전한 공산주의는 가족과 같은 진정한 사랑을 기초해서 가능하다고 판단했다.

> 완전한 평등을 나는 믿지 않는다. 인간들 사이에서는 위계가 나타나지만 위계는 질서, 조직, 규율, 복종을 의미하고, 결코 인간에 의한 인간의 착취는 아니다. 즉 이런 점에서 나는 공산주의를 받아들이지 않는다. 레닌은 권력을 잡자마자 주요 인물을 소환하기 시작했다. 나는 인류의 발전에서 개인의 진정한 역할을 깨달았다. 공산주의는 오직 가족이나, 형제, 종교집단에서와 같이 진정한 사랑에 기반 해서만 가능한 것이다.[94]

또한 마사릭은 ‘평등’ 개념의 주목했다. 막스주의자들의 가장 큰 혁명의 목표는 경제적 평등이었지만 평등이란 본질적으로는 인도주의적 이상에 달려있는 문제였다.[95] 마사릭은 마르크스(Karl Heinrich Marx)의 유물론은 도덕과 신념에 기반 한 개혁에 적합하지 않으며, 불가능하다고 평가했다. 순수한 경제적 기반에서 공산주의는 불가능하며, “공산주의의 가장 기본적인 거짓말은 모든 사람들이 그의 이웃과 동등하게 갖기를 원한다는 것이고 모든 사람은 다른 사람이 되어야 한다는 것이다. 평등이란 것은 공산주의 이전부터 존재하지 않았다. 평등이

---

93) Tomáš Garrigue Masaryk, *Masaryk on Thought and Life Conversations with Karel Čapek*,. p.192.

94) Karel Čapek, *President Masaryk Tells His Story*, pp.180~181.

95) Tomáš Garrigue Masaryk, *The Ideals of Humanity and How to Work*, Arno Press & The New York Times, 1971[first printed in 1938], p.28.

이루어져야 하지만 어떤 조직이라도 불평등을 낳는다"[96]고 보며 공산주의자들이 생각하는 평등한 사회는 불가능함을 역설했다.

마사릭은 사랑, 도덕, 정의에 기초한 민주주의와 달리 개인을 인정하지 않는 공산주의에 반대했고, 사회주의와 비교해서도 공산주의에는 개인과 진정한 사랑이 없으며, 공산주의와 사회주의가 대립되는 개념이기 보다는 사회주의의 일부로 인식했다. 하지만 마사릭은 공산주의가 보다 본질적인 모순이 있다고 생각했다. 마사릭은 공산주의, 마르크시즘을 하나의 학문체계로 보았다. "마르크시즘은 경제이론이고, 역사철학이다. 모든 다른 과학처럼 경제이론은 과학적 연구의 문제이며, 수정되거나 발전할 수 있다. 마찬가지로 마르크스 철학은 비판과 자유로운 사유에 열려있어야 한다. 모든 신념 또는 정치적 프로그램의 수정과 비평은 고통스럽지만 그 고통없이는 발전할 수 없다"[97]며 비판과 발전이 결여된 공산주의자에 대한 경계를 나타냈다.

공산주의를 거부한 마사릭은 사회주의에 대해서는 이념적 포용성을 보였는데, "사회주의는 내 모든 삶에 관심이었다. 내가 브르노에 있는 동안에 나는 기독교 사회주의를 관심 있게 보았고, 비엔나에서 나는 마르크스와 가톨릭 사회주의자의 책을 읽었다. 나는 나의 인도주의적 입장과 일치하는 한 사회주의를 받아들였다. 하지만 마르크시즘은 받아들이지 않았다. 나의 책 *The Social Question*에서 나는 마르크스를 비판했다"[98]고 언급한다. 마사릭의 사회주의에 나타난 인도주의는 다음과 같은 모습으로 나타났다. "나의 사회주의는 단순히 자신의 이웃과

96) Tomáš Garrigue Masaryk, *The Spirit of Thomas G. Masaryk (1850-1937)*, pp.134~135.

97) Karel Čapek, *President Masaryk Tells His Story*, p.182.

98) Ibid, pp.178~180.

인류에 대한 사랑이다. 나는 가난이 해결되기를 원하고 모든 이들이 자신의 노동에 의해서 삶을 영위하는 것이 가능하기를 바란다”.[99)]

마사릭은 사회주의와 공산주의의 용어 구분도 명확히 했다. “마르크스는 사회주의와 공산주의 용어를 구분하지 않고 사용하는 경향이 있었고, 어떤 학자들은 공산주의는 사회주의의 가장 극단적이고 최상위적 형태라고 표현하기도 한다. 예를 들면 플라톤은 공산주의를 사회주의의 수단으로 봤고, 또 다른 사람들은 공산주의를 제외한 사회주의를 받아들이기도 한다. 나 자신은 사회주의와 공산주의를 구분한다. 그리고 공산주의는 많은 사회주의 체계의 오직 하나라고 판단한다”.[100)]

또한 마사릭은 경제적 평등을 위해 자본주의와 대결을 천명했던 막시스트들의 제1차세계대전에 대한 설명과 이해는 모순된 것으로 파악했다. 막시스트들에게 있어서 가장 유명한 문장은 “현재의 전쟁은 자본주의 전쟁이라는 것”이었지만 독일 막시스트들의 세르비아와 러시아에 대한 입장은 매우 이상한 것이었다. 왜냐하면 이 국가들은 자본주의 국가도 아니었고, 전쟁에 대한 모든 책임이 있는 것도 아니었기 때문이었다.[101)] 마사릭에게 전쟁에 대한 막시스트들의 설명은 경제적 유물론과 역사철학에 기반 한 일방적이고 무비판적인 것이었고, 전쟁에 대한 철학은 불충분한 것으로 판단됐다.[102)]

마사릭은 제1차세계대전 이후 새로운 유럽을 구상했다. 체코슬로바키아 초대대통령 마사릭은 비약적으로 발전한 미국에 주목했고, 미국, 영국, 프랑스와 같은 국가들과 연결되는 조직을 구상하고자 하였다.[103)]

---

99) Ibid, p.180.

100) Tomáš Garrigue Masaryk, *The Spirit of Thomas G. Masaryk (1850-1937)*, pp.132~133.

101) Tomáš Garrigue Masaryk, *The New Europe (The Slav Standpoint)*, p.89.

102) Ibid, p.90.

베르샤유조약에 따라 유럽에서 새로 탄생한 작은 국가들은 자신의 국가 이익을 위해 더 관심을 기울여야 한다고 보았고,[104] 미국과 서유럽에 대한 마사릭의 기대는 커질 수밖에 없었다. 1920년대 체코슬로바키아는 통화개혁법, 토지개혁법을 성공적으로 실시하여 정치적 안정을 거두었다.[105] 1921년 체코슬로바키아 공산당은 출범 이후 지속적으로 코민테른과 연결되며 영향력을 확대했고,[106] 공화국 타도를 주장하며 반정부적 성격을 강화시켰으며, 온건좌파 지식인을 당에서 축출했다.[107]

마사릭과 베네쉬(Edvard Beneš)[108]는 체코슬로바키아가 약소국이라는 측면을 인식하면서 안전보장을 위해 강대국을 찾았고, 지역협력을

---

103) Ibid, p.176.

104) Emil Ludwig, *Defender of Democracy*, p.195.

105) 李貞姬,『東유럽史』, 大韓教科書株式會社, 1987, 343~344쪽. 마사릭은 1919년 2월 3월에 체코슬로바키아 건국 후에 체코슬로바키아 화폐를 오스트리아-헝가리 화폐로부터 분리하는 조치와 화폐개혁을 진행하였고, 이러한 정책은 경제적 안정정성을 확보하는데 기여했다. 또한 1919년 4월 16일 토지개혁법이 통과되며 250핵타르를 초과하는 토지소유분에 대한 보상과 몰수 절차가 이루어졌고, 몰수된 토지는 소규모 농업생산자들에게 불하되었다. 이로써 토지개혁을 제안했던 농민당의 입지는 더욱 강화되었고, 사회적 마찰도 많이 줄어들었다. Petr Čornej, 서강대학교 HK 동유럽사업단 옮김,『간추린 체코역사이야기』, 다해, 2011, 89~90쪽. 무엇보다 1920년 2월 체코슬로바키아 공화국 헌법을 제정하여 시민의 자유와 권리를 규정하여 향후 20년 가까운 시간 동안 중동부 유럽에서 유일하게 민주주의 정치를 실현하는 발판을 마련했다. 권재일,『체코 · 슬로바키아사』, 225쪽.

106) 李貞姬,『東유럽史』, 322쪽.

107) 권재일,『체코 · 슬로바키아사』, 259쪽.

108) 베네쉬는 1918년부터 1935년까지 초대 외무 장관을 지냈으며, 1920년부터 1925년 그리고 1929년부터 1935년까지 체코슬로바키아 의회 의원을 지냈다. 1919년에는 체코슬로바키아 대표로 베르사유조약에 참석했다. 그는 체코슬로바키아 국가사회주의당의 당원으로 활동하면서 체코인과 슬로바키아인의 분리를 반대해 왔다. 이후 그는 1935년 12월 18일 마사릭의 뒤를 이어 체코슬로바키아 2대 대통령에 취임했다.

통해 국가 안전을 보장받으려 했다. 두 사람은 체코슬로바키아를 봉건적인 헝가리와 폴란드와는 달리 모범적 민주주의 국가로 간주했으며 주변국으로 민주주의를 확산하는 것이 국제적 임무라고 보았다. 전체주의가 만연한 시기 체코슬로바키아는 유일한 민주주의 국가였으나 1930년대 중반부터 민주주의는 흔들렸다.[109] 국제경제의 불황과 국제정치가 분열되며 극우 파시즘과 극좌 공산당이 대치하며 국내에서 위협은 증가했다. 독일의 공격적 정책에 따른 위협으로 베네쉬 대통령은 소련과 유엔을 토대로 하는 집단 안보론을 받아들여 1934년 소련과 외교관계를 수립하고 1935년 방위조약을 체결하였으나 서구 열강들은 중부유럽의 약소국들에 대한 안전보장에 관심이 없었다.[110] 베네쉬는 뮌헨협정 공포 직후 소련의 군사적 지원에 의구심을 나타냈고, 접촉은 결렬됐다. 하지만 베네쉬는 다시 1943년부터 범슬라브주의에 기반해 소련과 접촉을 적극적으로 모색했다. 1943년 12월 12일 모스크바를 방문, 체코슬로바키아-소련 원조협정을 체결했고, 이것은 종전 후 체코슬로바키아의 독립과 안전을 소련에 의존하겠다는 의미도 내포했다.[111]

---

109) Ladislav Cabada and Sárka Waisová, 『체코와 국제정치』, 49~50쪽.

110) 권재일, 『체코 · 슬로바키아사』, 263~264쪽. 당시 체코슬로바키아는 근대의 자본주의적 조건에서 성공을 거둔 동유럽 유일의 국가였다. 경기침체의 충격에도 불구하고 1937년에는 25년 동안 세 번째로 높은 산업생산고를 기록했지만 1938년 뮌헨협정이 체결되면서 파괴되고 말았다. Harman, Chris, 김형주 옮김, 『동유럽에서의 계급투쟁』, 갈무리, 1994, 44쪽.

111) 김장수, 「베네시(E. Beneš)의 정치활동-제2차 세계대전 전후의 시기를 중심으로」, 『서양사학연구』 34, 2015, 63~67쪽.

4) 제2차세계대전 종전 후 이승만의 반공인식 표출

일제강점하 독립운동 시기에 명확한 반공인식을 드러내지 않았던 이승만에 대해 올리버(Robert Tarbell Oliver)는 이승만이 해방 이전부터 반공인식을 견지했음을 밝혔다. 올리버는 이승만이 공산주의자들과의 “타협은 필연적으로 공산주의에 대한 항복을 가져온다고 믿었기에 그는 원칙적으로 거부”하였고, 이러한 확신은 “그의 전 생애를 뒷받침해 준 강철의 방파제”였다고 표현했다.[112] 이승만은 얄타회담에 참여한 3국정부가 밀약을 했다고 믿었고, 1945년 봄부터 소련이 태평양전쟁 종결 후 한국을 공산화할 가능성이 있다는 우려를 표출했다. 이 시기 이승만은 소련의 팽창적 공산주의를 콜레라에 비유하면서 “콜레라와의 타협은 불가능하다”라며 반공입장을 강화했다.[113]

해방 후 이승만은 반공을 강력하게 주장하기보다는 공산주의의 위협을 대중에게 논리적으로 설득했다. 1945년 10월 21일 방송을 통해 공산주의 복지정책에 대한 호감과 공산주의정부 수립을 위해 과격한 사상활동의 위협을 구분하였다.

> 나는 공산당에 대해 호감을 가지고 있는 사람입니다. 그 주의에 대하여도 찬성하므로 우리나라의 경제대책을 세울 때 공산주의를 채용할 점이 많이 있습니다. 과거 한인공산당에 대하여 공산주의를 둘로 나누어 말하고 싶습니다. 공산주의가 경제방향에서 노동 대중에 복리를 주자는 것과 둘째는 공산주의를 수립하기 위하여 무책임하게 각 방면으로 격동하는 것입니다. 이것은 우리 한인만이 아니라 중국과

---

112) Robert Tarbell Oliver, 박일영 역, 『이승만 없었다면 대한민국 없다』, 동서문화사, 2008, 51쪽.

113) 유영익, 『건국대통령 이승만: 생애 사상 업적의 새로운 조명』, 133쪽.

> 구라파의 각 해방된 나라에도 있는 일입니다. 각 지방에 당파를 확장하여 민간의 재산을 강탈하는 배가 있습니다. 이러한 급격한 분자가 선두에 나서서 농민이 추수를 못하게 하고 공장에서 동맹파업을 일으키는 일도 있습니다. 이것을 방임하면 국제적으로 영향을 미칠 수 있다.[114]

이승만은 11월 21일에도 유사한 내용의 연설을 하였다.[115] 이승만의 귀국 직후 공산당을 합법적 정당으로 인정하던 미군정의 정책이 받아들여지던 국내 분위기에서 1945년 11월 21일을 기점으로 이승만이 "공산주의에 대해 강력한 공격을 시작하기 위해서 한국 방송망을 활용하게 되었을 때" 미군정 사령관 하지(John Reed Hodge) 역시 놀랐다.[116] 이후 이승만은 공산주의에 대한 위협을 세계적 상황으로 인식하며, 1945년 12월 17일 "공산당에 대한 나의 입장"에서 "공산당 극열파들의 파괴주의"에 반대한다며, 폴란드 사태를 언급했고,[117] 이는 한층 거세

---

114) 이승만, "공산당에 대한 나의 감상," 1945년 10월 21일 오후 7시 20분, 서울중앙방송국, 김현태, 『(논설문과 연설문을 통해 본) 이승만 박사의 반공정신과 대한민국 건국』, 비봉출판사, 2016, 97쪽에서 재인용.

115) "공산주의자를 두 부분으로 나누어 말할 수 있는데 첫째는 공산주의가 경제방면으로 근로대중에게 복리를 줄 것이니 이것을 채용하자는 목적으로 주장하는 인사들이다. 이러한 공산주의에 나는 얼마만큼 찬성한다. 둘째는 경제정책의 이해는 어찌되든지 공산정부만 수립하기 위하여 무책임하게 각 방면으로 선동하는 중에서 분쟁이 생겨 국사에 손해를 끼치는 이들이니, 이 분자가 참으로 염려되는 점이다 … 이같이 환중란을 만들어 종당은 중국과 파란국과같이 민족건에 내란을 일으켜 피를 흘리고 쟁투하기에 이를 터이다." 이승만, "공산당에 대한 나의 관념." 1945년 11월 21일, 서울중앙방송국, 김현태, 『(논설문과 연설문을 통해 본) 이승만 박사의 반공정신과 대한민국 건국』, 비봉출판사, 2016, 105~106쪽에서 재인용.

116) Robert Tarbell Oliver, 박일영 역, 『이승만 없었다면 대한민국 없다』, 52쪽.

117) "파란국 극열분자는 파란국 독립을 위하야 나라를 건설하는 사람들이 아니요 파란독립을 파괴하는 자들입니다. 구라파의 해방된 모든 나라를 보면 각각 그 나라 공산분자들이 들어가서 제나라를 파괴시키고 타국의 권리 범위

진 반공인식의 표출이었다.

1946년에 들어가며 이승만은 공산주의에 대해 호감이 있다거나 또는 용인할 수 있다는 표현보다는 강한 반공인식을 표출했다. 이승만은 1946년 남선순행에서 매일 1회 이상의 군중 연설을 시행했는데, 주요 내용은 언제나 "공산주의는 콜레라 질환과 비슷한 것이다. 빨갱이와의 타협이나 협력은 불가능한 것이다. 유일한 선택의 길은 공산 독재 정치에 항복하거나 대항하여 싸우는 길이다. 한국 민족주의가 살아남을 수 있는 유일한 구원의 길은 신탁통치의 거부를 포함하여 전적으로 공산주의를 몰아내는 길뿐"임을 강하게 강조하였다. 올리버는 이러한 이승만의 반공운동을 시작으로 공산주의를 용인했던 한국인들의 감정이 바뀌고 있음을 지적했다.[118)]

대한민국 정부수립 이후 1948년 국군14연대반란사건과 중국 공산화를 보면서 이승만은 민주주의를 지키기 위해 공산주의와 비타협적으로 싸울 것을 주장했다. 공산주의의 공세를 "이 이상 방임하면 민주주의는 물론하고 자유나 독립까지도 다 없어지고 소련의 한 부속국이 되고 말 것이다. 나라마다 저이를 위하여 싸우는 것 같이 우리도 우리를 위해서 공산당과 싸우는 것"[119)]이라 파악했다. 하지만 이승만이 1945년

내에 두어서 독립권을 영영 말살시키기를 위주하는 고로 전국 백성이 처음은 그 이들의 선동에 끌려서 무엇인지 모르고 따라가다가 차차 각오가 생겨서 죽기로써 항거하는 고로 구라파의 각 해방국은 하나도 이 공산분자들의 파괴운동으로 인하야 분열항쟁이 아니된 나라가 없는 터입니다. 지금은 민중이 차차 깨어나서 공산에 대한 반동이 일어나매 간계를 써서 각처에 선전하기를 저 이들은 공산주의자가 아니오 민주주의자라 하야 민심을 현혹시키니, 이 극열분자들의 목적은 우리 독립국을 업시해서 남의 노예를 맨들고 저의 사욕을 채우려는 것을 누구나 볼 수 잇을 것입니다." 이승만, "祖國破壞는 可憎타,"「東亞日報」, 1945.12.23.

118) Robert Tarbell Oliver, 박일영 역,『이승만 없었다면 대한민국 없다』, 54쪽.

119) 양동안,「이승만의 민족통합주의와 반공간의 양립성」, 156~157쪽.

10월 귀국 직후 언급하였듯 경제정책에 대해서는 "정부에서는 사회주의나 공산주의를 막론하고 대중의 인민정도를 발전 향상시키는데 노력할 것"[120]이라며 농림부 장관에 조봉암을 추대하는 이념적 유연성을 보이기도 했다.

체코슬로바키아는 1945년 5월 10일 프라하에 소련군이 진군을 시작으로 2차세계대전시기 이미 조직되어 있던 민족전선을 기초로 공산주의자들이 본격적으로 정치세력을 조직화했다. 동유럽국가들은 연립정권 공산화 3단계, 즉 '순수연립 → 사이비연립 → 공산주의독재'의 단계를 진행했고, 체코슬로바키아에서도 1948년 2월에 국경수비대 쿠데타를 통해 들어선 초강경파 스탈린주의자 고트발트(Klement Gottwald) 정권은 즉시 제1단계 막을 내리고 연립정부 제2단계와 제3단계를 동시에 강행했다. 체코슬로바키아의 공산화가 완성되는 가장 비극적인 상징은 얀 마사릭(Jan Masaryk)과 베네쉬의 죽음이었다.[121] 체코슬로바키아는 공산당 독재가 완성된 후 사회주의자들을 포함한 비공산주의자들에게 대한 본격적인 탄압을 시작했다.[122]

그렇다면 체코슬로바키아와 한국의 국가형태가 다른 지향을 갖게 된 원인은 무엇일까? 김학은은 다음의 예를 든다. 장로교 목사였던 배민수(裵敏洙)는 프린스턴 신학원 재학 시 체코슬로바키아에서 망명한

---

120) 이승만, "행정 완전양수는 수월 후," 「京鄉新聞」, 1948.08.22.

121) Hugh Seton-Watson, *The East European Revolution*, Frederick A. Praeger, 1956, p.171.

122) Karel Bartošek, *The Black Book of Communism: Crimes, Terror, Repression*, Harvard University Press, 1999, p.403. 연립정권 공산화 3단계에 대해서는 Hugh Seton-Watson, *The East European Revolution*; 梁好民, 『한반도의 격동 1세기 반: 권력, 이데올로기, 민족, 국제관계의 교착』, 한림대학교출판부, 2010; 양준석, 「해방공간에서의 한반도와 동유럽」, 『해방공간과 기독교 II』, 선인, 2017.

신학자인 흐로맏카(Josef Lukl Hromádka)와 교류했다. 공산주의와 합작 방향으로 전후 체코슬로바키아의 국가재건이 진행될 것이라고 믿었던 로마드카는 1943년 5월 배민수에게 보낸 편지에서 “런던의 베네쉬 박사를 만나게 될 것이며 그때 Korea 문제를 거론하겠”다며, 베네쉬를 통한 소련의 지원 요청을 거론했다. 이에 배민수는 이승만에게 흐로맏카를 통해 체코슬로바키아 망명정부 대통령 베네쉬와 접촉해 볼 것을 제안했지만 이승만은 “체코 지도자들은 너무 친소적”이라고 거절했다.[123) 배민수는 이승만에게 “좀 더 넓은 마음을 희망”했지만 결국 체코슬로바키아는 소련에 의해 공산화되었다.

해방 이전 반공을 표출하지 않았던 이승만은 해방 후 미군정 주도의 좌우합작 등에 있어서 김구, 김규식과는 달리 ‘극렬파 공산주의자’들과 타협과 협력이 불가능하다는 강력한 반공의지와 정책으로 대한민국 정부수립을 이끌었다. 하지만 공산주의에 대한 거부를 분명하게 표시했던 마사릭은 경제위기와 강대국이 외면하는 국제정치적 상황에서 따라 공산주의에 단호히 대응하지는 못했다. 이는 결국 제2차세계대전 직후 공산주의자들이 진행한 3단계 공산화를 추진할 수 있는 기반을 제공했던 것이었다.

5. 맺는 말

이 연구는 이승만과 마사릭의 국가독립을 위한 인식을 민주주의, 기독교, 공산주의로 구분하여 분석했다. 민주주의에 대해 마사릭은 제1차

123) 김학은, 『이승만과 마사리크』, 256~257쪽.

세계대전을 신권정치와 민주주의의 대결로 파악했고, 민주주의가 미숙한 단계지만 유럽의 군주시스템에 비하여 덜 위협적이고, 더 강하다고 인식하며, 정교분리의 원칙에 의거해 도덕적 책무가 강조되는 새로운 국가독립원리의 대안으로 기대했다. 청년시기 이승만은 민주적 제도와 미국식 헌법을 새로운 국가 운영시스템으로 이해했고, 그러한 국가를 구상했다. 이승만과 마사릭은 민주주의의 수용을 통해 군주제를 극복하자 했다. 미국에 대해 마사릭은 신권정치로 얼룩진 유럽과 구분되는 미래의 문명으로, 이승만은 한국인들의 자주독립을 도울 수 있는 나라로 인식했고, 두 인물은 동일하게 '정치적 자유'를 미국의 민주주의에서 찾았음을 밝혔다.

기독교에 대해 이승만은 개신교를 수용하며, 전통적 중화인식과 단절을 추구했다면, 마사릭은 유럽 전체의 개신교적 기원을 체코슬로바키아의 역사에서 찾는 형태로 독립적 국가 정체성을 구축해갔다. 군주제를 벗어나 정치적 자유를 추구하기 위해 가톨릭의 폐단을 비판하고 정교분리를 주장하던 마사릭의 인식은 이승만의 가톨릭 비판과 맥락을 같이하고 있었다. 이승만은 개신교 신앙을 기초로 교육과 학문을 정진하여 독립과 자강을 확립할 것을 기대했고, 마사릭은 정교분리를 추구하지만, 국가 건설에 있어서 개신교의 '사회적 강제력'이 건강한 형태로 작동하기를 희망했다. 또한 마사릭은 파시즘과 가톨릭의 결탁을 문제시했고, 이승만은 선교사들을 억압하는 일본 군국주의를 비판했다.

러시아/소련에 대해서 이승만은 "조선을 탐내는" 직접적인 위협으로 간주하며 강한 공러사상을 견지했다. 마사릭은 개인적인 러시아 경험을 통해 반러인식을 나타내며, 러시아혁명 이후 상황을 비판적으로 지적했다. 일제강점기 이승만은 해방과 독립이라는 숙원 아래 소련과 공산주의와 협력을 모색했다. 마사릭은 공산주의에 대해 민주주의와 같이 사랑, 도덕, 정의에 기초하지 않았기 때문에 반대했고, 사회주의의 하부 영역으로 인식했다. 하지만 제2차세계대전 종전 이후부터 이승만은 강한 반공인식을 표출하며 대한민국의 정부수립을 이끌었고, 공산주의와 명확하게 선을 긋지 못하며 소련과 우호조약을 체결한 체코슬로바키아에서는 연립정권 공산화 3단계가 진행되었다.

〈참고문헌〉

1. 1차・준1차자료

白樂濬, 「建國時代의 마사릭, 첵크 국부, 토마쓰 마사릭 傳士」, 『東光』, 19, 1931.

유영익, 『젊은 날의 이승만 한성감옥생활(1899~1904)과 옥중잡기 연구』, 연세대학교 출판부, 2009.

李承晩, 「공산당의 當不當」, 『태평양잡지』 3월호, 1923.

______, "祖國破壞는 可憎타," 「東亞日報」, 1945.12.23.

______, "행정 완전양수는 수월 후," 「京鄕新聞」, 1948.08.22.

이승만 지음, 건국대통령 이승만 박사 기념사업회・건국60년출판위원회 편, 『한국교회핍박』, 청미디어, 2008.

이승만 지음, 류광현 옮김, 『일본의 가면을 벗긴다(Japan Inside Out)』, 비봉출판사, 2015.

이승만 지음, 류석춘, 오영섭, 데이빗 필즈, 한지은 공편, 『국역 이승만 일기』, 대한민국역사박물관・이승만연구원, 2015.

이승만 편저, 「권고하는 글」, 김용삼, 김효선, 류석춘 번역・해제, 『(쉽게 풀어 쓴) 청일전기』, 북앤피플, 2015.

Oliver, Robert Tarbell, 박일영 역, 『이승만 없었다면 대한민국 없다』, 동서문화사, 2008.

Beneš, Edvard, *Masaryk's Path and Legacy*, Arno Press & The New York Times, 1971[first printed in 1937].

Čapek, Karel, *President Masaryk Tells His Story*, Arno Press & The New York Times, 1971[first printed in 1935].

Ludwig, Emil, *Defender of Democracy*, Arno Press & The New York Times, 1971[first printed in 1934].

Masaryk, Tomáš Garrigue, *Masaryk on Thought and Life Conversations with Karel Čapek*, Arno Press & The New York Times, 1971[first printed in 1938].

______________________, *The Ideals of Humanity and How to Work*, Arno Press & The New York Times, 1971[first printed in 1938].

______________________, Ed. W. Preston Warren and William B. Weist, *The New Europe* (*The Slav Standpoint*), Bucknell University Press, 1972[first printed in 1918].

__________, Ed. George J. Kovtun, *The Spirit of Thomas G. Masaryk (1850-1937): an Anthology*, the Masaryk Publications Trust, 1990.

__________, *The Making of a State: Memories and Observations, 1914-1918*, Frederick A. Stokes Company, 2009[first printed in 1927].

2. 2차자료

고정휴,「미주한인사회의 변화와 신진단체의 출현」,『1920년대 이후 미주・유럽 지역의 독립운동』, 한국독립운동사편찬위원회, 독립기념관 한국독립운동사연구소, 2009.

권재일,『체코・슬로바키아사』, 한국외국어대학교 지식출판원, 2015.

김규진,「마사릭의 민주주의 사상」,『동유럽연구』17, 2006.

김명섭, 김정민,「워싱턴회의 시기 이승만의 외교활동과 신문 스크랩, 1921-1922」,『한국정치학회보』51(2), 2017.

김명섭, 김석원,「독립의 지정학」,『한국정치학회보』42(4), 2008.

김신규,「민주주의 정치사상: '마사리크(T. G. Masaryk)의 민주주의' 재해석과 현대적 평가」,『기억과 전망』32, 2015.

김영호,「이승만의 국제정치관에 관한 연구 -『일본내막기』를 중심으로」,『한국정치외교사논총』38(1), 2016.

김용직,「이승만의『독립정신』과 후기 개화기 정치외교 담론」, 송복 외,『저서를 통해 본 이승만의 정치사상과 현실인식』, 연세대학교 출판부, 2011.

김장수,「체코정치가들의 활동 및 지향목표 - 소극정치(pasivní politika)이후부터 체코슬로바키아공화국 등장 이전까지의 시기를 중심으로」,『서양사학연구』24, 2011.

______,「베네시(E. Beneš)의 정치활동-제2차 세계대전 전후의 시기를 중심으로」,『서양사학연구』34, 2015.

김학은,『이승만과 마사리크』, 북앤피플, 2013.

김현태,『(논설문과 연설문을 통해 본) 이승만 박사의 반공정신과 대한민국 건국』, 비봉출판사, 2016.

박혜수,「이승만과 하와이 감리교회와의 관계」,『신학논단』68, 2012.

신복룡,『인물로 보는 해방정국의 풍경』, 지식산업사, 2017.

안종철,「문명개화에서 반공으로-이승만과 개신교의 관계의 변화 1912-1950」, 최상오, 홍선표 외,『이승만과 대한민국 건국』, 연세대학교출판부, 2010.

양동안, 「이승만과 반공」, 이주영 외, 『이승만연구의 흐름과 쟁점』, 연세대학교 대학출판문화원, 2012.

______, 「이승만의 민족통합주의와 반공간의 양립성」, 『이승만의 민족통합주의 연구』, 연세대학교 출판부, 2017.

양준석, 「해방공간에서의 한반도와 동유럽」, 『해방공간과 기독교 II』, 선인, 2017.

梁好民, 『한반도의 격동 1세기 반: 권력, 이데올로기, 민족, 국제관계의 교착』, 한림대학교출판부, 2010.

유영익, 『건국대통령 이승만: 생애 사상 업적의 새로운 조명』, 일조각, 2013.

______, 「우남 이승만의 기독교 건국 리더십(上)」, 『크리스천투데이』, 2009.03.17.

이덕주, 「이승만의 기독교 신앙과 국가건설론」, 『한국기독교와 역사』 30, 2009.

李貞姬, 『東유럽史』, 大韓教科書株式會社, 1987.

장규식, 「한국교회핍박에 나타난 이승만의 기독교입국과 외교독립 구상」, 송복 외, 『저서를 통해 본 이승만의 정치사상과 현실인식』, 연세대학교 출판부, 2011.

정승현, 강정인, 「이승만의 초기 사상에 나타난 서구중심주의」, 『정치사상연구』, 20(2), 2014.

차상철, 「이승만의 미국인식-형성과 전개」, 『韓國人物史研究』 9, 2008.

최연식, 「개혁적 사회진화론의 수용과 청년기 이승만의 독립정신」, 『한국정치외교사논총』 31(2), 2010.

Bartošek, Karel, *The Black Book of Communism: Crimes, Terror, Repression*, Harvard University Press, 1999.

Cabada, Ladislav and Sárka Waisová, 김신규 옮김, 『체코와 국제정치(Czechoslovakia and the Czech Republic in world politics)』, HUINE.

Čornej, Petr, 서강대학교 HK 동유럽사업단 옮김, 『간추린 체코역사이야기』, 다해, 2011.

Haan, Francisca de, Krasimira Daskalova, and Anna Loutfi, *Biographical Dictionary of Women's Movements and Feminisms in Central, Eastern, and South Eastern Europe: 19th and 20th Centuries*, Central European University Press, 2006.

Harman, Chris, 김형주 옮김, 『동유럽에서의 계급투쟁』, 갈무리, 1994.

Seton-Watson, Hugh, *The East European Revolution*, Frederick A. Praeger, 1956.

독립촉성중앙협의회 지방 조직과 선전총본부의 활동

이은선

1. 시작하는 말

이승만은 1945년 10월 16일에 귀국한 후에 국내정치세력들을 통합하기 위하여 1945년 10월 23일에 독립촉성중앙협의회(이하 독촉중협)를 조직하였다.[1] 독촉중협은 200여명의 대표들이 모여 이승만을 의장으로 선출하고 그에게 회의소집권을 일임하였다. 그 후 11월 2일에 2차 독촉중협 회의가 개최되었는데, 이 회의에서는 이승만이 기초한 연합국에 보내는 결의문이 채택되었고 중앙집행위원과 총본부의 구성과 인원선정에 대해서는 이승만에게 일임하였다. 이후의 중앙집행위원의 구성과정과 그 성격을 분석하는 다수의 논문들이 있다. 박태균은 미군

1) 안재홍이 제안한 명칭은 독립촉진중앙협의회였다.(『매일신보』, 1945년 10월 25일자.)

정의 행정위원회 계획이 남한의 정계 개편으로 진행되었고 그 중심에 이승만과 김구가 있었다는 주장을 하지만, 이승만의 독촉중협에 대해서는 거의 관심을 기울이지 않는다. 그는 행정위원회 계획은 정계개편 계획이었으므로 단정수립시도로 이해하는 것은 잘못된 것이라고 지적한다.[2] 도진순은 이승만의 독촉중협과 임정 귀국 후의 법통론 사이에서 중협논쟁이 일어났다고 이해한다. 미군정이 처음에 이승만의 독촉중협을 지원했으나, 좌파가 이탈하자 임정 귀국 후에는 임정중심으로 정계를 통합하고자 하여 독촉중협의 지위를 둘러싸고 갈등이 발생했다고 본다.[3] 반면에 정병준은 독촉중협이 미군정의 정무위원회 계획과 밀접한 연관을 가지고 하지의 지원 하에 이승만을 중심으로 일관되게 추진되었다고 주장한다.[4] 정병준은 지금까지 이 조직을 정당통일운동에서 이승만 중심의 민족통일전선 결성 시도로 이해하였던 것을 비판하고, 이 조직을 미국무부의 다자간 신탁통치에 반대하는 미군정의 정무위원회 안으로 이해하였다. 최근에 장금현은 독촉중협을 반탁운동의 시각에서 분석하는 논문들을 발표하였다.[5] 장금현의 논문들은 독촉중협을 국제정치적인 시각보다는 당시의 공산주의자들과의 갈등이란 관점에서 반탁에 초점을 두고 분석하였다.

---

2) 박태균, 「1945-1946년 미군정의 정치세력 재편 계획과 남한 정치 구도의 변화」, 『한국사연구』 제74집, 1991, 132쪽.

3) 도진순, 「1945-1946년 미국의 대한정책과 우익진영의 분화」, 『역사와 현실』 제7집, 1992, 352쪽.

4) 정병준, 「주한미군정의 '임시한국행정부'의 수립 구상과 독립촉성중앙협의회」, 『역사와 현실』 제19집, 1996, 136~137쪽.

5) 장금현, 「해방정국에서 기독교의 정치참여: 독립촉성중앙협의회를 중심으로 (1945.10.-1946.2.)」, 『성경과 신학』 제82집, 2017, 251~297쪽; 「독립촉성중앙협의회와 조선기독교단 남부대회와의 관계 연구: 신탁문제를 중심으로」, 『복음과 선교』 제38집, 2017, 169~228쪽.

독촉중협의 지방 조직에 대해 단편적으로 언급한 논문들은 2편이 있다. 장금현은 「해방정국에서 기독교의 정치참여」라는 논문에서 지방 조직에 대해 미군정문서를 바탕으로 여러 지방의 조직된 사실들을 정리하고 있다.[6] 이상훈은 독촉중협의 지방 지부 조직에 대해 서재권의 『독립운동사』란 책에 근거하여 충남, 전남북, 경남북의 조직 상황을 도표로 만들었고, 각 지역의 책임자 명단을 제시하고 있다.[7]

이와 같이 독촉중협의 중앙조직의 성격과 그 조직에 대하여 다양한 분석이 이루어졌으나, 아직까지 독촉중협의 지방 조직에 대해서는 단편적인 분석 밖에 이루어지지 않았다. 이승만은 독촉중협의 중앙조직을 추진하면서 동시에 지방조직을 시작했다. 독촉중협 2차 회의가 열렸던 11월 2일에 이미 경남독촉 지부가 조직되는 것을 볼 때, 중앙조직을 시작하면서 동시에 지방조직도 착수됐던 것을 알 수 있다. 그러므로 이승만에게 독촉중협의 지방조직은 중앙조직에 못지않은 중요성을 가졌던 것으로 보인다. 이러한 지방 조직의 노력은 1월 초에 이르면 80개의 지부가 조직되었고, 30개를 더 조직하고자 하였다.[8] 이렇게 조직된 지방 조직을 토대로 2월 6일에 서울의 선전총본부와 6개 지방의 대표들이 모여 신탁통치반대국민총동원위원회와의 통합을 결정하여 2월 8일에 대한독립촉성국민회를 조직하게 되었다.[9] 그런데 대한독립촉성국민회 조직의 근간이 되었던 독촉중협의 지방 지부 조직에 대한 본격

6) 장금현, 「해방정국에서 기독교의 정치참여」, 276~277쪽.

7) 이상훈, 「해방 후 대한독립촉성국민회의 국가건설운동」, 『학림』 제30집, 2009, 21쪽.

8) 『동아일보』, 1946년 1월 11일자.

9) 대한독립촉성국민회 조직과정에 대해서는 이은선, 「대한독립촉성국민회와 기독교」, 『한국교회사학회지』 제46집, 2017, 287~325쪽; 「대한독립촉성국민회 지방조직과 기독교」, 『한국개혁신학』 제55집, 2017, 192~236쪽을 참조하시오.

적인 연구는 아직까지 이루어지지 않고 있다.

그래서 본고에서는 제일 먼저 독촉중협의 지방 지부가 조직되어 가는 과정과 함께 이 과정에서 조직을 담당했던 인물들을 분석해 보고자 한다. 이 시기 지방에서 인민위원회를 중심으로 좌익들이 활발하게 활동하고 있었는데, 지부 조직들이 어떤 인물들을 중심으로 조직되었는지 분석해 보고자 한다. 독촉중협 지방 지부 주도계층에 대해 이상훈은 "한학이나 중등학교 이상의 교육을 받았고," "이들은 대체로 지주이거나 목사, 기자, 교장 등의 직업도 가지고 있었고, 이들 중에는 이들 중에는 일제 때 총독부 관리, 도 평의회 의원을 지낸 인물들이 참여하고 있었다"고 지적하였다.[10] 둘째로 이승만은 독촉중협의 지방 조직을 확산하고자 12월 중순에 37명의 선전대를 조직했는데, 이 조직의 구성 인원들과 활동상황에 대해서는 거의 알려져 있지 않아 이 두 가지를 분석해 보고자 한다. 셋째로 지방조직이 확산되는 과정에서 기독교인들이 참여정도와 역할을 분석해 보고자 한다.[11] 이상훈은 이승만의 국내 대리인 격인 신흥후가 공산당과 싸우는데서 전국적인 조직을 가진 교회의 중요성을 언급한 것을 인용하며 독촉중협의 지방 조직 과정에서 교회의 중요성을 언급하나, 구체적인 기독교인들을 언급하지는 않

10) 이상훈, 「해방 후 대한독립촉성국민회의 국가건설운동」, 21쪽.

11) 해방 이후 기독교인들의 정치 참여에 대해 정교분리의 원칙과의 관계에 대해 다음의 두 가지를 지적해 두고자 한다. 첫째는 기독교인들은 일제 강점기에서 민족운동이나 현실 문제에 참여할 때, 동우회나 흥업구락부와 같이 교회를 통해 활동하지 않고 교회 밖에서 단체들을 조직하여 활동하였다. 그러므로 해방 후에 기독교인들은 정당이나 국민운동 조직에 참여하여 활동하였다. 둘째로 일제의 탄압으로 선교사들이 기독교인들의 정치참여를 금지했던 정교분리 원칙은 미군정의 포고령 제1호에 의해 종교의 자유를 허용함에 따라, 기독교인들의 자유로운 정치활동이 가능해졌던 것과도 관련이 있었다.(장금현, 「독립촉성중앙협의회와 조선기독교단 남부대회와의 관계 연구」, 215쪽)

고 있다.[12] 따라서 지방 조직에 참여했던 기독교인들을 분석할 필요가 있다. 이러한 분석을 통해 이승만은 독촉중협을 조직할 때부터 중앙조직과 함께 지방조직의 중요성을 깨달아 적극적으로 활동했으며, 이러한 과정을 통해 지방 우익들을 조직했던 실상을 파악해 보고자 한다.

2. 독촉중협 중앙조직의 진행과정과 지방 조직의 상호연관성

독촉중협은 초기에 좌우정치세력을 통합하려는 목적으로 진행되었지만, 11월 말에 가면 이러한 목적은 달성하기 어렵게 되었다. 우파의 중심정당이었던 한민당과 국민당은 이승만의 독촉중협 중심의 정치세력 통합에 적극적으로 참여했으나, 박헌영의 조선공산당과 여운형의 인민당을 중심으로 한 좌파세력들은 11월 말에 가면 독촉중협 회의에 참여하지 않았다. 그리고 11월 23일과 12월 2일에 귀국한 임정세력들도 독촉중협에 가담하기보다는 독자적인 정치세력화를 모색하여 12월 25일에 특별정치위원회를 조직하였다.[13]

이승만은 독촉중협의 중앙집행위원의 조직에 대해 일임을 받았지만, 임정이 귀국할 때까지 기다렸다. 1진이 귀국한 후인 11월 28일에 안재홍(국민당), 여운형(인민당), 허정, 김동원, 백남훈, 송진우, 원세훈(한민당)의 7명을 전형위원으로 선정하고 회의를 열었으나 안재홍과 여운형은 한민당 중심의 집행위원 선정에 불만을 품고 참여하지 않았다. 다시 전형위원을 선정하여 안재홍(국민당), 백남훈(한민당), 김지웅(인민당), 김철수(조선공산당), 손재기(천도교), 김석황(한독당), 정노

12) 이상훈, 「해방 후 대한독립촉성국민 회의 국가건설운동」, 19쪽.
13) 『서울신문』, 1945년 12월 25일자.

식(무소속)의 7명을 선정하여 12월 5-6일에 회의를 열었다.14) 그 후 13일에 열린 회의는 14일까지 지속되었고, 이 회의에 박헌영이 참여하여 좌우의 반반씩의 구성을 주장하였으나 받아들여지지 않고 우익 24명 좌익 15명으로 구성된 39명의 중앙집행위원이 결정되었다.15) 그리고 12월 15일에 1차 중앙집행위원회가 열렸을 때, 좌익들은 참여하지 않았으며, 박헌영은 12월 23일 독촉중협과의 관계를 파기한다고 선언하였다.16) 24명의 우파 전형위원 가운데 기독교인은 백남훈, 허정, 박용희, 임영신, 김여식, 이갑성, 함태영, 변홍규, 황신덕 등 9명이고, 천주교인은 남상철이었다. 전체 39명 중에 기독교인이 25.6%였고, 좌파와 유교의 김승렬이 이탈한 23명 중에서는 43.5%(천주교 포함)였다.17) 12월 15일 중앙집행위원회가 소집될 때에, 선전총본부를 조직하여 활동을 시작하였다. 그러므로 이승만은 중앙과 지방조직의 강화를 함께 추진하고 있었다고 볼 수 있다.

이러한 우여곡절을 통해 중앙집행위원회가 조직되었으나, 이후에 국민당의 안재홍까지 독촉중협과 이승만을 비판할 뿐만 아니라 임정

---

14) 『서울신문』, 1945년 12월 7일자.

15) 『자유신문』, 1946년 12월 16일자. 『자유신문』은 39명을 전형위원이라고 보도하고 있다. 우익 한국민주당: 백남훈, 송진우, 허정, 원세훈(4명); 국민당: 안재홍, 엄우룡, 이의식, 박용희(4명); 한국독립당: 김석황, 유석현(2명); 여자국민당: 임영신(1명); 신한민족당: 김여식, 이갑성(2명); 기독교: 함태용, 변홍규(2명); 불교: 김법린(1명); 천도교: 손재기, 이응진(2명); 유교: 김승렬(1명); 건국부녀동맹: 황신덕(1명); 군소정당: 백남신, 이시열, 남상철(3명); 기타: 김창엽(1명); 좌익 조선공산당: 박헌영, 김철수, 조동호, 조두원(4명); 조선인민당: 여운형, 이걸소, 이여성, 김지웅(4명); 전평: 허성택, 이성백; 전농: 백용희, 유혁; 청총: 이호제(1명); 무소속: 이순금, 서중석(2명)(정병준, 「주한미군정의 '임시한국행정부'의 수립 구상과 독립촉성중앙협의회」, 164쪽).

16) 『자유신문』, 1946년 12월 26일자.

17) 장금현, 「해방정국에서 기독교의 정치참여」, 281쪽.

이 참여하지 않고 한민당까지 임정과의 협력에 나서자 연말에 이르러 독촉중협의 위상은 상당히 약화될 수 밖에 없었다.[18] 이러한 상황에서 연말에 벌어진 반탁운동은 이승만에게 지방조직을 강화할 수 있는 기회를 제공하였다. 지방에서 우익들은 독촉중협의 지부를 조직하여 반탁운동에 가담하였다. 이러한 가운데 김구가 조직한 신탁통치반대국민총동원위원회가 지방에 조직을 해 나감에 따라 지방우익세력들은 김구와 이승만 지지세력 사이에 분화와 함께 반탁에 협력하는 모습으로 나타났다.

중앙에서 좌우합작의 주도권이 연말에 시작된 반탁운동을 통해 임정으로 넘어갔으나, 이러한 상황에 새로운 변화가 발생한 것이 1946년 1월 15일 이후였다. 임정은 반탁운동을 통해 미군정으로부터 정권을 이양 받으려 했으나 실패하였다. 이 때 이승만은 반탁을 주장하였지만 미군정에 대한 반대에 동조하지 않고 신중을 기하였다.[19] 그 후 한민당과 국민당과 인민당과 공산당의 4당 합당 작업이 실패하게 되자, 한민당과 국민당은 다시 이승만과 김구 세력의 연합을 추진하게 되었다. 이 시기가 1월 15일이었고 이때부터 독촉중협이 다시 활동을 활발하게 하여 1월 16일에 중앙위원을 기존의 23명에 30명을 추가 인선하여 53명[20]으

---

18) 『자유신문』, 1946년 12월 26일자.

19) 그는 12월 31일 담화에서 이 문제에 대해 다음과 같은 입장을 표명하였다. "미국정부에 대하여 결코 오해가 없어야 할 것이니 이는 우리가 軍力을 두려워하거나 또 친미주의를 위함이 아니라 다만 미국군정부가 우리를 해방한 은인이요 군정부당국은 절대 독립을 찬성하는 고로 신탁문제 발생이후 자기정부에 대하여 반박과 공격의 공문을 보낸 것이 한 두번이 아니었다. 그런데 우리 독립의 친우를 모르고 원수로 대우하면 이는 도리어 독립을 저해하는 것이다." (『동아일보』, 1946년 1월 2일자)

20) 기존의 23명 가운데 암살당한 송진우는 김성수로 교체되었다. 조만식, 방응모, 김준연, 윤보선, 이종현, 장발, 장덕수, 김도연, 신균, 김산, 서세충, 장자일, 이극노, 김일청, 백홍균, 이학송, 서상일, 백관수, 고창일, 이호식, 김철수,

로 구성하였고 상무위원 21명을 선정하였으며, 중앙조직으로 총무, 조직, 선전, 재무의 4부를 두고, 사무국을 두었다.[21] 새로 선임된 30명 중앙위원 가운데 11명이 기독교인이었고,[22] 상무위원 21명[23] 가운데 기독교인이 8명이었다.[24] 이렇게 중앙조직이 진행되는 과정에서 지방조직을 확장하면서 김구세력과의 연합이 추진되어 대한독립촉성국민회를 조직하게 되었다. 먼저 독촉중협의 지방 조직에 대해 고찰해 보자.

3. 독촉중협 도 지부와 군 지부 조직

1) 경남 도 지부 조직과 군 지부 조직

이승만이 귀국한 후에 중앙에서 정당통합운동으로서 독촉중협을 추진하면서 동시에 지방 조직에 대한 강한 관심을 가지고 있었다는 것은 11월 19일에 있었던 다음과 같은 그의 기자회견의 발언에서 잘 드러난다.

> 독립촉성중앙협의회는 착착 진행되어 가는 중으로 지방적으로(例하면 경남과 부평) 지방조직이 점차 결성되어 감으로 觀하고 있다. …

윤하영, 채규연, 한( )식, 권태석, 윤치영, 명제세, 박명환, 이승복, 최익환.

21) 「독립촉성중앙협의회 중앙집행위원회 제3회 회의록」, 운남이승만문서편집위원회, 『이화장 소장 운남이승만문서: 동문편』 13권, 중앙일보사 연세대학교 현대한국학연구소, 1998, 261~264쪽.

22) 조만식, 이종현, 김준연, 윤보선, 장덕수, 김도연, 김산, 장자일, 백관수, 윤하영, 윤치영.

23) 허정, 안재홍, 백남훈, 김성수, 이의식, 김여식, 원세훈, 장발, 김준연, 김창엽, 신균, 김청일, 손재기, 장덕수, 이종현, 한경직, 엄우룡, 서상일, 최익환, 서세충, 윤치영.

24) 허정, 백남훈, 김여식, 김준연, 장덕수, 이종현, 한경직, 윤치영.

> 한마디 부탁할 것은 유교, 불교 등의 종교단체가 활발히 움직이는데 기독교들만이 소극적인 태도를 취하는 것은 알 수 없다. 3·1운동 당시보다도 더 활발한 움직임이 있기를 바란다.[25]

이승만은 지방조직이 경남과 부평을 중심으로 점차 결성되어 가고 있으니, 기독교인들도 유교와 불교 같은 다른 종교단체들과 같이, 3.1운동 당시보다 더 활발하게 활동해 주기를 당부하였다.

이승만의 발언을 따르면 독촉중협 지방조직은 경남과 부평에서 시작되었는데, 경남은 11월 2일에 조직되었다. 그런데 경남에서 경남 지부보다 먼저 조직된 것은 마산 지부이다. 마산에서 건국준비위원회(이하 건준)가 조직되었다가 인민공화국(이하 인공)으로 개편되자 무정부주의자인 손문기를 중심으로 우익세력이 이탈하여 9월 16일에 한민회를 조직하였다. 따라서 마산에는 좌익 중심의 건준과 우익 중심의 한민회가 함께 조직되어 있었다.

이러한 상황에서 독촉중협 마산 지부는 한민회가 독촉중협 마산 지부로 바뀐 것이 아니라,[26] 좌·우익이 연합하여 10월 29일에 조직하였다. 마산 시민들은 10월 29일에 시민대회를 열었고 이 대회가 자연스럽게 독촉중협 마산 지부 조직으로 이어졌다.[27] 마산 지부는 160명의 회원들로 구성되었으며, 조직의 목표는 '미군정과의 충분한 공조체제 하에서 조선의 완전한 독립을 촉진'하고자 마산에 있는 다양한 그룹들과 정당들의 모든 활동들과 행동들을 조화시키는 것이었다.[28] 이 과정

---

25) 『자유신문』, 1945년 11월 20일자.

26) 장원정은 「1945.8-46.10 慶尙南道 右翼勢力에 관한 考察」, 이화여자대학교 석사학위논문, 1993, 18쪽에서 한민회가 독촉국민회로 바뀌었다고 주장했으나, 백구현이 「해방직후 마산지역 좌우정치세력에 대한 고찰」, 『고황논집』 제22집, 1998, 318쪽에서 주장하는 바와 같이 한민회는 그 이후에도 존속하였다.

27) 백구현, 「해방직후 마산지역 좌우정치세력에 대한 고찰」, 307쪽.

에서 마산 인민위원회[29]는 자파 인물들을 지부 임원들로 세우고자 10월 24일에 지부 조직을 논의하였다.[30] 그 결과 인민위원회 출신 가운데 이정찬과 김형진이 회장과 재정부장으로 선출되었고, 한민회 회장 출신인 민영학과 상당한 자산가인 김종신이 부회장으로 참여하였다.[31] 당시 중앙 독촉중협이 좌우세력을 결집하려던 상황이었기 때문에, 마산 지부도 그러한 성격을 가졌다.[32] 그러므로 마산 지부는 조직될 당시에 한민회와 인민위원회가 상호 협력하며 경쟁했다. 마산 지부는 1946년 2월 이후에 손문기를 회장으로 독촉국민회로 개편되었고, 한민회는 1947년 10월 폭동 이후까지 존속하다 독촉국민회로 흡수되었다.

마산 지부가 조직된 직후 경남 지부가 조직되었다. 부산에서 조직된 조선독립협의회는 모든 정치조직이 이승만을 중심으로 통합되는 것을 목표로 삼았는데, 인민위원회, 청년연합, 학도연맹, 청년연맹 등 좌파를 제외한 부산의 대부분의 단체들이 참여하였다.[33] 10월 5일 부산에서 건준이 인민위원회로 개편될 때, 인민위원회 결성식에서 퇴장한 보수우익세력은 다음 날 '조선건국준비위원회 경남연합'을 조직하였다.[34] 이 경남연합을 중심으로 11월 2일에 부산에서 조선독립협의회 경남 지

28) *G-2 Periodic Report*, no. 77 (1945. 11. 26), 『미군정정보보고서』 1권, 일월서각, 1986, 337쪽. 이 보고서에는 조직날짜가 10월 30일로 되어 있다.

29) 마산인민위원회의 정확한 조직 시기를 알 수 없으나, 경남인민공화국이 결성된 것이 1945년 10월 5일이었고, 미군이 마산인민위원회를 방문한 것이 10월 8일이었으므로, 이 사이에 조직된 것으로 보인다. 백구현, 「해방직후 마산지역 좌우정치세력에 대한 고찰」, 314쪽.

30) *G-2 Periodic Report*, no. 59 (1945. 11. 8), 『미군정정보보고서』 1권, 251쪽; 『민주중보』, 1945년 10월 28일자.

31) 백구현, 「해방직후 마산지역 좌우정치세력에 대한 고찰」, 315쪽.

32) 백구현, 「해방직후 마산지역 좌우정치세력에 대한 고찰」, 327쪽.

33) *G-2 Periodic Report* no. 78 (1946. 11. 27), 『미군정정보보고서』 1권, 340쪽.

34) 『민중주보』, 1945년 10월 7일자.

부가 조직되었다.

부산에서 경남 지부가 조직될 때, 14개 단체가 참여했는데,[35] 인민위원회를 중심으로 한 좌파세력들은 배제되었으나, 중도좌파에 속한 세력들은 참여하였다. 조선건국준비위원회 경남연합을 중심으로 한민당[36]과 해방 후 부산진교회에서 재건된 부산 YMCA 등의 우익세력과 자유인민당, 인민당(전 건국동맹) 등 인민당 계열과 함께[37] 노동조합과 좌파 성향의 국군준비대[38]도 참여하여 좌 · 우익이 연합하고 있었다. 좌우합작활동은 경남 독립촉진회가 건국준비위원회와 함께 12월 14일에 23일 부산에서 열리는 임시정부 대표자들의 환영을 위한 계획을 토의하고,[39] 23일에 32개의 다른 단체들과 함께 좌우합작으로 임정 환영 행사를 진행한 점에서도 잘 드러난다.[40]

경남 지부 임원진은 의장 김제창[41], 부의장 김철수, 김수균 등 이었다.[42] 경남 지부의 정책은 1) 신속한 독립을 위한 국민들의 연합 2) 경

---

35) 조선건국준비위원회 경남연합, 자유인민당, 부산자유노동연합, 인민당(전 건국동맹), 민주노동당, 조선건국청년연합, 한국청년당, 한국민주당, 부산자유노동연합, 경남자동차산업조합, 해방운동자구제회부산지부, 부산진 청년연합, 조선국군준비대, 부산 YMCA.

36) 한민당은 1945년 12월 3일에 부산시당부가 조직되었고(위원장 송전도), 조직은 총무부 등 12부로 하고 부산시를 11개 구로 나누어 분회를 설치하였다. 『자유신문』, 1945년 12월 9일자.

37) 미군정문서는 조선인민당의 당원들은 1945년 12월 23일에 열린 재조직 모임에서 그 이름을 채택하였다. 그 시기 이전에 이 정치 그룹은 인민공화국당, 인민위원회, 조선건국위원회, 건국동맹이라고 명명되었다.(G-2 Periodic Report, no. 114 (1945. 1. 4.), 『미군정정보보고서』 1권, 509쪽.

38) 『매일신보』, 1945년 9월 17일자.

39) *G-2 Periodic Report*, no. 100 (1945. 12. 19), 『미군정정보보고서』 1권, 454쪽.

40) 『동아일보』, 1945년 12월 22일자.

41) 11월 27일자 보고에는 김제천(Kim Che Chun)으로 되어 있다.

42) 집행 위원회 임원들은 총무부 이천건과 송경영, 연락부 박영한과 이해동과 이수우, 선전부 이시우와 하청현과 김상용, 재정부 최석봉과 윤탁구였다.

남에 있는 모든 그룹들과의 협력 3) 이승만 원칙들의 추종이었다.[43] 경남 지부는 정치 단체가 아니고 다양한 사회단체들의 연합체이기 때문에, 처음부터 이승만 지지를 표명하였다.[44]

경남에서는 진주와 포항에서 독촉중협 지부가 조직된 것으로 보인다. 진주 국민회 지부장은 허만채, 문해술, 김주학, 박붕래로 이어지는데, 허만채와 문해술까지는 독촉중협 시기인 것으로 보이고 김주학은 때에 독촉국민회로 개편된 것으로 보인다. 유한구의 증언에 따르면 그의 어머니인 장정현이 함양 건준의 부녀 책임자로 11월 20일에 전국인민위원회 전국대표자대회에 참석했다가 이 모임이 좌파들의 모임인 것을 알고 소동을 일으켰으며, 이것이 이승만에게 알려졌다. 그녀는 이승만을 만난 후에 독촉가입서를 받아가지고 고향인 진주에 내려가서 허만채에게 주어[45] 진주 지부가 조직되었다. 허만채는 진주상공주식회사를 경영하였고, 일제시 경남도 의회의원이었으며, 문해술은 일제시 경찰출신으로, 해방 전 고무공장을 경영하였다. 김주학은 일제시 배돈병원 서무과장이었으며, 해방 후 진양군 인민위원장,[46] 진주 봉래교회 장로, 정치공작대 진주 지부장, 정부 수립 후 3대 부산 시장을 지냈다.[47] 12월 12일에 포항동의 인공의 인민위원회 위원장으로 선출된 정춘덕은 포항동에서는 오직 인민위원회만이 있어야 한다는 이유로 독촉중협의 모임의 해산을 요구한 바 있다.[48] 그러므로 12월 12일 이

---

43) *G-2 Periodic Report*, no. 91 (1945. 12. 10.), 『미군정정보보고서』 1권, 400~401권.

44) 장원정, 「1945.8-46.10 慶尙南道 右翼勢力에 관한 考察」, 18쪽.

45) 장원정, 「1945.8-46.10 慶尙南道 右翼勢力에 관한 考察」, 19쪽. 장원정은 이승만과 김구 양인을 만났다고 기록하고 있는데, 김구는 11월 23일에 귀국하였고, 독촉중협에 관여하지 않았기 때문에, 김구를 만났을 가능성은 없어 보인다.

46) 김주학은 우파이면서도 인민위원회에 가담하였다.

47) 장상환, 「해방직후 진주지역의 정치변동」, 『역사와 경계』 제7집, 1995, 47쪽.

48) *G-2 Periodic Report* no. 98 (1945. 12. 17.) 『미군정정보보고서』 1권, 445쪽.

전에 포항동에 독촉중협 지부가 조직되어 있었던 것을 알 수 있다.

독촉중협 경남 지부의 좌우합작은 반탁운동과정에서 좌파와 분리되었다. 모스크바 삼상회의 결과로 신탁통치 소식이 전해지자, 12월 30일부터 1월 3일까지 좌우합작으로 반탁운동을 하였다. 그러나 4일에 중앙조공이 '탁치를 잘못 알지 말라'는 성명서를 발표하였고 경남조공은 5일에 반탁에서 민족통일전선강화로 입장을 바꾸었다. 이 때 서울의 반탁총동위에서 김법린을 파견하였고 1월 7일 그가 참석한 가운데 신탁통치반대 경남도위원회를 조직하였다. 이 조직은 신탁통치를 절대 반대하며 임정을 대한민국의 정통정부로 인정한다는 성명서를 발표하였다. 반탁경남도위에 의장인 김철수를 비롯한 독촉가담자들이 포함되었다. 장원정은 독촉출신들이 반탁경남도위에 가담한 것에 대해 독촉이 이승만을 지지하며 출범했는데, 이때에 이르러 반탁을 전개하면서 김구를 비롯한 임정을 지지하는 입장을 취하였다고 해석하나,[49] 부정확한 해석으로 보인다. 왜냐하면 독촉경남총연맹이 존재하여 1월 14일에 하지 중장에게 연합국이 준 원조에 대하여 감사하고 탁치는 절대 반대한다는 취지의 결의문을 보냈기 때문이다.[50] 그러므로 1중 중순 경 부산에서는 반탁운동 과정에서 찬탁입장의 좌파와 반탁입장의 우파가 분리되었는데, 우파는 이승만이 조직했던 독촉경남총연맹과 김구지지세력이 조직했던 반탁경남도위가 공존했던 것으로 보이며, 일부 우익인사들이 독촉에 소속되어 있으면서 김구 조직에도 가담했던 것으로 보인다.

---

49) 장원정, 「1945.8-46.10 慶尙南道 右翼勢力에 관한 考察」, 58쪽.
50) 『자유신문』, 1946년 1월 19일자.

2) 경북 도 지부 조직과 군 지부 조직

독촉중협 경북 지부는 주로 우파 중심으로 조직되었다. 일본이 무조건 항복하자 8월 16일 여운형이 조직한 건국동맹에 참여했던 인사들과 예비구금으로 투옥되었던 인물들이 풀려나와 '건국준비위원회경북지부'를, 우파세력은 17일 '경북치안유지회'를 결성하였다. 좌우세력이 따로 조직했던 두 조직은 8월 22일 '건국준비경북치안유지회'를 통합되었다. 그러나 이 조직은 10월에 미군정의 명령으로 해산되었으며 경찰이 치안을 담당하게 되었다.

이후 좌우세력은 각자 조직을 만들어 활동하였다. 좌파세력은 10월 16일 대구시인민위원회를 그리고 10월 25일에는 경북인민위원회를 결성하였다. 우익들은 이승만이 독촉중협을 조직한 후 대구유지간담회를 중심으로 10월 30일 국민통일회를 결성하였다. 국민통일회는 11월 1일에 대구출신으로 중앙독촉중협 회원인 이갑성과 김종태로부터 당시 서울의 정치정세를 청취한 후에 경북독립촉진회로 조직을 전환하기로 결정하였다.[51] 이 단체를 모체로 민주당(Democratic Party)의 다양한 분파를 나타내는 6개 정치조직의 대표들이 모여 11월 7일 '조선독립경북촉진회'를 결성하였다.[52] 이들은 정당과 사회단체의 통일을 촉구하였는데, 추후에 기독교협회가 참여하였다.[53] 이 조직은 중앙의 독촉

---

51) 『영남일보』, 1945년 11월 7일자.

52) *G-2 Periodic Report* no. 64 (1946. 11. 13). 『미군정정보보고서』 1권, 271쪽; 정해구, 「해방 직후 대구 지방 정치의 전개 과정」, 『역사비평』 제1집, 1987, 79쪽.

53) 정영진, 『폭풍의 10월』, 한길사, 1991, 163쪽. 정영진은 6개 정당 가운데 조선공산당과 인민당(결성준비위)가 가담하여 좌우합작이라고 설명한다. 대부분의 논문들은 우익정당이라고 설명하는데, 좌익정당들이 참여했는지 확인되지 않는다. 6개 정당의 참여를 전하는 『영남일보』 기사에도 정당의 명칭은 나오지 않는다.

중협의 강령을 따라 이루어진 것으로 이갑성과 이경희의 노력으로 결성되었다. 경북독립촉진회는 1) 남북을 하나의 통제 하에 모으고, 2) 정치단체들은 차이를 화해시키고 연합하여 한국독립을 촉진시키려고 일해야만 하며, 3) 이승만의 활동을 지원한다는 목표를 발표하였다.[54]

경북독립촉진회 임원들은 대표위원 김하정, 김훈채, 공원상, 내무부장 김승환, 재정부장 곽진영, 선전부장 장대희, 지방부장 최성환, 민생부장 정운표, 후생부장 김봉도, 청년부장 서동진, 부녀부장 김성매였다.[55] 김하정은 일제하 대구노동공제회와 신간회에서 활동한 인물이고, 이 조직의 간부진 및 참여단체에 기독교인들과 기독교조직이 다수 참여하고 있다는 점이 주목된다. 해방 직후 기독교인들은 김봉도를 회장으로 조선경북기독교협회를 결성했는데, 기독교정신에 바탕을 둔 국가건립을 설립취지로 내세웠다. 여기에는 대구의 지도급 교역자들이 대부분 망라되어 있었는데, 대부분 대구 YMCA에서 활동한 인물들이다. 당시 기독교협회 임원진을 보면 회장 김정오, 부회장 김봉도, 총무 정광순, 종교부장 김봉도, 교육부장 이영식 등이었다. 독립촉진회 임원들 가운데 기독교인들은 곽진영, 최성환, 김봉도, 김성매 등이었다.[56]

독립촉진회에 인민위원회는 참여하지 않았지만, 최소한 초기에 좌파 세력의 일부가 참여한 것으로 보인다. 독립촉진회는 11월 10일에 경북인민위원회에 참여를 종용하는 성명서를 발표하였고[57] 인민위원회 부위원장 최문식은 독립촉진회 기관지 『무궁화』 창간호에 창간 축하문을 실었다. 초기에 좌우합작으로 출발했으나 인민위원회는 불참

54) *G-2 Periodic Report* no. 66 (1946. 11. 15), 『미군정정보보고서』 1권, 279쪽.

55) 『영남일보』, 1946년 12월 1일과 1월 9일자.

56) 김일수, 「모스크바삼상회의 결정에 대한 대구지역 정치세력의 대응」, 『사림』 제16집, 2001, 86~87쪽.

57) 『영남일보』, 1945년 10월 10일자.

하게 되고 점차로 좌익은 빠져나가 우익중심으로 변화하였다.[58] 그리하여 이 조직은 대구 내의 다양한 단체들을 가입시켜 11월 18일에 민족통일 대표자대회를 열어 이승만 노선과 경북독립촉진회를 절대 지지하며 이 조직의 회원이 된다고 결의하였다.[59] 이 시기 경북독립촉진회는 좌파가 인민위원회를 중심으로 조직화한 것에 대응하여 만들어진 우파조직이다.

11월 23일 민족통일강연회가 대구공회당에서 열린 후에, 선산, 경산, 구미, 안동 등 경북 각 지역으로 지부를 확산시켰다.[60] 안동은 12월 14일에 결성되었으며, 회장 이원영 부위원장 권영민 권상욱 등으로 구성되어 있다.[61] 이원형 목사는 신사참배를 거부하여 옥고를 치렀던 경력으로 위원장에 추대되었고, 고문은 김광현 목사였다.[62] 안동에서 1월 말에 독립촉진회는 인민위원회, 농민조합, 청년연합, 노동조합, 인민당 등과 함께 활동하고 있었다.[63] 영주에서 1946년 3월 말에 독립촉진회는 순항과 대산면 사무소에 걸려있는 인민위원회 깃발을 제거하였다.[64]

---

58) 이영식, 「1945-1948년 대구지역 우익세력의 정치조직 결성과 국가건설운동」, 『대구사학』 제79집, 2005, 118쪽.

59) 경북도사편찬위원회, 『경상북도사』 중, 경상북도, 1983, 526~527쪽. 참가단체는 유학생동맹, 학생동맹경북본부, 경북원호회, 영남체육회, 대구불교청년회, 중등학교동창회연합, 영남민보단, 대구금융비상대책위원회, 대구영화협회, 경북기독교장로회, 경북불교협회, 경북상공경제대책위원회, 경북토목건축협의회, 영남교육회, 대구의사회, 대구치과의사회, 대구주택대책위원회, 대구약제협회, 경북 불교부인회 등.

60) 『영남일보』, 1945년 11월 10일자; 11월 16일자; 11월 20일자; 12월 14일자; 12월 20일자.

61) 『영남일보』, 1945년 12월 14자; 12월 22일자.

62) 김광현, 『이 풍랑 인연하여서』, 성서원, 1993, 66~70쪽.

63) 「제63군정중대 주간 군사 점령활동보고서(1946. 2. 2.)」, 『한국현대사자료집성』 제47집, 국사편찬위원회, 2000, 164쪽.

64) 「제63군정중대 주간 군사점령활동 보고서(1946. 3. 29)」, 『한국현대사자료집

대구에 신탁통치 결정소식이 알려지자 12월 28일에 경북독립촉진회는 신탁통치안을 절대 배격하고 3천만 민족이 총결속하여 육탄으로 저지한다는 등의 결의를 채택하였다. 그리고 12월 30일에 이 단체와 인민위원회를 중심으로 90개 단체가 모여 반탁공동투쟁위원회를 결성하였으며, 회장에 배승환(인위)과 최성환이 취임하였다.[65] 그러나 좌익이 신탁통치를 지지하고 서울에서 파견된 '신탁통치반대국민총동원위원회'의 유세대가 대구에서 활동하고, 모스크바 삼상회의 결정안의 구체적인 내용이 알려지면서 양측은 분리되었다. 1946년 1월 15일에 신탁통치반대국민총동원위원회 경북본부가 반탁경북국민대회를 개최하였고 임시정부를 즉시 승인할 것과 탁치반대를 주장하였다.[66] 1월 20일 경북독립촉진회는 인민위원회에 대해 조선신탁관리반대공동투쟁위원회 노선인 임시정부 산하로 모여야 한다고 주장하였다. 이 단체는 자신들의 주장이 받아들여지지 않고 인민위원회가 찬탁입장을 고수하자 공동투쟁위원회의 탈퇴를 선언하고 퇴장하였다.[67]

이 단체는 1월 말에 반탁총동위와 독촉중협 선전총본부의 통합작업에서 중요한 역할을 하였다. 선전총본부의 이중근은 비상국민회의의 발족이 논의되고 있는 상황에서 이 단체의 김승환, 최성환, 장대희와 함께 반탁총동위 경북 지부의 유재기와 함께 양 기관의 통합하여 국민운동을 전개할 것을 논의하기 시작하였다.[68] 그리하여 1월 27일에 모임을 가질 때 경북 대표로 이들 3인에 참여하였고, 2월 6일의 대표자

성』 제50집, 국사편찬위원회, 2001, 204쪽.

65) 정영진, 『폭풍의 10월』, 165쪽. 최성환은 유재기가 만들었던 흥국회 회원이었던 기독교인이었다.

66) 『영남일보』, 1946년 1월 17일자. 『대구시보』, 1946년 1월 17일자.

67) 김일수, 「모스크바삼상회의 결정에 대한 대구지역 정치세력의 대응」, 96쪽.

68) 이상훈, 「해방후 대한독립촉성국민회의 국가건설운동」, 24쪽.

모임에는 정운표와 장대희가 참여하였다. 이들의 노력으로 독촉국민회가 조직되었다.

3) 전남 도 지부 조직과 군 지부 조직

해방 후 전남 지방에서 8월 17일에 최흥종을 위원장으로 하여 전남 건준이 조직되었다. 이 때 부위원장은 김시중(신간회 참여, 지주)과 강해석(공산당 참여 경력)과 총무부장은 국기열(3.1운동 참여, 언론활동, 사회주의 계열) 등이었다.[69] 이들 임원들은 민족주의자, 공산주의자, 사회주의자 등이 혼재되어 있었다. 전남 조선공산당은 박헌영의 영향력 하에 신속하게 8월 21일에 조직되었다. 건준 조직은 9월 3일에 개편되어 위원장 박준규, 부위원장 국기열과 강석봉, 조직부장 장재성, 선전부장 조운을 중심으로 주로 좌파들로 구성되었다.[70] 이 건준 조직은 중앙조직개편과 맞물려 10월 10일에 박준규를 인민위원회 위원장으로 하는 전남도인민위원회로 개편되었다. 인민위원회는 미군정이 실시되기 이전에 실질적인 통치기능을 행사하였다. 이러한 인민위원회는 각 군에도 설치되었고 보수적인 세력이 강한 몇몇 지역을 제외하고 실질적인 행정권을 장악하였다.

이러한 인민위원회의 지배 형태는 미군이 진주하면서 점차 무너지게 되었다. 미군정찰팀은 9월 10일 광주에 도착하였고, 9월 23일 제40사단 전술군이 광주를 점령했다. 10월 20일 미군 6사단 20연대가 40사단을 대체하였고 10월 23일에 101군정대가 광주에 도착하였다. 10월

---

69) 전남일보 광주전남현대사 기획위원회, 『광주전남현대사』, 실천문학사, 1991, 29쪽.

70) 전남일보 광주전남현대사 기획위원회, 『광주전남현대사』, 40쪽.

27일에 20연대장 펩크 대령이 미군정 실시를 포고하였다.[71] 그리고 11월 6일 도인민인위원회는 정부기관의 기능을 포기한다는 각서를 제출하였다. 미군정은 11월부터 다음 해 3월까지 도고문회를 우익인사들을 중심으로 조직하여 각 지방의 군수들을 비롯한 행정관리들을 임명하였다. 미군이 진주하여 도 인민위원회를 무력화시키던 11월 초 한민당도당 위원회가 조직되었고, 얼마 후에 독촉중협 전남 지부가 조직되었다.

독촉중협 전남 지부 조직시기에 대해 현재 11월 27일 설과 12월 7일 설이 제기되어 있다. 김창진은 11월 27일 설에 대해 다음과 같이 서술한다.

> 한민당이 조직된 지 몇 주일 후인 11월 27일, 이승만의 독립촉성중앙협의회 전남도지부가 결성되었다. 독촉 전남도지부의 결성은 과거 보수적인 광주 신간회의 간부였던 최종섭을 지부장으로 하여 부지부장에 장병준, 사무국장에 장병상을 선출함으로서 이루어졌다. … 각 시군의 경우에는 김성복이 보성에서, 차부진이 강진에서, 조두헌이 영광에서 김문평이 여수에서 각각 지부장급으로 출동했고 최종섭은 광산군의 지부장을 겸임했다.[72]

그리고 "장병준과 장병상은 형제로 이미 한민당에 가입되어 있는 인물이었다."[73] 이에 반해 서재권이 쓴 『국민운동사』는 12월 7일 위원장 최종섭, 부위원장 김용환, 김시중, 고광표 등으로 조직되었다고 기술하였다.[74] 양 기록에서 10일간의 차이가 나서 조직 시기는 11월 말이나

71) 전남일보 광주전남현대사 기획위원회, 『광주전남현대사』, 160쪽.
72) 김창진, 「8 · 15직후 광주지방에서의 정치투쟁 - 1945~46년 인민위원회운동과 미군정의 성격」, 『역사비평』 제1집, 1987, 124쪽.
73) 전남일보 광주전남현대사 기획위원회, 『광주전남현대사』, 313쪽,
74) 서재권, 『국민운동사』, 이상훈, 「해방 후 대한독립촉성국민회의 국가건설운동

12월 초일 것으로 보인다. 두 사람의 주장에서 부지부장으로 기록된 김시중과 고광표와 장병상은 모두 전남 한민당 조직에 가담했던 인물들이었다. 한민당의 전남도당은 1945년 11월 초에 조직되었고 광주부당은 1946년 2월에 조직되었는데,[75] 창평상회라는 같은 건물을 쓰고 있었다. 한민당 도당위원장은 김시중이고 고광표와 장병상은 도당부위원장이었고, 김용환은 2월에 조직된 광주부당의 총무였다.[76] 그러므로 김시중, 고광표, 장병상, 김용환은 모두 한민당에 가담했던 인물들로 독촉국민회에 가담하였다. 그런데 임원진의 이름이 다른 것에 대해 임선화는 독촉 전남 지부와 광주 지부의 임원진을 혼돈하여 기록된 것으로 보고 있다.[77] 그렇다면 전남 독촉 지부는 1945년 11월말이나 12월 초에 최종섭이 지부장이 되고 한민당 전남도당 임원들이 부지부장으로 참여하여 조직되었고, 그 직후에 거의 같은 사람들을 임원으로 광주부당도 조직된 것으로 보인다.

전남독촉 임원들 가운데 최종섭은 일제 강점기에 광주 신간회 지회장, 광주노동공제회 집행위원으로 활동하였고 독촉중협과 독촉국민회에서 활동하면서 입법의원으로 선출되었다. 김시중은 신간회 송정구 대표였고, 1928년 광주고보에서 발생한 맹휴에서 학부형대회 주도자로서 교섭위원을 맡기도 하였다. 그는 남광광업에 출자하여 사업을 하기

연구」, 21쪽에서 재인용.

75) 광부부당 조직 시기에 대해 안종철은 1945년 9월 말경이라고 주장하나(안종철, 『민주장정 100년, 광주 · 전남 지역사회운동연구: 해방 후 사회운동』, 전라남도 · 광주광역시, 2015, 98쪽), 『광주민보』, 1946년 2월 22일자 "한민당광주지부결당"이란 기사에 따르면 2월 24일에 결성되었다.(임선화, 「미군정기 한민당 전남도당의 조직과 활동」, 『역사학연구』 제41집, 2011, 181쪽 참조).

76) 임선화, 「해방 이후 전남지방의 우익단체 연구」, 전남대학교 박사학위논문, 2009, 32~33쪽, 35쪽.

77) 임선화, 「해방 이후 전남지방의 우익단체 연구」, 77쪽.

도 하였고, 해방 후에 최흥종이 건준 위원장일 때 부위원장이었다. 그러므로 김시중은 친일행적이 명확하게 드러나지 않고 오히려 독립운동에 참여한 인물이다.[78] 고광표는 일본의 릿교대학을 졸업하고 창평상회와 무등양말공장, 호남제탄 등을 경영하였다. 고광표는 해방되자 전남 건준에 참여하였고 한민당 중앙당의 창당 발기인으로 참여했으며 한민당 광주부당 위원장을 지냈고, 이후 입법의원에 선출되어 활동하였다. 장병준은 임정 국무위원과 신간회 목포지회장을 지냈으며, 생업공조사 이사를 하였고 장병상은 3·1운동 1주년선언문 배포사건에도 가담하였고 광주역장을 역임하기도 하였다.[79] 김용환은 1926년에 결성되었던 전남청년연합회 조직의 준비위원이었다. 이와 같이 독촉에 가담한 한민당 임원진들 가운데는 친일행적이 현저한 인물들은 크게 눈에 띠지 않는다. 독촉 전남도지부에서 선전부원으로 일했던 편철우는 「도지부의 경우 한민당원들이 독촉에 참가한 이면에는 자신들의 행위를 가려주는 보호막으로 대중들의 한민당 기피증을 피하는 방패막이로 독촉이 필요」했다고 증언하였다.[80] 그러므로 임원진들은 그래도 흠이 적은 사람들은 내세우고 당원들 가운데는 그런 인물들이 포함되었던 것으로 보인다.

이와 함께 전남에서는 여러 군에서 독촉 지부도 조직되어 있었다. 보성에서는 처음에 황보익 목사가 지부장이었는데, 한독당 전남도당 조직부장을 지낸 박종면은 보성 독촉중협 지부에 대해 "전국에서는 첫번째로 11월 25일에 조직되었다"고 주장하면서 그 때 결성한 이유는 "당시 한창 득세하던 보성 인민위와 공산당, 치안대 등의 좌익과 맞서

78) 임선화, 「해방 이후 전남지방의 우익단체 연구」, 23~24쪽.

79) 임선화, 「해방 이후 전남지방의 우익단체 연구」, 33~35쪽.

80) 전남일보 광주전남현대사기획위원회, 『광주전남현대사』, 313쪽.

기 위해서였다"고 말한다.[81] 황보익 목사는 황두연과 함께 보성과 순천, 고흥에서 신사참배 반대운동을 주도하였고 일제 말기에는 유학을 목적으로 일본으로 건너갔다. 일본이 패전한 후에 귀국하여 보성에서 이승만을 지지하여 독촉중협 지부를 설치하였고, 그 후에 독촉국민회 지부를 조직하였으며, 이승만이 남선순행을 하는 과정에서 보성을 지나갈 때 환영행사를 개최하였다.[82]

강진에서는 건준 위원장 김안식, 부위원장 차래진과 유재의, 총무부장 김상균, 선전부장 김윤식, 치안대장 차부진 등 우익을 중심으로 건준이 조직되어 활동하였다. 1945년 11월 23일 강진에 미군이 진주해와서 군행정과 치안업무 일체를 감독하자, 그 때까지 활동했던 건준과 치안대는 발전적으로 해체됐다. 대신 이들은 그해 12월에 조직된 독촉중협, 촉성노인회, 촉성부인회, 촉성청년단 등 우익진영의 각 단체에 귀속됐다.[83] 따라서 건준 임원들은 후에 독촉중협 강진 지부의 임원들로 활동하였다. 초기 독촉회장은 차래진이었다가 동생 차부진이 이어받았다. 차래진은 상해임시정부에서 국내공작대원으로 활동하다 강진에 돌아온, 신익희와 연결되었던 기독교인사였다.[84] 차부진은 「강진의 경우에 한민당원들이 가담하기는 했어도 오히려 비정당원이 더 많았어. 내가 초기에 선전부장이었고 곧 이어 시인 영랑 김윤식이 맡았고 끝으로 강진에서 독촉대표로 제헌선거에 출마했다가 낙선한 김현장이 선전부장을 맡았지」라고 증언하였다.[85] 차부진의 증언에서 주목되는 점은 당시 독촉중협의 도 지부와 군 지부 사이에 어떠한 횡적 연대나

---

81) 전남일보 광주전남현대사기획위원회, 『광주전남현대사』, 314쪽.

82) 『대동신문』, 1946년 5월 10일자.

83) 『강진일보』, 2012년 8월 7일자.

84) 안종철, 『민주장정 100년, 광주 · 전남지역 사회운동 연구』, 52쪽.

85) 전남일보 광주전남현대사기획위원회, 『광주전남현대사』, 314쪽.

종적 연대, 심지어 유대조차 없었고 모든 지부가 단위에 있어 도는 시군이든 읍면이든 간에 서울의 이박사를 향하여 고개를 쳐들었다고나 할까. 즉 각 지부가 하나의 독립된 세포로서 이박사의 명령에 움직였고 그 명령에 충실하게 복무했다는 점이다.

고흥은 8월 17일에 건준이 조직되었는데 위원장 김상천, 총무 신지우, 평위원은 박팔봉, 신오휴, 김근종 등 이었다. 위원장으로 추대된 김상천은 당시 70여세의 한학자로 농업에 종사하고 있었다. 총무 신지우는 보통학교 출신으로 군청에 근무했고 양조장을 경영한 한 중소 지주였으나, 일제하에서 항일운동에 관련된 경험은 없었다. 박팔봉을 비롯한 평위원들은 한민당에 관계했다. 김상천 위원장이 너무 고령이어서, 얼마 후에 신지우가 위원장에 취임했으며, 도 지부가 인민위원회로 개편되자 신지우는 고흥건준 간부들에게 이러한 상황변화를 알리고 건준을 해산하고 후에 동조자들을 규합하여 독촉중협 고흥 지부를 조직했다.[86] 고흥 건준조직이 해체된 후 여기에 관여했던 우익인사들 대부분은 독촉중협 고흥 지부에 가담하였다. 미군정이 1945년 11월 20일자로 신지우를 고흥경찰서장에 임명하고 김상윤을 군수로 임명함으로써 보수인사들은 권력을 확실하게 장악했다.

목포의 이남규 목사는 일제 말기에 신사참배 반대와 일본교단으로의 교회 통합에 반대하여 투옥되었던 경력 때문에 해방 후에 목포 시민들의 추대를 받아 건준 위원장이 되어 치안유지에 힘을 썼다.[87] 중앙 건준이 인공으로 개편된 후에 목포 건준 안에서 좌우대립이 심했으나 이남규 목사는 끝까지 견뎌냈으며 10월 2일 미군이 진주하여 군정을 선포하면서 건준이 해산되었다.[88] 그 후에 좌우익 양측에서 각기

---

86) 안종철, 『민주장정 100년, 광주 · 전남지역 사회운동 연구』, 61~62쪽.

87) 이남규목사 저서 출간위원회, 『온 세상 위하여』, 삶과 꿈, 1995, 166쪽.

새로운 단체를 조직하였는데, 우익계열의 독촉중협[89]과 좌익계열의 인민위원회가 그것이다.[90] 이남규는 김응균 등과 독촉중협 목포 지부를 조직하여 지부장으로 활동을 했으며, 1946년 입법의원이 되었다.

이 외에 각 지구의 회장은 영광에 조두현, 여수에 김문평, 광산에 최종섭(전남도지부장 겸임), 나주는 김영섭 후에 김영필 등이고, 편승우의 증언에 따르면 보성에 이정래, 구래에 고재언, 완도에 황권태, 함평 이재혁, 무안에 장홍염 등이었다.[91] 해남 군지는 독촉중협 해남 지부를 송봉해, 김만재, 김석진, 김지현 등이 조직했다고 기록하고 있다.[92]

광주지역에 신탁통치문제가 처음 알려진 것은 1945년 12월 30일 전남신보사를 통해서였다. 영문으로 처음 접수된 내용을 갖고 광주지역의 여러 정당 사회단체 대표들이 모여 여기에 어떻게 대처할 것인가를 논의하였다. 이 자리에서 Trustship을 어떻게 해석할 것인가라는 논란이 벌어져 한민당, 독촉 등 우익진영에서는 신탁통치라고 주장했으나 좌익진영에서는 후견이라고 맞섰다.[93] 광주에서는 12월 31일에 광주 서중학교에서 반탁집회가 열렸는데, 이곳에서 '모스크바 삼상 절대 지

88) 서울에서 인공이 선포된 후에 9월 중순에 목포 건준이 부위원장이자 박헌영의 직계인 김백동 등의 공산주의자들에 의해 장악당하여 인민위원회로 개편되었다는 견해가 있으나(이진호, 『박정희 독재와 민주화운동: 그 실체와 허구성』, 한국학술정보, 2012, 224쪽) 이남규목사는 전기에서 좌우 대립상황에서 끝까지 견디다가 미군이 건준에 의해 해산당했다고 서술한다.

89) 이남규목사 저서 출간위원회, 『온 세상 위하여』, 190쪽. 그의 전기에서는 독촉국민회의라고 말하고 있으나, 1945년 10월 2일 미군이 진주한 직후 건준이 해산되고 모스크바 삼상회의 결과가 알려져 반탁운동을 전개했으면, 이것은 1946년 2월 8일의 독촉국민회 설립 이전이므로 독촉국민회보다는 독촉중협 목포 지부라고 보아야 할 것이다.

90) 안종철, 『민주장정 100년, 광주 · 전남지역 사회운동 연구』, 115~116쪽.

91) 전남일보 광주전남현대사기획위원회, 『광주전남현대사』, 316~317쪽.

92) 전남일보 광주전남현대사기획위원회, 『광주전남현대사』, 317쪽.

93) 안종철, 『민주장정 100년, 광주 · 전남지역 사회운동 연구』, 115쪽.

지' 구호가 터져 나왔고,[94] 그리하여 의견의 일치를 보지 못하던 상태에서 좌파들은 1월 3일 이후 찬탁의 입장을 표명하였다. 반면에 우익들은 1월 4일 광주서중 교정에서 반탁시민궐기대회를 열었다. 1월 17일에는 광주청년단이 중심이 되어 반탁집회를 열었고, 1월 22일에는 광주 애국부인회 주최로 반탁운동이 열렸다. 부인회 화장 김현정의 사회 하에 전복녀, 배영순, 김숙배, 조아라 등이 연사로 참여하여 단합하여 건국에 매진하자고 호소하였다. 1월 28일에는 반탁전남 지부와 독립촉성광주광산협회등 50여단체가 총궐기하여 임정과 미소공위에 반탁의사를 전달하였다.[95]

4) 충남 도 지부 조직과 군 지부 조직

8월 18일 다른 지역처럼 일제시기 비밀결사인 건국동맹에서 활동했던 신표성을 비롯한 사회주의세력과 성낙서를 비롯한 민족주의세력들이 연합하여 건준 충남 지부를 결성하고 활동하였다. 건준 대전 지부도 결성된 것으로 보이지만 참여인물은 확인되지 않는다. 9월 6일 건준이 인공으로 전환한 후에 충남지역에서도 건준이 해소되고 9월말까지 충남 인민위원회와 시·군단위의 인민위원회가 결성되었다. 도인민위원회 위원장은 정운영, 부위원장은 신표성, 서기장은 박태을이었다. 대전인민위원회도 이 무렵에 결성되어 위원장 권경득을 중심으로 10여명의 위원이 활동을 주도했다.[96] 인민위원회 간부진 명단을 볼 때

94) 전남일보 광주전남현대사기획위원회, 『광주전남현대사』, 164쪽.

95) 『조선일보』, 1946년 1월 19일자, 『동아일보』, 1946년 1월 28일자.

96) 허종, 「미군정기대전지역의정치동향과국가건설운동」, 『한국근현대사연구』 제62집, 2012, 215쪽.

민족주의 진영은 참여하지 않고 사회주의 계열을 중심으로 인민위원회가 결성된 것으로 보인다.

이 시기 조직된 대표적인 우파 정치단체는 12월 6일에 조직된 독촉중협 충남 지부였다. 이 결성대회는 김동수의 집에서 열렸으며, 충남 전역에서 파견된 대표자 60여명 참석하였는데, 위원장은 선출되지 못하였으며 부위원장은 남천우와 홍긍식이었다.[97] 1946년 1월 말에 주요 간부는 회장 남천우, 부회장 성낙서, 총무부장 황재성이었다.[98] 김동수는 일제시기 대전의 남선창고 주식회사 이사와 대전읍회 의원을 지냈다.[99] 홍긍식은 1925년 경성법학전문학교를 졸업한 후 변호사로 활동하면서 민족운동관련자의 변호를 맡았으며, 공주읍회의원을 지내기도 하였다.[100] 남천우는 1933년 남궁억 등과 함께 강원도 홍천군 모곡리에서 십자가당을 결성하여 활동하다가 징역 1년 6개월을 선고받고 투옥된 경력이 있었다.[101]

충남 지부가 조직된 직후인 12월 중순부터 충남지역은 독촉중협 선전총본부의 선전원들이 가장 집중적으로 방문한 지역이었고 1부 14군 가운데 10개 군에서 지부가 조직되어 지부 조직이 가장 활발한 지역이었다. 이러한 지부 조직 상황은 아래에서 자세하게 분석하겠다.

---

97) HQ, USAFIK, *G-2 Periodic Report*, No.95 (1945.12.14), 『미군정정보보고서』 1권, 423쪽; 허종, 「미군정기 대전지역의 정치동향과 국가건설운동」, 220쪽.

98) 『미군CIC 정보 보고서 1 - 인물조사보고서 』, 중앙일보 현대사연구소, 1996, 575쪽.

99) 『중외일보』, 1929년 11월 22일자.

100) 『중앙일보』, 1932년 11월 26일자. 홍긍식은 안병두를 비롯한 5명이 검거된 공주적색비사 사건을 변론하고 있다.

101) 『동아일보』, 1933년 12월 13일자와 27일자; 오영섭, 「1930년대 전반 洪州의 十字架黨 사건과 기독교사회주의」, 『한국민족운동사연구』 제33집, 2002, 154~155쪽.

대전에서 미군정장관이 모스크바 삼상회의 결정에 대해 설명했음에도 불구하고 우파세력은 반탁운동을, 좌파세력은 모스크바 삼상회의 결정안을 지지하는 활동을 펼쳤다. 12월 31일 우파세력이 반탁운동을 벌인데 이어, 서울에서 반탁운동을 주도하던 '신탁통치반대국민총동원위원회'가 파견한 김명동이 활동하면서 반탁운동이 확산되었다. 1946년 1월 13일에는 미군정의 승인 하에 1만여명의 시민이 참가한 반탁 퍼레이드가 전개되었으며, 독립촉성충남협의회는 하지 사령관에게 신탁통치반대와 한국의 즉시 독립을 촉구하는 편지를 보내기도 하였다. 같은 달 24일에는 민주당의 독립촉성협의회가 주최하는 반탁토론회가 개최되었는데, 반탁의 가장 주요내용은 한국이 즉시 독립할 준비가 되어있으며, 신탁통치가 실시될 경우 소련의 의도대로 될 것이라는 이유로 신탁통치를 반대한다는 것이었다.[102]

5) 충북 도 지부 조직과 군 지부 조직

충북에서 해방을 맞이한 후 8월 17일에 청주 형무소에서 50여명의 정치 및 사상범들이 석방되자 좌익청년들은 이들과 함께 충북자치위원회를 결성하였다. 이들은 충북도지사 정교원을 찾아가 정권을 넘겨줄 것을 요구하였으나 거절당하였다.[103] 한편 우파 세력인 청주제일교회 구연직 목사와 의사 이명구 등이 중심이 되어 치안유지회를 결성하였고 구연직을 대표로 선출하였다. 8월 19일에 치안유지회가 자치위원

---

102) HQ, USAFIK, *G-2 Periodic Report*, no.124 (1946. 1. 14), no.132 (1946. 1. 22), no.139 (1946. 1. 30), 『미군정정보보고서』 1권, 543쪽, 570쪽, 597쪽.

103) 이충호, 「해방 직후 청주지역 우익 세력의 형성과 활동」, 한국교원대학교 석사학위논문, 2013, 18쪽.

회를 결합하는 방식으로 두 단체를 통합하였는데, 통합된 치안유지회는 구연직 목사를 중심으로 한 지역 유지들이 주도하였다.[104] 특히 청주지역 기독교인들과 유지들은 해방 후의 혼란 상황에서 치안유지회를 조직하여 무질서와 혼란을 방지하고 질서를 유지하여 지역사회를 안정시켰다. 치안유지회는 그 후에 건준으로 전환된 것으로 보이며, 이명구가 회장이었다. 충북도청은 10월 하순 경에 미군정체제가 잡혀가다가 11월 초에 본격적으로 활동하기 시작하여 35(청주), 49(영동), 67(충주) 군정중대가 배치되었고, 11월 8일에 세니트(Ray C. Senate) 중령이 도군정장관으로 부임하여 치안업무를 주로 담당하였다. 미군은 진주 후에 우익 인물들을 중심으로 도고문회를 조직하여 공직자들을 임명하였는데, 구연직 목사가 군정장관 고문이었고, 그의 중요한 역할을 통하여 윤하영목사가 1945년 2월 15일에 충북도지사로 선출되었다.[105]

구연직 목사를 중심으로 1946년 1월 초에는 독촉중협 충북 지부가 결성되었던 것으로 보이고,[106] 그는 1월 27일에 열린 독촉 지방 대표자들 모임에 손응두와 함께 참여하였으며,[107] 2월 6일의 전국도지부 대표들의 모임에는 충북대표로 장응두와 전병수가 참여하였다.[108] 이와 함께 2월 15자 충북지역 주둔 67군정중대 보고[109]에 청주에서 반탁운동이 점차 소강상태에 접어들 때, 보이스카우트들이 건국사업에서 이탈하였고, 그 빈자리는 독촉중협 청주 지부에 의해 채워졌던 것으로

104) 이충호, 「해방 직후 청주지역 우익 세력의 형성과 활동」, 18쪽.

105) 이쾌재, 『충북노회사료집』, 한국기독교장로회 충북노회, 1998, 441쪽.

106) 이충호, 「해방 직후 청주지역 우익 세력의 형성과 활동」, 27쪽.

107) 이상훈, 「해방 후 대한독립촉성국민회의 국가건설운동」, 24쪽.

108) 『조선일보』, 1946년 2월 8일자.

109) 67군정중대: 충주군, 단양군, 제천군, 음성군, 괴산군, 진천군을 관할하고 충주에 주둔

나타난다.[110] 이러한 기록으로 볼 때 1월 중순 경에는 독촉중협 청주 지부가 조직되어 있었던 것을 알 수 있다.

6) 전북 군 조직과 전북 도 지부 조직

전주에서 해방 직후인 8월 16일에 배은희와 유직량, 인창섭 등 우익 인사들을 중심으로 전주부임시시국대책위원회를 조직하였으며, 8월 17일에 백용희를 중심으로 조선건국전라북도임시위원회를 거쳐 8월 20일에 최홍열을 위원장으로 좌우연합의 건준 전북 지부를 조직하였다.[111] 서울에서 9월 6일 인공이 선포된 후에 전북에서도 10월에 도인민위원회와 군 인민위원회들이 조직되었다. 전북에 미군 진주과정을 보면 9월 하순에 6사단 휘하의 전술부대가 전주에 주둔했다가 10월 21일에 28보병중대로 교체되었다. 지방정부를 수립하는 96군정부대는 11월 17일에 전주에 도착했고, 28중대는 22일에 이리에 파견되어 익산과 김제를 관장하였다. 갈로지(R. F. Gallogy) 중령은 11월 24일 전북 지사로 임명받아 도자문위원회를 설치하여 이들의 도움으로 군수를 비롯한 행정 관료들을 임명하였다.[112]

미군이 진주한 후에 전북에서 우익들이 조직되기 시작하는데, 전북에서 독촉중협의 지부조직들에 대한 미군정 보고나 신문기사들은 11월 말부터 나타나기 시작한다. 제일 먼저 군산 지부 조직이 나타난다. 「일재봉이 지도하는 군산 독립촉진협의회가 최근에 군산에서 김구와 임

110) 군정 역사, 1946.1.16-2.15 (Military Government History, 16 Jan - 15 Feb 1946), 제67군정중대, 『한국현대사자료집성』 제50집, 456쪽.

111) 박재호, 「미군정기 전북지역 좌.우익의 활동(1945.8-1948.8)」, 건국대학교 석사학위논문, 1998, 16쪽.

112) 박재호, 「미군정기 전북지역 좌.우익의 활동(1945.8-1948.8)」, 31쪽.

시정부를 환영하는 퍼레이드를 펼쳤다. 이 단체는 11월 27일 정당통합과 독립운동을 강화시키기 위해 조직되었으며, 회원은 250명이었다.」[113] 다음으로 이리읍에서는 12월 초에 독립촉성을 위하여 힘을 합치는 것이 중요하다는 것을 깨달아 독립촉성익산협의회를 준비 중이었다.[114] 이리 지부장 김병수는 28세에 장로가 된 의사로서 해방 후 익산 건준 부위원장으로 활동하다 9월에 건준이 인공으로 개편되자 이에 항의하기 위해 1945년 12월에 이리, 익산 독촉중협 지부를 조직하고 그 위원장에 피선되었으며, 1946년 2월에는 독촉국민회 전북 지부 부위원장이 되었다.[115]

좌익이 강하던 김제군에서 독촉중협의 지부가 1945년 12월 26일에 첫 번째 회의를 가졌다.[116] 1월 초에 완전한 자주독립을 촉성하는 힘을 합치기 위해 김제군 금산면 각 방면 인민들은 독립촉성전라북도연합회 금산면 분회를 결성하였는데, 회장은 조영호장로, 부회장은 이원근이었다.[117] 1월 12일자 28군정중대 주간보고에 따르면, 김제군을 순회할 연설 그룹은 5명으로 구성되는데, 인민위원회, 청년연합, 농민연맹, 독립촉성당, 경찰로, 이들은 농민들에게 세금과 농업 임대료를 내도록 설득하고자 하였다.[118] 미군정 보고서에서 12월 26일에 김제군 독촉중협 지부가 첫 번째 회의를 가졌다고 했는데, 1월 14일 자 동아일보 보도에 따르면 「우리들의 완전한 자주독립을 촉성하는 힘을 한 덩

113) *G-2 Periodic Report* no. 106 (1945. 12. 16.)『미군정정보보고서』 제1권, 482쪽.

114)『동아일보』, 1945년 12월 3일자.

115) 세브란스병원,『세브란스병원 웹진』 제154권, 2015년 11월.

116)「제28군정중대 G-2 Weekly Report, 1945. 12. 29」,『한국현대사자료집성』 제47집, 113쪽.

117)『동아일보』, 1946년 1월 3일자.

118)「제28군정중대 주간보고서 (1946. 1. 12)」,『한국현대사자료집성』 제47집, 130쪽.

치로 합체하는 것의 중요성을 깨달아 조선독립촉성김제군협의회를 조직하였는데, 회장 장흥(?)식 부회장 김인식 홍희종」이었다.[119)]

배은희의 설명에 따르면 전북 독촉중협 지방 지부 조직은 두 가지를 배경으로 확대되었다. 하나는 12월 28일부터 시작된 반탁운동이요, 그와 함께 이승만을 지지하기 위한 운동이었다. 처음에 반탁 입장을 표명했던 좌익들이 찬탁으로 입장을 선회하자 지방에서 좌우익의 대립이 매우 심해졌다. 이러한 때 지방유지자들의 당면 과업은 중앙우익인사들의 운동을 따라 하는 것인데, 이승만 박사의 독촉중협이 조직되었으나 박헌영, 여운형 등의 배신으로 겨우 간판만 붙어 있는 상황이었다. 독촉중협이 별로 영향력을 발휘하지 못하였으나, 반탁운동이 전개되는 가운데 「각 지방에서는 중앙에 호응하여 역시 독립촉성협의회가 이곳저곳에서 아무 지도자도 없이 조직되어」 가고 있었다.[120)] 이러한 서술로 볼 때, 전북에서 독촉중협 지부들의 조직이 확산되어 간 것은 반탁운동과 함께 좌익세력에 대항하여 이승만을 지지하고 우익세력을 확장하려는 것이었다.

전북에서 반탁운동을 목적으로 지부들이 조직되어,[121)] 고창 지부는 1월 1일 신탁통치배격 고창 지부 대회를 열었고,[122)] 1월 7일 조선독립촉성전주위원회는 인공과 조공대표에게 반탁결의문을 발송하였다.[123)] 이리에서는 기독청년 50여 명이 권우진목사와 함께 3일간 단식하며 독립촉성기도회를 열었고,[124)] 군산 지부는 하지에게 전문을 보내 신탁통

119) 『동아일보』, 1946년 1월 14일.
120) 배은희, 『나는 왜 싸웠나?』, 일한도서주식회사, 1955, 53쪽.
121) 배은희, 『나는 왜 싸웠나?』, 53쪽.
122) 『동아일보』, 1946년 1월 11일자.
123) 『동아일보』, 1946년 1월 7일자.
124) 『동아일보』, 1946년 1월 21일자.

치에 항의하였다.[125)]

이와 같이 지방 지부들이 조직되어 갔는데, 도 지부는 언제 조직되었을까? 1월 3일자 동아일보 보도에 따르면 독립촉성전라북도연합회가 존재하고 있었는데, 배은희의 설명을 따르면 12월 28일 이후 반탁운동과정에서 조직되었을 가능성이 높다. 서재권의 『국민운동사』에 따르면 이보다 늦은 1월 13일 배은희가 주도하여 도 지부가 조직되었다.[126)] 도 지부장 배은희, 부 지부장 유직량, 김병수, 총무 조동민 조직부장 장병선 재정부장 인창섭(후에 박수조), 선전부장 임택용으로 되어 있고, 지부장들이 기록되어 있다.[127)] 임원진을 보면 배은희와 유직량은 해방 직후 전주에서 조직되었던 임시시국대책위원회에서 함께 활동한 사이이고, 김병수는 12월에 조직된 이리 독촉중협 지부장이었던 의사출신 기독교인이었으며, 장병선은 전주 지부에서 활동하였고, 재정부장 인창섭은 서문교회에서 배은희를 도왔던 재력가이며, 선전부장 임택용은 신간회에서 함께 활동했던 인물들이다. 그러므로 도 지부의 임원들은 배은희목사와 오랫동안 서문교회와 신간회에서 함께 활동했던 인물들이었다. 이들은 전북의 우파세력의 중심으로 독촉중협 도 지부를 조직하였다.[128)]

서재권의 『국민운동사』에 따르면 지부의 지도자들의 이름은 다음과 같다: 전주 유직량 장병선, 완주 김영진, 익산 김병수, 군산 윤석구, 옥구 이요한, 김제 이기호, 정읍 차경삼, 고창 오의균, 순창 임병호, 창원 양경수, 진안 오기희, 무주 신현동, 홍? 진직현으로 되어 있다.[129)] 당시

---

125) 박재호, 「미군정기 전북 지역 좌 · 우익의 활동(1945.8-1948.8)」, 42쪽.

126) 서재권은 독촉국민회가 조직되었다고 설명하나, 이 조직은 2월 8일에 조직되므로 독촉중협 전북 지부라고 보아야 할 것이다.

127) 이상훈, 「해방후 대한독립촉성국민회의 국가건설운동」, 41쪽에서 재인용.

128) 『동아일보』, 1946년 1월 12일자.

전라도는 행정구역상으로 2부 14군으로 되어 있었는데,[130] 진직현은 임실출신이므로, 남원, 장수, 부안, 금산의 지명이 나타나지 않는다.

7) 경기 군 지부 조직

경기도에서 이승만은 이미 부평 지부가 조직되었다고 언급했는데, 아직까지 구체적인 내용을 찾지 못했다.[131] 경기도에서 독촉협의회가 가장 먼저 조직된 곳은 개성이다. 지부 대표 이종근[132]은 진보적인 민주국가를 건설하여 국민을 통합시키고 독립을 촉진하며 이승만의 통일정책에 협력하고자 10월 21일에 이 협의회가 조직되었다고 말한다. 이 시기 그들의 입장은 좌우합작의 입장을 취하고 있었다. 한 편에서 이 조직은 이승만의 통일정책과 독촉중협을 지원한다고 서술하고, 다른 한편에서 인민공화국의 진보적 민주주의를 지지한다는 입장을 취하였다.[133] 12월 17일 독립촉성개성협의회는 통일전선을 갈망하고 여운형의 정치 이념을 들어보기 위해 강연회를 열었다.[134] 통일전선을

---

129) 서재권,『독립운동사』, 이상훈,「해방후 독립촉성국민회의 국가건설운동」, 21쪽에서 재인용. 또한 이치백은 독촉계 활동인사는 전주 배은희 김덕배, 군산 김형기, 이리 김병수 김원룡, 정읍 은성하 차경삼 김홍기, 김제 최주일 최윤호, 임실 진직현, 완주 류준상 김영진, 순창 조일수, 진안 김준희, 장수 류순형, 옥구 이요한, 고창 오의균, 무주 신현돈, 부안 조재면 등이었다고 설명한다. (이치백,「전북의 기억<49> 8 · 15 해방 당시의 전북인 활동상」, http://www.sjbnews.com/news/articleView.html?idxno=342179, 2017년 9월 10일 접속)

130) 2부는 전주와 군산이었고, 14군은 고창, 금산, 김제, 남원, 무주, 부안, 순창, 옥구, 완주, 익산, 임실, 장수, 정읍, 진안이었다.

131) 독촉국민회 부평 지부는 1946년 6월 30일 결성되었는데 회장 김성기 부회장 복석균 총무 유주환이다.『자유신문』, 1947년 7월 9일자.

132) 이종근은 1919년 2.8독립선언에 가담하여 7개월 15일간 수감되었고, 1946년 입법의원으로 선출되었다.

133) *G-2 Periodic Report* no 96 (1945. 12. 15),『미군정정보보고서』1권, 434쪽.

추구하던 개성 지부의 조용한, 이종근, 주석남 3인은 찬탁과 반탁 세력이 충돌하여 통일전선 결성에 대한 각 방면의 요청을 점차 높아지고 있던 1946년 1월 8일에 서울에 올라와서 관계방면을 방문하고 통일전선촉성요망건의문을 전달하였다.[135] 개성 지부의 이러한 활동 기록은 좌우연합을 추구하던 모습을 분명하게 보여주고 있다.

이천의 김동욱 목사는 독촉중협이 조직된 후에 스스로 상경하여 이승만을 만났고 자신의 교회를 중심으로 이천 독촉중협 지부를 조직했다.[136] 인천에서는 12월 중순 김영섭 목사를 중심으로 인천지회 발기인대회를 열고 지부 결성을 준비하였다.[137] 이곳에서는 1945년 9월 내리교회 김영섭 목사가 회장이 되어 조선일보 인천지국장 최진하, 예술인 정해궁 등을 중심으로 국민회를 조직했었는데,[138] 그가 중심이 되어 12월에 다시 이승만을 지지하는 인천 지부를 조직하였다. 12월 말에 안성군 죽산면에서는 3.1운동에 가담했던 최창학이 위원장이 되어 30여명 유지가 회집하야 독촉중협 지부를 결성하였다.[139] 이와 같이 경기도에서도 독촉중협 지부들이 결성되었는데, 경기도 지부가 따로 조직되지 않는 것은 선전총본부가 서울에 있었기 때문인 것으로 보인다.

---

134) 『자유신문』, 1945년 12월 19일자.

135) 『동아일보』, 1946년 1월 11일자.

136) 이상훈, 「해방후 대한독립촉성국민회의 국가건설운동」, 18쪽.

137) 『동아일보』, 1945년 12월 17일자.

138) 『미군정기 인천자료』, 9쪽. http://www.incheon.go.kr/ebook/pdf/fb_200910130610167c3, 2016년 11월 20일 접속.

139) 『동아일보』, 1945년 12월 22일자.

4. 독촉선전총본부 조직과 지방 순회

이승만은 독촉중협 중앙위원들을 선정하면서 동시에 지방조직을 강화하고자 12월 15일에 "이 중협 집행위원의 구성이 된 후 점차 각 지방에 지부를 성립하고 거기서 지도자를 더 선출하야 更加하여야 하겠소"라고 말하였다.[140] 이 시기는 중앙위원 39명이 선정되어 중앙조직이 완료되는 시기였다. 그는 같은 날 독촉중협의 선전총본부를 조직하고 "금번 긴박한 정세에 비추어 민중에게 우리의 갈 길을 밝히기 위하야 … 우선 남선 8도에" 37명의 선전대를 파견하기로 결정하였다.[141] 선전총본부의 조직은 본부장 이중환, 총무과 김명동 외 5인, 조직과 이중근 외 2명, 정보과 이을규 외 8명, 연락과 한하연 외 3명이었다.[142]

선전총본부에 소속된 37명의 인적 구성을 살펴보면 세 가지 부류로 분류된다. 가장 많은 인적 구성은 15명이 소속되어 있는 아나키스트 그룹이다. 아나키스트들 가운데 이정규와 이을규 등이 중심이 되어 1945년 9월 공산주의를 부정하고 자유롭고 지방자치적인 사회를 건설하려는 자유사회건설자연맹을 조직하였다.[143] 이 조직원들 가운데 11명이 선전총본부에 소속되어 있다.[144] 이 연맹 명단에는 포함되어 있지

140) 「독립촉성중앙협의회 중앙집행위원회 제1회 회의록」, 『운남이승만문서: 동문선』 제13집, 연세대학교 현대한국학연구소, 1998, 67~68쪽.

141) 『중앙신문』, 1945년 12월 16일자; 『동아일보』, 1945년 12월 17일자. 37명의 명단은 다음과 같다: 이중환, 구연걸, 이중근, 류정, 남상옥, 김명동, 임우영, 이경석, 김재현, 우막룡, 이규석, 이석규, 성낙서, 이을규, 김익환, 차고동, 이광래, 이동순, 한하연, 박영환, 송창섭, 김연창, 원심창, 문무술, 승흑룡, 이정규, 설용수, 김사필, 안병익, 구철회, 하종정, 곽장범, 이규호, 신현상, 기태복, 이관운, 유송무.

142) 『민중일보사』, 1945 12월 14일자.

143) 이호룡, 「해방 이후 아나키스트들의 조직과 활동」, 『한국근현대사연구』 제24집, 2003, 178쪽.

않으나, 아나키스트 그룹과 관련된 인물들은 이광래, 남상옥, 원심창, 신현상 등 4명이 더 있다. 원심창은 1922년 일본에 건너가 아나키스트 사상을 받아들였고,[145] 해방 후에는 아나키스트들이 조직한 독립노동당이 1948년에 조직한 일본특별당부의 구성원이었으며, 남상옥은 1930년대 원산에서 아나키스트들과 노동조합운동을 하였고, 신현상은 녹립노동당에 소속되어 있으면서 1948년 5월 10일의 총선에 참여하지 않는다는 당의 명령을 어기고 공주에 출마하여 당선되었는데 제명당하였으며,[146] 이광래는 일제 시기 단천에서 활동한 아나키스트이다.[147] 그리고 이러한 15명의 구성원들 가운데 이을규가 정보과장을 그리고 한하연이 연락과장의 자리에 있어 4명의 과장 가운데 2자리를 차지하였다.[148] 따라서 이들은 구성원들의 숫자에서도 40.5%에 달하고 과장도 반을 차지하여 가장 중추적인 역할을 하고 있다. 당시 아나키스트들이 선전총본부에 이렇게 다수가 참여한 것은 공산주의에 반대하던 이들의 반공주의와 단계적인 혁명론 때문이었던 것으로 보인다.[149] 이들은

---

144) 이호룡, 「해방 이후 아나키스트들의 조직과 활동」, 178쪽. 11명의 명단은 이을규, 이정규, 차고동, 한하연, 이동순, 이규창(이규호), 승흑룡, 박영환, 이석규, 김재현, 이규석이다.

145) 성주현, 「아나키스트 원심창과 육삼정 의열투쟁」, 『숭실사학』 제24집, 2010, 79쪽.

146) 이호룡, 「해방 이후 아나키스트들의 조직과 활동」, 201쪽, 207쪽.

147) 이호룡, 「일제강점기 국내 아나키스트들의 공산주의에 대한 비판적 활동」, 『역사와 현실』 제59집, 2008, 280쪽. 이광래는 단천의 아나키스트와 공산주의자들의 충돌에 대한 조선일보 보도에 항의하는 활동에 아나키스트로 참여하고 있다.

148) 이상훈은 이을규와 이정규가 선전총본부에서 활동을 한 것은 아니라고 평가하는데(「해방 후 대한독립촉성국민회의 국가건설운동」, 17쪽), 선전총본부 구성원의 반 가까이가 아나키스트들이고 이을규가 과정을 맡고 있는데 활동을 하지 않는 것이라는 평가는 신빙성이 크지 않다.

149) 이호룡, 「해방 이후 아나키스트들의 조직과 활동」, 194쪽.

국가의 존재를 부인하지만 민주주의를 실현하려는 목적을 가지고 있었기 때문에 단계적으로 자본주의와 부르주아 민주주의를 추구하던 우파와 연합할 수 있었다.

이들 조직원들 가운데 다음으로 중요한 그룹이 김명동, 구연걸, 유정, 성낙서, 이석규, 신현상 등이 중심이 된 충남북출신의 무명회의 회원들이었다. 무명회는 1921년에 조직되었던 조선인 기자단체 조직이었다.[150] 해방 후인 9월에 김창숙 이하 유지를 망라하여 일반대중에게 정치의식을 앙양시키며 국론을 시정 통일하여 신조선건설에 있어서 가장 적절한 이론과 방법을 비판 연구할 목적으로 무명회가 새로 생겨났다. 이들은 잡지 『여론』과 『가정(假定)』을 발간하기로 하였고 자매사업으로는 신문도 경영하고 출판도 겸영하고자 하였다. 무명회는 회장 김명동, 부회장 성낙서, 총무부 구을회 외 2인, 재무부 구연걸 외 1인, 편집부 이석규, 사업부 신설균 외 2인, 연락부 신현상 외 7인이었다.[151] 그러므로 이들 언론활동을 하려던 인물들이 선전부에 가담하였다. 이들 가운데 이석규와 신현상은 아나키스트 그룹에도 참여하였다. 그러므로 이들이 아나키스트들이 선전총본부에 대거 참여하는데 고리역할을 했을 수도 있다. 이들 외에 이중환, 이중근, 김익환, 곽장범 등은 독립촉성국민회 조직의 초기에 중요한 역할을 한 인물들이고, 기독교인은 이관운이다.[152]

현재 남아 있는 선전총본부의 출장 기록을 정리하면 아래 도표와 같다.

150) 『동아일보』, 1921년 11월 25일자.

151) 『매일신보』, 1945년 10월 7일자.

152) 나머지 임우영, 우막룡, 송창섭, 문무술, 설용수, 김사필, 안병익, 구철회, 하종정, 기태복, 유송무 등 12명의 정확한 소속이나 활동상을 알 수가 없다.

〈표 1〉 선전총본부의 출장기록

날 짜	출장자	출장지	출장비용
1945/12/22	이관운	전북지방 · 보령 · 서천 · 군산	2,000
12/22	임긍호	충북지방 충주 · 음성 · 괴산	2,000
12/22	이중근	대구지방	200
12/23	유정	천안 · 아산 · 예산	2,000
12/23	김명동	대전 · 논산 · 부여	1,000
12/26	김명동	충남지방	1,000
12/27	오몽순 · 이태선 · 전헌	평택 · 안성	900
1946/1/4	오몽순 · 전헌	수원 · 평택	200
1/4	구연걸	대구	500
1/4	이태선	수원	100
1/6	이병묵	당진	100
1/7	김명동	충남지방	500
1/23	이중근	대구	400
1/23	이관운	대전	200
1/24	박영환	부산	300
1/30	이관운	천안	100
2/6	문혁 · 유현용	천안	200
2/8	구연걸	지방대표 초대비	3,500

현재 영수증이 남아 있는 출장사례는 17회이다. 이 17회 가운데 이관운, 김명동 3회, 이중근, 오몽순, 이태선, 전헌 2회, 임긍호, 유정, 구연걸, 이병묵, 박영환, 문혁, 유현용 1회이다. 이 가운데 선전총본부 선전대에 속하는 인물은 이관운, 김명동, 이중근, 유정, 구연걸, 박영환 등 6명이다. 이러한 사실로 보면 선전대들만이 지방 조직 활동에 파견된 것이 아니고 필요에 따라 적절한 인물들이 파견된 것으로 보인다. 방문 시기는 1월과 2월에 집중되어 있어 이 시기에 지방조직의 확산을 꾀한 것으로 보인다.

특히 많은 활동을 한 인물은 이관운, 김명동, 이중근이다. 이관운은 YMCA에서 활동했던 감리교 목사인데, 주로 충남 지방을 관장하였다. 이중근은 신간회 경주지회 출신으로 영남의 유림세력을 중심으로 경북을 관할하였다. 김명동은 기호 유림의 대표였던 김복한의 차남으로 일제하에서는 유림계의 대표로 신간회에 참여했는데, 충청지방을 중심으로 기호지방을 관장하였다.[153] 선전총본부에 속했던 인물들은 지방조직화의 실무를 담당한 지방세력 확대의 주역들이었다.

이들의 출장지역을 보면 전북지방, 군산과 충북지방, 충주, 괴산, 음성, 부산이 1회이고, 경기도의 수원과 평택 2회, 안성 1회이고, 충남의 보령, 서천, 천안(3), 아산, 예산, 대전(2), 논산, 부여, 당진, 충남지방(2회), 대구 3회이다. 도별로 보면 강원과 전남은 없고 충남은 10개 지역을 방문하여 최다 방문지역이다.

이러한 사실로 볼 때 당시에 조직의 확장에 가장 심혈을 기울인 지역이 충남지방인 것을 알 수 있다. 신익희가 1946년 1-2월에 조사한 바에 따르면 충남의 1부 14군 가운데 10개 군 지부가 조직되어 있었다. 충남지역 가운데 지부가 있는 곳 가운데 선전원이 방문하지 않은 지역은 서산과 홍성의 2곳이다. 이곳은 김명동이 충남지역을 2회 방문할 때 방문했을 가능성이 높다고 판단된다. 당시 충남의 조직 상황을 도표로 제시하면 다음과 같다.[154]

〈표 2〉 충청남도 독촉중협 지부 조직 현황

지부명	회원수	직책	이름	연령	출신학교	현직
충남	45	회장	남천우	50	협성신대	목사
		부회장	성낙서	48	성대	사립교교장
		총무부장	황재성	53	중졸	동회장
		재정부장	양정묵	45	불전문대	승려
		선전부장	조덕원	45	사범학교	회사원

153) 이상훈, 「해방후 독립촉성국민회의 국가건설운동」, 17쪽.

154) 중앙일보사 현대사연구소, 『미국 CIC 정보 보고서 I - 인물조사보고서』, 중앙일보사 현대사연구소, 1996, 574~625쪽.

공주	30(대부분 청년)	회장	문홍범	45	소학	농업
		부회장	강우량	42	한학	상업
		총무부장	노수일	36	소학	상업
논산	180	회장	윤행중	46	중학	상업, 장로
		부회장	육완국	34	대학	의사
		총무부장	심상은	38	중학	상업조합이사
		선전부장	박창래	40	중학	천주교인
		조직부장	윤정	40	중학	신문기자
부여	30	회장	남궁현	38	대학	
		부회장	김철수	40	대학	
		총무부장	최영철	39	중학	
		선전부장	박우희	32	중학	기독교신자
		조사부장	박병량	36	중학	
서천마산면		회장	황의량			
서천화산면	30	회장	송기면			
보령	30	회장	강의우	51	중학	상업
		부회장	차우선	56	한학	상업
		총무부장	이우행	33	중학	상업
		선전부장	윤동석	32	중학	전 면서기
보령 대천면	26	회장	이상만	55	소학	전 면장
		부회장	임래규	43	중학	상업
		총무부장	임봉춘	32	전문학교	회사원
		선전부장	윤두현	36	중학	상업
홍성	70	회장	윤대영	67	법학	변호사
		위원장	유성준	36	전문학교	광산지배인
		간부	김봉전	최덕구	정평국	
서산	60	회장	군수부친			
		위원장	이긍호	57	한학	협찬회간부
		부위원장	이광순	48		
당진	50	위원장	정운규	48	사범대	식량단단장
		부위원장	성낙동	45	중졸	사상가
		부위원장	이관현		한학	
		간부	오영근	50	警部	사법대서
예산	110	회장	정석환	55		목사
		부회장	유승호	51		농업
		부회장	윤갑수	42	기독교인	금물상
		부회장	김병성	42	중학	도평의원
		총무부장	김창수			
		선전부장	김영강			

		산업부장	김병구			
		경리부장	이두종			
		문화부장	백운룡			
		청년부장	이종현			
아산	150	회장	홍순철	52	고등사범	교장/사장
		부회장	이만종	54	중학	원 도협의회원
		부회장	이재선	32	중학	상업
		총무부장	심한섭	44		유지
		홍보부장	권응호	38	전문대	
		연락부장	박응순	34		지주
		경리부장	김현승	38	중학	교사/유지
		규휼부장	이도성	41		의사
		청년부장	안억래	38		광산업
		고문	이영진	38	사대	조선물산회사장
천안	80	회장	김병국	63	한학자	3.1운동참가
		부회장	임무규	40		장회사원
		총무부장	김민응	36		군서기
		재무부장	맹계영	40		은행대리장
		선전부장	강득수	57		철도원
		간부	윤길순			
		간부	박성맹			

충남에서 충남 지부와 함께 군 지부가 조직된 곳은 10곳이고, 면 지부가 조직된 곳은 3곳이다. 서천군은 군 지부는 없고 면 지부가 2곳 조직되어 있었다. 대전에 충남 지부는 조직되어 있지만, 대전 지부는 조직되어 있지 않다. 부와 군 지부가 조직되지 않은 곳은 대전, 연기, 청양, 강경, 장항의 5곳이다. 가입된 회원 숫자는 891명으로, 평균 회원숫자는 75명이고, 가장 회원이 많은 곳은 논산으로 180명이다. 연령별로 보면 60대 이상이 2명, 50대 이상이 9명, 40대 이상이 16명, 30대 이상이 25명으로 대부분이 30-40대이다. 직업으로 보면 가장 많은 사람들이 종사한 직업은 12명이 종사하는 상업이고, 회사원 3명, 목사, 의사, 교장 2명, 광산업과 농업 2명, 변호사, 교사, 동회장, 식량영단단장, 철도원,

지주, 승려, 군서기, 은행원, 신문기자, 광산업 1명, 해방 이전 면서기, 면장, 도 평의원, 도 협의회원 1명 등이다. 따라서 독촉국민회 임원들은 이상훈이 지적한 범주를 벗어나지 않고 있고, 지역사회에서 유지에 해당하던 인물들로 판단된다. 종교를 보면 승려 1명, 천주교 신자 1명, 목사 2명과 장로 2명, 기독교 신자 2명이 있다. 목사 남천우와 정석환은 충남 지부장과 예산 지부장을 맡고 있고, 윤완중 장로는 논산 지부장, 윤갑수 장로는 예산 부지부장이다. 그러므로 충남 지부와 예산과 논산 지부는 기독교인들이 지부장을 맡고 있었다.

5. 맺는 말

독촉중협은 중앙조직과 함께 지방조직을 거의 동시에 갖추어 나가기 시작하였다. 중앙조직이 시작된 것이 10월 23일인데, 지방 조직 가운데 가장 빠른 곳이 개성으로 그 시기가 10월 21일이었다. 그리고 도 지부는 가장 빠른 경남 지부가 독촉중협 2차 회의가 열리던 11월 2일에 조직되었고, 가장 늦은 충북과 전북은 1월 중순에 조직되었다. 그리고 중앙집행위원들을 선정하여 1차 집행위원회를 열었던 12월 15일에 선전총본부가 조직되어 37명의 선전원들이 선정되었다. 이러한 선전원들 가운데 아나키스트들이 15명으로 과반수 가까이 차지하였고, 무명회 출신의 언론인들이 중심이었다. 선전원들이 가장 열심히 방문하였던 곳은 충남이었으며, 이곳에서는 1부 14군 가운데 충남 지부와 10군에 지부가 조직되었다. 이들의 활동으로 동아일보 1월 11일 발표에 따르면 80곳에 지부를 조직하였다. 그리하여 반탁운동의 열기 가운데 조직된 반탁총동위와 연합하여 2월 8일에 독촉국민회를 조직하게 되었다.

이러한 독촉중협 지방 지부 조직에 대하여 다음의 사실들을 확인할 수 있다. 첫째로 반탁운동 이전에 도 지부가 조직된 경남과 경북은 중앙과 같이 좌우합작을 하면서 지방 세력을 규합하려는 성격을 가졌다. 그러나 반탁운동 과정에서 독촉 지부들이 반탁운동을 주도하면서 좌파와 분열되어 가는 경향이 좀 더 분명해졌다. 나머지 지역과 같이 12월 이후에 늦게 조직될수록 독촉중협의 지방조직들은 우익중심으로 조직되어 반탁운동을 주도하였다.

둘째로 독촉중협의 지방 지부를 조직했던 인물들은 지방의 우익 유지그룹들이 중심이었다. 그리고 지방의 기독교세력들도 일정한 역할을 담당하였다. 경남에서 YMCA가 참여하였고, 경북에서는 기독교연합과 안동의 이원영과 김광연 목사가 참여하였으며, 전남에서는 보성의 황보익 목사, 목포의 이남규 목사, 강진의 차래진, 해남의 송봉해 등이 참여하였고, 충남의 경우에 충남 지부장 남천우 목사와 논산과 예산 지부장들이 기독교인들이었고, 충북은 구연직 목사가 중요 인물로 활동했고, 인천에서는 김영섭 목사가 이천에서는 김동욱 목사가 활동하였다. 이러한 기독교인들의 활동은 독촉활동에 적극적으로 참여해 달라는 이승만의 호소에 응답하는 측면이 있었다.

이 연구는 독촉중협의 중앙 조직과 지방 조직사이의 긴밀한 상호연결을 밝히지 못한 한계를 안고 있다. 경북에서만 이갑성과 이경희를 통한 상호연결이 밝혀져 있을 뿐 다른 지역은 자료가 없어 밝히지 못했다. 그리고 충남지역을 제외한 각 지방 지부들의 상세한 조직도 아직은 밝히지 못하였다. 그리고 지방에서 참여한 기독교 지도자들의 활동상도 자료부족으로 자세히 밝히지 못한 점은 앞으로 과제로 남겨둔다.

〈참고문헌〉

『강진일보』, 『광주민보』, 『대구시보』, 『대동신문』, 『동아일보』, 『매일신보』, 『민주중보』, 『민중일보사』, 『서울신문』, 『영남일보』, 『조선일보』, 『중앙신문』, 『중앙일보』, 『중외일보』, 『자유신문』

경북도사편찬위원회, 『경상북도사』 중, 경상북도, 1983.

김광현, 『이 풍랑 인연하여서』, 서울: 성서원, 1993.

김일수, 「모스크바삼상회의 결정에 대한 대구지역 정치세력의 대응」, 『사림』 16집, 2001.

김창진, 「8・15직후 광주지방에서의 정치투쟁 - 1945~46년 인민위원회운동과 미군정의 성격」, 『역사비평』 1집, 1987.

도진순, 「1945-1946년 미국의 대한정책과 우익진영의 분화」, 『역사와 현실』 7집, 1992.

『미군정기 인천자료』, http://www.incheon.go.kr/ebook/pdf/fb_200910130610167c3, 2016년 11월 20일 접속.

『미군정정보보고서』 1권, 서울: 일월서각, 1986.

『미국 CIC 정보 보고서 I - 인물조사보고서』, 서울: 중앙일보 현대사연구소, 1996.

박재호, 「미군정기 전북지역 좌.우익의 활동(1945.8-1948.8)」, 건국대학교 석사학위논문, 1998.

박태균, 「1945-1946년 미군정의 정치세력 재편 계획과 남한 정치 구도의 변화」, 『한국사연구』 74집, 1991.

배은희, 『나는 왜 싸웠나?』, 서울: 일한도서주식회사, 1955.

백구현, 「해방직후 마산지역 좌우정치세력에 대한 고찰」, 『고황논집』 22집, 1998.

세브란스병원, 『세브란스병원 웹진』 154집, 2015년 11월.

안종철, 『민주장정 100년, 광주・전남 지역사회운동연구: 해방 후 사회운동』, 전라남도・광주광역시, 2015.

오영섭, 「1930년대 전반 洪州의 十字架黨 사건과 기독교사회주의」, 『한국민족운동사연구』 33집, 2002.

운남이승만문서편집위원회, 『운남이승만문서: 동문선』 13, 서울: 연세대학교 현대한국학연구소, 1998.

이남규목사 저서 출간위원회, 『온 세상 위하여』, 서울: 삶과 꿈, 1995.

이상훈, 「해방 후 대한독립촉성국민회의 국가건설운동」, 『학림』 30집, 2009.

이영식, 「1945-1948년 대구지역 우익세력의 정치조직 결성과 국가건설운동」, 『대구사학』 79집, 2005.

이은선, 「대한독립촉성국민회와 기독교」, 『한국교회사학회지』 46집, 2017.

______, 「대한독립촉성국민회 지방조직과 기독교」, 『한국개혁신학』 55집, 2017.

이진호, 『박정희 독재와 민주화운동: 그 실체와 허구성』, 파주: 한국학술정보, 2012.

이충호, 「해방 직후 청주지역 우익 세력의 형성과 활동」, 한국교원대학교 석사학위논문, 2013.

이치백, 「전북의 기억<49> 8 · 15 해방 당시의 전북인 활동상」, http://www.sjbnews.com/news/articleView.html?idxno=342179, 2017년 9월 10일 접속

이쾌재, 『충북노회사료집』, 한국기독교장로회 충북노회, 1998.

이호룡, 「해방 이후 아나키스트들의 조직과 활동」, 『한국근현대사연구』 24집, 2003.

______, 「일제강점기 국내 아나키스트들의 공산주의에 대한 비판적 활동」, 『역사와 현실』 59집, 2008.

임선화, 「미군정기 한민당 전남도당의 조직과 활동」, 『역사학연구』 41집, 2011.

______, 「해방 이후 전남지방의 우익단체 연구」, 전남대학교 박사학위논문, 2009.

장금현, 「해방정국에서 기독교의 정치참여: 독립촉성중앙협의회를 중심으로 (1945. 10.-1946.2.)」, 『성경과 신학』 82집, 2017.

______, 「독립촉성중앙협의회와 조선기독교단 남부대회와의 관계 연구: 신탁문제를 중심으로」, 『복음과 선교』 38집, 2017.

장상환, 「해방직후 진주지역의 정치변동」, 『역사와 경계』 7집, 1995.

장원정, 「1945.8-46.10 慶尙南道 右翼勢力에 관한 考察」, 이화여자대학교 석사학위논문, 1993.

전남일보 광주전남현대사 기획위원회, 『광주전남현대사』, 서울: 실천문학사, 1991.

정병준, 「주한미군정의 '임시한국행정부'의 수립 구상과 독립촉성중앙협의회」, 『역사와 현실』 19집, 1996.

정영진, 『폭풍의 10월』, 서울: 한길사, 1991.

정해구, 「해방 직후 대구 지방 정치의 전개 과정」, 『역사비평』 1집, 1987.

『한국현대사자료집성』, 과천: 국사편찬위원회, 2000.

『한국현대사자료집성』, 과천: 국사편찬위원회, 2001.

허 종, 「미군정기대전지역의정치동향과국가건설운동」, 『한국근현대사연구』 62집, 2012.

이승만의 남선 순행과 정읍 발언의 의미 분석

이은선

1. 시작하는 말

이승만은 1946년 4월 16일부터 6월 9일까지 남선순행을 하였으며, 그 과정에서 정읍발언을 하였다. 그가 남선순행을 하기 직전 북한에서는 2월의 임시인민위원회 설치와 3월의 토지개혁 등과 같은 북한단독정부 수립을 향한 여러 조치들이 취해지고 있었고, 서울에서는 제1차 미소공동위원회가 열리고 있었으며, 미군정이 좌파들에 대한 탄압을 본격화하던 시기였다. 이러한 시기에 진행된 이승만의 남선순행에 대해 지금까지 여러 가지 분석들이 이루어졌다. 김보영은 그의 석사논문에서 남선순행이 "뜻밖의 성공"을 거둔 세 가지 원인으로 1) 미군정, 경찰, 우익청년단체 지원, 2) 경찰탄압으로 좌익의 방해가 없었고, 3) 지방 우익들의 자발적인 지원 등을 설명하였고,[1] 도진순은 하지의 권유

---

[1] 김보영, 「대한독립촉성국민회의 조직과 활동」, 한양대학교 석사학위논문, 1994, 7~10쪽.

로 시작된 남선순행과 5호 성명 서명, 정읍발언으로 인한 논란과정을 분석하였다.[2] 손세일은『이승만과 김구』6권 제84-85장에서 미소공위 파동 속에 이루어진 지방순회, 정읍발언, 독촉국민회 총재 취임과 민족통일총본부 설치를 시간 순으로 상세하게 기술한다.[3] 정병준은『우남 이승만 연구』에서 이승만의 남선순행의 1) 대규모 청중동원(70-80만), 2) 미군정과 한인관리, 우익진영의 전면적인 지원과 후원, 3) 효과적인 대중 연설과 선동, 4) 장기적이고 조직이며 치밀한 계획이란 4가지 특성을 분석하였으며,[4] 이상훈은 지방 지부들의 조직상황과 함께 남선순행이 가져온 지방조직 강화를 설명했다.[5]

이러한 분석들을 통해 이승만의 남선순행이 가져온 결과인 지방 지부 조직의 확장과 그러한 성과를 가져온 원인들이 해명되었다. 그렇지만 이승만이 남선순행을 통해 전파하고자 했던 정치적인 메시지의 내용에 대해서는 제대로 해명되지 못하였다. 이에 대해 정병준은 이승만이 "좌익세력이 강세를 보인 남부지방에서 반탁강연"을 한 것을 지적한다.[6] 다음으로 "그의 대중연설과 선동이 매우 효과적이었다는 점"을 언급하고 5월 6일 목포에서 행한 이승만의 연설이 선동가적 기질을 잘 보여준다고 설명한 후 "공산주의자는 소련으로 보내야 한다. 가족의 일원이라도 거부하라. 공산주의자는 파괴주의자다. 그러므로 공산주의자는 전부 체포하라"는 구절을 인용하고 있다. 그리고 "이 날에 있었

---

2) 도진순,「1945-1946년 미국의 대한 정책과 우익진영의 분화」,『역사와 현실』 제7집, 1992, 364~366쪽.

3) 손세일,『이승만과 김구』, 서울: 조선뉴스프레스, 2001, 509~519쪽, 540~566쪽.

4) 정병준,『우남 이승만 연구』, 서울: 역사비평사, 2005, 548~562쪽.

5) 이상훈,「해방후 대한독립촉성국민회의 국가건설운동」,『학림』 제30집, 2009, 40~46쪽.

6) 정병준,『우남 이승만 연구』, 서울: 역사비평사, 2005, 549쪽.

던 연설의 절정은 이승만이 단정과 무력통일을 주장한 부분이다"라고 언급한 후에 『청년해방일보』를 인용하여 "이승만은 자기의 주장을 하지에게 전하여 자기 소망이 관철되지 않으면 미소공동위원회는 결렬되고 남조선에 단독정부를 세워 병력으로써 38선을 깨뜨리고 소군을 내어쫓고 북한을 차지하겠다"는 주장을 펼쳤다고 지적한다.[7] 그리고 정병준은 이 발언을 이승만의 단정수립에 대한 의사와 호전적인 북진무력통일이라는 자기 정치 노선의 핵심을 밝혔지만, 미소공위가 진행되고 있던 당시에는 언론의 주목을 받지 못했다고 지적한다. 이와 같이 정병준은 이승만의 남선순행에서의 연설에 대해 반탁, 공산주의에 대한 반대, 그리고 단정수립과 북진무력통일론을 펼쳤다고 언급한다.

그렇지만 당시 언론보도들과 미군정문서들을 통해 이승만의 연설의 내용을 전체적으로 파악해 보면 이러한 그림과는 상당히 다른 모습을 가지고 있다. 그래서 그의 남선순행 과정을 상세하게 보도한 대동신문과 함께 부산 지방에서의 그의 연설을 보도한 민주중보를 비롯한 당시 신문기사들과 함께 그의 남선순행과 관련된 미군정문서들을 기본 자료로 사용하여 다음의 내용들을 고찰해보고자 한다. 첫째로 이승만의 남선순행에서 이루어진 전체적인 연설 내용을 파악해보고자 한다. 그의 연설은 그 지역의 거점 도시들의 독립촉성국민회(이하 독촉국민회) 지부들을 중심으로 많은 대중을 동원하는 가운데 이루어졌다. 당시 아직도 인민위원회 세력이 강했던 지방의 상황에서 이승만이 지방민들을 우파 세력으로 포섭하고자 제시했던 정치적인 의제는 중요한 관심사가 아닐 수 없다. 따라서 남선순행을 통해 이승만이 전파하고자 했던 핵심적인 정치적 의제들을 분석해 보고자 한다. 둘째로 이승만이

7) 같은 책, 556쪽.

남선순행을 통해 과연 정병준의 주장과 같이 반탁 강연에 집중했는지를 검토해 보고자 한다. 그의 남선순행이 시작된 직후에 미소공위에서 공동성명 5호가 발표되었으며, 5호 성명에 대한 민주의원들의 서명 여부가 중대한 관심사로 부각되었다. 공위참여와 관련된 5호 서명을 둘러싸고 정치권의 논의가 한창이던 당시에 이승만은 반탁강연에 집중한 것으로 드러나지 않는다. 셋째로 미소공위가 무기휴회 된 5월 10일 이승만이 서울로 귀경한 후에 독촉국민회를 중심으로 진행된 독립전취대회에서 제기된 자율정부 수립 주장의 의미를 탐구하고자 한다. 이승만은 미소공위를 통해 통일정부 수립을 기대했으나 무기 휴회되자, 그를 중심한 독촉국민회는 신탁통치의 가능성이 높아졌다고 판단하여 신탁통치를 반대하는 의미에서 자율정부 수립을 주장하게 되었다. 넷째로 이승만은 이러한 서울에서의 활동을 마치고 6월 3일 정읍에서 다시 지방 순회를 시작하면서 그 유명한 정읍발언을 하였다. 이 정읍 발언에 대해 지금까지 이승만의 단정수립 주장의 출발이라는 평가가 주류를 이루고 있다. 정병준은 이보다 먼저 목포에서 단정발언을 했다는 『청년해방일보』를 인용하며 이승만의 단정론을 주장한다. 그러나 이승만 자신이 단정이라는 말을 사용한 적이 없었고, 오히려 좌파에서 이승만을 공격할 때 단정이란 용어를 사용하고 있다. 그러므로 이승만의 정읍발언의 의미를 당시의 정치적 상황 속에서 면밀하게 분석하여 재평가할 필요성이 있다. 이러한 분석들을 통해 이승만의 남선순행이 민주주의라는 정치적인 의제를 가지고 지방 우파세력들을 조직화하여 그의 지원세력들을 확장하면서 1차 미소공위 실패 후에 남한에서의 정치의제를 설정하고 정부 수립 방향을 제시하는 과정이었다는 것을 체계적으로 이해해 보고자 한다.

2. 이승만의 남선 순행의 정치적 의제들

3월 중순 민주의원 의장직에서 물러난 이승만의 남선순행은 지방에서 독촉국민회를 중심으로 우파세력을 조직화하고 확장하려는 목적을 가지고 미군정과의 상호협력 속에서 시작되었다. 그리고 독촉국민회의 지방 조직을 중심으로 지방 유지들과 우파 청년단체들과 함께 관리들과 경찰을 비롯한 지방 우파 정치세력들의 후원 속에서 이루어졌다. 이승만은 남선순행을 통해 자신의 정치적 의제들을 지방민들에게 알리고 그들의 여론을 수렴하면서 그들을 자신의 지지 세력으로 조직하고자 하였다.

이승만은 남선순행 과정에서 각 지역의 거점 도시들에서 연설을 하면서 주변지역 주민들을 동원하였다.[8] 그리하여 그는 적어도 각 지역에서 만 명 이상의 청중들 앞에서 연설을 하였다. 이러한 과정에서 그는 뛰어난 정치연설 감각을 유감없이 발휘하면서 자신의 정치적인 의제들을 국민들에게 지속적으로 전달하였다. 이러한 연설과정에서 그가 제시했던 가장 핵심적인 정치적인 의제는 민주주의 국가의 건설이었다.

이승만은 첫 번째 순회장소였던 천안에서 연설을 하면서 민주주의적 공화국을 세워야 한다고 역설하였다. 그는 우리가 연합국의 힘으로 해방이 되었다고 언급한 후에 다음과 같은 연설을 하였다.

---

8) 주변지역 주민들이 함께 모인 대표적인 경우를 보면 천안집회에 주변 10개 군민이 참여하였고 이들의 편의를 위해 임시열차가 운행되었다(『대동신문』, 1946년 4월 19일자). 그리고 경주집회에는 주변의 울주, 영일, 경주, 울산의 4개 지역에서, 함안읍 환영회에는 군북과 의령 등지에서 모였고, 진주에서는 고성 통영 하동 사천 산천 등 9개 군민이 연합하였다(『자유신문』, 1946년 5월 5일자; 『대동신문』, 1946년 5일 5일자).

> 우리는 과거의 군주전제정치를 떠나서 민주주의적 공화국을 맨드러야만 할 것입니다. 민주 밑에서는 모든 만민이 다 평등한 자유와 권리를 가지고 안심하고 부지런히 일할 수 있습니다. 지금 미소공동위위회는 우리 한국의 통일적인 정부수립에 노력 중이니 우리는 이에 신중한 태도를 취합시다. … 그리고 나의 中協은 조국의 독립을 위하여 어느 당을 물론하고 현재수(現在數)로 진행함에 있어서 우리 광복을 속히 하자는 것입니다. 즉 동포가 다 같이 합동해서 우리의 독립을 찾자는 것이 나의 평생을 통한 노력입니다. 분규나 시비를 버리고 우리의 나라를 차집시다. 그리고 삼천리강토를 잘 만들어 후세 자손에게 전합시다.[9)]

천안 강연의 주요 내용은 민주주의적 공화국을 건설하여 민주의 기치 아래 모든 만민이 평등한 자유와 권리를 누리는 나라를 세우자는 것이었다. 이승만은 새로 세워질 나라를 민주주의적인 공화국으로 세워야 한다고 역설했는데, 이것은 자신이 초대 대통령으로 취임했던 임시정부 헌법 제1조의 내용이다. 1919년 4월에 발표한 대한민국 임시헌장은 제1조에 「대한민국은 민주공화제로 함」이라고 규정하였다.[10)] 이승만은 바로 임시헌장부터 임시정부의 그 이후의 모든 개정 헌법에 변함없이 들어 있었던 민주공화제를 실현하자고 역설하고 있었다. 그는 부산강연에서도 "진지한 민주정부에 있어서는 인권을 보호하고 재산소유권을 인정하고 남녀동등임을 인정해야 할 것이다. 이리하여야만 나라가 발전할 수 있고 부강할 수 있는 것이다"라고 강조하였다.[11)] 그는 민주정부에서 종교적 자유의 중요성을 지적하였다. 이승만은 순천

9) 『대동신문』, 1946년 4월 19일자.

10) 서희경, 「대한민국 건국헌법의 역사적 기원 (1898-1919) - 만민공동회 · 3.1운동 · 대한민국임시정부헌법의 '민주공화'정체 인식을 중심으로」, 『한국정치학보』 제40집 5호, 2006, 155쪽.

11) 『민중주보』, 1946년 4월 30일자.

중앙교회 환영예배에서 하나님께서 "우리 동포에게 좋은 독립할 기회를 주신 줄로 압니다. 우리는 이 기회를 잃지 말고 자주독립에 힘쓰고 자주 신앙에 노력하자. 공산분자는 독재적 정치로 교회를 일정시대보다 더 구속한다"고 경고하였다.[12] 이러한 민주공화국에 대한 역설은 궁극적으로 대한민국 제헌헌법 제1조에 그대로 반영되었다.

특히 이 시기는 지방에서 민주주의에 대한 지지여론의 확산이 대단히 중요한 시점이었다. 4월 15일부터 30일 사이에 미군정이 지방에서 실시한 여론조사에서 민주주의와 공산주의가 필연적으로 양립할 수 없다고 믿는가? 라는 질문에 긍정 37%, 부정 21%, 모른다 42%여서 다양한 의견이 혼재하고 있었다. 그리고 당신은 한국을 위해 어떤 종류의 정부를 선택할 것이냐?는 질문에 소련 공산주의 11% 미국 민주주의 37% 양자의 혼합 34% 양자 부정이 18%였다. 국민 가운데 소련의 공산주의보다는 미국의 민주주의가 선호되고 있었지만 양자의 혼합에 대한 선호도도 34%로 높았다. 이러한 설문결과를 보면 이 시기까지 한국인들의 정부 형태에 대한 의견이 하나로 통일되지 못하고 있었다. 당시에 민주주의의 의미에 대해 국민 복지가 국민의 뜻으로 통제되는 정치라는 응답이 53%, 주권이 국민에게 있다는 응답이 32%로, 주권재민보다는 국민복지에 대한 국민의 뜻에 의한 통제라는 의미가 선호되고 있다. 공산주의 의미에 대해서는 계급 타파 31%, 모든 재산의 정부 소유 41%로 인식하고 있었다.[13] 이러한 여론조사 결과를 볼 때, 당시 국민들 사이에 민주주의에 대한 확고한 인식이 자리 잡지 못하고 있던 상황이었다. 더구나 지방에서는 인민위원회가 상당한 세력을 형성하고 있었다. 그러므로 민주주의 국가를 세우려는 분명한 목표를 가지고

12) 『대동신문』, 1946년 5월 8일자.

13) G-2 Periodic Report # 235 (23 May 1946).

있었던 이승만으로서는 지방순행을 통해 민주주의에 대한 지지여론을 확산시킬 확실한 필요가 있었고, 그러한 목적을 위하여 지방순행을 했을 것이다.[14)]

동시에 이승만은 미소공위를 통한 통일정부 수립의 기대를 가지고 있었다. 그는 천안집회에서 미소공위는 한국의 통일정부 수립에 노력중이니 신중하게 행동하자고 제안하였다. 그는 부산에서는 「미소공위를 통해 조선에 장차 수립될 임시 정부는 인민의 행복과 이익을 옹호하는 정부라야 하며 인구비례에 따라 북조선 5 남조선 8 또는 북조선 3 남조선 5가 되지 않을까 싶다」고 하였다. 그는 미소공위를 통해 조선에 수립될 임시정부는 인구비례에 따라 수립될 것이라는 기대를 가지고 있었다.

그는 이러한 임시정부 수립의 기대를 가질수록 남한의 민족통일전선 형성의 필요성을 절실하게 느꼈다. 그러므로 천안에서 동포가 합심하여 광복과 독립을 속히 찾자고 역설하였다. 특히 민족통합을 해야 하는 이유가 "과거 40여 년간 일본이 미국에서 백만 엔씩 선전비를 써가며 조선 사람은 아직 독립국민이 될 자격이 없고 조선국민의 행복은 일본 통치에만 있다고 선전해 왔다"고 지적하였다. 이제 "우리는 오직 한 덩어리로 뭉쳐 전 세계인에 대하야 한인은 자주독립할 수 있는 국민의 자격이 있다는 것을 보여 완전독립을 찾아야 한다"고 호소하였다.[15)] 이승만은 5만이 모인 경주집회에서 우리의 독립운동의 유래와 독립의 완성에 대해 강연하였다.[16)] 이승만은 광주에서 완전독립의 가

---

14) 해방공간에서 민주공화국인가, 인민공화국인가를 둘러싸고 건국투쟁이 벌어졌다(박명수, 『건국투쟁: 민주공화국인가, 인민공화국인가?』, 서울: 백년동안, 2015, 181~200쪽).

15) 『대동신문』, 1946년 5월 3일자.

16) 『대동신문』, 1946년 4월 30일자.

장 가까운 길로 외세를 배격한 "대한 사람은 대한으로"라는 구호를 내세웠다.[17]

이렇게 민족통일이 절실한 상황에서 왜 이루어지지 못하고 있는가? 그는 4월 29일 경남에서 기자회견을 하면서 우익의 제당이 연합하지 못한 것에 대해서 자신은 귀국직후부터 우리 민족의 선결문제를 민족통일에 두고 최선을 다했으나 공산당의 이탈로 이루어지지 않았다고 지적한다. 그는 공산주의와 과격파당이 자신과 정치적 의견이 달라 반대하는 것이 아니고, 인민의 복지를 위해 일하지 않고 통일을 지연시키고 자주독립을 방해하기 때문이라고 주장하였다. 이들이 자본가 타도를 주장하는 것에 반대하고 토지개혁은 민주정부 후에 법을 제정하야 한다고 하였다.[18] 또한 남북통일에 대한 의견에 대해 남한의 진정한 민주주의 단체와 북한의 그것과의 합작에 있는데, 평양에서의 협의 대상을 조만식 선생 이하 여러 애국자들이라고 언급하여 김일성을 비롯한 공산당은 배제하고 있다. 자신은 "외교와 성의가 부족함인지 소련과 잘 소통치 못하고 있으나, 미국은 절대로 영토적 야심은 없다고 믿는다"고 하였다.[19] 따라서 이승만은 남선순행을 통해 공산당을 비판하며 우익세력의 통합에 상당한 목표를 두고 있었다.

이러한 이승만의 호소와 미군정과 경찰들의 좌익에 대한 탄압과 검거 속에서 일부 지역에서는 좌익세력들이 우익으로 넘어왔다. 진주에는 민전이 "이승만 슬하"로 돌아왔고[20] 목포에서도 그의 연설을 듣고 시민들이 그를 지지하게 되었을 뿐만 아니라 지식인들까지 지지하게

---

17) 『대동신문』, 1946년 5월 11일자.

18) 『민주중보』, 1946년 4월 30일자.

19) 『대동신문』, 1946년 4월 30일자.

20) 『대동신문』, 1946년 5월 11일자.

되었다.[21] 이승만은 순천에서도 좌파에서 우파의 전향이 일어났다고 지적하였다. 그리고 장흥에서는 손순기가 사회를 보았는데, 손수기는 원래 1946년 1월에 조선인민당 장흥위원장으로 선출되었던 인물이므로, 그도 이때는 이승만 지지자로 변했던 것이라 볼 수 있을 것이다.

그러므로 이승만은 지방의 거점도시들을 중심으로 주변 지역의 군민들을 모아 연설하면서 자주독립국가이자 민주주의 국가를 세울 것을 역설하며 공산주의의 오류를 명백하게 지적하여 우파의 사상적인 뿌리를 든든하게 세워 나갔다. 이승만의 자평에 따르면 "금차 지방 순회에 대해서는 내가 희망하던 것 이상으로 민족사상통일은 철저하였던 것이다. 남녀노소 이구동성으로 하루 바삐 우리 정부가 수립되기를 고망(苦望) 하고 있는데, 아직도 극소수의 공산분자가 암약하고 있는 모양이나 순천, 목포, 진주 등지에서 공산당솔하에 있던 단체들이 많이 개심한 것을 보았고, 또 인민당자백이라는 삐라를 돌리는 것을 보았는데 그 내용은 이 때까지 모르고 공산당들에게 속았다고 하며 이제는 깨달았으니 오른(올바른) 노선을 향하여 결사매진하겠다는 것이다."[22]

이승만은 남선순행을 통하여 우리가 연합군의 힘으로 해방되었다는 것을 인식하고 민족통일전선을 형성함으로 우리가 독립할 능력이 있는 민족이라는 것을 전 세계에 보여주어, 먼저 완전자주독립을 성취하고, 자유와 자율을 누리는 민주주의 국가를 건설하자고 호소하며, 인구비례에 따른 임시정부가 수립될 것을 기대하였다. 그러면서 공산주의자들은 신탁통치를 지지한다는 점에서 자주독립을 방해하고 민족을 분열시켜 통일을 방해하는 세력이며, 자본가타도를 주장하여 계급갈등을 야기하고, 종교의 자유를 탄압하는 독재세력이라고 비판하였다.

---

21) G-2 Weekly Summary # 32. (29 May 1946).

22) 『대동신문』, 1946년 5월 12일자.

그러므로 이 시기에 이승만은 민족이 단합하여 조선의 통일적인 임시 정부를 세워 궁극적으로 민주주의 정부를 세워야 한다고 강조하였다.

3. 남선순행 과정에서 신탁통치 5호 서명문제

그의 남선 순행 기간에 서울에서는 3월 20일에 개최된 제1차 미소공동위원회가 열리고 있었다. 회담의 개시와 더불어 소련 측 대표 쉬띄꼬프는 개막연설을 통해 임시정부 수립을 위한 한국 내 협의대상자의 선정기준으로 1) 진실로 민주주의적이어야 하며, 2) 3상회의의 결정을 지지하고, 3) 장차 한국을 대 소련침략의 요새지로 만들려는 반 소련 집단이나 인물이 아닐 것 등 세 가지를 제시하였다.[23] 이에 대하여 미국 측은 한국인들의 대부분이 모스크바협정에 원칙적으로 반대하며, 따라서 신탁통치에 반대한다고 하여 협의대상에서 제외하는 것은 부당하다고 맞섰다. 이와 같은 과정을 거쳐 결국 타협안이 제시되었고, 이에 따라 4월 18일 미소공위는 협의대상이 될 정당과 단체는 모스크바3상회의 협정에 대한 지지를 약속하는 선언서에 서명해야 한다는 것을 골자로 하는 공동성명 제5호를 발표하였다.[24] 5호 성명 발표 이후에 해석의 문제가 발생했다. 서명을 하면 반탁을 할 수 없다는 것은 소련 측의 해석이었고, 미국 측은 언론의 자유를 주장하면서 반탁을 해도 서명을 하면 미소공위에 참석할 수 있다고 주장하였다.

미소공위 5호 성명에 대한 대중의 반응을 알아보기 위해 미군정은

23) 『서울신문』, 1946년 3월 21일자; 기광서, 「훈령으로 본 소련의 미소공동위원회 전략」, 『역사문제연구』 제24집, 2010, 312~313쪽.

24) 『동아일보』, 『조선일보』, 1946년 4월 19일자.

4월 19일부터 24일에 걸쳐 서울에서 무작위로 추출하여 1571명에게 설문조사를 하였다. 이 성명에 대한 반응에 대해 질문했을 때 31%(491명)의 호의적이라는 답변보다 48%(757명)의 비호의적이라는 답변이 많았다. 그러므로 당시 서울에서 5호 성명에 대해 비우호적인 답변이 절반에 가까웠다. 5호 성명이 미소에 의한 장기간의 신탁통치라는 24%(389명)의 응답보다는 미소에 의한 단기간의 감독이라는 57%(900명)의 응답이 훨씬 많았다. 그러므로 응답자들은 반수 이상이 미소에 의한 단기간의 감독으로 이해하였다. 가장 주목할 만 답변은 국민이 참여한 선거로 한국 정부의 지도자들이 선택되어야 한다는 응답이 77%(1203명)로서 미소공위에 의한 지명으로 선택되어야 한다는 응답 23%(368명)을 압도하였다. 그러므로 이미 1946년 4월 당시에 한국인들 대부분은 한국정부 지도자들을 선거로 선출해야 한다고 판단하고 있었다. 선거 시기에 대해 (북한에서 소련이, 남한에서 미국이 감독하여) 즉시 하자는 22%(265명)의 응답보다, 38선을 제거하고 미소공위 하에 나라가 통일된 후에 즉시하자는 36%(428명)의 응답과 38선이 철폐된 일 년 후에 하자는 42%(510명)의 응답이 많았다. 그러므로 당시 국민들의 대부분의 의견은 38선을 철폐하고 남북이 통일된 상태에서 즉시 혹은 일 년 후에 하자는 의견이 대부분이었다. 미소공위에서 모스크바 삼상회의의 결정을 지지하는 정당들만을 상대로 논의해야 한다고 믿느냐?는 질문에 반대가 75%(1,182명)로 찬성 16%(460명)을 압도하였다. 그러므로 당시 남한의 대다수 국민들은 모스크바 삼상회의 결정의 지지 여부와 관계없이 모든 정당들이 임시정부 수립에 대한 논의 대상이 되어야 한다고 주장하였다. 미소공위회의 결정을 지지하는데 동의하는 정당들만이 한국정부를 수립하는데 논의대상이 되어야 한다고 생각하느냐?는 물음에 반대가 54%(892명)로 찬성 32%(509명)보다 많았다.[25] 그러므로 미소공위 5호 성명에 대해 국민들은 전반적으로 미군정이 주장했던 입장을 지지하고 있었다. 신탁통치를 반대하는 정당들도 논의대상이 되어야 한다는 입장에 대해 77%가 지지하였고, 심지어는 미소공위의 5호 성명에 반대해도 논의대상이 되어야 한다는 입장에 대한 지지가 54%였다. 그러므로 당시 서울 시민들은 신탁통치에 대한 찬성 여부, 5호 성명에 대한 서명 여부에 관계없이 모든 정당들이 한국 정부 수립에 대한 논의대상이 되어야 한다고 생각하고 있었다. 한 가지 주목되는 점은 당시에 국민들은 한국 정부 지도자들이 미소공위가 아닌 국민투표로 결정되어야 한다고 생각하고 있었다는 점이다. 미소공위는 논의대상에 참여할 정당 사회단체를 결정하고, 그러한 정당 사회단체들을 통해 임시정부 지도자들을 결정하려고 계획하고 있었는데, 국민들은 자신들의 선거로 선출되어야 한다고 생각하고 있었다. 그리고 당시에 5호 성명에 대해 짧은 기간 동안의 미소의 감독이라고 이해하면서도 비우호적인 견해가 48%였다는 것은 국민들은 즉각적인 독립을 원하고 있었던 것으로 해석할 수 있겠다.

이승만은 바로 이러한 시기에 남선순행을 떠났는데, 그가 대전에 도착했던 4월 18일에 5호 성명이 발표되었다. 이 문제를 논의하기 위해 굿펠로우가 4월 21일 유성으로 내려와 이승만과 회담을 하였고, 부산까지 동행하였다.[26] 그 후 서울에서 미소공위 참여에 대해 남한 정치단체들을 대표하는 민주의원 대책회의가 열리는 동안 이승만은 서울로 귀경하지 않고 남선순행을 계속하면서 이 문제를 논의하였다. 미소공위가 열린 직후인 3월 31일에 돈암장 비서국에서 신탁에 대한 이승만의 입장에 대해 "이박사는 신탁을 일관배격한다. 신탁을 지지하는 것

25) G-2 Periodic Report # 215 (30 April 1946).

26) 『조선일보』, 1946년 4월 23일자.

이 민주주의 국제노선이라 하여 심지어 신탁지지란 말을 삼상회의 지지라는 명칭으로 가장하여 대중을 기만하였으나 양자를 혼동하여서는 안 된다"고 하였다.[27] 이 때 이승만은 신탁통치를 반대한다는 입장을 명확하게 밝혔다.

이승만은 일관되게 반탁의 입장을 유지하였다. 그러면 이승만이 남선순행을 하는 동안에 반탁 강연을 하였나? 반탁의 입장이었지만 5호 성명이 발표된 후에는 반탁 강연보다는 미소공위 참여 여부를 둘러싼 논쟁 과정에 신중하게 행동하여 결국 미소공위참여를 결정하였다. 5호 성명 발표 후에 대전에서 굿펠로우와 회담을 한 직후인 22일의 김천 강연에서는 5호 성명에 들어있는 미소공위 결과를 세 가지로 정리하여 발표하였다. 첫째 신탁을 반대하거나 지지하거나 참여할 수 있다는 것이며, 둘째 임시정부 수립에는 남북을 통한 제 단체와 상의하여 결정키로 되었고, 셋째로 신탁문제를 제처 놓고 먼저 임시정권을 수립하기로 결정된 것으로 이해하였다.[28] 23일 대구 기자회견에서 5호 성명에 서명하는 것은 신탁에 찬성하는 것이 아니고, 미소공위에 참여하여 신탁문제를 논의하는 것이니 가하고, 미소공위에 참여하는 목적은 임시정부를 수립하기 위한 것이요, 신탁문제는 그 후에 논의하면 될 것이니, 5호에 서명하는 것은 가하다는 입장을 표명하였다.[29]

이 무렵에 5호 성명에 서명하는 것이 신탁에 찬성하는 것이라는 견해가 유포되자, 하지 중장은 4월 27일에 "5호 성명에 서명하는 것은 신

---

27) 『동아일보』, 1946년 3월 31일자. 오늘날 학자들도 당시에 찬탁은 없었고 모스크바 삼상회의 지지가 있었다고 지적하는데, 이미 이 당시에도 그러한 공방이 있었던 것을 알 수 있다(박태균, 「반탁은 있었지만 찬탁은 없었다」, 『역사비평』 제73집, 2005, 66쪽).

28) 『조선일보』, 1946년 4월 24일자.

29) 『조선일보』, 1946년 4월 26일자.

탁에 찬성한다는 의미가 아니고 미소공위에 참가한다는 의미"라는 성명서를 발표하였다.[30] 민주의원들은 4월 25일에 대책회의를 열었고, 공주에 강연차 가 있던 김구는 귀경하여 이 회의에 참석하였다. 민주의원은 회의 후에 이승만 박사가 대구 강연을 마치고 귀경하여 논의한 후 27일에는 자신들의 견해를 발표할 것이라는 입장을 발표하였다.[31] 그러나 이승만은 귀경하지 않고 경주를 거쳐 부산으로 향하고 있었다. 그래서 민주의원에서는 비서실장인 윤치영과 백남훈 의원을 부산으로 파견하여 이승만의 미소공위에 대한 공식적인 의견서를 받아오도록 하였다. 이승만은 4월 29일 해운대에서 경남기자단과 기자회견을 하였는데, 5호 성명으로 (미소공위를 통한) 임정참가는 신탁지지파만이 아니라 민주주의정당단체도 참가하게 된 것이라고 설명했다.[32] 이승만은 윤치영과 백남훈을 통해 5호 서명에 찬성한다는 입장을 표명하여 이 의견이 4월 30일에 민주의원들에게 전달되었다.[33] 그리고 4월 30일에 독촉국민회 지방대표들이 회의를 열어 의견을 수렴하여 5호 서명을 지지한다는 결정을 하였다. 그리하여 5월 1일에 민주의원과 비상국민회의, 독촉국민회가 미소공위 5호 성명에 서명한다는 의견을 같이 표명하였고, 20여개의 우파 정당과 정치단체들이 이 성명서에 서명하여 미소공위에 제출하였다.

왜 이승만은 5호 성명의 서명이라는 중대한 문제를 둘러싸고 서울 정가가 바쁘게 움직이고 있을 때, 서울로 귀경하지 않고 오히려 남선 순행을 계속하였을까? 미소공위를 개최할 때에 모스크바 삼상회의 결

30) 『동아일보』, 『서울신문』, 1946년 4월 28일자.
31) 『조선일보』, 1946년 4월 28일자.
32) 『대동신문』, 1946년 4월 30일자.
33) 『서울신문』, 1946년 5월 3일자.

정에 대해 어떤 입장을 취할 것인가?에 대해 세 가지 입장이 있었다. 신탁통치를 결정한 모스크바 삼상회의의 전면적인 거부(이승만과 김구의 입장), 전면적인 지지(조선 공산당과 인민당 등 좌파), 미소공위 참가와 임시정부 수립을 지지하되, 신탁통치는 반대한다는 한민당의 입장의 세 가지였다.[34] 미소공위가 발표한 공동성명 5호에 대하여 역시 세 가지 견해로 갈라졌다. 미소공위 5호에 서명하는 것은 신탁통치에 찬성하는 것이라는 좌파의 입장, 서명하는 것은 신탁통치를 지지하는 것이기 때문에 서명할 수 없다는 이승만과 김구의 입장, 서명을 하고 미소공위에 참여하여 임시정부 수립을 한 후에 신탁통치를 논의하여 반대할 수 있다는 한민당의 입장이었다.

따라서 이승만과 김구는 신탁통치에 반대하기 때문에 처음에 5호 서명에 부정적인 입장이었다. 따라서 하지는 대전으로 굿펠로우를 파견하여 이승만을 설득하였고, 두 번이나 성명을 발표하여 5호 성명에 서명하는 것이 신탁에 찬성하는 것과 동일한 것이 아니라는 입장을 천명하였다. 이승만은 남선순행을 하면서 5호 성명에 대한 자신의 입장을 언론을 통해 표명하며 전체적인 정국의 흐름의 추이를 살피다가 4월 29일에 민주의원에 대한 자신의 공식적인 입장을 최종적으로 발표하였다. 이승만은 민주의원 의장직을 사퇴한 상태였지만, 이 과정을 통해 민주의원 의장으로서의 자신의 지위를 확인하는 결과를 가져왔다.[35]

그러나 소련은 민주의원을 비롯한 우파정당들과 사회단체들의 서명 입장에 동의하지 않았다. 오히려 소련대표 쉬띄꼬프는 이들이 동의서를 제출한 5월 1일에 민주의원의 입장에 대해 '사기적 입장을 취하는

34) 최선웅, 「한국민주당의 미소공위원회의 대응방안과 활동」, 『한국사학보』 제54집, 2014, 260쪽, 261쪽.

35) 손세일, 『이승만과 김구』, 서울: 조선뉴스프레스, 2001, 514쪽.

반동분자'는 제외되어야 한다며, 민주의원에 참여한 단체를 협의대상에서 뺄 것을 주장하였다.[36] 그리고 하지 중장도 "소련대표는 민주의원이 공동위원회에 참가하여 협의하는 것을 거절하였다"고 발표하였다.[37] 이 때 미국 측에서 제출한 남한의 정당사회단체 20개의 명단은 13개가 반탁단체일 정도로 우파들 중심이었고, 소련은 좌파들의 해석과 동일하게 5호 성명에 서명하는 사회단체들은 모스크바삼상회의의 결정과 일체이기 때문에, 신탁통치를 반대할 수 없다는 입장이었다.[38] 결국 5월 6일부터 미소공위회가 휴회상태에 들어갔고 5월 9일에 결국 무기 휴회에 들어갔다. 결과적으로 5호 성명의 서명에 대해 신탁통치를 찬성하는 것이라는 소련의 입장과 그것이 아니라는 하지와 미군정의 입장이 충돌하였고, 결국은 양측의 견해가 대립하여 무기 휴회에 들어가게 되었다.

4. 독립전취대회 개최와 자율정부 수립 주장

이승만은 미소공위가 무기휴회하자 5월 10일에 남선순행을 중단하고 서울로 올라왔다. 미소공위가 무기 휴회된 상황에서 이후의 정치활동의 방향을 어떻게 설정할 것인가는 중요한 문제였다. 먼저 미소공위의 실패로 미소협상을 통한 남북간의 통일 임시정부를 수립할 가능성이 거의 사라졌다. 임시정부 수립 가능성이 희박해 질수록 신탁통치의 가능성이 높아지는 것이었다. 더구나 소련대표가 민주의원에 참가한

36) 도진순, 「1945-1946년 미국의 대한 정책과 우익진영의 분화」, 365쪽.
37) 『동아일보』, 『광주민보』, 1946년 5월 10일자.
38) 최선웅, 「한국민주당의 미소공위원회의 대응방안과 활동」, 270쪽.

단체들을 그들의 반탁을 명분으로 미소공위 참여를 거부했기 때문에 반탁입장의 정당 사회단체들의 미소공위 참여는 차단된 셈이었다. 그러므로 이승만은 5호 성명 서명을 하면서 희망했던 미소공위 참여를 통한 임시정부수립의 꿈은 무산되었다. 따라서 이승만은 나라의 독립을 쟁취할 활동을 재개하게 되었고, 지금까지 명확하게 밝히지 않았던 반탁의 입장을 다시 선명하게 내세울 필요성이 커졌다. 그와 동시에 이승만을 중심으로 한 반탁세력의 미소공위 참여를 반대하는 소련과 좌파세력에 대한 반대 입장을 명확하게 밝힐 필요가 있었다.

이승만은 이러한 자신의 입장을 밝힐 방법으로 독립전취대회를 개최하기로 하였다. 당시에 이승만은 자신의 정치활동을 정당을 통한 방식이 아닌 국민운동의 방식을 지지하였다.[39] 그는 대중들을 동원한 국민대회를 통하여 자신의 정치적인 의제를 밝히는 것이 가장 효과적인 방법이라고 보았다. 이승만을 중심한 독촉국민회는 국민대회를 개최하면서 그 대회의 이름을 '독립전취대회'라고 명명하였다. 독립전취대회를 개최하여 반탁을 하면서 독립의 필요성을 국민들에게 알려 독립열기를 고조시키고자 하였다. 그러므로 그는 5월 10일 귀경한 후에 바로 12일 서울에서 독립전취국민대회를 개최하기로 결정하였다.[40] 이승만은 5월 11일에 "자율적 정부 수립에 대한 민성이 높은 모양이니 나도 이점에 대해 생각한 바 있으나, 아직 발표 못하겠다"고 신중한 입장을 표명하였다.[41] 이승만은 독립전취대회에서 민성이 높은 자율정부

39) 이은선, 「대한독립촉성국민회와 기독교」, 『한국교회사학회지』 제46집, 2017, 293쪽.

40) 『조선일보』, 1946년 5월 12일자.

41) 해방공간에서 임시정부는 남북한을 통합한 정부, 과도정부는 북한의 인민위원회같이 공식 정부 수립 이전의 권한 행사기관을 지칭하며, 자율적 정부는 중경임시정부가 사용했던 호칭인데, 이승만은 이 명칭으로 신탁통치에 반대

수립을 주장하고 나섰던 것이다.

미군정은 미소공회의 휴회에 대한 여론조사를 5월 10-11일에 846명을 대상으로 실시하였다. 휴회소식을 들었느냐?는 질문에 99.4%(840명)가 그렇다고 대답하여 그 소식이 신속하게 국민들에게 전달된 것을 알 수 있다. 책임소재에 대해 미국이란 답은 1.6%(14명)인 반면에 소련이란 답변이 69.6%(592명)로 대부분을 차지하였다. 소련이 한국 정당들의 자유로운 발언권을 부정한다고 생각하느냐?는 질문에 84.4%(719명)가 그렇다고 대답하여 소련이 신탁통치를 반대하는 한국 정당들의 자유로운 의사표시를 막는다고 인식하고 있음을 드러낸다. 이 발전이 한국의 미래에 어떻게 영향을 미칠 것이라고 생각하느냐?는 질문에 정치가들이 반성해서 좌우익정당들을 통합시킬 것이라는 답변이 51.8%(438명)로 과반수 이상을 차지하였다. 그리고 남한에 미국에 의한 그리고 북한에 소련에 의한 분리 정부가 수립될 것이라는 응답이 14.9%(126명), 독립정부가 지연될 것이라는 응답이 13%(110명)였다. 미소공위 휴회가 한국정치인들의 좌우익의 통일을 가져올 것이라는 응답이 과반수를 넘어 국민의 다수는 좌우익의 통합을 기대하고 있었다. 그와 함께 미소공위가 결렬되었다고 해도 남북한에 각각의 분리된 단독정부가 들어설 것이라고는 거의 생각하지 않고 있었다.

그런데 미국이 무엇을 해야 하느냐?는 질문에는 남한 정부를 수립해야만 한다는 응답이 50.8%(430명), 군정을 지속해야 한다는 응답이 46.9%(397명)였다. 그러므로 미국이 남한에 정부를 수립해야 한다는 의견이 과반수를 차지하였다.[42] 그러면 미국이 남한에 정부를 수립해야 한다는 과반수 이상의 답변은 무슨 의미인가? 이에 대해 미군정문

하여 외국의 지배에서 벗어난 정부를 의미했다.

42) G-2 Periodic Report # 228 (15 May 1946).

서는 이러한 결과는 남한 정부 수립이란 생각이 받고 있는 일반적인 나쁜 평가와 뚜렷한 대조를 이루었다고 서술한다.[43] 이 때 서울 시민들은 남한 정부수립에 대해, 영구적인 단독 정부라는 생각에 대해서는 비판적이었지만, 신탁에 반대하여 남한의 독립적인 과도정부를 수립해야 한다는 점에서는 긍정적인 평가했던 것으로 보인다. 남한의 자율적인 과도정부를 세워 통일정부 수립을 향해 나아가야 한다고 보았던 것이다.

이 때 이승만은 지방 순회의 소감으로 "전국 동포들의 사상은 민족적으로 통일성을 완전히 보이며, 민중은 하루 바삐 우리 정부가 서기를 바라고 있는 것을 확인했다. 사상적으로 민주진영으로 전향하는 인민당원, 공산당원도 많았다"라고 말하고, 지방의 요청도 있고 하여 다시 며칠 뒤 예정대로 지방순회를 계속 하겠다고 말했다.[44] 이승만은 자신의 지방 순행을 통해 지방민들이 사상적으로 민주진영으로 통일되어 있으며, 하루 빨리 자율적인 우리 정부를 세우기를 원하는 민심을 확인하였다.

5월 12일 서울운동장에서 열린 독립전취국민대회는 독촉국민회 주최로 열렸는데, 독촉국민회, 한국민주당, 신한민족당, 조선민주당, 반탁전국학련 등 100개의 우파 정당 및 사회단체와 각 종교단체에서 동원한 10여만의 군중이 운집했다.[45] 이 대회는 미소공위를 통한 자주독립정부 수립의 기대가 무너진 상황에 대해 유감을 표현하고, 그 책임이 소련의 태도번복과 38선의 장벽 설치에 있음을 비판하였다. 이들은 이 대회를 마친 후에 미소공위의 책임을 규명하여 국제여론의 심판을

43) G-2 Weekly Summary # 35 (15 May 1946).

44) 『조선일보』, 1946년 5월 12일자.

45) 『서울신문』, 1946년 5월 14일자.

구하고, 자주정부의 자율적 수립을 촉진하여 민의의 귀일(歸一)을 기한다는 등의 5개 항의 결의사항을 채택하였다.[46] 독립전취대회의 자주독립정부의 자율적 수립이란 결의사항은 미소공위를 통한 기대사항이었고, 서울시민의 여론조사 결과가 수렴되는 내용이었으며, 이승만이 지방순회를 통해 확인했던 지방민심의 표출이었다.

공식적으로 반탁운동으로 명명된 이 집회가 공산주의자와 소련을 비판하는 시위로 발전하여 전개되었다. 이와 같은 우익의 행동은 예견된 것이었는데, 왜냐하면 미소공위에서 소련 대표는 공식 정부이건 혹은 과도 정부이건 간에 이승만, 김구, 김규식을 포함한 남한의 주요 우익 정당이 참가하는 것을 받아들일 수 없다는 입장을 명확하게 밝혔기 때문이었다.[47] 이것이 이 시기에 우익 세력이 반모스크바 결정(반탁운동)에 함께 가담한 이유였다. 우익단체들이 중심이 된 독립전취대회가 공산주의자들과 소련을 공격한 것은 소련이 우익의 대표자 3인의 임시정부 수립 참여 자체를 먼저 거부했기 때문이었다.

이날 민주의원 의장 대리 김규식은 미소공위 휴회경위에 대해 명확하게 설명하였다. 그는 그 경위에 대해 소련 측에서 "민전 등등에서 떠드는 좌익진영의 기세를 보고[48] 우익진영에 서명날인의 조건으로 참가시켜도 충분히 승산이 있다는 것이 예상되었던 것이 민주의원 산하의 300여단체가 속속 들어가는 것을 보고 아무리 하여도 좌익에 승산이 없다는 것을 깨달았다"고 지적하였다. 승산이 없음을 깨닫고 민주

46) 『조선일보』, 『동아일보』, 1946년 5월 13일자.

47) G-2 Weekly Summary # 35 (15 May 1946).

48) 민전사무국은 민전 산하 각 정당과 단체에서 제5호 코뮈니케에 의한 서명장을 미소공동위원회에 제출하는 수속을 거의 전부 완료하고서, 29일 38선 이남의 그 가맹단체의 조직인원수를 약 8백만 명이라고 발표하였다(『서울신문』, 1946년 4월 29일자).

의원 산하 단체들은 참가할 자격이 없다고 하면서 휴회시켰다는 것이다. 그는 삼상회의 결정문에 민주주의 정당과 협의하라고 하였지 찬탁 단체와 협의하라고 하지 않았으며, 신탁통치는 임시정부 수립 후에 논의하면 될 것인데, 소련이 임시정부 수립 전에 신탁통치를 먼저 거론하는 것은 타당하지 않다고 소련 대표단의 문제점을 지적하였다. 김규식은 이제 미소양국의 협력을 기대하기보다 우리가 일치단결하여 우리 손으로 우리 정부를 만들자고 역설하였다. 그리고 "38선이 급히 터지면 북쪽의 赤친구들이 와서 우리를 못 견디게 할 것이므로 요는 남북의 친구가 동시에 물러가야 한다"고 하면서 양군철군론을 주장하였다. 통일정권 수립을 위해서 "잠시 더 기대하여 봐서 우리의 요구를 들어주지 않으면 우리 마음대로 하면 된다"고 하였다.[49] 그리고 "한인만으로서 정부를 만들면 그 정부는 대구에 있든지 제주도에 있든지 조선정부다"라고 발언하였다.[50] 이 발언에 대해 민전은 민족분열정권 수립음모라고 비난하였다. 5월 14일 민전 사무국은 김규식박사의 정부수립 발언을 강력하게 비난하면서 "조선에 있어서 친일파 민족반역자 대지주 자본가의 이익을 테러로 옹호하면서 민족분열을 내란으로 하고 극소수의 이익을 위한 정권이라도 세워 보자는 가공(可恐) 가증(可憎)의 음모이다"라고 비판하였다.[51] 이에 대해 김규식은 "남조선에 있거나 어디 있거나 무슨 정부를 세우거나 나는 통일정부를 말한 것"이라고 반박하여 논란은 종식되었다.[52] 김규식이 한인만으로 자율적인 정부를 세울 것을 주장한 것에 대해 좌파들은 민족분열정권이라고 비난하였다.

---

49) 『대동신문』, 1946년 5월 14일자.

50) 송남헌, 『해방 3년사 II』, 서울: 까치, 1985, 335쪽.

51) 『중앙신문』, 1946년 5월 15일자.

52) 『동아일보』, 1946년 5월 17일자.

이러한 독립전취대회는 지방에서도 계속되어 15일에는 대구, 청주, 춘천, 영동, 순천, 죽산 등지에서 열렸다.[53] 16일에는 부산에서 독촉경남협의회와 우익단체들의 수천 명이 모여 대회를 열었고,[54] 울산에서도 울산건국협회 주최로 열렸다.[55] 이승만은 17일에는 장택상의 안내를 받아 수원을 다녀왔고[56] 19일에는 인천에서 열렸다. 내리교회 김영섭 목사가 사회를 보는 가운데 자주독립정부 수립과 38선 철폐를 외치고 이승만이 6만 명이 참여한 가운데 자주독립을 하자는 열변을 토했다.[57] 진주에서는 20일에 독촉진부지부를 포함한 여러 우익단체들이 대회를 열었다.[58] 5월 31일에 열린 국민대회에서 서울의 12일 대회에서 채택된 5개항의 요구사항을 연합국에 보냈다.[59] 지금까지 독립전취국민대회를 열어오던 여러 단체들이 연합하여 이승만과 김구의 승인을 얻어 전국애국단체연합위원회로 개칭하고 활동을 시작하였다.[60]

이승만은 독촉국민회를 중심으로 우파 단체들이 모여 자율 정부 수립을 주장하는 독립전취대회를 개최하도록 하였고, 그리하여 전국적으로 독립전취대회가 열렸으며, 여기에 참여한 단체들이 애국단체총

---

53) 『대구시보』, 1946년 5월 16일자; 『동아일보』, 1946년 5월 18일자.

54) 『민중주보』, 1946년 5월 17일자; 『부산일보』, 1946년 5월 14일자.

55) 『민중주보』, 1946년 5월 26일자.

56) 『동아일보』, 1946년 5월 18일자.

57) 『동아일보』, 1946년 5월 21일자.

58) 건국청년협의회, 『대한민국건국 청년운동사』, 서울: 건국청년운동협의회, 1989, 958쪽. 진주집회는 30여개 단체가 공동주최했으며, 변상귀의 개회사, 김상용의 미소공동위원회의 경과보고, 정혁의 선언문낭독, 최정호의 결의문 낭독 후에, 한국민주당지부 정재홍, 독촉국민회진부지부 김주석, 독촉국민회진양지부 정용기, 애국부인회지부 장정현, 종교단 천주교신부 장석주 순으로 결의문 낭독을 하였다(『경남일보』, 1946년 5월 21일자).

59) 『동아일보』, 1946년 6월 3일자.

60) 『동아일보』, 1946년 2월 2일자.

연합회를 조직하였다. 이승만은 국민의 의사라는 이름으로 자율정부 수립 주장을 전국적으로 확산시키고 있었다.[61] 당시 자율정부 주장의 핵심은 모스크바 삼상회의의 신탁통치에 반대하여 자주독립된 정부를 세우고자 하는 것이었다. 미소공위의 무기휴회로 미소협상을 통한 임시정부 수립의 가능성이 희박해진 상황에서, 외국의 지배를 벗어난 자율정부를 세울 것을 주장하고 있었다.

이승만은 독촉국민회를 중심으로 독립전취국민대회를 개최하던 가운데 미소공위무기 휴회로 중단했던 잔여 전라북도 지방을 10일간 시찰하고자 6월 2일 프란체스카 여사와 이기붕을 대동하고 정읍으로 출발하여,[62] 1946년 6월 3일 정읍에서부터 남선순행을 재개하였다. 이승만은 미소공위회가 무기 휴회된 후 한 달 가까이 서울에 있으면서 독립을 실현하기 위해 독립전취대회를 열었고, 여기서 그는 해방을 이룩한 상황에서 외국의 지배를 벗어난 자율정부를 세울 것을 주장하고 있었다.

5. 이승만의 정읍발언의 배경과 의미 분석

이러한 활동을 하던 이승만은 남선순행을 재개하면서 정읍 독촉국민회 지부가 개최한 집회에서 그 유명한 정읍발언을 하였다. 이 정읍발언이 지금까지 대부분의 한국 학자들에 의해 단독정부수립의 계기

---

61) 배은희는 신탁정부를 수립하는 것에 반대하여 자율 정부 수립을 주장하였다고 말한다(배은희, 『나는 왜 싸웠나?』, 서울: 일한도서주식회사, 1955, 56쪽, 73쪽).

62) 『대중일보』, 1946년 6월 4일자.

가 된 것으로 평가가 되고 있다. 미군정도 이승만이 정읍에서 한 발언을 우익이 단독 정부 수립에 대해서 심각하게 고려하고 있다는 것을 명확하게 보여주는 증거라고 기록하고 있다. 과연 이승만의 발언의 의도가 그러한 것인지 재평가해 볼 필요가 있는 것 같다. 신문에 보도된 바에 따르면 이승만의 발언 내용은 다음과 같다.

> 이제 우리는 무기휴회된 공위가 재개될 기색도 보이지 않으며 통일정부를 고대하나 여의케 되지 않으니 우리는 남방만이라도 임시정부 혹은 위원회 같은 것을 조직하여 38이북에서 소련이 철퇴하도록 세계공론에 호소하여야 될 것이니 여러분도 결심하여야 될 것이다. 그리고 민족통일기관설치에 대하여 지금까지 노력하여 왔으나 이번에는 우리 민족의 대표적 통일기관을 귀경한 후 즉시 설치하게 되었으니 각 지방에 있어서도 중앙의 지시에 순응하여 조직적으로 활동하여 주기 바란다.[63]

이승만은 공위재개 가망이 없는 것으로 보았다. 왜 이승만은 공위재개의 가망이 없는 것으로 보았을까? 당시의 국제적인 정세가 점차로 변하고 있었기 때문이었다. 2차 세계 대전 동안에 뉴딜정책을 실시하던 루즈벨트는 스탈린과의 국제적인 협력을 통하여 나치즘과 파시즘에 대항하였다. 그러나 종전 이후에 미국과 소련의 관계는 점차로 대립적인 냉전관계로 변해가고 있었다. 특히 루즈벨트가 사망한 후에 대통령이 된 트루먼은 미소협력정책보다는 소련을 봉쇄하는 냉전정책으로 선회하고 있었다.[64] 또한 당시 소련은 나치 세력 하에 있던 동유럽 지역을 점령한 후에 점차로 위성국으로 변화시켜 가고 있었다. 특히

63) 『서울신문』, 1946년 6월 4일자; 『대중일보』, 1946년 6월 5일자.

64) 김명섭, 「냉전초기 봉쇄전략의 탄생 - 죠지 F. 케난이 유일한 설계자였나?」, 『국제정치연구』 제49집 1호 2006, 73쪽.

폴란드와 루마니아와 동독 등은 소련 점령군의 후원 아래 약세였던 공산주의자들이 정권을 장악한 경우였다.[65] 이러한 국제정세의 변화는 미소의 대립을 점차로 강화시키게 되었고, 미소의 상호협력의 가능성은 점차 사라지고 있었다.

이승만은 미소공위가 실패하는 상황 속에서 미소의 대립가능성이 높아진 것으로 이해하였다. 그러므로 북한이 임시인민위원회를 조직하였고, 미소공위의 재개 가능성이 없다면, 남한도 임시정부 수립이나 위원회 같은 것과 민족통일기관을 조직할 것을 주장하였다. 이승만은 이에 대해 4일 전주에서 기자회견을 하면서 "작일 정읍에서 연설한 가운데 남조선만의 정부 운운의 말이 있었는데 그것은 남조선단독정부 수립을 의미하는 것인가?"라는 질문에 "내 생각으로 말한 것인데 남방에서만이라도 무슨 조직이 있기를 일반민중이 희망하고 있다"고 대답하였다. 민족통일기관 설치에 대해서는 작년 10월 72단체를 합동하여 독촉중협을 조직했었는데, 그 후에 새 단체가 생겨나 원만한 결과를 보지 못하였으므로 부득이하여 "다시 협의적으로 통일전선의 성취를 희망한다"고 하였다.[66] 이승만은 5일 이리에 도착한 후에 하지 중장과 전화로 요담한 후에 "미소공동위원회가 계속 토의할 희망이 보이지 아니함에 일반민중이 초조해서 지금은 남조선만이라도 정부가 수립되기를 고대하며 혹은 선동하는 중이다. 나의 관찰로는 조만간 무엇이든지 될 것이니 아직 인내하고 기다려서 경거망동이 없기를 바란다"고 하였다.[67] 이렇게 이승만은 임시정부수립에 대한 자신의 발언을 민중들의

65) 안병영, 「제3장 동구제국의 역사적 형성 (3): 전후 공산화과정」, 『공산권연구논총』 제2집, 1986, 112쪽.

66) 『서울신문』, 1946년 6월 6일자; 『대중일보』, 1946년 6월 6일자.

67) 『대중일보』, 1946년 6월 8일자.

희망이자 고대하는 바라고 언급하면서 지체되더라도 민중들에게 인내할 것을 주문하였다.

이러한 이승만의 발언에 대해 이정식은 이와 관련된 이승만의 "원고나 관련 문헌이 남아 있지 않아" 순간적인 발언인 것으로 보지만[68] 그렇게 보기는 어려운 것 같다. 그가 지방 순회를 재개하면서 출발지인 정읍에서 이 발언을 한 것으로 보아 그는 분명한 계산을 하고서 이 발언을 하였을 것이다.

이승만의 남선순행 과정의 연설과 정읍 발언 내용을 종합해 보면 그의 발언은 다음과 같은 몇 가지 현실 인식에 기초한 발언이라는 것을 알 수 있다. 첫째로 이 발언을 할 때는 미소공위가 5월 9일에 무기 휴회되어 한 달 가까이 되어 가고 있었지만, 미소 양측 사이에 공위재개의 전망은 불투명하였다. 미소공위를 통한 조선 문제의 해결을 기대하던 국민들은 대단히 실망하였고 나라의 장래에 대해 불안을 느끼는 것은 당연하였다. 이승만은 당시 미소의 대립이 격화되고 있는 상황에서 미소공위가 재개되기 어려운 상황으로 판단하였다.[69] 미소대립의 격화에 대한 인식은 그의 12월의 미국방문을 통하여 지속적으로 표명되었고, 트루먼 대통령의 독트린으로 구체화되어 그의 정치적인 견해가 실현되는 계기를 제공하였다. 둘째로 미소공위를 통해 통일정부를 수립할 것을 기대하고 있었는데, 이러한 기대도 실현되기 어려운 상황에

68) 이정식, 「이승만의 단독정부론의 제기와 그 전개 방식」, 『한국사시민강좌』 제38집, 2006, 43쪽.

69) 실제로 2차 미소공위가 1947년 5월 21일에 재개되었지만 실패하였다. 그리고 현재 학자들의 연구 결과는 미소는 서로 자신들을 지지하는 정부를 수립하고자 하는 자신들의 목적달성을 추구하고 있었고, 그러한 목적의 상이성 때문에 미소공위는 성공가능성이 희박하였다는 것이다(남광규, 「미소공위와 미소의 조선임시정부 수립대책」, 『국제정치논총』 제47집 3호, 2007, 134쪽).

처하게 되었다. 그는 천안 연설에서 미소공위가 통일정부 수립을 위해 노력하고 있으니 신중히 행동하자고 했었는데, 미소공위의 무기 연기에 따라 통일정부 수립의 전망이 여의치 않게 되었다. 셋째로 2월에 임시인민위원회 설치와 3월의 토지개혁을 비롯한 북한 정세에 대한 파악에서 나왔다. 북한에 임시정부의 역할을 하는 조직이 생겨났기 때문에, 남한에도 그러한 조직을 만들자는 것이다. 넷째는 이승만의 국제정세에 대한 해박한 지식을 바탕으로 동유럽의 상황에 대한 이해와 소련에 대한 불신에서 나왔다. 이승만은 5월 9일 광주 연설에서 "波蘭國(폴란드)에서는 미국이 승인한 정부를 소련에서는 이것을 없애고 신정부를 세우려고 하고 있고 또 소련에서는 공산주의자들에게 많은 무기와 돈을 주어가지고 일본인이 가지고 있든 야심과 같은 수단을 가지고 조선을 소련에서 먹으랴 하고 있다"고 강연하였다.[70] 이승만은 공산주의자들과의 합작의 결과가 폴란드의 재판이 될 것을 우려하였다. 다섯째는 4월 17일 천안부터 시작하여 5월 9일 광주까지의 남선순행을 통해서 자기 나름대로 파악했던 지방 민심에 대한 이해에서 나왔다고 볼 수 있겠다. 이승만은 정읍발언 이후에 그의 발언 내용이 계속해서 민중의 뜻이라는 점을 강조한다. 그는 지방 순행을 하면서 지방 유지들을 만나 지방 민심의 동향을 파악하였다. 특히 미소공위가 무기휴회된 후에 통일정부 수립의 기대가 무너지면서 남한에서의 임시정부 수립의 요구가 높아진 여론상황을 반영한 것이다. 여섯째로 그는 독립전취대회가 전국적으로 열리면서 독립전취의 방안이 자율정부 수립에

70) 『광주민보』, 1946년 5월 11일자. 이정식은 미국의 요구로 우익 참여를 보장했던 폴란드에서 소련은 1945년 5월에 연합정부는 명목상이었고 실질적인 공산정권을 수립한 경우 때문에 미국이 미소공위에서 신탁통치를 반대하는 단체의 배제를 주장하는 소련의 입장을 수용할 수 없었을 것이라고 분석한다 (이정식, 「이승만의 단독정부론의 제기와 그 전개 방식」, 44쪽).

대한 국민의 요구가 높아지는 것을 염두에 두었을 것이다. 5월 12일부터 31일까지 열린 독립전취대회에서 자율적 정부수립을 요구하고 있었다.[71] 그러므로 독립전취대회를 통해 주장된 자율정부 수립이 전국적으로 어떠한 반향을 일으켰는지 알아보고자 하는 의도가 있었을 것이다. 그러므로 이승만은 지방순회를 재개하면서 의도적으로 정읍에서 그러한 발언을 하여 지방과 중앙에서의 여론을 살피고자 하였다. 마지막으로 이승만이 이 시기에 이러한 발언을 한 것은 미군정이 5월 25일부터 이미 좌우합작을 추진하기 시작했기 때문에, 이에 대한 견제 발언이었을 수도 있다.[72] 좌우합작운동이 시작되면서 미국은 하지에게 반탁을 주도하던 이승만을 김구와 함께 정치일선에서 후퇴시키도록 지시하였다.[73]

이러한 여러 가지의 중대한 현실 상황 인식에 대한 이승만의 답변이 다음의 두 가지 내용이었다. 첫째는 "우리는 남방만이라도 임시정부 혹은 위원회 같은 것을 조직하여 38이북에서 소련이 철퇴하도록 세계 공론에 호소하여야 될 것이니 여러분도 결심하여야 될 것이다." 이승만은 미소공위를 통한 통일정부 수립의 전망이 어두운 상황에서, "남방만이라도 임시정부 혹은 위원회 같은 것을 조직"할 것을 제안하였다. 이러한 이승만의 발언은 당시 북한에서 진행되고 있던 정치상황과 밀접하게 관련되어 있었다. 북한은 1946년 2월 임시인민위원회를 조직

71) 『동아일보』, 1946년 5월 13일자. 양동안은 미소공위 이전의 김구와 이승만의 정치활동을 "자율정부수립운동"으로 평가한다.(양동안, 「이승만과 대한민국 건국」, 『정신문화연구』 제31집 3호, 2008, 48~49쪽).

72) 송두영, 「단정 노선을 둘러싼 이승만과 김구의 대립에 관한 연구 - 권력투쟁의 관점에서」, 숭실대학교 박사학위논문, 2011, 73쪽; 『동아일보』, 1946년 5월 29일자.

73) 차상철, 「이승만과 미국 그리고 대한민국 정부수립」, 『미국사연구』 제29집, 2009, 109쪽.

하고 3월에 토지개혁을 실시하여 사실상의 정부가 세워져 가고 있었는데 반해, 남한에서는 아무 것도 조직되지 못한 상황이었다.[74] 그러므로 이승만은 남한이 적어도 북한과 대등한 정부 조직을 만들어야 한다는 논의의 필요성을 느꼈을 것이다. 북한과 같은 임시정부 혹은 위원회 같은 것을 만들어야 북한과 대등한 대표성을 가지고 남한과 북한의 문제를 풀어가는 대화가 가능할 것이다. 그러므로 이승만은 이러한 조직에 대한 논의가능성을 제안하였다. 그러므로 이승만의 제안은 남한 단독정부 수립과는 분명히 거리가 있는 것이다. 이것은 남한만의 단독정부를 수립하자는 것이 아니라, 북한의 흐름에 대응하여 남한에서도 필요한 정치조직을 만들자는 제안이었다. 이승만은 이러한 논의 가능성을 제시하여 당시 남한에서의 여론의 흐름을 파악하고자 하였다. 이러한 정부 조직을 만들어 "38이북에서 소련이 철퇴하도록 세계 공론에 호소"하고자 하였다. 당시 이승만은 북한의 정치상황이 소련군에 의해 주도되고 있다고 판단하여 소련의 철수를 주장하고자 하였다. 물론 여기에는 소련의 팽창정책에 대한 이승만의 인식이 중요한 원인으로 작용했을 것이다.

둘째로 그는 민족통일기관설치에 대한 입장을 밝혔다. 그는 지금 지방에서 독촉국민회 지부들을 조직하면서, 서울로 귀경한 후에 민족통일기관을 설치하고자 하였다. 그는 귀국한 후에 독촉중협을 통해 국내의 좌우세력의 합작을 시도하였으나, 좌파의 이탈과 임정의 불참여로 실패하였다. 그는 이제 다시 이러한 민족통일기구를 조직하고자 하는

---

74) 당시에 알려져 있던 사실 외에 1993년 발견된 스탈린의 1945년 9월 20일자의 「북한에 부르조아 민주주의 정부」를 수립하라는 비밀지령은 이미 북한에 남한과 관계없이 독자적인 정부를 세우려는 계획이었다는 것을 잘 밝혀주고 있다(이정식, 『대한민국의 기원』, 서울: 일조각, 2006, 178~214쪽).

데, "협의적으로 통일전선"을 성취하려고 한다는 것으로 보아, 공산당을 제외한 좌우합작의 민족통일본부를 추진하고자 하였다.

이러한 이승만의 발언에 대하여 조선공산당을 비롯한 좌파에서는 반소반공 운동을 통해 남조선 단독정부 수립의 책동이자 조급한 권력욕구의 표출이라고 강력하게 비난하고 나섰다.[75] 당시에 좌파들은 소련의 지시에 따라 부르주아민주주의 혁명을 추진하고 있었고, 이를 위해 통일전선전술을 추진하고 있었다. 그리고 모스크바 삼상회의 결정에 따른 신탁통치를 수용하면서 삼상회의 결정을 지지하고 있었다. 따라서 이들은 이승만의 입장에 대하여 강력하게 비판하고 나섰다.

조선공산당은 이러한 이승만의 입장표명에 대해 "미소공동위원회의 휴회를 계기로 남조선단독정부 또는 소위 자율정부수립을 획책하고 있는 정체는 드디어 폭로되었다. 그것은 정읍에서 한 이승만 박사 자신의 말로서 언명된 것이다. 즉 그것은 삼상결정을 반대함으로써 미소공위를 결렬시키고 반소반공운동을 일으킴으로 남조선단독정부를 세우려 하는 것이다"라고 하였다.[76] 조선공산당은 이승만의 정읍발언을

---

75) 이승만은 당시 자신에 대해 반소반공주의자이자 친일파를 지지한다는 공격에 대해 비서국을 통해 3월 31일에 다음과 같이 언급하였다. "3) 李博士는 親日派, 財閥家, 大地主를 옹호하고 勤勞大衆을 무시한다고 역선전하나 博士의 과거 반세기의 獨立運動이 일부계급을 옹호하려는 것이 아닐 것이다. 4) 博士는 反蘇, 反共도 아니오 親美도 아니다. 단지 獨立의 벗이라면 환영하고 독립의 방해자라면 배격할 뿐이다. 5) 자기진영이 아니면 親日派, 反民主的 팟쇼 反動分子라고 중상하나 현명한 대중은 추상적인 모략에 속지 않기를 바란다." 『동아일보』, 1946년 3월 31일자. 그러므로 당시 좌파에서는 이승만과 김구, 김규식 등의 우파 지도자들에 대하여 친일파, 반민주적 팟소, 반동분자라고 비판하였다.

76) 『서울신문』, 1946년 6월 5일자; 『독립신문』, 1946년 6월 6일자. 『독립신문』은 사설을 통해서 "남조선단독정부수립을 꾀함은 우리민족을 영구히 분열시키는 망국적 행위이며 조국의 자주독립을 영구히 불가능하게 하는 것"이라고 신랄하게 비난하였다.

반소반공을 일으켜 남한단독정부를 세우려는 것이라고 비판하였다. 조공은 자율정부수립 주장도 단독정부 수립주장과 동일하다고 주장하였다. 조공은 5월의 독립전취대회에서 신탁통치에 반대하여 주장되었던 자율정부주장과 함께 이승만의 정읍발언을 동일한 단독정부수립의 전략이라고 비판하였다. 조공은 이승만의 주장을 반소반공의 주장을 통한 단독정부수립이라고 비판함으로써 그를 분단세력의 주범으로 몰아가는 전략을 추구하였다. 때를 같이 하여 민주주의민족전선, 조선인민당, 신민당 등 좌익정파들과 조선노동조합전국평의회(전평), 전국농민조합총연맹(전농), 부녀총동맹(부총) 등 좌익단체들이 「반동거도 이승만은 조급한 정권욕과 광포한 파쇼이념을 더 이상 참을 수 없어 다시 이러한 폭언을 토한 것이다」라고 일제히 이승만을 공격하였다.[77] 좌파들의 이승만에 대한 이러한 공격을 통해 그들의 이승만에 대한 인식이 공식적으로 표출되었다. 좌익세력들은 이승만에 대해 반공반소, 조급한 정권욕에 사로잡힌 자라고 공격하는 일정한 패턴을 유지하고 있고, 이러한 주장이 오늘날에도 그대로 유지되어 이승만을 비판하는 논리가 되고 있다.[78] 이들 좌파 세력은 북한에서의 임시인민위원회의 설치에 대해서는 침묵을 지키고 아무런 비판을 하지 않고 있다. 더 나아가 소련대표단이 이승만을 비롯한 우파세력의 미소공위 참여를 거부하는 것에 대해서도 아무런 언급이 없다.

이승만의 발언에 대해 한독당 선전부장 엄항섭은 항간에 유포되는 단독정부수립설은 38선의 장벽이 연장되어 경제적 파멸과 민족 격리

77) 『조선인민보』, 1946년 6월 5일자.

78) 이러한 입장을 주장하는 사람들을 수정주의자라고 하는데 커밍스(Bruc Cummings)(김자동), 『한국전쟁의 기원』, 서울: 일원서각, 1986, 서중석, 『한국현대민족주의 연구』, 서울: 역사비평사, 1991, 정용욱, 『존 하지와 미군 점령통치 3년』, 서울: 중심, 2003 등이다.

에 따른 민족통일에 방해가 되기 때문에 찬성할 수 없다고 하였고, 신한민족당 선전부장 김희섭도 남조선 단독정부 수립을 절대 반대한다고 하였다.[79]

이승만에 대한 비난이 계속되자, 한국민주당 선전부장 함상훈은 6월 7일에 이승만을 옹호하는 성명을 발표하였다. 그는 "이승만 박사의 민족통일기관 설치운운의 연설을 일부에서는 무슨 역적질이나 한 것같이 선전하니, 그 이유를 알 수 없다"면서 "첫째로 좌우가 분열된 것은 독립촉성중앙협의회에서 공산당이 탈퇴하고 그 뒤에 공산당 쪽에서 독립대신 신탁통치를 받고 소련의 연방이 되기를 희망한 때문이며, 둘째로 정권욕에서 나왔다고 하나 누구나 자주독립 수립을 희망하는 것은 사실인데 왜 공산당은 미리부터 이 통일기관에 참여할 생각은 하지 않느냐?"고 반박하였다.[80] 이승만에 대한 비난이 계속될 때 러취 군정장관은 이승만의 발언과 7월 중의 미군정청의 전 행정부분의 전면적인 조선인화 정책에 대한 견해에 대해 묻자 자신은 군정장관으로 남조선단독정부에 대해 전연 반대하고 미군정청의 한국인화정책은 단독정부수립과는 관계가 없다고 대답하였다.[81]

이승만은 상당히 신중하게 단어들을 선택하여 자신의 발언을 하였다. 그는 결코 단독정부 수립이란 용어를 사용한 적이 없었다. 오히려 남한만의 임시정부나 위원회라고 표현하여 통일정부를 수립하기 위한 전단계로서 남한에 필요한 정치조직을 세울 필요성을 언급하였다. 그러므로 이 시기에 이승만의 발언의 의도는 통일정부를 수립하는 것이 궁극적인 목표이면서, 먼저 남한 국민들의 의사를 자주적으로 표현할

79) 『서울신문』, 1946년 6월 5일자; 『조선인민보』 1946년 6월 6일자.
80) 『조선일보』, 1946년 6월 8일자.
81) 『서울신문』, 1946년 6월 11일자.

수 있는 임시정부를 수립할 것을 주장한 것이다. 여기에는 당연히 신탁을 반대할 뿐만 아니라, 미군정에서 벗어나 한국인들이 주체가 되어 세울 자율정부를 주장한 것이다. 이러한 여러 가지 상황들을 고려하여 이승만은 정읍발언을 하였던 것으로 판단된다. 여기서 했던 이승만의 기본적인 입장은 미국방문을 통해 “총선거에 의하여 남북통일정부가 수립될 때까지 남조선의 과도정부를 수립할 것”이란 주장으로 구체화되었고,[82] 1947년 4월 21일 귀국 후 첫 성명에서도 “남북통일을 전제로 한 우리 과도정부가 수립되는 것”을 주장하였다.[83] 이러한 그의 주장은 트루먼 독트린 시행의 영향과 함께 결국 2차 미소공위 실패 후에 미국이 유엔을 통한 한국문제 해결을 채택하면서 구체적으로 실현되었다. 그러한 측면에서 보면 당시 한국의 국제정치적인 상황에서 실현 가능한 정치적인 의제를 선택한 것이었고, 남한 사람들에게 정부수립의 중요한 한 방안을 제시한 것으로 볼 수 있을 것이다.

그러므로 이승만의 정읍발언의 의도가 남한 단독정부 수립이라고 단정하기 어렵다. 그는 북한의 임시인민위원회와 같이, 남한에서도 미군정의 지배를 벗어난 임시정부나 위원회 같은 것을 조직하자고 제안하였던 것이다. 이러한 주장은 북한이 앞서 그러한 조직을 만들었으므로, 남한도 그러한 조직을 만들어 남북협상을 하기 위한 포석으로 볼 수 있을 것이다. 이러한 이승만의 견해에 대해 조선공산당을 비롯한 좌파들은 그들의 민족통일전선형성전략과 어긋나기 때문에 격렬하게 비판하였고, 그의 정치노선을 단독정부수립이란 분단정책으로 공격하였다. 그러나 좌파들의 이러한 비판은 자신들의 정치적인 목표를 달성하기 위한 전략이라고 보아야 할 것이다.

---

82) 『조선일보』, 『동아일보』, 1947년 2월 12일자.

83) 『경향신문』, 『조선일보』, 1947년 4월 26일자.

이승만이 추진한 정책 방향은 신탁통치를 반대하여 즉각적인 독립을 얻어 자율정부를 수립하는 것이었다. 이러한 과정은 신탁통치를 주장하는 미국의 국제노선 정책에도 반대하고 소련과 국내 좌파 진영의 신탁 주장에 반대하는 반소와 반공의 노선을 취하게 되었다. 이러한 정책을 추진하던 이승만이 그러한 자신의 정부수립 방안을 공개적으로 밝힌 것이 정읍발언이라고 볼 수 있다. 그러므로 이승만은 좌우합작을 통해 국제노선을 추구하려던 미국무부와 미군정과 대립하게 되었다. 이러한 노선을 추구하는 것이 이승만의 일관된 반탁운동의 전개였다.

또한 이승만은 남선순행에서 일관되게 공산주의를 공격했는데, 그의 공산주의 반대운동의 기조는 1) 한말의 러시아에 대한 공포 2) 1920년대 임시정부 안에서 공산주의자들의 갈등과 대통령 축출 경험 3) 1923년 태평양 잡지에 실린 "공산당의 당부당"에 나타난 논리 4) 1930년대 모스크바 방문 경험 등을 통해 공산주의에 반대하는 확고한 반공사상적인 토대를 마련하였다.[84] 그러므로 이승만의 반공의 입장은 정권을 잡기 위한 전략적인 차원을 넘어 자신의 사상적인 토대에 기반을 둔 일관된 정치 원리였다.

84) 이순철, 「고등학교한국사교사 교육방향 탐색: 이승만의 대한민국 건국에 대한 새로운 해석」, 『교사교육연구』 제55집 4호, 2016, 552~553쪽. 이승만의 반공정책의 뿌리로 1) 어린 시절의 유교교육, 2) 배재학당의 근대교육, 3) 러시아와 정교에 대한 반감, 4) 이동휘를 비롯한 임정내 공산주의자들과의 갈등을 지적하는 분석도 있다(김명섭 · 김주희, 「20세기 초 동북아 반일(反日) 민족지도자의 반공 - 이승만과 장개석의 사례를 중심으로」, 『한국정치외교사논총』 제34집 2호, 2013, 79~82쪽).

6. 맺는 말

이승만은 남선순행을 통해 독촉국민회 지부조직들을 중심으로 진행된 대중연설을 통해 민주주의 공화제 국가 건설의 목표를 제시하였다. 평등한 자유와 권리를 누리는 국가를 건설할 것을 역설하고 종교의 자유의 중요성을 강조하였다. 그와 함께 일제의 독립할 능력이 없다는 잘못된 선전의 부당성을 입증하고 신속한 자주독립을 달성하기 위해 민족통일을 이룰 것을 촉구하였다. 그러한 과정에서 신탁통치를 주장하며 민족분열을 꾀하고 독립을 지연시키는 공산주의자들에 대하여 강력하게 비판하였다. 그는 독촉중협을 통해 공산당까지 포함한 좌우합작을 시도하다 실패한 후에는 공산당에 대해서는 철저하게 비판하였다. 이러한 비판은 소련 팽창정책에 대한 두려움과 함께 당시 동구권에서 진행되던 소련의 공산 정권 수립 정책에 대한 인식에서 비롯되었다.

그의 남선순행과 함께 진행되던 미소공위에 대해 이승만은 신중한 입장을 표명하였다. 미소공위를 통한 통일정부 수립의 기대를 가지면서, 동시에 반탁단체들도 서명하면 미소공위 참여 자격을 준다는 5호 성명에 대해 미군정과의 협의를 통해 찬성입장을 표명하였다. 그는 반탁입장에서는 변함이 없었지만, 미소공위에서 임시정부 수립 후에 신탁통치 논의가 가능하다는 전제 하에서 서명에 찬성하였다. 민주의원에서 5호 성명 서명에 관한 논의가 진행될 때, 서울로 귀경하지 않으면서 그의 찬성을 통해 민주의원의 서명을 결정하여 민주의원 의장직에서 사퇴한 상태에서도 그 직책의 실질적인 권한을 행사하였다. 그러므로 그는 남선순행에서 미소공위가 진행되는 동안에는 반탁강연에 치중하기보다는 미소공위 참여를 통한 통일정부 수립 가능성에 관심을 집중하였다.

그러나 미소공위가 무기 휴회되어 통일정부 수립 가능성이 희박해지고 신탁통치의 가능성이 높아진 후에는 서울로 상경하여 독립전취국민대회를 전국적으로 개최하여 반탁의 입장을 공개적으로 표명하면서 자율정부 수립을 주장하였다. 그리고 6월 3일 남선순행을 재개하면서 정읍에서 남한의 임시정부수립을 주장하였다. 이러한 입장은 당시 남한 국민들이 원하는 바를 바탕으로 북한의 움직임과 동유럽에서 폴란드의 공산화 같은 국제정세를 바탕에 두고 이루어진 것이었다. 그렇지만 이러한 발언은 반공반소정책이자 권력욕의 발로에서 나온 단독정부수립 주장이라는 좌파의 강력한 반발과 비판을 받았다.

이승만의 정읍발언을 남한단독정부의 출발점이었다는 평가들은 좌파세력들이 제기한 주장이었고, 그러한 주장에 근거하여 이승만을 분단의 장본인이라고 평가하는 것은 지나치게 일방적인 평가이다. 당시 이승만은 소련에 의해 조종되면서 단독정부 수립을 향해 나아가는 북한의 움직임과 좌우합작을 통해 공산화되어 가는 폴란드를 비롯한 동유럽 국가들의 공산화 과정을 바라보면서, 남한의 임시정부 수립을 통해 우리국민의 자주적인 통일정부 수립을 달성하고자 하였다.

〈참고문헌〉

『광주민보』, 『대구시보』, 『대동신문』, 『대중일보』, 『동아일보』, 『민주중보』, 『부산일보』, 『서울신문』, 『조선인민보』, 『조선일보』, 『자유신문』, 『중앙신문』

G-2 Periodic Report # 215 (30 April 1946).

G-2 Periodic Report # 228 (15 May 1946).

G-2 Periodic Report # 235 (23 May 1946).

G-2 Weekly Summary # 32 (29 May 1946)

G-2 Weekly Summary # 35 (15 May 1946).

건국청년운동협의회, 『대한민국건국 청년운동사』, 서울: 건국청년운동협의회, 1989.

기광서, 「훈령으로 본 소련의 미소공동위원회 전략」, 『역사문제연구』 제24집, 2010.

김명섭, 「냉전초기 봉쇄전략의 탄생- 죠지 F. 케난이 유일한 설계자였나?」, 국제정치연구 제49집 1호, 2006.

김명섭 · 김주희, 「20세기 초 동북아 반일(反日) 민족지도자의 반공 - 이승만과 장개석의 사례를 중심으로」, 『한국정치외교사논총』 제34집 2호, 2013.

김보영, 「대한독립촉성국민회의 조직과 활동」, 한양대학교 석사학위논문, 1994.

김용호, 「대한민국 정부 수립과정에서 이승만의 역할에 대한 재평가: 미군정시기 미국의 대한반도 정책을 둘러싼 이승만-하지의 갈등과 협력관계 분석」, 『한국정치연구』 제20집 2호, 2011.

남광규, 「미소공위와 미소의 조선임시정부 수립대책」, 『국제정치논총』 제47집 3호, 2007.

도진순, 「1945-1946년 미국의 대한 정책과 우익진영의 분화」, 『역사와 현실』 제7집, 1992.

박명수, 『건국투쟁: 민주공화국인가, 인민공화국인가?』, 서울: 백년동안, 2015.

박태균, 「반탁은 있었지만 찬탁은 없었다」, 『역사비평』 제73집, 2005.

배은희, 『나는 왜 싸웠나?』, 서울: 일한도서주식회사, 1995.

서중석, 『한국현대민족주의 연구』, 서울: 역사비평사, 1991.

서희경, 「대한민국 건국헌법의 역사적 기원 (1898-1919) - 만민공동회 · 3.1운동 · 대한민국임시정부헌법의 '민주공화'정체 인식을 중심으로」, 『한국정치학보』 제40집 5호 ,2006.

손세일, 『이승만과 김구』, 서울: 조선뉴스프레스, 2001.

송남헌, 『해방 3년사 II』, 서울: 까치, 1985.

송두영, 「단정 노선을 둘러싼 이승만과 김구의 대립에 관한 연구 - 권력투쟁의 관점에서」, 숭실대학교 박사학위논문, 2011.

안병영, 「제3장 동구제국의 역사적 형성(3): 전후 공산화과정」, 『공산권연구논총』 제2집 1986.

양동안, 「이승만과 대한민국건국」, 『정신문화연구』 제31집 3호, 2008.

이상훈, 「해방후 대한독립촉성국민회의 국가건설운동」, 『학림』 제30집, 2009.

이순철, 「고등학교한국사교사 교육방향 탐색: 이승만의 대한민국 건국에 대한 새로운 해석」, 『교사교육연구』 제55집 4호, 2016.

이은선, 「대한독립촉성국민회와 기독교」, 『한국교회사학회지』 제46집, 2017.

이정식, 「이승만의 단독정부론의 제기와 그 전개 방식」, 『한국사시민강좌』 제38집, 2006.

______, 『대한민국의 기원』, 서울: 일조각, 2006.

정병준, 『우남 이승만 연구』, 서울: 역사비평사, 2005.

정용옥, 『존 하지와 미군 점령통치 3년』, 서울: 중심, 2003.

차상철, 「이승만과 미국 그리고 대한민국 정부수립」, 『미국사연구』 제29집, 2009.

최선웅, 「한국민주당의 미소공위원회의 대응방안과 활동」, 『한국사학보』 제54집, 2014.

Cummings, Bruce (김자동), 『한국전쟁의 기원』, 서울: 일원서각, 1986.

1946년 미군정의 여론조사에 나타난 한국인의 사회성향

박명수

1. 시작하는 말

송건호와 강만길을 비롯한 일부 학자들은 해방 후 한국사회는 좌파 내지는 중도세력이 우세했을 것이라고 주장한다. 이들은 미군이 아니었으면 한국은 공산주의 사회가 될 수밖에 없다고 주장한다. 한국근현대사에 대한 진보적인 해석을 주도한 송건호는 "우파는 해방을 맞을 준비가 되어 있지 않고, 국내 대세는 좌경화로 기울어지고 있었다."고 말한다(송건호, 2014, 23쪽). 해방 이후 한국사를 분단사라고 규정짓고 분단극복을 지상과제라고 주장하는 강만길은 1946년 중반에 시행된 미군의 여론조사, 곧 "자본주의 지향세력이 17%, 공산주의 지향세력이 13%인데 비해 사회주의 지향세력이 70%로 나타났다."고 예를 들면서 해방 공간에서 좌우 합작의 기반은 상당히 높았다고 주장한다.[1]

하지만 이런 주장들은 해방 이후 어떤 사람보다 이승만을 대통령 후보로 지지하는 사람들이 많았고, 신탁통치를 반대하는 사람들이 지지하는 사람보다 압도적으로 많았다는 사실과 어떻게 조화될 수 있는지 고민하게 만든다. 이승만의 측근이었던 올리버(Robert T. Oliver)는 이승만이 한국 국민 절대다수의 지지를 받고 있었으며, 사람들은 "소련과의 타협을 통한 평화"란 실현 불가능하다는 점이 널리 인정받고 있다고 말했다.[2] 뿐만 아니라 해방공간에서 북한의 공산주의를 반대하고 월남한 사람들은 약 150만명에 달하는데, 거꾸로 남한을 떠나서 북한으로 넘어간 사람들은 불과 13만명 밖에 되지 않는다.[3] 이것은 당시의 민심이 북한의 공산주의 체제보다는 남한의 민주주의 체제를 선호했다는 것을 보여 준다.

본 논문은 해방 공간의 한국인의 사회인식을 알기 위하여 1946년에 행해진 미군정의 여론조사를 분석하여 보려고 한다. 지금까지 미군정의 여론조사에 대한 몇 편의 연구가 있다. 이성근의 "해방직후 미군정치하의 여론조사에 관한 분석"(1985)은 이 분야에 대한 최초의 논문이라고 할 수 있다. 하지만 이 논문은 1946년 7월에 실시한 미군의 여론조사를 단순히 소개한 것이라고 할 수 있다. 미군정의 여론조사에 대한 본격적인 연구는 전상인에 의해서 이루어졌다. 1997년에 발표된 "1946년경 남한 주민의 사회의식"은 1946년 미군정에 의해서 실시된 여론조사를 몇 가지 중요한 주제를 중심으로 분석 발표하였다. 이 논문

---

1) 강만길, 『고쳐 쓴 한국 현대사』, 서울: 창작과 비평사, 226쪽; 강만길의 여론조사 인용 중, 자본주의는 17%는 13%, 공산주의는 13%는 10%, 모른다는 7%로 수정되어야 한다(신복룡 편, 1991, 10쪽).

2) 로버트 올리버, 『이승만의 대미 투쟁』 상권, 서울: 비봉출판사, 2013, 10쪽.

3) 김재웅, 「북한의 38선 월경 통제와 월남 월북의 양상」, 『한국민족운동사연구』 87권, 2016, 189~232쪽.

은 1946년 한국사회가 일반적인 예상과 달리 토지정책과 노동문제에서 북한의 급진개혁정책과는 다른 온건 보수적인 입장을 갖고 있다고 보았고, 정치적인 측면에서 한국사회는 좀 더 중간파적인 사회민주주의적인 성향이 대세라고 주장했다.[4] 미군정의 여론조사 전반에 대한 보다 세밀한 연구는 송재경에 의해서 이루어졌다. 그는 미군정 여론조사 자체를 포괄적으로 세밀하게 연구하였다. 이 연구는 전상인의 연구에 이어서 미군정의 여론조사에 대한 보다 본격적인 연구이며, 여론조사 배후에 있는 미군정의 의도를 설명하려고 노력하였다.[5]

전상인과 송재경은 미군정이 우익에게 편향된 태도를 갖고 여론조사를 했다고 본다.[6] 따라서 우익에게 유리한 결과가 나온 것은 사실에 있어서 상당한 부분 미군정의 우익편중 때문이라는 것이다. 하지만 1946년 봄 여론조사가 활발하게 진행될 때 미군정은 한반도에서 좌우합작을 추진하고 있었으며, 이승만에게 호의적이 아니고, 여론조사도 이런 방향에서 진행하고 있었던 것이다. 따라서 여론조사가 우익에게 편향되었다는 평가는 잘못되었다고 생각한다.

이 기간의 여론조사는 미군정 공보부 여론국 여론조사과에서 실시되었는데, 그 책임자는 리차드 로빈슨(Richard D. Robinson)이었다. 로빈슨은 당시 미군정 내에서 상당히 진보적인 인사로서 당시 남한 정국은 좌익이 주도하고 있다고 분석하면서, 미국은 한국에 세워질 정부의 성격에 대해서는 중립을 지켜야 한다고 주장했다. 또한 그는 미국의 진보

---

4) 전상인, 「1946년경 남한 주민의 사회의식」, 『사회와 역사』 52권, 1997, 291~389쪽.

5) 송재경, 「미군정 여론조사로 본 한국의 정치 · 사회 동향 (1945~1947)」, 『한국사론』 제60호, 2014, 677~744쪽.

6) 전상인, 「1946년경 남한 주민의 사회의식」, 291~389쪽; 송재경, 미군정 여론조사로 본 한국의 정치 · 사회 동향 (1945~1947)」, 696쪽.

적인 잡지에 미군정을 비판하는 글을 싣고 있으며, 1947년 3월에는 미국의 좌익 잡지 Nation에 익명으로 이승만이 쿠테타를 계획해서 미소간의 전쟁을 유발해서 통일을 이룩하려고 한다는 미확인 기사를 실었다. 미군정은 오래 동안 로빈슨을 조사했고, 결국 한국에서 추방하였다. 따라서 이런 입장을 가진 로빈슨은 우익편향이 아니라 오히려 우익을 혐오했다. 이런 그의 입장은 그가 진행했던 여론조사에도 반영되었다.[7)]

미군정의 여론조사 역시 문제점을 갖고 있다. 우선 본 논문이 대상으로 하고 있는 미군정의 여론조사 중, 1946년 5월 20일 실시된 여론조사를 제외하고는 모두 서울을 중심으로 이루어졌다. 1946년 7월에 실시되었던 여론조사는 전체 응답자 8,476명 가운데 4,686명이 공무원이었다.[8)] 이런 여론조사는 통계학에서 말하는 표본추출의 과정을 거치지 않았을 뿐만이 아니라, 당시 남한 인구의 절대다수를 차지하고 있는 지방과 농민들의 의사를 정확하게 반영하기 힘들다. 하지만 이런 약점에도 불구하고 미군정의 여론조사는 당시 한반도에서 처음으로 실시된 과학적인 여론조사였고, 숫자로 셈하지 않은 기존의 주먹구구식 여론조사 보다는 한층 발전된 것임에 틀림이 없다.[9)]

본 논문은 1946년 3월부터 7월까지의 미군정의 정치 · 경제동향에 관한 여론조사를 조사 분석하려고 한다. 미군정은 실지로 정책을 수립하기 위해서 미군정에 대한 호감도 및 미곡정책을 비롯하여 다양한 부분

---

7) 정용욱, 『미군정 자료연구』, 서울: 선인, 2003, 159~161쪽; Hamlin Will, “Korea: An American Tragedy”, Nation, 1947, pp.245~247. https://aib.msu.edu/Fellow/47/Richard-D-Robinson (2018년 3월 9일 검색). 앞으로 이 문제에 대한 보다 자세한 연구가 필요하다.

8) 신복룡 편, 『한국분단사 자료집 VI』, 서울: 원주문화사, 1991, 7~36쪽.

9) 김보미, 「미군정기 정치적 의사소통 구조와 여론조사」, 『사회와 역사』 103권, 2014, 310~311쪽.

에서 여론조사를 실시했지만 본 논문의 목적이 해방공간 한국인의 정치 · 경제의 성향에 관한 것이기 때문에 이와 직접적으로 관련된 내용만을 선별하여 본 논문에서 다루고자 한다.

미군정의 여론조사는 정기적인 조사와 비정기적인 조사로 나뉘어진다. 정기적인 조사는 경제정책이나 미곡동향과 같은 것을 조사했으며, 비정기적인 조사에는 당시의 주요 이슈나 이와 관련된 것을 조사했다. 본 논문은 미군 공보부의 비정기 여론조사를 주 대상으로 진행할 것이다.[10] 본 논문은 1946년 3월부터 실시된 한국의 사회인식에 관한 여론조사를 실시한 순서대로 분석할 것이다. 지금까지 선행연구들은 여론조사를 몇 가지 항목으로 분류하여 주제별로 연구하였다. 이것은 각 주제를 일목요연하게 볼 수 있는 장점은 있지만 동시에 각 시기마다 왜 이런 여론조사를 했는지 그 역사적인 상황을 파악하기 어렵게 만든다.

본 연구에서 사용되는 자료는 미군정 공보부가 실시한 것을 한림대학교 아시아문화연구소, 『미군정기정보자료집: 시민소요 · 여론조사보고서(1945.9 - 1948.6)』 2권 (서울: 1995)과 신복룡 편, 『한국분단사 자료집』 VI, (서울: 원주문화사, 1991)에 실려 있다. 이런 여론조사를 바로 해석하기 위하여 미군정의 각종 보고서와 신문자료들을 활용할 것이다.

2. 1946년 진행된 개별 여론조사의 내용과 분석

본 논문의 목적은 1946년 미군정이 실시한 여론조사를 분석하는 것이다. 이 기간은 해방 공간에서 상당한 의미를 갖고 있다. 해방 직후

---

10) 송재경, 「미군정 여론조사로 본 한국의 정치 · 사회 동향 (1945~1947)」, 686~688쪽.

여운형의 건국준비위원회를 기초로 여운형과 박헌영의 조선인민공화국이 설립되고, 이것을 기초로 각 지방에 인민위원회가 설립되어 좌익은 상당한 지지기반을 확보하게 되었다. 소련군에 비해서 약 한달 동안 늦게 도착한 미군은 10월 이승만, 11월 김구의 귀국과 더불어 우익 진영을 정비하게 되었고, 우익은 1945년 말 신탁통치 반대 운동을 통해서 그 세력을 과시하였다.

1945년 말 모스크바 외상회의에서 미국, 소련, 영국은 한반도에 민주적인 독립국가를 세우기로 결정하고, 이것을 위하여 임시정부를 세우고, 최장 5년 동안 신탁통치를 할 것을 결의하였다. 여기에서 중요한 것은 임시정부 수립을 위한 대표선출에 누가 참여할 것인가 하는 것이다. 소련은 이런 협상에서 우위를 차지하기 위해서 1946년 1월 북한의 최대정당이었던 조선민주당 당수이며, 민족주의자인 조만식을 감금하고, 2월에는 김일성을 위원장으로 하는 북조선임시인민위원회를 조직하고, 3월에는 토지개혁을 감행하여 북한의 대다수를 차지하는 농민세력을 자신들의 지지기반으로 확보하게 되었다.

이런 상황 가운데 남한의 미군정은 남한 사람들이 과연 어떤 정치·경제 의식을 가졌는가를 알아야 할 필요를 느끼게 되었다. 미군은 과연 남한사람들이 소련식 정치·경제 체제를 원하는지, 아니면 미국식 체제를 원하는지를 알기를 원했다. 동시에 남한에 있는 각종 정치인과 단체들이 시민들로부터 지지를 받고 있는지도 알기를 원했다. 미국은 항상 여론을 중요시했고, 대서양선언(1941년)도 "주민이 정체를 선택할 권리를 존중"한다고 선언했기 때문이다. 물론 미국이 남한에 공산국가가 건설되는 것을 용납하지 않았지만 남한 사람들의 의사를 전적으로 무시하려고 한 것도 아니다.

1) 한국인의 경제성향에 대한 여론조사(1946년 3월 12일)

해방 후 한국 사회의 가장 큰 문제 가운데 하나는 일본인의 산업과 농지, 그리고 한국인 대지주의 토지를 어떻게 처리할 것인가 하는 점이다. 이 문제에서 소련은 이미 선제적인 행동을 하였다. 소련은 처음부터 "토지는 농민에게, 공장은 노동자에게"라는 표어를 내걸고 대중들을 선동하였다. 그러다가 북조선임시인민위원회는 1946년 3 · 1절 직후인 3월 5일 전격적으로 토지개혁을 실시하였다. 토지개혁의 내용은 일본인과 친일파 대지주의 땅의 이용권을 경작자에게 넘겨주는 것이다. 이런 파격적인 토지분배는 3월 31일 이전에 완료되었다. 이것으로서 북한 농가의 70%가 이익을 보게 되었다.[11]

북한에서 대대적으로 실시된 토지개혁은 남한의 미군정에도 매우 중요한 조치로 받아들여졌다. 남한의 좌익들은 오래 동안 토지분배를 주장하였고, 북한에서 이루어지고 있는 토지혁명을 본 받아야 한다고 선동하였다. 미군정은 북한에서 토지개혁이 되던 3월 5일부터 11일까지 한국인들의 경제적인 성향에 대한 여론을 조사하였고, 12일에는 그 결과를 알고 있었다.[12] 그리고 같은 날 북한의 토지 개혁 소식이 남한 신문에 보도되기 시작하였다.[13] 이것은 미군정 당국이 당시 북한의 토지개혁에 대해서 예의 주시하고 있었다는 것을 알려주고 있다. 여론조사는 이런 상황에서 실시되었다.[14]

---

11) 찰스 암스트롱, 『북조선의 탄생』, 서울: 서해문집 2006, 128~144쪽.

12) 『미군정기 정보자료집』, 1995, 402~405쪽.

13) 『동아일보』, 1946년 3월 12일자; 『자유신문』, 1946년 3월 12일자.

14) 미군정 여론조사 당국은 자신들의 조사가 문제가 있음을 밝히고 있다. 당국자는 이 여론조사가 서울지역의 상공업자 및 전문직 종사자 각각 928명, 노동자 930명, 농민 789명 등 도합 2,646명을 대상으로 조사하였다고 밝히면서

이 여론조사에 의하면 일본이 소유했던 농지와 관련하여 어떤 정책을 취하기를 원하느냐는 질문에 가까운 장래에 군정이 소작농에게 판매한다가 17.5%, 군정이 무상으로 분배한다가 14.5%, 지금 당장이 아니라 앞으로 만들어질 한국정부가 이 문제를 처리할 것이 68%였다. 이것은 현재 북한에서 진행되고 있는 토지 분배를 남한사회는 당장 실시하기를 원하지 않고 있다는 것을 의미하며, 특별히 무상분배를 원하는 비율이 14.5%에 지나지 않는다는 것은 남한주민들은 북한의 방식을 선호하지 않는다는 것을 보여 준다.

그러면 한국인 대지주가 소유하고 있는 땅에 대해서는 어떤 생각을 갖고 있는가? 남한사람들은 대다수가 대지주가 농토를 독식하는 현재의 제도에 대해서 부정적으로 생각하고 있었다. 조사의 결과에 따르면 남한 사람들의 2/3에 가까운 사람들이 대지주의 땅을 경작자에게 분배해 주어야 한다고 생각했고, 분배의 방식에는 남한의 대다수가 무상분배 보다는 유상분배를 원한다는 것을 나타내고 있다.

〈표 1〉 한국인 대지주가 소유하고 있는 땅은 어떻게 처리해야 하는가?

질문	경작자에게 분배 주어야 하는가?		분배한다면 어떻게 나누어 주어야 하는가?	
답	그렇다. 66.3%	아니다. 33.7%	유상분배 72.9%	무상분배 27.1%

대지주의 땅을 분배하지 않는다면 정부가 인수해야 하는가 지주들에게 그대로 남겨두어야 하는가 라는 질문에 대해서 정부가 인수해야

이 표본은 각 계층의 인구비율이 경기도의 경우 위에서 언급한 순서대로 각각 10%, 40%, 50%이며, 전국의 경우 각각 3%, 25%, 75%에 비하여 볼 때 편중되었다고 말 할 수 있다는 것이다. 하지만 그럼에도 불구하고 이렇게 조사를 했던 이유는 서울지역은 한국사회의 중심이며, 여론을 주도하는 세력은 상공업자와 전문가들이라고 보았기 때문이라고 본다.

한다가 76.9%, 지주들에게 그냥 맡겨 두어야 한다가 23.1%였다. 분배를 반대하는 사람들 가운데서는 국유화를 주장하는 사람이 많았다. 전반적으로 말한다면 남한 사람들은 한국인 대지주의 소유를 유상분배하기를 원하고 있었고, 분배를 반대하는 사람 가운데는 국유화를 원하는 사람들이 많았다.

토지문제와 더불어서 일본기업의 문제도 조사했는데, 그 결과는 모든 주요기업의 국유화가 34.1%, 모든 재산의 국유화가 22.3%, 국유화가 아니라 정부의 통제가 33.9%, 국유화와 정부의 통제를 다같이 반대한다는 것이 9.7%로 나타나 있다. 이 조사는 상당수의 사람들이 기업의 국유화와 정부통제정책을 지지했다는 것을 보여주지만 여기에 대한 어느 정도의 반대도 있다는 것을 보여 준다. 우리는 이 문제를 이해하기 위해서 우선 당시 90% 가량의 기업이 일본인의 것이었으며, 한국인 기업이라는 것이 거의 없었다는 점을 기억해야 한다. 따라서 해방 당시 한국사회는 서구사회에서 볼 수 있는 사기업에 대한 이해를 갖지 못했다고 말 할 수 있다. 그러나 한국인들이 기업의 국유화를 절대적으로 지지하는 것도 아니었다.[15)]

토지의 국유화에 대해서도 조사했는데, 국유화에 대한 찬성이 49.9%이며, 반대가 50.1%였다. 이것은 당시 한국인들이 완전히 공산주의적인 국유화도, 자본주의적인 사유화도 반대하고 있다는 것을 보여준다.[16)]

이렇게 여론조사가 실시되는 동안 남한의 좌익은 북한의 토지개혁을 대대로 선전하였다. 공산당 기관지인 해방일보는 "금일 북조선 농민은 갈망하던 토지를 얻었다"는 제하에 북한의 토지개혁을 강력하게 선전하였다.[17)] 또한 이들은 당시 미군정에서 실시하던 여론조사에 대

15) George M. McCune, *Korea Today*, Harvard University Press, pp.96~102.

16) George M. McCune, *Korea Today*, pp.153~163.

해서도 의문을 제기하였다. 해방일보는 "농토에 대한 여론조사는 농민에게 들으라"고 주장하여, 미군정은 의도적으로 유상분배 쪽으로 여론을 몰아갔다고 비난했다.[18)]

이 후에도 미군정은 여러 차례 이 문제에 대해서 여론조사를 하였다. 하지만 그 내용을 변함이 없었다. 1946년 3월과 4월이 지나는 동안 남한 사회에도 전반적으로 북한의 토지개혁 소식이 퍼지게 되었고 많은 사람들이 그 내용을 알게 되었다. 이런 가운데 실시된 토지개혁에 대한 설문에서 여전히 토지개혁은 당장 해야 할 것이 아니고, 정부 수립 이후에 해야 한다고 주장하는 사람들이 많았다. 이것은 4월 하순(4월 15일-30일), 5월 초(5월 14일), 5월 하순(5월 23일), 7월 한 달 동안 실시된 조사에서 비슷한 결과를 보였다.[19)] 해방 후 남한사회에서는 북한에서 이루어지고 있는 토지개혁을 당장 실시하자는 좌익의 주장은 남한 사람들에게 널리 받아들여지지 않았다.

위의 조사의 결과를 정리하면 첫째, 남한사람들은 당장 북한에서와 같은 토지개혁을 원하지 않고 있으며, 둘째, 그럼에도 불구하고 한국에서 토지개혁에 대한 소망이 상당하였고, 셋째, 개혁의 방법은 무상분배 보다는 유상분배나 정부귀속을 선호하고 있으며, 넷째 기업에 대해서는 국유화나 국가 통제가 강한 편으로 나타나고 있으며, 다섯째, 토지의 국유화에 대해서는 찬성과 반대가 팽팽하다는 것을 알 수 있다. 따라서 경제적인 측면에서 본다면 해방 당시의 한국사회는 공산주의도 자본주의도 절대적인 지지를 받고 있지 못하다는 것을 알 수 있다.

---

17) 『해방일보』, 1946년 3월 19일자.

18) 『해방일보』, 1946년 3월 15일자.

19) 전상인, 「1946년경 남한 주민의 사회의식」, 『사회와 역사』 52권, 1997, 306~309쪽.

이와 같은 여론조사는 당시 이승만과 범 우익의 주장과 일치하고 있다. 이미 한민당은 창당부터 주요산업의 국유화와 토지제도의 합리적인 재구성을 주장하였다.[20] 이승만도 1946년 2월 방송에서 앞으로 세워질 국가에 대한 설계를 발표하였는데, 이 가운데 경제정책은 주요산업의 국유화, 국가의 경제통제, 토지몰수 및 경자유전의 원칙에 의한 토지의 분배, 한국인 대지주의 토지에 관해서는 유상몰수와 유상분배 등이다.[21] 이것은 1946년 3월 미군정이 조사한 경제문제에 대한 여론조사와 크게 다르지 않다. 여론조사가 끝난 3월 15일 이승만은 자신의 경제정책을 당시 남조선민주의원에 제출하였고, 여기에서 이 제안은 만장일치로 통과되었다. 따라서 당시의 관점에서 본다면 여론조사에 나타난 이와 같은 경제동향은 우익 정치와 배치된다고 생각할 필요가 없다.

2) 서울의 정치동향에 대한 여론조사(1946년 3월 31일)

3월 12일의 여론조사가 한국인의 경제적 성향을 조사한 것이라면 같은 달 31일의 조사는 정치적인 성향을 조사한 것이다. 1946년 3월 미군정 당국의 가장 큰 관심은 3월 20일 부터 열리고 있던 미소공위였고, 이 공위의 가장 중요한 관심은 독립국가 수립을 위한 임시정부의 구성이었다. 따라서 미소공위의 가장 중요한 과제는 어떤 정치 · 사회단체를 미소공위에 참여시킬 것인가 하는 점이다. 그리고 이것을 위해서 미군정은 남한의 정치적인 흐름을 정확하게 판단해야 할 것이다.

미군정은 1946년 3월 16일에서 21일, 그리고 3월 22일에서 29일 두 차례에 걸쳐서 서울지역을 중심으로 각각 여론 조사를 실시하였다. 표

---

20) 송남헌, 『한국현대정치사 1』, 서울: 성문각, 1980, 131쪽.

21) The Korean Open Letter, 1946년 9월 30일자.

본은 1908명이었고, 농민 12%, 노동자 42%, 사업가 및 전문가 46%로 구성되었다. 이 표본에 의하면 이 여론조사는 노동자와 사업가를 중심으로 하는 도시민을 중심으로 이루어졌다는 것을 알 수 있다. 이 조사는 실지로 두 차례에 걸쳐서 진행되었지만 결과는 거의 같았다. 따라서 여기에서는 주로 두 번째 조사를 가지고 설명할 것이다(미군정기 정보자료집, 1995, 411~475쪽).

이 조사에 의하면 먼저 대부분의 사람들이 정치에 관심을 갖고 있으며(75%), 정부의 형태에 대해서도 깊은 관심을 갖고 있다고 응답하고 있다(87%). 여기에 의하면 우익정당의 지지율은 43%, 좌익정당은 28%, 기타가 29%이다. 하지만 이것은 약간의 문제를 갖고 있다. 당시 우익의 대표적인 인물인 이승만과 김구가 아직 특정정당과 관련되어 있지 않기 때문이다. 이 점을 고려한다면 기타의 상당부분은 우익정당으로 기울어졌다고 볼 수 있다[22]

이런 점은 다음 질문인 누가 한국인의 복지를 위해서 가장 열심히 일하는 가라는 질문에 대한 응답에 확인된다. 이 조사에 따르면 위의 좌익 정당별 지지와 지도자 지지가 각각 28%와 30%로 비슷한 반면에, 우익의 정당별 지지와 기타가 합한 것(72%)이 우익지도자 지지(70%)와 비슷하다. 이것으로 1946년 봄의 한국 정치지형은 우익 70%, 좌익 30%의 내용을 갖고 있다고 말 할 수 있다. 특별히 당시 한국정당의 정책이 무엇인가가 대중들에게 확실하게 인지되지 못하고 있으며, 한국 정치가 결국 인물중심으로 이루어진다는 점을 감안할 때 지도자 선호도에 대한 설명은 정당 지지자에 대한 설문보다 정치 지형을 아는데 도움이 된다고 본다.

---

22) 윤덕영, 「1946년 전반 한국민주당의 재편과 우익정당의 통합운동」, 『사학연구』 121권, 2016, 313~356쪽.

〈표 2〉 누가 한국인의 복지를 위해서 가장 열심히 일하는 가?

인물	김구 20%	김규식 8%	이승만 30%	안재홍 9%	조만식 3%	박헌영 11%	여운형 15%	김일성 2%	김두봉 2%
합계	우익합계: 70%					좌익합계: 30%			

여기에서 제기되는 문제는 1946년 한국인의 정치성향에 관한 여론조사가 해방공간 전체에서 볼 때 얼마나 대표성을 가질 수 있는가 하는 점이다. 미군정의 보고에 의하면 위의 조사는 해방공간 전반에 걸쳐 거의 동일한 현상으로 이해할 수 있다. 1945년 11월 2일 하지는 맥아더에게 "본인은 한국인들이 기본적으로 공산주의를 지지하거나 원하지 않고 있음을 알 수 있을 뿐 아니라 한국인들의 대다수는 실제로 민족주의자들이라고 믿게 되었다"고 밝히고 있다.[23] 미군정은 1945년 말 한국사회의 대다수는 우익이었다고 보는 것이다. 또한 미군정은 1947년 여름을 기준으로 볼 때, 남한에서 좌우 양 세력은 70%대 30%이며, 중간파는 거의 존재하지 않는다고 보았다. 그 이후에는 미소공위가 결렬되고, 월남민들의 북한에 대한 부정적인 이야기가 크게 확산되어 1948년에는 좌익은 전체 인구에서 3/1에도 훨씬 미치지 못하고 있다고 보고 있다.[24] 이 같은 내용으로 보아 1946년 3월의 조사는 해방공간 전 시기에 걸쳐서 큰 변동이 없는 것으로 보인다.

미군정은 다른 방법으로 이 같은 사실을 확인하고 있다. 국민의 복지에 "보다 덜" 관심을 갖고 있는 정당은 무엇인가 라는 설문에 한국당 20%, 국민당 7%, 신한민족당 4%, 조선민주당 3%로 우익이 34%이며, 인

23) Lieutenant General John R. Hodge to General of the Army Douglas MacArthur, at Tokyo ([Seoul,] 2 November, 1945); Foreign Relations of the United States, 1945, VI, 1106.

24) "The Secretary of States to the Political Adviser in Korea(Jacobs)," (Washington, February 2, 1948); Foreign Relations of the United States, 1948, VI, 1089-1092.

민당 21%, 공산당 38%, 연안 독립동맹 7%로 좌익이 66%이다. 여기에서 공산당에 대한 비판이 가장 강력하며, 다음이 인민당, 한민당 순으로 되어있다. 여기서도 약 우익 비호감도가 34%, 좌익 비호감도가 66%로 위의 결과와 거의 일치하고 있다.

미군정 여론조사 담당자가 정치동향에 대해서 조사한 또 다른 방법은 좌·우익의 대표기관에 대한 선호도를 조사한 것이다. 1946년 2월부터 한국의 우익은 민주의원을 중심으로, 한국의 좌익은 민주주의 민족전선을 중심으로 뭉쳐서 양 진영의 대립은 격화되었다. 여기에서 당시 민주의원과 민주주의 민족전선의 선호도를 조사한 결과 전자가 51.5%, 후자가 27%, 모르겠다가 22%였다. 이 결과도 위에서 보는 것처럼 좌익을 선호하는 비율은 30%이내인 것에 비하여 우익을 지지하는 비율은 50%을 약간 상회한다. 이것은 아마도 당시 민주의원의 역할에 대해서 비판적인 여론이 많았던 것을 감안한다면 모르겠다는 사람들의 상당 부분은 우익일 가능성이 많이 있다. 이런 것을 종합한다면 이 당시 우익과 좌익의 정치지형은 약 2 : 1 정도이며, 좌익 지지층은 30% 이내로 고정적인 반면에 우익 지지층은 50%에서 70% 사이로 유동적이라는 것을 알 수 있다. 우익의 경우 실망한 사람들이 모르겠다로 변화하기도 하는 것 같다.

이 같은 여론조사의 결과는 진보적인 미군정 공보당국자들을 혼란스럽게 만들었던 것 같다. 실제로 여론조사과장이었던 로빈슨은 3월 18일 상부에 보고한 내용에서 "남한의 복잡한 정치구조는 분명히 좌익이며, 이것은 이들의 좌익단체들이 보상해 주는 활발한 지지(원문 대로임)로 판단될 수 있다"고 말하고 있다.[25] 하지만 이 설문의 결과가 보여주는

25) 『미군정기 정보자료집』, 1995, 408쪽.

것은 이와는 다르다. 그래서 이 결과를 발표하면서 "이 여론조사는 의심할 것 없이 우익으로 편향되어졌다"는 설명을 붙이고 있다.[26]

전상인과 송재경은 미군정 공보당국의 보고서를 인용하면서 이 공보당국이 우익편향적인 여론조사를 했다고 주장했다.[27] 이 여론조사는 이례적으로 두 차례에 걸쳐서 진행되었는데, 그것은 첫 번째 결과가 자신들의 생각과 다른 결과가 나왔기 때문일 것이다. 하지만 두 차례의 조사에도 불구하고 결론은 거의 비슷한 것으로 나타났다. 당시 미군정은 우익 보다는 중도적인 입장을 선호했으며, 이것은 로빈슨과 같은 미군정 내의 여론조사 담당자들에게서는 더욱 분명하게 나타난다. 이들이 하지나 러치와 같은 미군정 고위층과 때때로 충돌을 일으켰지만 이들의 목소리는 미군정에서 하나의 강력한 흐름을 대변하고 있다.[28] 그러므로 미군정이 우익에게 유익하게 여론을 조작했다고 말하기는 어렵다. 오히려 공보당국이 자신들의 조사결과를 보고 우익편향이라고 말하는 것은 이들이 여론이 우익으로 편향되어 나타나는 것을 싫어했다는 것을 보여 주는 것이라고 생각한다.

그러나 다른 공보당국자들은 이 조사를 근거로 해서 사실을 인정하였다. 3월 31일의 조사가 발표되던 날 미 여론 작성자는 서울의 정치지형이 매우 우익 편중적이라고 분석하면서 서울을 "우익의 보루"(bastion of Rightist support)라고 표현했다.[29] 이것은 5월 초 미 군정정보 당국에

---

26) 『미군정기 정보자료집』, 1995, 411쪽.

27) 전상인, 「1946년경 남한 주민의 사회의식」, 333쪽; 송재경, 「미군정 여론조사로 본 한국의 정치 · 사회 동향 (1945~1947)」, 694~696쪽.

28) 정용욱, 『미군정 자료연구』, 147~168쪽.

29) 김보미, 「미군정기 정치적 의사소통 구조와 여론조사」, 『사회와 역사』 103권, 2014, 306쪽, 송재경, 「미군정 여론조사로 본 한국의 정치 · 사회 동향 (1945~1947)」, 696쪽에서 참조.

의해서 반복되었다. 이 당국자는 "서울, 우익 강세의 중심"(Seoul, the center of rightest strength)이라고 표현했다.[30] 별다른 설명이 없이 이런 표현을 쓰는 것은 당시 많은 사람들이 서울에서 우익이 강하다는 것을 받아들이고 있다는 것을 의미한다고 본다.

이것은 서울만의 상황은 아니었다. 5월 6일 여론조사과장이었던 좌익성향의 로빈슨 조차도 "1946년 초 봄부터 남한 전역을 통하여 우익을 향한 운동은 주목되어 왔다"고 인정하고 있다.[31] 서울지역은 일찍이 이승만과 김구의 귀국과 강력한 반탁운동, 우익주도적인 3·1절 행사를 통해서 우익이 강력한 세력을 형성하고 있었고, 이어서 충청도와 강원도에서도 우익의 우세가 진행되고 있었다.[32] 경상도와 전라도 지역에서는 3월부터 좌익의 강력한 활동이 시작되었지만 이것은 4월 중순부터 진행된 이승만의 남선 순행을 통하여 상당한 부분 진압되었다.[33] 이렇게 해서 1946년 봄 한반도에서의 정치 지형은 우익의 우세를 말할 수 있다.

---

30) G-2 Weekly Summary # 34(08 May 1946). 이 자료는 한림대학교 아시아문화연구소, 『주한 미군 주간 정보 요약』 I, 한림대학교 출판부, 1990에 수록되었음.

31) 미군정기 정보자료집, 1995, 428쪽.

32) G-2 Periodic Report # 159, 23 February 1946는 충청남도에서 좌익은 신탁통치 문제 때문에 결정적인 타격을 입었고, 3월 9일의 같은 보고서(# 171)는 강원도에서 모스크바 협정 이후 강력한 보수적인 경향이 나타나고 있다고 주장하면서 우익이 60% 정도, 좌익이 40%정도로 나타나고 있다고 보고한다. 특별히 주요 지도자에 대한 대중적 인지도는 이승만 70%, 김구 60%, 김규식 50%, 조만식 50%, 여운형 30%로 나타나고 있다 이 자료는 한림대학교 아시아문화연구소, 『주한미군정보일지』 II, 한림대학교 출판부, 1990.

33) 좌익의 전반적인 활동에 대해서는 G-2 Weekly Summary # 28, 27 March 1946; G-2 Weekly Summary # 29, 3 April 1946; 이승만과 우익의 남선순행에 대해서는 G-2 Weekly Summary # 32, 24 April 1946; G-2 Weekly Summary # 38, 3 June 1946 참조.

3) 토지개혁과 신탁통치에 대한 소련의 선전에 대한 여론조사 (1946년 4월 12일)

미소공위가 진행되는 동안 미군정의 인기는 최저 상황에 처해있었고, 또한 소련과 좌익의 악선전에 시달렸다. 특별히 소련은 북조선에서 실시한 토지개혁을 선전하였고, 남한에서도 같은 토지개혁을 해야 한다고 주장하였다. 뿐만 아니라 과거 일본이 미국에 대해서 비방을 한 것이 여전히 사람들 뇌리에 남아 있어서 미군이 정책을 수행하는 과정에서 어려움을 겪게 하였다. 이런 상황에서 1946년 4월 11일 여론조사과에 의해서 198명을 대상으로 무작위로 표집조서를 하였다.[34] 여기에서는 소련의 선전에 대한 부분만을 살펴보도록 한다.

먼저 설문은 대상자들에게 북한의 토지개혁에 대해서 들었는가를 물었고, 89%가 들었다고 대답하였다. 그리고 들었다고 대답한 사람들에게 남한에서도 같은 행동을 취해야 할 것인가를 물었는데, 여기에 대해서 긍정이 21%, 부정이 73%, 모른다가 5%였다. 이것은 대부분의 사람들이 북한의 토지개혁에 대해서 부정적으로 생각하고 있다는 것을 보여 준다. 이것은 3월 12일의 여론조사와 거의 일치한다고 본다.

흥미있는 것은 신탁통치에 관한 것이다. 1946년 초 신탁통치 문제를 놓고 미국과 소련은 한 차례 대 논쟁을 치뤘다. 남한의 우파는 소련이 신탁을 주장했다고 주장하며 소련을 맹비난했지만 소련은 실지로 신탁통치를 제안한 것은 미국이라고 주장함으로서 공을 미국에 넘겼다. 당시 한국인들은 신탁통치를 반대했다. 이런 상황 가운데서 어떤 나라가 한반도에 신탁통치를 "실제적으로"(really) 원하는가? 라는 질문을 제기하였고, 여기에 대한 대답은 소련이 60%, 미국이 6%, 둘 다가 32%,

---

34) 『미군정기 정보자료집』, 1995, 422~423쪽.

아무도 아니다가 3%로 나타났다.

그러면 미국이 먼저 신탁통치를 제안했는데, 왜 소련이 실질적으로 신탁통치를 원한다고 대답했을까? 사실 소련은 모스크바 합의문을 해석하는데 있어서 신탁통치를 필수적인 요소로 보았다. 따라서 신탁통치 반대가 곧 모스크바 합의문에 대한 반대라고 생각했다. 하지만 미국은 모스크바 합의문의 가장 중요한 목적은 독립적인 민주정부 수립이기 때문에 비록 신탁통치를 반대한다고 할지라도 보다 근본적인 목적에 동의한다면 모스크바 협정에 반대하는 것이 아니며 따라서 탁치 반대를 한다고 할지라도 미소공위에 참여할 수 있다는 것이 미군정의 입장이다.[35] 그러므로 이 조사는 상당히 많은 사람들은 소련의 프로파간다에 넘어가지 않았다는 것을 보여 주며, 미군정은 소기의 목적을 달성하고 있는 것이다. 설문은 사란들에게 북한에 살고 싶은가라는 질문을 했고, 여기에 대해서 그렇다가 5%, 그렇지 않다가 84%, 모른다가 11%라고 대답하였다. 여기에서 미군정이 말하고자 하는 것은 미군정이 많은 비판을 받고 있지만 북한과 상대적으로 비교하면 월등이 낫다는 것이다.

4) 미소공위 제 5호 성명에 대한 대중의 반응조사(1946년 4월 20일)

1946년 4월 18일 미소공위는 소위 5호 성명을 발표하였다. 5호 성명이란 신탁통치에 대한 구체적인 명시 없이 포괄적으로 모스크바 협정에 찬성한다는 표시를 하면 미소공위에 참여 시키겠다는 것이다. 미군정은 이것으로서 신탁통치를 반대하는 사람들도 미소공위에 참여시키

---

35) 박명수, 「제2의 반탁운동: 1947년 초 국내 정치세력 동향」, 『숭실사학』 제39집, 2017, 175~224쪽.

고자 하였지만 나중에 소련은 신탁통치는 모스크바 협정의 핵심요소이기 때문에 이것을 반대하는 사람은 참여시킬 수 없다고 주장하였다. 5호 성명은 신탁통치 논쟁에서 핵심적인 논쟁점이 되었다.

이런 상황에서 미군정 공보부는 4월 19-20일 사이에 서울의 332명을 대상으로 무작위 조사를 하였다.[36] 먼저 5호 성명에 대한 긍정과 부정을 물어 보았는데, 긍정이 37%, 부정이 35%, 모른다가 28%로 나타났다. 이것은 5호 성명의 복잡함 때문에 내용을 이해하기도 어렵고, 긍정과 부정의 판단도 어렵기 때문이라고 생각된다.

모스크바 회의의 궁극적인 목적은 새로운 국가를 건설할 임시정부를 세우는 것이다. 이 여론조사는 어떤 방법으로 새로운 정부의 지도자를 선출할 것인가이다. 여기에 대해서 국민투표에 의한 것이 83%, 미소공위가 임명한다가 17%였다. 그러면 당시 좌우익은 각각 이 문제에 대해서 어떤 입장을 갖고 있었는가? 이승만과 우익은 줄 곳 보통선거를 통해서 대통령을 선출해야 한다고 주장하였고, 좌익은 임시정부의 지도자는 미소공위가 임명하자고 주장했다. 이것은 1947년 제 2차 미소공위에 제출한 좌익, 우익, 중간파의 임시정부 구상에서 밝혀지고 있는데, 그 내용은 우익은 국호는 대한민국, 남북총선거로 대통령선출을 주장한데 비하여, 좌익은 국호는 조선인민공화국, 정부 각료는 미소공위의 임명을 주장하였고, 중간파는 입장을 정하지 못했다.[37] 이것은 당시 우익인사인 이승만, 김구, 김규식의 지지가 좌익인사인 여운형, 박헌영보다 월등하게 높았던 사실을 보면 이 여론조사는 새로 세워지는 나라가 바로 우익인사가 중심이 되는 나라여야 한다는 것을 의미한다고 볼 수 있다.

---

36) 『미군정기 정보자료집』, 1995, 425~426쪽

37) 『동아일보』, 1947년 7월 6일자.

또 다른 핵심적인 문제는 신탁통치를 반대하는 우익세력이 미소공위에 참여해야 하는 가 그렇지 않은가 하는 문제이다. 소련은 신탁을 반대하는 이승만과 김구를 반소세력이라고 간주하고 이들을 배제하려고 한 반면에 미국은 남한 대다수의 사람들이 지지하는 우익 지도자를 배제한다면 그것은 제대로 된 임시정부를 만들 수 없다는 것이다. 신탁통치를 포함한 모스크바 협정에 찬성한 정당만 미소공위에 참여시켜야 하는가 라는 질문에 찬성 13%, 반대 77%, 모른다가 10%였다. 이것은 남한 사람들의 절대다수가 이승만과 김구를 포함한 우익인사들을 미소공위에 참여시켜야 한다고 생각한다는 것을 말한다. 특히 여기에는 상당수의 좌익성향의 사람들도 포함되어 있다. 왜냐하면 위에서 보았듯이 일반적으로 좌익성향이 30%에 이르고 있는데, 모스크바 협정에 찬성한 사람만 참여시켜야 한다는 주장은 13%에 지나지 않음으로 좌익 성향의 사람들 가운데서도 이승만, 김구의 미소공위 참여를 지지하는 사람들이 있다는 것을 의미한다.

공보당국은 다시 미소공위의 결정에 순종하는 단체만 임시정부 수립에 대한 논의에 참여시켜야 하는가 라는 질문에는 찬성이 39%, 반대가 51%, 모른다가 10%였다. 당시 김구를 중심으로 하는 일부 우익단체들은 미소공위 자체를 부정하려는 움직임을 보이고 있었는데 이 같은 조사 결과는 이들에게 강한 압박으로 작용할 수 있다. 실질적으로 김구의 한독당도 신탁을 강요하지 않는다면 5호 성명에 반대할 이유가 없다는 성명을 내 놓게 되었다[38] 이것은 미군정이 원하는 내용이라고 생각한다.

하지만 우익의 협조에도 불구하고 미소공위는 5월 8일 무기한 휴회

---

38) 『동아일보』, 1946년 5월 1일자.

를 선언하였다. 미소공위가 결렬된 다음 5월 9일 이 같은 여론조사에 근거해서 하지는 다음과 같은 성명을 발표하였다.[39)]

> 美國代表로는 단순히 信託統治보다는 즉시 독립을 더 좋아한다는 의견을 솔직히 공개발표했다고 해서 모스크바협정에서도 보장된 朝鮮政府組織에 참여하는 그 권리조차 100여 개 이상의 民主政黨과 社會團體에게 거부하자는 共同委員會의 案은 찬동할 수도 없고 하지도 않겠다. 이러한 배제 안에 찬동한다는 것은 오직 앞으로 信託을 감수하겠다는 少數黨을 제[외]한 기타 모든 사람의 정치적 활동을 제거할 뿐 아니라 大西洋憲章에 공약한 세계적으로 승인한 모든 사람의 意思表示自由權에 위반하는 것이다.

결국 신탁통치를 찬성하는 정당들로만 미소공위를 구성한다는 것은 대서양헌장에 보장된 의사표현의 자유를 제한하는 한편 새로 조직되는 정부를 신탁통치를 찬성하는 소수에게 맡기자는 것이라는 것이다.

5) 미소공위 지연에 대한 반응조사(1946년 5월 14일)

위에서 언급한대로 미소공위가 5호 성명의 해석문제로 서로 의견을 달리하여 회의가 지연되자 하지는 38선 철폐문제를 논의하지고 제의하였고, 이것을 소련이 거부하자 결국 5월 8일 정회되고, 무기한 연기하게 되었다. 이것으로써 당시 한반도의 가장 중요한 정치적인 문제인 신탁통치와 38선 철폐문제가 해결이 어렵게 되었다. 미군정 공보부는 1946년 5월 10일, 11일 양일 간에 걸쳐서 서울에서 846명을 대상으로 여기에 대한 반응을 살펴보았다.[40)]

---

39) 『서울신문』, 1946년 5월 1일자.

40) 『미군정기 정보자료집』, 1995, 432~433쪽.

먼저 미소공위 연기에 대한 책임이 누구에게 있는가 라는 질문에 미국 1.6%, 소련 69.3%, 둘 다 13.3%로 나타났다. 절대적인 책임이 소련에 있다고 보았다. 가장 흥미 있는 것은 미소공위가 실패로 돌아간 현재 해야 할 일이 무엇인가라는 질문에 대해서 남한 정부를 세우는 것이 54.0%, 군정을 지속해야 한다는 것이 43.8%, 모든 군대들이 즉각적으로 남한에서 철수해야 한다는 것이 10%였다. 이 질문은 이미 미군정이 남한에 어떤 형태이든지 간에 정부를 세우는 것을 고려하고 있다는 것이며, 아울러서 미소공위의 실패를 보면서 많은 사람들이 더 이상 소련과의 협상이 현실적으로 어렵고, 따라서 남한에 독자적으로 정부를 세워야 한다는 생각을 하고 있다는 것을 보여 주고 있다. 미군정은 이런 여론은 당시 신문에서 널리 퍼지고 있는 단독정부 수립에 대한 비판과는 대조적인 것이라고 보고 있다.[41] 동아일보 주필 설의식은 현재 단독정부설이 돌연이 일어나고 있으며, 이것은 "천부당 하되 십분 가능한 일면"이 있다고 언급했다.[42]

5월 8일 미소공위가 결렬되자 남한 사회는 큰 소용돌이 속으로 들어갔다. 당시 5월 8일은 유럽에서 연합군이 승리한 날이며, 이 날 좌익에서는 소규모의 승전행사를 가졌다. 같은 날 저녁에 들이닥친 미소공위 결렬에 대한 소식은 남한 사회를 강타했고, 미군정 당국은 이런 상황 가운데 우익이 강력하게 행동하고 있다고 보고하고 있다. 특히 33인 가운데 하나이며, 감리교목사였던 오하영의 지도아래 독촉국민회는 각도의 10개 지부에 전보를 보내서 미소공위는 실패로 돌아가고, 이제 즉각 자율정부를 투쟁할 것을 주장하였다.[43] 그 결과 5월 12일 대규모

41) G-2 Weekly Summary # 35, 15 May 1946.

42) 『동아일보』, 1946년 5월 8일자.(다른 기사와 통일)

43) 『동아일보』, 1946년 5월 11일자.

의 독립전취국민대회가 열렸고, 매우 성공적인 집회를 이루었다. 미군정의 보고에 의하면, 공산주의에서 매우 중요하게 여기는 5월 1일 노동절 행사(메이 데이)에는 약 12,000명이 참석했는데 비하여 이 대회에는 35,000명에서 50,000명 가량이 모였다. 이승만은 여기에 대해서 "자율적 정부수립에 대한 민성이 노픈[높은] 모양이며, 나도 이 점에 대하여 생각한 점은 있으나 발표는 아직 못하겠다"고 말하였다.[44] 1946년 5월 단독정부 수립은 많은 사람들의 지지를 받고 있었으며, 여기에 대한 이승만의 입장은 매우 조심스러운 것이었다.

6) 소련의 선전 효용성과 미래의 정부구조에 관한 조사 (1946년 5월 20일)

미군정은 이미 4월 12일에 소련과 일본의 선전에 서울사람들이 얼마나 영향을 받고 있는가를 살펴보았다. 그 결과 소련의 영향은 별로 강하지 않다는 것을 확인하였다. 5월 20일의 이 조사는 같은 주제에 대해서 서울과 지방을 비교하는 것이다.[45] 이 조사는 남한 전역에 걸쳐서 651명을 대상으로 하였는데, 그 중에 3/1은 도시 지역사람들이었고, 3/2는 농촌사람들이었다.

우선 남한에서도 북한에서와 같이 토지개혁하기를 원하는가에 대해서는 표3)이 보여주는 것과 같이 지방에서는 예 17%, 아니요 53%, 모른다 30%인데 비하여 서울에서는 예 21%, 아니요 73%, 모른다 6%로 타나나고 있다. 이것은 서울이 지방보다 북한의 토지개혁에 대해서 더 부정적이지만 지방에서 유보가 더 많은 것으로 보아 거의 비슷하다고

---

44) 『동아일보』, 1946년 5월 8일자.

45) 『미군정기 정보자료집』, 1995, 438~443쪽.

말 할 수 있다. 흥미있는 것은 북한식의 토지 개혁에 대해서 같은 지방이라도 시골지역이 56%가 반대하는 반면에 도시지역은 46%에 그쳤다. 이것은 북한식 토지개혁에 대해서 농촌이 도시보다 더욱 부정적이라는 것을 의미한다. 3월 12일 실시한 조사에 대해서 공산당 기관지 해방일보가 토지개혁문제를 농민에게 질문하지 않았다는 것을 비난했는데, 조사결과는 시골사람들이 도시사람들 보다 더 북한식 개혁을 반대하는 것으로 나타나고 있다.[46)]

〈표 3〉 북한의 토지개혁에 대한 서울과 지방의 반응조사

	농촌	도시	지방합계	서울
긍정	17%	17%	17%	21%
부정	56%	46%	53%	73%
모름	29%	37%	30%	6%
합계	100%	100%	100%	100%

미국과 소련 중에서 누가 더 신탁통치를 "진정으로"(really) 원하는가라는 질문에 대해서는 서울에서는 소련이라고 대답한 사람이 60%인데 비해서 지방에서는 22%, 미국이라고 대답하는 사람들이 서울 6%, 지방 31%에 이르렀다. 이것을 통해서 신탁통치에 대해서는 소련이 신탁통치를 하려고 한다는 사람들이 지방이 서울보다 좀 적다고 말 할 수 있다. 북한에 살기를 원하는 가라는 질문에 대해서도 반대가 서울은 84%, 지방은 77%(도시 83%, 농촌 76%) 에 이르고 있다. 이것은 서울이 좀 더 우익적인 성향을 갖고 있으며, 농촌이 공산주의와 북한에 대해서 서울 보다 좀 더 관대하다고 말 할 수 있다. 이것은 시골로 갈수록 인민위원회의 영향이 컸기 때문이라고 말 할 수 있다. 이 같은 조사

46) 『해방일보』, 1946년 3월 15일자.

는 지방보다 서울에 우익이 강하다는 것을 입증한다고 말할 수 있다.

이 조사는 지난 4월 초에 실시했던 조사에 없던 새로운 항목을 지방에 국한해서 포함시켜 진행했는데, 이것은 한국의 정치구조와 관련해서 흥미 있는 내용들이다. 먼저 설문은 민주주의와 공산주의가 절대적으로 양립할 수 없는가라는 질문에 대해서 예와 아니요가 각각 37%와 21%, 그리고 모른다가 42%에 이른다. 민주주의와 공산주의를 대립적으로 보는 것이 많기는 하지만 양립할 수 있는지, 없는지에 관해서 잘 모른다는 대답이 42%에 이른다는 점은 당시의 이데올로기적인 혼돈을 말해 주는 것이라고 볼 수 있다. 또한 이것을 도시와 농촌으로 구별할 때 양립할 수 없다가 농촌이 36%, 도시가 42%로 도시에서 보다 양립할 수 없다는 주장이 더 많이 나오고 있다. 이것은 위에서 지적한 대로 도시에서 보다 우익적인 성향이 강하다는 것을 말한다고 생각한다.

어떤 종류의 정부구조를 좋아하는가에 대해서 소련식이 11%, 미국식이 37%, 그리고 혼합이 34%로 나타났다. 사실 이것은 위의 조사보다 더욱 정확하다고 말 할 수 있다. 민주주의와 공산주의가 추상적인 개념이지만 미국과 소련은 보다 구체적인 현실이다. 이 항목에 따르면 미국식 정부구조를 선호하는 사람이 소련식을 선호하는 사람보다 월등히 많은 것으로 나타나고 있고, 혼합보다도 높게 나오고 있다. 이것은 당시 한국인들이 미국식 민주주의 쪽으로 기울어져 있다는 것을 알 수 있는 것이다.

사실 한국인들은 오래 동안 미국식 정부형태를 선호하여왔다. 이승만의 한미위원회는 1945년 미국 상원의원에게 보내는 편지에서 임시정부는 "과거 26년 동안 모든 한국인에 의해서 지지를 받아온 미국식 정부형태(American form of government)에 기초하고 있다"고 밝혔고, 한국의 "3000만 국민은 엄격하게 미국적 원칙(American principles)에 근거한 민주주의적 정부(Democratic government)를 원한다"고 주장한다.[47] 해방 직후 중경 임시정부의 대표는 그곳의 미국 대사관을 찾아와서 자신들은 소개하기를 자신들을 "영미의 입헌주의(Anglo-American Constitutionalism)를 믿는 한국의 민족주의자들"이라고 소개함으로서 자신들이 바라는 정치형태를 밝혔다.[48] 하지만 해방공간의 남한 사람들은 서구의 지나친 자본주의 체재에 대해서도 반대하며, 정부의 적절한 통제가 이루어진 혼합된 정치체재를 원하고 있었다.

다음 항목은 민주주의와 공산주의가 각각 무엇을 뜻하는가 하는 질문이다. 여기에서 민주주의 항목에는 국민의 복지가 국민의 의사에 따라 진행되는 정치라는 대답이 53%, 최고의 권력이 국민에게 있는 것이라는 대답이 32%로 두 번째였다. 이 외에 자본주의나 사적 소유권과 같은 것은 각각 7%, 6%에 지나지 않는다. 공산주의의 항목에는 모든 재산의 국유화가 첫 번째로 41%, 계급철폐가 두 번째로 31%로 나타나고 있으며, 타인의 이익 약탈, 능력에 따라 보상하는 사회 제도는 각각 6%에 지나지 않았다. 이것을 통해서 해방공간의 한국인들에게 민주주의란 국민이 국가의 주인이며 민의를 대변하는 절차를 중요하게 생각하는 제도라고 생각하지만 민주주의의 핵심에 자본주의나 사적 소유권은 별로 중요하지 않다고 생각하고 있었다. 또한 이들에게 공산주의는 국가 주도의 계급 없는 사회를 말하고 있으며, 과격한 혁명이나 평등한 분배는 별로 중요하지 않은 것으로 나타나고 있다. 이것은 당시 한국인들이 이념에 대한 깊은 이해를 갖고 있지 못하다는 것을 알 수 있다.

---

47) 국사편찬위원회, 『大韓民國史資料集』 28, 서울: 국사편찬위원회, 1966, 22쪽; "한미위원회가 미 상원의원에게 보내는 편지," (1945년 5월 14일); 국사편찬위원회 한국사 데이터베이스 『이승만관계서한자료집 1, (1945-1948)』.

48) "The Ambassador in China (Hurley) to the Secretary of State," Chungking, Agust 31, 1945; Foreign Relations of the United States, 1945 Vol. VI, 1042.

이 여론조사는 1946년 3월에 여론조사과장 로빈슨이 상부에 건의한 내용과 많이 유사하다. 로빈슨은 민주주의란 어떤 특정한 정치제도를 의미하는 것이 아니라 정당한 절차에 의해서 국민이 선택하는 것이기 때문에, 어떤 제도이든지 국민이 선택하면 그것은 민주주의이며, 따라서 민주주의와 공산주의를 양립시켜서는 안 된다고 주장한다(미군정기 정보자료집, 1995, 408~410쪽). 또한 이런 정치적인 용어를 가급적이면 사용하지 말고, 오히려 그것이 무엇을 의미하는지를 물어야 한다고 강조했다. 5월 20일에 실시된 지방의 여론조사는 이런 로빈슨의 주장이 잘 반영되어 있다고 본다. 이런 로빈슨의 입장은 그가 주도해서 실시한 7월의 조사에서 더 잘 나타난다고 본다.

7) “미래 한국정부의 형태와 구조”에 대한 여론조사 (1946년 7월)

제 1차 미소공위가 실패로 돌아가자 미국은 보다 구체적으로 새로운 정책을 마련하였다. 물론 이것은 완전히 새로운 것이 아니라 이전부터 실시하던 것을 정리하고 확정하는 것이었다. 첫 번째로 이것은 중간파를 육성하여 앞으로 있을 미소공위를 대비하는 것이며, 두 번째로 과도입법의원을 만들어서 남한에 과도정부의 수립을 준비하는 것이었다.[49] 특별히 두 번째 것은 미국이 1946년 2월 만든 소위 남조선 민주의원이 성공하지 못하였기 때문에 시급하기도 하였다. 그리고 이 모든 것은 앞으로 구성될 정부의 성격을 결정한 중요한 것이다.

미군정 공보부는 1946년 7월 10,000명의 사람들을 대상으로 여론을 조사하였고, 그 중 응답한 사람은 8,476명이며, 거부한 사람들 가운데

49) 정용욱, 『미군정 자료연구』, 2003.

는 미군정에 대한 강한 반감을 표시하기도 하였다.[50] 흥미 있는 것은 응답자 가운데 우파가 2,497명, 좌파가 1,402명, 중립이 4,577명이다. 미군정은 이것의 의미를 분명히 밝히지 않고 있지만 과연 이것이 당시의 정치 지형을 밝혀주고 있는지 의문이다. 이 여론조사의 가장 마지막 부분에 당신이 지지하는 정치단체는 무엇인가 라고 물었을 때, 여기에 대한 대답은 민주의원 24%, 김구의 임시정부 13.3%, 이승만의 민족통일본부 11%로 우익이 합계가 48.3%에 이르고, 좌익은 남한 인민위원회 16.4%, 북한 임시인민위원회 1.3%로 17.3%이며, 그 어느 단체도 지지하지 않는다가 32%에 이른다. 이것은 앞에서 언급하고 있는 우익의 비율이 항상 50%이상 차지하고 있었던 것과 비슷하다. 미군정은 8월에도 또 다른 조사를 했는데, 이 경우 응답자 가운데 우익이 50%, 좌익이 18%, 무소속이 32%에 이르렀다.[51] 이것은 7월의 정당지지도와 거의 일치하는 것이다. 따라서 7월에 실시된 여론조사의 정치 성향과는 상당한 차이가 있다는 것을 지적해야 할 것이다.

이 여론조사는 당신이 좋아하는 정부의 형태는 무엇인가에서 1) 국민의 의사와는 관계없이 한 사람이 지배하는 정부 3%, 2) 국민의 의사와는 관계없이 몇몇 사람이 지배하는 정부 4%, 3) 국민의 의사와는 관계없이 한 계급이 지배하는 정부 5%, 4) 대의제도를 통하여 모두가 같이 지배하는 정부 85%로 나타나고 있다. 이 설문 항목이 문제가 있기는 하지만 그래도 절대다수가 일인, 혹은 과두독재나 계급독재를 반대하고 대의민주주의를 주장하는 것은 대부분의 사람들이 우파 진영을

50) 응답자들을 직업별로 보면 농민 428, 기업인 897, 전문직 285, 노동자 1,211, 학생 178, 공무원 4,686, 주부 109, 실업자 96, 점원 및 회사원 586명이었다. 이 조사는 공무원들이 압도적으로 많다. 공무원들은 상대적으로 미군정의 정책을 잘 이해하고 있다고 생각된다(신복룡 편, 1991, 7~36쪽).

51) 미군정기 정보자료집, 1990, 203쪽.

선호하고 있는 것으로 설명할 수 있다. 이것은 앞으로 세워질 나라는 민주적인 절차에 의해서 뽑힌 대표로 구성된 대의민주주의여야 하며, 이것은 부르주아를 배제하고, 노동자와 농민이 주도하는 세상을 만들어야 한다는 인민민주주의와는 다른 것이다. 이 같은 여론조사는 한국인들이 미군정이 새로 만들고자 하는 과도입법의원을 지지하고 있다는 것을 의미한다. 당시 좌익은 미군정이 세우려고 하는 과도입법의원이 단정 수립의 시초라고 보고 이것을 결사반대하고 있었다.

그러나 지금 당장에 입법의원을 세우는 것이 바람직한가 라는 질문에는 찬성이 45%, 반대가 40%로 찬성이 약간 우세했다. 하지만 찬성에는 우익이 절대적으로 많았고, 반대에는 좌익이 많았다. 아마도 이것은 좌익이 입법의원 설립에 반대하고 있는데 영향을 받은 것 같다. 또한 입법, 사법, 행정의 3권 분립에 대해서 묻고 있는데, 80% 이상이 삼권분립을 지지하고 있다. 당시 우익은 삼권분립을 중요한 국가형태로 받아들이고 있고,[52] 좌익은 인민위원회의 조직을 선호하였다. 삼권분립은 서구식 식민주주의의 한 형태이며, 공산주의는 이것을 수용하지 않는다. 이것은 당시의 한국인들이 서구식 민주주의를 받아들이고 있다는 것을 의미한다. 또한 남한 임시정부의 대통령 선출방법에 대해서도 68%로 압도적인 다수가 국민이 직접 선거를 통하여 대통령을 뽑아야 한다고 생각하고, 입법의원에 의한 방법은 10%에 지나지 않았다. 이것은 절대적으로 이승만에게 유리한 방법이었다. 그래서 이승만은 항상 보통선거로 대통령을 선출하자고 주장하였다.

다음은 경제적인 측면을 묻고 있다. 당신은 무엇을 좋아 하는가 라는 질문에 대하여 자본주의가 13%, 사회주의가 70%, 공산주의가 10%,

52) 『서울신문』, 1947년 7월 6일자.

모른다가 7%였다. 이 항목은 해방공간의 여론조사에서 가장 많이 언급되는 내용이다. 일부에서는 해방정국이 공산주의와 사회주의가 합하면 80%이므로 해방정국은 좌익이 우세했다고 주장하고, 다른 쪽에서 사회주의는 공산주의와 자본주의의 중간에 해당하므로 해방정국에는 중간파가 대세였다고 주장한다. 또 다른 쪽에서는 해방정국에서 사용하는 사회주의라는 용어를 제대로 이해하지 못하고서는 제대로 이 문제의 해석을 할 수 없다고 한다. 필자는 마지막 주장을 받아들일 필요가 있다고 본다.

그러면 해방정국에서 사회주의란 용어는 어떻게 쓰였을까? 필자는 사회주의가 좌익에서 사용될 경우와 우익에서 사용될 경우가 다르다고 생각한다. 좌익에서 사회주의는 공산주의에 이르기 전의 단계로서 평등을 지향하되 혁명을 배제하는 경우를 말한다. 아마도 여운형과 같은 경우가 대표적일 것이라고 생각한다. 여운형은 평등을 지향하지만 과격한 혁명을 피했다. 우익에서 사회주의는 사회민주주의와 거의 동의어로 사용되며, 이것은 개인의 자유와 사유재산을 인정하되 민주적인 절차와 적절한 범주 내에서 국가의 개입을 용인하는 제도를 말한다. 유럽의 사회민주주의는 공산주의와 투쟁하였다.

이 여론조사를 주도하였던 로빈슨은 바로 이런 의미에서 사회주의라는 용어를 사용한 것 같다. 그는 1947년 2월에 쓴 글에서 한국 사람들은 "몇 달 전, 명백하게 민주사회주의의 어떤 형식(some form of democratic socialism)을 선호하였다"고 언급하면서 하지는 "그 당[공산당]의 가장 큰 적이 사회민주주의자(social democrat)"라는 사실을 인식하는데 실패했다고 적고 있다. 따라서 이 여론조사에서 언급하고 있는 사회주의는 공산주의에서 사용되는 사회주의가 아니라 자유진영에서 사용되는 것이라는 것을 알 수 있다.[53)]

해방공간에서 우익도 사회주의라는 용어를 많이 사용하였다. 한경직 목사가 해방직후 북한에서 만든 정당도 사회민주당이었고, 박용희 목사가 같은 시기에 남한에서 만든 정당도 사회민주당이었다. 강원용 목사는 1946년 봄 가나안 농군학교를 만들었던 김용기 장로와 그 밖의 사회주의 기독교인들과 함께 기독교사회주의 동맹을 만든 적이 있다. 강원용은 자신들이 사용했던 사회주의는 공산주의와는 관계없는 것이며, 오히려 공산주의와 자본주의를 다 배격하는 입장에서 사회주의라는 용어를 사용했다고 주장한다.[54]

위에서 언급한 것처럼 한국사회는 정치적으로는 우파적인 성향이 강했다. 그래서 항상 50% 이상의 사람들이 우익정당 및 단체들을 지지했고, 좌파의 경우 30%를 넘는 경우가 없었다. 하지만 경제적으로는 자본주의도 공산주의도 다 같이 배격하였다. 해방공간의 한국인들이 자본주의를 배격했던 이유는 아마도 사농공상의 유교적인 관습과 태평양 전쟁 시기에 일본의 미국과 자본주의 비판교육 때문이라고 생각된다. 또한 당시 한국인들이 공산주의를 배격했던 이유는 북한에서 들려오는 소련의 폭력성과 자유의 부정 때문이라고 본다. 하여튼 해방정국의 상황은 정치적으로는 우파적인 대의민주주의를 지향하면서도 경제적으로는 자본주의가 아닌 공산주의와 자본주의의 장점을 결합한 사회민주주의적인 경향을 가졌다고 말 할 수 있다. 1945년 11월 이승만도 방송을 통하여 정치적으로 공산주의를 반대하지만 "공산주의가 경제방면으로 근로대중에게 복리를 줄 것이니 이것을 채용하자는 목적으로 주장하는 인사들이다. 이러한 공산주의에 나는 얼마만큼 찬성

53) Hamlin, *Korea: An American Tragedy*, Information Bulletin I-8, 1946, p.246. 로빈슨은 여기에서 사회민주주의와 민주사회주의를 동일한 것으로 사용하고 있다.

54) 강원용, 『강원용 나의 현대사』 1, 서울: 한길사 2015, 254쪽.

한다."고 말했다.[55] 이것은 당시 한국사회가 정치적으로는 우익이지만 경제적으로는 중간의 길을 선호했다고 말 할 수 있다.

미군정 여론담당자들은 위와 같은 여론조사결과를 좋아했다. 미군정 보고서는 공산주의, 자본주의, 사회주의 가운데 한국인이 원하는 "경제 시스템의 형태"(form of economic system)를 조사했다고 밝히면서 이번 조사의 결과가 "한국이 사회주의로 나가는 좋은 기회"(a good chance that Korea is headed toward socialism)라고 설명하고 있다.[56] 이 설명은 당시 미군정 여론담당의 의도가 무엇인지를 잘 설명해 주고 있다. 여론당국은 1946년 3월 여론조사 결과 서울에서 우익이 우세한 것으로 나타나자 그 여론조사가 우익 편향적이라고 비판하면서, 사회주의적인 경향으로 나타나자 사회주의로 향하는 좋은 기회라고 설명하고 있는 것이다.

당시 미군정이 이승만을 반대하고, 중도 지향적으로 나가려고 한다는 또 다른 증거가 있다. 1946년 7월 18일 이승만의 측근인 올리버는 미군정 여론국 책임자인 그린 소령과 술자리를 같이 했는데, 그린은 술에 취해서 하지 말아야 할 말을 했다. 그린은 올리버에게 미군정은 정기적으로 한국 지도자들에 대한 여론조사를 하는데, 70%의 한국인이 이승만을 지지한다는 것이다. 하지만 이런 결과는 미군정의 뜻과 배치되기 때문에 그린은 러치 장군의 명에 따라서 이 박사의 지지율이 과반수가 되지 않도록 한다는 것이다.[57] 올리버의 주장이 약간 과장되었다고 할지라도 이것은 당시 미군정의 방향을 잘 보여 주는 것이라고 말 할 수 있다.

---

55) 『자유신문』, 1945년 11월 23일자.
56) 『미군정 정보일지 부록』, 1990, 197쪽.
57) 로버트 올리버, 『이승만의 대미 투쟁』 상권, 서울: 비봉출판사, 2013, 90쪽.

그러면 실제적으로 이 여론조사의 경제부분은 어떤 결과가 나왔는가? 일본인 소유의 토지에 대해서 정부가 소유한다가 36%, 소작인들에게 매매가 30%, 소작인들에게 무상분배가 31%로 나타나고 있으며, 한국인들의 대지주의 토지에 대해서는 현재의 소유권을 인정한다는 것이 18%, 토지의 상한선을 정하고, 그 잉여 토지를 정부가 매수한다가 48%, 몰수가 36%로 매수가 몰수보다 상당히 앞섰다. 이것은 당시 한국인들이 무상몰수보다 유상매입을 원했다는 것을 의미한다.

하지만 미군정은 이 점을 좀 더 신중하게 조사했다. 미군정 공보부는 7월의 여론조사의 결과가 경제적인 측면에서 사회주의를 선호하는 것으로 나온 다음에 세 차례(8월 4일, 11일, 24일)에 걸쳐서 경제문제를 중심으로 사회주의적인 성향으로의 흐름을 조사하였다. 다음 〈표 4〉는 그 조사결과이다.

〈표 4〉 1946년 8월 중 미군정 여론조사과에서 실시한 사회주의적 경제관련 조사 (미군정 정보일지 부록, 1990, 203~206쪽)

질문	4일	11일	24일	질문	4일	11일	24일
일본인의 땅은 정부소유여야 한다.	35%	29%	34%	일본인의 땅은 소작농에게 팔아야 한다.	32%	34%	37%
한국인대지주의 땅은 정부소유여야 한다.	32%	25%	27%	한국인 대지주의 땅은 소작농에게 팔아야 한다.	43%	50%	49%
대기업은 정부소유여야 한다.	64%	61%	52%	대기업의 정부소유는 없어야 한다.	6%	6%	8%
농지는 정부소유여야 한다.	29%	24%	21%	농지의 정부소유는 반대다.	52%	58%	59%
기존 노조운동에 만족함.	13%	12%	16%	기존 노조운동에 불만족함.	44%	53%	42%

이 조사에 따르면 일본인의 토지에 대해서는 정부소유여야 한다는 것과 소작농에게 팔아야 한다는 것이 비슷하다. 당시 일본인 땅이 신한공사에 속한 정부 소유였다는 것을 전제한다면 이 땅을 소작농에게 팔아야 한다는 주장이 37%에 이른다는 것은 상당히 높은 것이라고 말할 수 있다. 한국인 대지주의 땅에 대해서 소작농에게 팔아야 한다는 주장이 정부소유보다 거의 배 이상 된다는 것은 한국인 대부분이 토지의 국가소유와 무상분배 보다는 토지의 사적 소유와 유상판매를 지지한다고 말 할 수 있다. 주로 일본인 기업이었던 대기업이 정부소유여야 한다는 것은 대다수의 의견으로 받아들여지고 있다. 농지의 정부소유에 대해서는 대다수가 반대하는 것으로 나타나고 있다. 노조운동에 대해서도 불만이 압도적으로 많았다.

미군정은 이 같은 조사로 보아서 한국사회에 사회주의적인 성향에 대해서 "정당화하지도, 무효화하지도 않고 있다"고 분석하고 있다.[58] 다시 말하면 사회주의적인 성향이 어느 정도 있지만 그렇게 강하다고 말 할 수 없다는 것이다. 한국사회에 사회주의적인 성향이 있지만 농지의 경우 국유화보다는 사적 소유를 선호하고, 지나친 노동운동에 대해서도 부정적이다. 다만 당시 기업의 대부분이 일본인의 것이기 때문에 기업의 경우 국유화를 주장한다고 말 할 수 있다.

3. 1946년 전체 여론조사에 대한 종합적 분석

2장에서는 해방정국 특히 1946년 3월에서 8월 사이에 진행된 미군정의 비정기 여론조사를 중심으로 당시의 한국인의 정치적인 성향을 살

58) 『미군정 정보일지 부록』, 1990, 205쪽.

펴보았다. 이것을 바탕으로 해방정국의 여론조사와 관련된 몇 가지 이슈에 대해서 설명하려고 한다.

첫째, 해방 공간의 여론조사는 정치적으로 어떤 성향을 가졌는가 하는 점이다. 전상인(1997)과 송재경(2014)은 해방 후 미군정은 우익지향적이었고, 따라서 여론조사에서 나타나는 우익우세의 현상은 바로 이 같은 미군정의 우익편향 때문이라고 주장한다. 하지만 이 주장은 본 연구에 의하면 사실과는 다르다고 판단된다. 사실 미군정이 공산주의에 대해서 반대하는 것은 사실이지만 그렇다고 해서 남한에 이승만과 같은 소위 "극우세력"을 지지하지는 않았다. 미국무성은 이미 미군정에 이승만이나 김구 외에 다른 대안을 찾으라는 명령을 내렸고, 미군정 내에서도 이승만이나 김구를 싫어하는 사람들이 많았다. 특히 여론조사 실무를 담당했던 로빈슨과 같은 사람이 그 대표적인 예이다. 따라서 미군정이 우익에게 유리한 여론조사를 진행시켰다는 주장은 사실과 다르다고 말할 수 있다.

1946년 봄에 진행된 여론조사의 항목을 보면 오히려 여론조사과장인 로빈슨의 주장이 상당하게 반영된 것을 볼 수 있다. 로빈슨은 자신이 1946년 3월 본격적인 여론조사가 진행되던 바로 그 시점에서 미군정 당국에 건의한 내용을 보면 공산주의와 민주주의를 대립되는 개념으로 사용하지 말아야 하며, 오히려 이념을 묻기 보다는 그 내용에 대해서 물어야 한다고 주장했다.[59] 따라서 이 당시 진행된 여론조사의 내용에 보면 공산주의와 민주주의의 대립보다는 오히려 상호 협력에 강조를 둔 항목을 개발했다고 말 할 수 있다. 이것은 당시 미군정이 소련과의 타협을 통해서 한반도의 문제를 해결하려는 좌우합작 정책과 일치하고 있다.

---

59) 『미군정기 정보자료집』, 1995, 408~410쪽.

하지만 그럼에도 불구하고 미군정은 여론의 객관성을 담보하기 위해서 노력하고 있다는 것을 알 수 있다. 3월 말 조사에서 우익이 지배적인 현상이 나올 때 이것의 사실을 확인하기 위해서 다시 같은 조사를 실시하거나, 3월 초 시행된 토지개혁에 대한 조사가 서울사람들 중심으로 시행되었다는 비판에 대해서 5월 20일 실시된 조사에서는 서울과 지방을 구분하여 조사한 것, 그리고 7월의 조사에서 지나치게 경제문제에 있어서 사회주의, 혹은 중간파적인 입장이 많이 나왔을 때 이것을 확인하기 위해서 몇 차례의 조사를 실시한 것이 그 증거이다.

둘째, 해방정국에서 한국인의 정치성향은 무엇인가 하는 점이다. 해방 정국의 한국인들의 정치성향을 파악하는 방법은 그들이 지지하는 인물, 지도자 선출방법, 정당 · 단체, 정부형태, 미소관계, 단독정부, 서울의 동향 등을 살펴보는 것이다. 이런 것들을 종합적으로 판단할 때 필자는 해방정국의 정치성향은 분명히 우익이라고 말 할 수 있다.

사실 해방공간의 정치성향의 핵심적인 요소는 어떤 정치지도자를 지지하는가 하는 점이다. 1946년 3월 말에 실시된 조사에 의하면 우익인사에 대한 지지가 70%, 좌익인사에 대한 지지가 30%에 이른다. 그 중에 이승만에 대한 지지가 30%로 가장 많다. 강원도의 경우 대중 인지도에 있어서 이승만이 70%인데 비해서 여운형은 30%로 나타나고 있다. 당시 지지인물에 대한 조사는 압도적으로 우익인사가 많다.

해방공간의 핵심적인 논쟁점 가운데 하나는 어떤 방법을 통해서 정부의 지도자(대통령)를 선출할 것인가 하는 점이다. 그런데 4월 20일의 여론조사는 새로 선출되는 지도자는 보통선거를 통해서 이루어져야 한다고 주장하는 사람이 83%에 이르고 있다. 당시 한국인들이 생각하는 민주주의는 국민의 손으로 대통령을 뽑는 제도라고 생각했다. 이승만은 자신의 높은 지지를 근거로 해서 항상 보통선거를 통한 대통령 선출을 주장해 왔다.

다음으로 3월 말의 정당이나 단체에 대한 지지도를 살펴보면 국민의 복지에 "덜 관심 갖고 있는 정당"으로는 좌익정당이 66%, 우익이 34%로 위에서 언급한 인물지지와 비슷하다. 이와 같은 현상은 우익 연합단체인 민주의원에 대한 지지도와 좌익연합단체인 민주주의민족전선에 대한 지지도에서도 확인된다. 전자가 51.5%인데 비해서 후자가 27%이며, 모른다가 22%였다. 당시 민주의원이 제대로 활동하지도 못함에도 불구하고 이런 지지를 받은 것은 당시 한국인들의 우익성향을 말해 주는 것이다.

정부의 형태를 살펴볼 때, 5월 20일에 실시한 조사에 의하면 소련식을 지지하는 사람이 11%, 미국식이 37%, 혼합이 34%로 나타나고 있다. 미국식을 지지하지만 일방적인 미국식이 아니고, 어느 정도의 혼합을 지지하는 것이다. 7월에 전국적으로 실시된 조사는 한국인이 원하는 정부형태는 개인이나 특정 계급이 지배하는 제도보다는 모든 국민이 참여하는 대의제도가 85%로 압도적으로 나타나고 있다. 이것은 한국인들의 정치성향이 다소 부족하지만 서구식 민주주의를 선호한다는 것을 알 수 있다. 미군정 여론조사과가 이 두 설문을 같은 정부형태로 파악하고 있다는 것은 주목할 만하다.

사실 해방정국에서 정치성향을 살펴보는 또 다른 지표는 미소에 대한 선호도이다. 4월 12일의 조사에 의하면 대부분의 남한 사람들은 남한에서 북한식의 토지개혁이 이루어지는 것을 반대하고 있었고, 진정으로 한반도에 신탁통치를 실시하려고 하는 것은 소련이라고 보았고, 소련이 미소공위에 이승만과 김구와 같은 우익인사를 배제하려는 것에 대해서 반대했다. 또한 압도적인 다수가 북한에서 사는 것이 싫다고 대답하였다. 이것은 당시 남한 주민의 대다수가 소련과 소련이 북한에서 실시하는 정책에 대해서 부정적으로 보는 것이다.

이 같은 공산주의에 대한 혐오는 상당수의 한국인들로 하여금 남한에 단독정부를 세우는 것을 찬성하도록 했다. 미소공위가 실패한 직후 실시된 여론조사에 의하면 54%가 이제 해야 할 일은 남한에 단독정부를 세우는 일이라고 생각하였다. 이것은 1946년 봄에 단정설을 매우 널리 퍼져 있었다는 것을 입증한다. 다시 말하면 많은 사람들이 한국 상황을 현실적으로 판단하기 시작했다는 것을 보여준다.

특별히 주목할 것은 각종조사에서 서울이 지방에 비해서 우익의 성향이 강하다는 점이다. 미군정의 여론조사는 대부분 서울에서 실시되었는데, 위에서 나타난 우익지향적인 경향은 서울시민을 대상으로 조사한 것이다. 그래서 미군정은 서울을 "우익 강세의 중심"라고 평가하고 있는 것이다. 반탁경향도 서울이 더욱 강했다. 그러나 흥미있는 것은 북한식 토지개혁에 대해서는 도시보다 시골에서 더욱 반대가 많았는데, 그 이유는 아마도 많은 농민들은 토지를 무상으로 얻는 것 보다는 일정한 대가를 지불하고 얻는 것을 정당하다고 생각했던 것 같다.

셋째, 해방정국에서 한국인들의 경제적인 성향은 어떠한가 하는 점이다. 해방정국의 경제문제는 매우 중요하다. 왜냐하면 당시 일제는 모든 경제구조를 장악하고 있었고, 좌익은 당시 한국인들에게 경제적인 혁명을 약속하고 있기 때문이다. 당시 절대다수가 가난한 농민이었던 상황에서 이런 좌익의 약속은 매우 매력적인 것이었다. 이런 상황에서 남한 사람들은 어떤 경제적인 성향을 가졌을까?

먼저 대부분의 남한 사람들은 경제적인 개혁이 이루어져야 한다고 생각했다. 1946년 8월에 세 차례에 걸쳐서 조사한 바에 의하면 남한사람들은 일본인의 땅의 경우 정부소유와 소작농판매가 비슷하고, 한국인 대지주의 땅의 경우 소작농에게 판매가 우세하며, 일본 기업의 경우 국유화를 지지하고 있다. 또한 농지의 경우 대부분이 국유화를 반대하고 있으며, 지나친 노조운동에 대해서도 부정적이다. 분배방식에 있어서는 유상분배와 무상분배 사이에 한국인 대지주의 경우는 유상분배가, 일본인 땅의 경우에는 양쪽이 비슷하다. 따라서 당시 한국인들의 경제적인 성향은 자본주의적인 체재를 선호하지만 사회주의적인 성향을 가미하고 있는 것이다. 따라서 미군정 보고서는 "사회주의 성향을 정당화하지도, 무효화하지도 않는다"고 설명했다.

당시 미군정의 가장 큰 문제는 당시 북한에서 진행되고 있는 토지개혁에 대해서 어떻게 반응해야 하는가 하는 점이다. 그러나 이들이 여론조사가 일관되게 보여주는 것은 이와 같은 경제 개혁은 앞으로 새로운 정부가 구성되면 진행되어야 한다는 것이다. 이것은 현재 북한에서 토지개혁이 이루어지고 있기 때문에 남한에서도 같은 방식으로 개혁되어야 한다는 북한의 주장에 대해서 강력하게 반대하는 것이다. 다시 말하면 개혁은 하되, 북한식이 아닌 좀 더 온건한 방법으로 하자는 것이다.

이 같은 남한 사람들의 반응이 잘 드러난 것인 1946년 7월 여론조사이다. 이 설문은 당신은 무엇을 좋아하는가라는 질문에 자본주의가 13%, 사회주의가 70%, 공산주의가 10%, 모른다가 7%로 나타나 있다. 여기에서 사회주의가 70%라는 것은 소위 공산주의에서 말하는 프로렐타리아 혁명이전 단계의 사회주의를 말하는 것이 아니라 공산주의의 국유화나 통제정책도 반대하고, 자본주의의 지나친 개인의 소유권 옹호와 시장경제도 비판하는 경제적인 측면의 온건한 사회주의, 사회민주주의를 말하는 것이다. 따라서 여기에서 말하는 사회주의를 공산주의와 유사한 개념으로 이해해서 해석하거나, 좌우 정치 이념의 중간으로 해석하기 보다는 유럽식의 사회민주주의적인 개념으로 이해하는 것이 합당하다고 생각된다.

4. 맺는 말

지금까지 한국사회에서는 해방공간에서 좌익 내지, 중간파가 우세했다는 주장과 1948년 압도적인 지지로 서구식 민주주의 정부가 탄생했다는 역사적인 현실 사이에서 혼란을 빚어왔다. 하지만 필자는 이 같은 혼란은 해방정국에서 한국인들이 가지고 있는 이중성 때문에 생긴 것이라고 생각한다. 본 논문에서 밝힌 것처럼 해방 후 한국인들은 정치적인 성향과 경제적인 성향은 상이하게 가지고 있었다.

해방 이후 대다수 한국인들은 정치적으로는 우파 지도자, 우파 정당 및 단체, 그리고 서구식의 대의민주주의를 지지했다. 특별히 우익인사들에 대한 지지는 약 70%에 이르렀고, 이것은 해방 공간 3년 동안 거의 동일하였다. 이것은 해방 정국에서 좌익이 우세했다는 주장이 사실과 다르다는 것을 입증해 준다고 볼 수 있다. 하지만 경제적으로는 공산주의의 국가통제나 국유화정책도, 자본주의의 시장경제나 사적 소유권의 절대적인 보장도 반대하고 오히려 양자가 결합된 구조를 갖기를 원했다. 이것은 이승만의 경우도 마찬가지였다. 그는 정치적으로는 공산주의를 반대하지만 경제적으로는 어느 정도 공산주의를 수용할 수 있다고 주장했다.

이 같은 해방정국의 정치적인 성향을 종합해 볼 때 해방정국에서 한국인들의 정치성향은 우익이었으며, 이것은 배타적인 자본주의 체제가 아니라 경제정책의 측면에서 공산주의와 자본주의를 일정 부분 타협하는 사회민주주의적인 경향을 포함하는 것이라고 말 할 수 있다. 다시 말하면 해방정국의 한국인들은 우익적인 성향이 강했음에도 불구하고, 경제적인 측면에서 상당한 융통성을 발휘하는 온건한 입장을 견지하고 있었다는 것이다.

앞으로 남은 과제는 첫째, 과연 이 같은 한국인의 사회의식이 1948년 제헌헌법에 얼마나 깊게 반영되었는가 하는 점이다. 많은 학자들은 1948년 제헌헌법은 정치적으로는 서구민주주의를 수용하면서도 경제적으로는 상당한 부분 경제민주화를 추구하고 있다고 보고 있다.[60] 만일 그렇다면 1948년 제헌 헌법은 당시 한국인들의 사회의식을 상당히 반영하고 있다고 볼 수 있다.

둘째, 해방 직후 남한사회가 왜 우익지향적인 사회가 되었으며, 그럼에도 불구하고 현재 왜 한국사회는 해방정국을 좌익지향적인 사회라고 인식하고 있는가에 대한 보다 심층적인 연구가 필요하다. 해방직후 한반도는 이데올로기 전쟁에서 사람들은 미소의 현격한 차이를 보았고, 이것이 바로 우익의 우세로 이어졌다고 본다. 하지만 80년대 이후에 일어난 진보적인 역사이해는 우익의 자료에 대해서는 비판적으로 보며, 좌익의 자료들은 무비판적으로 수용했기 때문이라고 본다.

60) 여기에 대한 가장 최근의 논의를 위해서는 최선, "5 · 10 총선과 대한민국 헌법의 경제조항," 한국정치외교사학회 특별학술대회, 서울, 5월.

〈참고문헌〉

1. 자료집

신복룡 편, 『한국분단사 자료집』 VI, 서울: 원주문화사, 1991.

한림대학교 아시아문화연구소, 『주한 미군주간정보요약』 I, 한림대학교 출판부, 1990.

한림대학교 아시아문화연구소, 『주한 미군정보일지』 II, 한림대학교 출판부, 1990.

한림대학교 아시아문화연구소, 1990, 『미군정 정보일지 부록』, 춘천: 한림대학교 출판부.

한림대학교 아사이문화연구소, 1995, 『미군정기 정보자료집』 2, 춘천: 한림대학교출판부.

Department of States. 1945. Foreign Relations of the United States. Vol. VI.

Department of States. 1948. Foreign Relations of the United States. Vol. VI.

2. 신문 및 잡지

『동아일보』, 『서울신문』, 『자유신문』, 『해방일보』, The Korean Open Letter.

3. 저서 및 논문

강만길, 『고쳐 쓴 한국 현대사』, 서울: 창작과 비평사, 1994.

강원용, 『강원용, 나의 현대사』 1, 서울: 한길사, 2015.

국사편찬위원회, 『大韓民國史資料集』 28, 서울: 국사편찬위원회, 1996.

김보미, 「미군정기 정치적 의사소통 구조와 여론조사」, 『사회와 역사』 103권, 2014.

김재웅, 「북한의 38선 월경 통제와 월남 월북의 양상」, 『한국민족운동사연구』 87권, 2016.

박명수, 「제2의 반탁운동: 1947년 초 국내 정치세력 동향」, 『숭실사학』 39집, 2017.

송건호 외, 『해방 전후사의 인식』 1, 서울: 한길사, 2014.

송남헌, 『한국현대정치사』 1, 서울: 성문각, 1980.

송재경, 「미군정 여론조사로 본 한국의 정치・사회 동향 (1945~1947)」, 『한국사론』 60권, 2014.

올리버. 로버트 T, 『이승만의 대미 투쟁』 상권, 서울: 비봉출판사, 2013.

윤덕영, 「1946년 전반 한국민주당의 재편과 우익정당의 통합운동」, 『사학연구』

121권, 2016.
암스트롱, 찰스, 『북조선의 탄생』, 서울: 서해문집, 2006.
이성근, 「해방직후 미군정치하의 여론조사에 관한 분석」, 『국제정치논총』 25권, 1985.
전상인, 「1946년경 남한 주민의 사회의식」, 『사회와 역사』 52권, 1997.
정용욱, 『미군정 자료연구』, 서울: 선인, 2003.
______, 「미군정의 중도정책과 군정 내 추진기반」, 『동양학』 25권, 1995.
최 선, "5 · 10 총선과 대한민국 헌법의 경제조항," 한국정치외교사학회 특별학술대회, 서울, 2018년 5월.
Hamlin[Robinson], "Korea: An American Tragedy," Information Bulletin. I-8, 1946.
Hamlin, Will, "Korea: An American Tragedy," Nation: 1947.
McCune, George M, Korea Today, Harvard University Press, 1950.

제2의 반탁운동과 1947년 초 국내 정치세력 동향

박명수

그러나 결국에는 두 가지 사실에 의해서 이박사의 생각이 정확했다는 것이 증명되었다. 그 첫째는, 그가 한국 국민 절대 다수의 지지를 받고 있다는 단순한 사실이었고, 두 번째는 더 추상적이고, 약간 알기도 어렵지만 소련과의 "타협을 통한 평화"란 실현 불가능하다는 것이 점차 넓게 인식되어 가고 있다는 것이다.(로버트 T. 올리버)[1)]

1. 시작하는 말

해방정국에서 가장 중요한 논쟁점 가운데 하나가 바로 신탁통치 문제이다. 태평양전쟁의 주역인 미국이 해방 이후 한반도를 신탁통치 아래 놓기를 원했고, 여기에 영국, 중국, 소련이 합의했다. 이 신탁통치

---

1) 로버트 올리버, 『이승만의 대미 투쟁』 상권, 서울: 비봉출판사, 2013, 110쪽.

는 1945년 12월 소위 모스크바 3상회의에서 보다 구체화되었다. 하지만 해방 직후 한국인들은 이것을 받아들일 수 없었다. 한국인들은 해방은 독립이라고 생각했는데, 신탁통치는 이것을 부정해 버리는 것이다. 따라서 한국인들은 강력한 신탁통치 반대를 외칠 수밖에 없었다. 해방 정국의 한반도에는 신탁통치를 주장하는 연합국과 이것에 반대하는 한국 민족주의자들 사이의 격렬한 논쟁이 벌어졌다.

지금까지 많은 학자들은 1945년 말부터 1946년 초에 이루어진 반탁운동을 중요하게 다루고 있다.[2] 이 반탁운동은 해방 후 한국사회의 중요한 분기점이 되었다. 이 반탁운동으로 인해서 우익의 반소, 반공 전선이 분명하게 형성되었고, 신탁통치를 주장하는 좌익은 친소, 반민족주의자로 공격받게 되었다. 반탁운동은 해방 정국 내내 중요한 문제였다. 그러나 반탁운동이 발생한지 1년 후에 일어난 1947년 1월의 제2의 반탁운동은 학자들의 충분한 조명을 받지 못했다.

1947년 제 2의 반탁운동은 해방 3년의 중간기에 해당된다. 1946년 5월, 제 1차 미소공동위원회가 실패한 후에 미군정은 좌우합작을 통하여 중간파를 육성하고, 이를 근거로 과도입법위원을 만들어서 미소공위를 재개하여 한반도에 임시정부를 세우려고 했다. 특별히 1947년 3월 모스크바에서 제 2차 삼상회의가 열릴 예정이었고, 그 전에 미소공위를 재개해야 했다. 그래서 하지(John R. Hodge)는 1946년 초 미소공위의 재개를 시도했다. 하지만 이런 시도는 우익의 엄청난 반탁운동에

2) 여기에 대한 대표적인 저술로는 다음과 같은 책들이 있다. 전통적인 입장에서는 송남헌, 『한국현대정치사 1』, 서울: 성문각, 1980; 진보적인 입장에서는 브루스 커밍스, 김자동 역 『한국전쟁의 기원』, 서울: 일월서각, 1986와 서중석, 『한국 현대 민족운동연구』, 서울: 역사비평사, 1996 등이 있고, 보수적인 입장에서는 양동안, 『대한민국 건국사』, 서울: 이승만기념사업회 출판부, 1998 등이 있다.

직면했고, 결국 좌우합작 노력은 실패하고 말았다. 미군정의 중간파 양성 계획과 지원에도 불구하고 결국 이런 시도가 실패로 돌아갔고, 이승만 · 김구를 중심으로 하는 우익이 건재함을 과시했다.

1946년 12월 초, 이승만은 신탁통치를 반대하고 과도정부[3]를 세우기 위해서 미국으로 갔고, 같은 달 12일에는 소위 남조선의 민의를 대변하기 위해서 만들어진 남조선과도입법의원이 개원되었다. 또한 1946년 말에는 미소공위 재개를 위해서 하지가 소련군 치스차코프(Ivan Chistiakov)에게 편지를 보냈고, 이것을 근거로 1947년 1월 11일 미소공위 재개를 위한 미소 사령관 사이의 서신이 공개되었다. 이것은 제2의 반탁운동을 일으키는 계기가 되었고, 1월 20일 남조선과도입법의원은 절대다수로 반탁을 결의하였다. 1946년 1월 대대적으로 반탁운동을 벌였던 우익은 1947년 1월 다시금 뭉칠 수 있는 기회를 갖게 되었다. 이것은 해방 공간 중간기의 한국정치에 큰 영향을 미쳤다. 이것을 계기로 미국정부는 하지를 소환하여 한국상황을 다시 듣게 되었고, 좌우합작운동은 큰 타격을 입게 되었다. 결국 미군정의 중간파 지원에도 불구하고, 한국 정치성향은 우익이 주도하게 된 것이다.

지금까지 신탁통치와 미소공위에 대한 많은 연구가 있었지만 위와 같이 해방정국에서 중요한 위치를 차지하는 1947년 초의 반탁운동을 집중적으로 다룬 단독 논문은 없다. 하지만 몇몇 학자들은 해방 정국

---

3) 해방이후에 남한에 독자적으로 세워지는 정부에 대해서 단독정부, 자율정부, 과도정부 등 다양한 용어들이 사용되고 있다. 단독정부는 북한에 세워진 정부에 대립되는 개념으로서 남한지역에 단독으로 세워지는 정부를 말하고, 자율정부는 신탁통치에 반대되는 개념으로서의 자율정부이며, 과도정부는 통일이전, 혹은 완전한 독립정부수립이전의 과도기적인 정부를 말한다. 정용욱, 『해방 전후 미국의 대한정책』, 서울: 서울대학교 출판부, 2003, 315~322쪽. 이승만은 단독정부라는 단어보다는 과도정부라는 용어를 선호했다. 『동아일보』, 1948년 3월 2일자.

의 흐름을 전반적으로 설명하는 저서에서 1947년 초의 반탁운동을 취급하고 있다. 심지연은 당시의 상황을 우익, 좌익, 중간파의 입장으로 나누어서 전반적으로 설명하여 그 개괄적인 모습을 그려주고 있다. 하지만 각 입장의 주장을 충분하게 다루고 있지는 못하고 있다.[4] 도진순은 1947년 초 우익의 반탁운동에 대해서는 어느 정도 서술하고 있으나 여기에 맞서는 좌익의 입장은 언급하고 있지 않다.[5] 정용욱은 1946년 말과 1947년 초 이승만의 방미외교를 실패로 부각시키고, 미군정의 김규식 옹립계획은 자세히 다루는 한편, 우익들의 결진된 행동인 반탁운동에 대해서는 지나가는 관심 밖에 보이지 않고 있다.[6] 정병준의 경우에는 1947년 초 반탁운동을 다루고 있지만 1월 11일 정작 하지의 미·소사령관 서신공개와 1월 20일의 입법의원 반탁결의에 대해서는 전연 언급하고 있지 않고 있다.[7] 특별히 정용욱과 정병준의 경우에는 신탁통치를 둘러싼 좌우 양측의 논란에 대해서 거의 언급하고 있지 않고 있다. 보다 중요한 것은 1947년 반탁운동의 핵심인 5호 성명의 해석문제인데, 대부분의 학자들은 이 문제에도 적절한 관심을 기울이지 않고 있다. 또한 손세일의 제외한 대부분의 저서는 1947년 제 2의 반탁운동에서 이철승의 전국학생총연맹의 활동은 다루지 않고 있다[8]

위의 연구들을 정리하면 다음과 같은 문제들을 갖고 있다. 첫째, 기존의 연구들은 1947년 1월 11일 하지의 미·소사령관 서신공개의 중요성을 거의 다루지 않고 있다. 1946년 봄 제 1차 미소공의회가 결렬된

---

4) 심지연, 『미·소공동위원회 연구』, 서울: 청계연구소, 1989, 45~51쪽.

5) 도진순, 『한국 민족주의와 남북문제: 이승만·김구시대의 정치사』, 서울: 서울대학교 출판부, 1997, 143~148쪽.

6) 정용욱, 『해방 전후 미국의 대한정책』, 315~322쪽.

7) 정병준, 『우남 이승만 연구』, 서울: 역사비평사, 2005, 627~651쪽.

8) 손세일, 『이승만과 김구』 제6권, 서울: 조선 뉴스 프레스, 2015, 725~763쪽.

다음 한반도 정세에 있어서 가장 중요한 관심은 미소공의회가 재개될 수 있는가, 혹은 재개된다면 언제 될 것인가였다. 1월 11일 하지의 서신공개는 미소공의회의 재개 가능성을 증폭시켰고, 이것은 미소공의회의 재개를 통하여 정국을 주도하려는 좌익과 미소공의회를 폐기하고 신탁통치를 종식시키려는 우익과의 격렬한 논쟁을 가져왔다.

둘째, 기존의 연구들은 1947년 1월 20일 입법의원의 반탁결의와 그 의의에 대해서도 충분하게 다루고 있지 않고 있다. 1월 20일의 반탁결의는 미군정에게 큰 충격을 주었다. 미군정은 입법의원을 통해서 미소공위를 재개하려고 하였는데, 소위 민의를 대변한다는 입법의원이 탁치반대를 결의했다는 것은 당시 미군의 정책에 중요한 도전이 되었다.

셋째, 지금까지 연구들은 1947년 신탁논쟁에서 소위 미소공위 5호 성명을 둘러싼 좌우, 그리고 미군정과 우익세력 간의 갈등에 대해서 충분한 고려를 하지 않았다. 미군정은 5호 성명을 통해서 신탁통치에 반대하더라도 5호 성명을 지지하면 미소공위에 가담할 수 있다고 주장했다. 하지만 1947년 미군정은 이런 기존의 입장을 포기하고, 신탁통치에 찬성해야 참여할 수 있다고 입장을 바꾸었다. 우익은 여기에 대해서 표현의 자유를 내세우며 강력하게 반발했다. 이런 상황에서 미군정은 다시금 자신들은 원래의 입장을 고수한다고 밝혔다. 결국 미국은 미소공위를 재개해야 한다는 국무성의 정책과 표현의 자유라는 미국적 가치 사이에서 갈팡질팡한 것이다. 현재의 연구는 이런 점에 대해서 포괄적으로 설명하고 있지 못하다.

지금까지 1947년 초의 반탁운동은 주로 이승만과 김구의 갈등의 배경으로 연구되어 왔다. 하지만 1947년 반탁운동은 신탁통치 문제를 놓고, 좌·우, 그리고 좌·우와 미군정·중간파라는 보다 큰 정치 구도 아래서 살펴보아야 할 것이다. 특별히 좌·우 양측이 신탁통치에 대해서 어떤 태도를 취하고 있는가를 좀 더 심도 있게 살펴봄으로서, 이 문제가 해방정국에서 갖는 민족사적 의미를 찾아야 할 것이다.[9)]

본 연구는 1947년 초, 미소공위 재개를 놓고 한국의 다양한 정치세력들의 반응을 역사적으로 설명하고, 이것을 분석한 것이다. 따라서 본 논문은 당시의 역사적인 상황을 생동감있게 살펴보기 위해서 당시의 신문들을 주로 참고하였다. 여기에서 참고한 신문은 조선일보, 동아일보, 경향신문, 대동신문 등이다. 신문들과 함께 필자는 미군정과 미국외무성의 문서들을 참고하였다. 여기에는 G-2 Periodic Report, G-2 Weekly Summary, Foreign Relations of the United States 등이 있다. 이외에도 필자는 아울러서 당시의 상황을 증언할 수 있는 김준연, 이철승, 올리버의 저서들을 참고하였다.

2. 제1차 미소공동위원회의 결렬과 한국 정치의 흐름

본 논문은 이 문제를 다루기 위해서 모스크바 3상회의에서 1946년 말에 이르기까지의 한국정치 상황을 간략하게 기술하고자 한다. 해방정국에서 한반도의 장래에 관한 가장 중요한 국제적인 회의는 1945년

---

9) 스툭(William Stueck)은 1947년 3월 12일 미국 트루만(Harry S. Truman)의 냉전 선언과 관련해서 1947년의 반탁운동을 다루고 있다. 이미 종전 당시부터 시작된 미소의 대립은 점점 강화되어가고, 미국에서는 소련에 대한 강경노선이 세력을 얻고 있었고, 남한에서의 좌우합작은 실패로 돌아가고 있었다. 당시 반탁운동을 중심으로 하는 한국 우익의 흐름은 바로 이런 미국의 우익의 등장과 맥을 같이 하고 있는 것이다. 따라서 약간의 변화는 있었지만 이승만을 대표로 하는 한국 우익은 전체적으로 미국 정치의 흐름과 같은 맥락을 갖고 있는 것이다.(윌리암 스툭, 『한국전쟁과 미국의 외교정책』, 서은경 역, 서울: 자유기업원, 2003, 61~72쪽.

12월 모스크바에서 미국, 영국, 소련 세 연합국 외상이 모인 모임이다. 소위 모스크바 3상 회의라고 불리는 이 회의에서 몇 가지 중요한 결정을 하였다. 첫째는 조선에 민주적인 독립국가를 세우기 위해 임시정부[10]를 세울 것, 둘째는 이것을 위해서 미 · 소 양군의 사령관으로 구성된 미소공동위원회(이하 미소공위)를 만들 것, 셋째는 미소공위는 정당 및 사회단체와 함께 임시정부를 만드는 것을 구상할 것, 넷째는 이렇게 만들어진 임시정부는 5년간의 신탁통치를 거쳐서 조선의 독립에 이르게 될 것 등이다.

이 결정에 따라서 1946년 3월 제1차 미소공위가 열렸고, 여기에서 가장 중요한 논쟁은 어떤 단체가 임시정부 수립을 위한 논의에 참여하게 될 것인가 하는 점이다. 이 논의의 주도권을 장악하는 단체가 앞으로 한반도의 정국을 주도하게 될 것이기 때문이다. 여기에 대해서 소련은 신탁통치를 받아들이는 정당 및 단체만이 미소공위에 참여하게 될 것이라고 주장하였다. 소련은 이렇게 함으로서 임시정부 구성에서 우익정당을 배제할 수 있기 때문이다. 미국은 이런 주장을 받아들일 수 없었다. 그래서 이런 주장은 민주주의의 가장 중요한 요소인 표현의 자유를 부정하는 것이므로 수용할 수 없다고 반박하였다. 이런 가운데 양측은 모스크바 삼상회의의 결정을 지지하는 정당과 단체를 협의의 대상으로 한다는 5호 성명을 발표하였는데, 여기에는 신탁통치

10) 해방정국에서 임시정부라는 용어는 두 가지로 사용된다. 하나는 김구의 중경 임시정부이며, 또 하나는 모스크바 결정에 나오는 임시정부이다. 김구는 중경의 임시정부가 새로운 국가를 준비하는 정부역할을 해야 한다고 주장하였지만 현실적으로 미소와 다른 정당들은 이것을 수용할 수 없었다. 또한 모스크바 삼상회의는 미소공위와 남북한 정당 및 사회단체가 협의하여 임시정부를 만들어서 새로운 국가를 준비해야 한다고 주장하였지만 이것 역시 협의대상을 정하는 문제에 부딪혀서 결국 폐기되고 말았다.

부분을 명시하지 않았다. 이것은 미군정이 신탁통치 반대 단체들을 포용하기 위해서였다. 하지만 소련은 이런 미군의 입장을 수용하지 않았다. 결국 제1차 미소공위는 실패로 돌아가고 말았다.

제1차 미소공위가 실패로 돌아간 다음에 남한에서는 세 가지 흐름이 있었다. 첫째는 우익이 주도해서 단독 정부를 만들자는 주장이며, 둘째는 신탁통치를 지지하여 남한에서 자신들의 입지를 확보하자는 측, 셋째는 남북의 통일을 위해서 좌우 합작을 주도하는 중간세력을 형성하여 새로운 나라를 만들자는 것이었다. 미군정은 이 세 번째 입장을 지지하였다.[11] 미군은 원래 한반도에 미, 중, 영, 소 네 나라가 공동으로 주도하는 신탁통치를 하려고 했고, 실지로는 미국과 소련이 한반도를 분할 점령하였으므로 미소가 협력하여 한반도를 통치하려고 하였다.

1946년 여름을 지나가면서 미군은 좌우합작위원회를 만들었고, 여기에서 김규식과 여운형은 좌우합작의 조건을 놓고 긴 협상을 벌였다. 미군정은 소련과의 협상을 위해서는 이승만과 김구와 같은 우파를 내세우기 보다는 김규식을 중심으로 여운형을 연결하여 정국을 이끌어 가려고 하였다. 이것은 물론 박헌영과 여운형을 분열시켜서 좌익의 통일전선을 붕괴시키려는 의도도 있었다.[12] 미국은 김규식과 같은 온건 우익을 선호했고, 이들을 키우기 위해서 노력하였다.

미군정은 좌우합작위원회를 지원하면서 동시에 남조선과도입법의원을 만들어서 한국인들에게 입법에 참여할 수 있는 기회를 제공하고,

---

11) 강만길 · 심지연, 『우사 김규식: 항일 독립투쟁과 좌우합작』, 서울: 도서출판 한울, 2000, 188쪽.

12) 정병준, 「1946-1947년 좌우 합작 운동의 전개과정과 성격변화」, 『한국사론』 29권, 1993 참조.

아울러서 한국인들에게 행정권을 이양할 준비를 하게 하였다. 이승만은 이 같은 상황을 잘 이해했다. 그러므로 이승만은 입법의원 선출과정에 적극 참여하여 입법의원을 통해서 정국을 자신의 계획대로 이끌어 가려고 했다. 이승만의 계획대로 1946년 10월 민선의원 45명을 선출하였는데, 대부분 우파에서 선출되었다. 그러므로 하지는 중도파를 중심으로 관선의원 45명을 선출하였다.[13] 이것은 우파를 입법의원에 진출시켜서 정국을 장악하려는 이승만을 좌절하게 만들었다. 결국 이런 우익 세력은 더 이상 미군정을 기대할 수 없기 때문에 새로운 방법을 추구하게 되었고, 이승만은 1946년 12월 초 미국으로 가 외교를 통해서, 김구는 투쟁을 통해서 좌우합작을 붕괴시키고, 자신들의 주장을 관철시키고자 하였다.[14]

미군정의 좌우합작은 공산주의자들을 더욱 초조하게 만들었다. 미군정은 한편으로는 좌우합작을 추진하면서 다른 한편으로는 박헌영을 중심으로 공산당을 제거하려고 하였다. 특별히 정판사 화폐위조사건을 계기로 박헌영을 체포하려고 했고, 이것을 안 박헌영은 월북하였다. 이런 상황 가운데 박헌영은 과격한 방법으로 투쟁 로선을 전환하였고, 이것은 1946년 10월 폭동(좌익에서는 10월 항쟁)으로 나타났다. 그러나 이 10월 폭동은 성공하지 못하였다. 좌익은 그 후 보다 과격한 방법으로 투쟁을 전개하였다.

---

13) 김영미, 「미군정기 남조선과도입법의원의 성립과 활동」, 『한국사론』 32권, 1994 참조.

14) 올리버, 『건국과 나라 수호를 위한 이승만의 대미 투쟁』 상권, 서울: 비봉출판사, 2013, 112~113쪽.

3. 제2차 미소공위 재개 가능성과 좌우익의 반발

미군정은 좌우합작을 통해서 과도입법의원을 만들고, 아울러서 미소공위를 재개하여 신탁통치를 실시하려고 했다. 미국은 한반도를 통일시키기 위해서는 소련과의 협조가 필수이며, 이것을 위해서는 좌우의 극단적인 세력보다는 온건한 중간파를 내세워서 정국을 주도하려고 하였다. 그리고 이들과 함께 미소공위를 재개하려고 하였다. 1947년 1월 미군의 가장 중요한 정책은 미소공위를 재개하는 것이다. 하지만 미소공위가 재개된다고 하는 것은 이승만과 김구에게는 치명적인 타격이 되는 것이다. 따라서 1947년 1월에 한반도에서는 미소공위를 놓고 한 차례의 대 논쟁이 벌어져야 했던 것이다.

1946년 12월 28일 미국에 있던 이승만은 자신의 심복기관인 민족통일총본부에 전보를 보내서 미국의 여론이 자신의 과도정부 수립을 지지하고 있으며, 트루만 대통령도 이런 방향으로 나가고 있고, 일본의 맥아더(Douglas MacArthur)도 자신의 입장과 근본적으로 같다는 내용을 전하면서 한국에서도 여기에 합당한 행동을 할 것을 요청하였다.[15] 중간에서 이 전문을 가로챈 미군정은 이것을 발표하지 못하게 하였고, 대신 프란체스카와 그 측근을 만나서 이 문제의 심각성을 통보하였다. 이승만의 주장은 당시 미소공위를 통해서 통일된 민주정부를 수립하려는 미군정의 입장과는 정 반대되는 입장이었다.

미군정은 이승만이 미국에서 로비활동을 벌이는 것에 대해서 많은 관심을 가졌다. 미군정은 특히 한국인들이 이승만의 로비활동에 대해

---

15) "존 R. 하지 중장이 국무장관에게," 1946년 12월 31일; 미 국무성, 『해방 3년과 미국 I: 미국의 대한정책 1945-1948』, 김국태 역, 서울: 돌베게, 1984, 409~410쪽.

서 어떤 태도를 갖고 있는가를 조사하였다. 1946년 말 서울에서 조사한 내용에 따르면 '이승만의 미국 활동을 아는가?' 라는 질문에 긍정이 93%, 부정이 7%, '이승만의 한반도로부터 미소 양군의 즉각적인 철수 주장'에 대해서는 긍정이 82%, 부정이 18%, '이승만의 미국 활동이 한반도의 독립에 도움이 될 것인가?'라는 질문에는 긍정이 69%, 부정이 15%, 모른다가 16%였다. 이 조사를 통해서 일반적인 한국인들은 이승만의 미국 활동에 대해서 긍정적이라는 사실이 드러났다.[16] 미군정은 이승만을 불신했지만 한국인들은 이승만에게 상당한 신뢰를 보내고 있었다.

1947년 1월을 맞이하면서 미군당국은 한국정세가 매우 어렵다는 것을 인식하였다. 주한미군 정치고문 랭던(William L. Langdon)은 1947년 1월 4일, 국무성에 보낸 보고서에서 1) 1945년 12월 모스크바 결정이 일 년이 지났음에도 아무런 열매가 없고, 2) 미국이 남한에 단독정부를 세운다는 의혹이 재연되고 있고, 3) 과도 입법의원이 실질적인 정부를 지향하는 것이라는 과장된 견해가 나오고, 4) 이승만이 미국에서 남한에 즉각적인 독립정부를 수립해야 한다고 주장하기 때문에 많은 혼란이 생기고 있다고 주장하면서 이것을 불식시키기 위해서 하지는 1월 4일 성명을 발표하였는데, 그 핵심은 미국은 카이로 선언과 모스크바 결정을 준수한다는 약속과 함께 "민주적인 통일정부"를 세울 것을 지향한다는 것과 아울러서 어떤 인물이 미국은 남조선 단독정부를 세우려고 한다고 선전하고, 입법의원이 바로 그 전초기관이라고 주장하는데 이것은 다 억측이라는 것이다.[17] 이것은 현재 남한에서 일어나

---

16) G-2 Weekly Summary #69, 9 January 1947. 이 조사는 대외적으로 발표되지 않았다.

17) "The Political Adviser in Korea (Langdon) to the Secretary of State," January [4?],

고 있는 반탁운동과 단독정부 노력을 막고 미소공위를 재개하려는 것이다. 그리고 이것을 위한 명분은 한반도에 통일정부를 세우기 위한 것이라는 것이다.

1946년 12월 28일은 모스크바 삼상회의가 한반도에 신탁통치를 발표한 다음 1주년이 된 날이다. 일 년 전 한국사회는 이 문제를 가지고 엄청난 소요를 겪었다. 김구를 중심으로 우익이 주도한 반탁운동은 미군정과 심각한 마찰을 일으켰고, 하지와 김구가 일촉즉발의 상황까지 전개되었다. 이런 엄청난 사건을 경험한 미군정은 일 년 후 모스크바 결정의 일주년이 되는 날, 같은 상황이 재개될 것인가를 놓고 예의 주시하고 있었다. 1946년 11월 새롭게 만들어진 남로당은 12월 29일 약 5천명이 모인 가운데서 모스크바 결정 1주년 기념식을 가졌는데, 여기에서는 신탁통치에 관하여는 간단히 언급하고, 오히려 미군정에 의한 박헌영 탄압에 대해서 집중했다.[18] 실질적으로 반탁운동의 중심이었던 우익도 별다른 움직임이 없었다. 미군정은 여기에 대해서 상당히 안도하였다. 하지만 이것은 잠시 동안의 일이었다.

1947년 1월 초 한반도에는 좌우가 다같이 격렬한 투쟁을 예고하고 있었다. 새롭게 조직된 남로당은 인천과 광주를 중심으로 한 각 지역 조직을 강화시키면서 모스크바 결정을 지지하였다. 미군정이 입수한 삐라에 의하면 남로당은 모스크바 삼상회의를 적극적으로 지지하는 것이 민주정부를 세우는 길이며, 이것만이 모든 문제를 해결하는 길이라고 선전하고 있다. 우익도 본격적인 반탁 운동을 전개하려고 하고 있었다. 10월 폭동이 일어났던 대구에서는 26개의 초청된 단체 가운데서 13개가 참석한 가운데서 1월 10일 포스터와 삐라 살포, 11일 반탁

1947: *FRUS*, 1947, Vol. VI: pp.596~597; 『조선일보』, 1947년 1월 4일자.

18) G-2 Weekly Summary #68, 3 January 1947.

라디오 방송과 모든 대구시내의 극장에서 반탁 강연, 12일 대구 역 및 시청 앞에서 반탁 강연 등을 예고하고 있었다.[19]

이런 상황 가운데서 1947년 1월 11일 하지는 미소공위의 재개를 위하여 미소 양측 간에 왕래한 서신을 공개하였다. 그 내용에 의하면 1946년 11월 26일 소련측은 미소공위 협의회 참여 대상에 대해서 다음과 같은 서신을 보내왔다.[20]

> 1. 공동위원회는 한국에 대한 모스크바결정을 완전히 지지하는 민주적 정당 · 사회단체들과 협의해야 한다.
> 2. 협의에 초청된 정당 · 사회단체들은 모스크바 결정에 적극적으로 반대한 대표들을 지명해서는 안 된다.
> 3. 공동위원회의 협의에 초청된 정당 · 사회 단체는 모스크바 결정과 공동위원회 활동에 <u>반대하거나 혹은 다른 사람이 반대하도록 선동해서는 한 된다</u>. 만약 그러한 행위를 할 경우 양 대표의 상호 합의에 따라서 그 정당과 사회단체는 향후 공동위원회와의 협의에서 배재될 것이다. (밑줄은 필자의 강조)

여기에 따르면 소련측은 임시정부의 수립을 위한 협의회에 참여 조건을 1) 모스크바 삼상회의의 내용을 신탁통치 조항을 포함해서 "완전히" 지지할 것, 2) 과거 모스크바의 결정을 "적극적으로" 반대한 대표를 수용하지 말 것, 3) 앞으로도 모스크바 삼상회의의 내용을 반대하거나 선동하지 말 것을 제시하였다. 이것은 과거 5호 성명의 불확실한 부분을 명확히 하면서 반탁운동가들 미소공위에서 배재하려고 하는 것이다.

---

19) G-2 Periodic Report #427, 11 January 1947.

20) 신복룡 · 김원덕 편역, 『한반도분단보고서』 하, 서울: 풀빛, 1992, 219쪽. 여기에는 US Delegation, Report of US-USSR Joint Commission, 20 August 1947이 번역 게재되어 있다. 참고: 『동아일보』, 1947년 1월 12일자.

여기에 대해서 미국 측은 12월 24일 회답에서 다음과 같은 회신을 보냈다.[21)]

1. 귀하의 첫 번째 제안은 다음과 같은 의미로 해석된다. 공동성명 제 5호에 실린 선언문에 서명한다는 것은 모스크바 협정을 전폭적으로 지지한다는 선의의 선언으로 받아들여지며, 서명한 정당·사회단체로 하여금 우선적인 협의대상이 되도록 한다.
2. 두 번째 제안에 대하여: 모스크바 결정의 이행에 관하여 공동위원회에서 가장 훌륭하게 의사를 표현할 수 있다고 믿어지는 대표자들을 지명하는 일은 서명한 정당·사회단체의 권한이라고 나는 생각한다. 그러나 만약 그 대표자가 모스크바 결정이나 연합국의 결정을 이행하는데 적대적이었다고 믿을 만한 충분한 이유가 있을 경우, 공동위원회는 상호합의를 거쳐서 대표자의 교체를 그 정당에게 요구할 수 있다.
3. 세 번째 안에 대하여는 다음과 같이 문장을 바꿀 것을 제안했다. 〈공동위원회의 협의를 위해 초청된 개인이나 정당·사회단체는 공동성명 제 5호에 실린 선언서에 서명한 후에 공동위원회나 미·소 연합국의 활동과 모스크바 결정의 이행에 대한 적극적인 반대를 선동해서는 안되며 (만일 그러한 행동을 할 경우) 그들은 향후의 공동위원회의 협의에서 배재될 것이다. 그러한 개인이나 단체를 배재하는 결정은 공동위원회의 합의로 이루어진다.〉

미군 측의 의견은 1) 모스크바 결정을 지지한다는 공동위원회 성명 5호에 서명한 단체는 참여할 수 있으며, 2) 각 정당은 자신의 정당을 잘 대표할 수 있는 대표를 파견할 권리가 있고, 3) 5호에 서명한 대표는 앞으로 모스크바 결정에 반대할 수 없다는 내용을 수정해서 제안하였다.[22)] 미국 측의 입장은 소련측의 입장을 부분적으로 수정하여 받아

21) 신복룡·김원덕 역, 『한반도분단보고서』 하, 219~220쪽.

들인 것이다. 미국 측은 소련 측과 미소공위에 참여하는 자는 앞으로 반탁을 해서는 안된다는 점에 동의하고 있는 것이다. 만일 이 같은 상황이 지속된다면 새로 세워지는 임시정부는 중간파와 좌파가 장악하게 되는 것이고, 여기에서 우파는 배제되는 것이다.

1월 11일 하지가 미소간의 미소공위 재개를 위한 서신을 공개한 다음 미국무성에서도 여기에 대해서 성명을 발표하였다. 미 국무성 조선문제 담당국장인 윌리암스는 현재 조선에는 해결하기 어려운 수많은 난제들이 산적해 있고, 이런 문제들을 해결하기 위해서는 미소간의 대화를 통해서 신탁통치를 이행하는 것뿐이라고 주장하였다. 특별히 여기에서 윌리암스는 "미소공동위원회의 재개에 대한 조선인의 긴급요청을 받고 있는데, 이 추세가 충분히 진전되면 미소공동위원회의 재개와 동시에 양국의 대 조선성명을 성립시킬 근본적 토대는 구성될 것이다. 그리고 과거에 있어서는 왕왕 탁치 조항에 맹렬히 반대하여 왔으나 최근에 이르러서는 이 조항이 좀 더 잘 이해되었다고 볼 수 있다."고 말하여 한국인들이 탁치를 지지하는 것처럼 발표하였다.[23)]

신탁문제가 한국사회의 쟁점이 되면서 초미의 관심은 이 문제에 대해서 한국인들이 어떻게 생각하는가 하는 점이다. 특히 미국은 여론을 중요하게 생각하는 사회이기 때문에 신탁문제에 대한 한국인들의 여론은 미국의 정책에 중요하다. 이런 상황에서 미국무성의 조선담당국장 윌리암스는 "조선민중은 신탁을 찬성한다"고 말하였다. 하지만 이것은 분명한 왜곡이다. 당시 남한에서는 날마다 반탁데모가 열리고 있었다. 여기에 대해서 민주의원은 "신탁을 조선에 뒤집어 씌우려는 국제모략이"라고 지적하고, 미국의 트루만 대통령, 마샬 국무장관에게 각각 신

22) 『동아일보』, 1947년 1월 12일자.
23) 『조선일보』, 1947년 1월 14일자.

탁 반대 입장을 전달하였다.[24] 민주의원은 1946년 2월 우익의 연합체이자 미군정의 자문기관으로서 출발했지만 하지는 1946년 12월 입법의원이 출발하면서 민주의원을 폐지시키고자 했다. 그러나 입법의원은 민주의원의 자문기관으로서의 기능은 폐기시키고, 시민단체로서 그 기능만 담당하도록 하였다. 민주의원의 의장은 이승만이었고, 총리는 김구였다. 민주의원은 하지의 정책에 대해서 강력한 제동을 걸었다.[25]

신탁통치 문제의 등장은 지금까지 미소공위를 반대하고, 독립정부를 세우려는 계획을 갖고 있던 우익세력에게는 결정적인 타격이었다. 이승만과 김구의 우익세력은 미소공위가 재개되면 이미 신탁통치를 지지하는 좌익 세력과 신탁통치는 반대하지만 미소공위를 지지하는 중간파가 협력하여 주도권을 가질 염려가 클 수밖에 없다고 생각했다. 독촉 국민회, 독촉 청년연맹, 민족통일총본부, 독립노농당, 전국학생총련과 같은 우익단체들은 여기에 대해서 강한 반대 입장을 보였다. 이승만의 측근조직인 민족통일총본부는 "하지 중장의 소위 타협안은 여태 자기가 주장하여 온 정당한 이론을 자기 손으로 말살하고, 조선인에게 신탁통치를 강요하는 소련과 악수하여 조선을 신탁의 철쇄에 얽어매고, 양국이 간섭함으로서 양국의 국제적 마찰을 피하고, 열강간여의 이조 말년을 재연시켜 조선을 국제 노예화하려는 국제모략의 성공이다."고 비판하였다.[26] 소련의 주장에 따른 미소공위의 재개와 신탁통치는 우익으로서는 절대로 받아들이기 어려운 것이었다.

그러나 당시 미국에 있던 이승만은 한 걸음 더 나갔다. 이승만은 자신에게 상황을 유리하게 만들기 위해서 한국의 민주의원에게 맥아더

24) 『조선일보』, 1947년 1월 15일자.
25) G-2 Weekly Summary #67, 27 December 1946.
26) 『조선일보』, 1947년 1월 14일자.

로 하여금 한국을 시찰하도록 해서 그가 일본에서 시행하고 있는 반공 정책을 한국에서도 실시할 수 있도록 하라고 지시하였다.[27] 이승만은 1946년 12월 미국에 오기 전에 일본에서 맥아더를 만났다. 사실 이승만과 맥아더는 반공주의자라는 측면에서 공통점을 갖고 있었다. 이런 점에서 이승만은 하지와 맥아더를 비교했다. 하지는 용공주의자이지만 맥아더는 반공주의자라는 것이다. 맥아더는 한국문제를 해결하기 위해서 새로운 시도가 있어야 할 것이라고 생각했다. 그래서 맥아더는 이승만과 함께 한국문제를 유엔에 제출할 것을 제안하고 있었다.[28] 아마도 이승만은 맥아더와 상당 부분 공감대를 함께 하고 있었던 것 같다.

이승만은 또한 미소협상파였던 국무장관 번스(James F. Byrnes)가 사임하고 중국에서 좌우합작의 실상을 경험한 마샬이 미국의 새로운 국무장관이 되는 것을 보면서 국제관계가 변하고 있다고 생각하였다.[29] 또한 이승만은 1월 11일 한국의 민족통일총본부에 메시지를 보내 당시 미국에는 오래 만에 대소 강경파인 공화당이 다수당이 되었기 때문에 공화당은 얄타회담의 공개와 모스크바 협정 가운데 탁치조항의 수정을 시도할 것이라고 주장하였다.[30] 하지가 미소공위의 재개를 위한 서신을 발표하던 날, 우익을 대표하는 민주의원은 미국에 있는 이승만에게 전보를 보내서 얄타비밀협상의 공개와 모스크바 삼상회의 가운데 신탁통치 부분의 파기를 촉구하도록 요청하였다. 따라서 하지가 미소공위를 재개해서 좌우합작을 시도하는 순간에 이승만은 미국의 우익

---

27) 『조선일보』, 1947년 1월 11일자.

28) "Memorandum by the Director of the Office of Far Eastern Affairs (Vincent) to the Secretary of State, January 27; *Foreign Relations of the United States(FRUS)*, 1947, Vol. VI: p.601. 이 전문은 1월 22일 도쿄에서 보낸 것이다.

29) 『동아일보』, 1947년 1월 12일자; G-2 Weekly Summary #70, 16 January 1947.

30) 『대동신문』, 1947년 1월 13일자; G-2 Weekly Summary #70, 16 January 1947.

과 협력하여 미소공위와 좌우합작을 결렬시키고, 남한에 독립정부를 세우려고 한 것이다.

우익에서는 1월 13일 민족진영 31단체의 명의로 미소공위에 대한 양군사령관 사이에 교환된 서한에 대해서 성명을 발표하였다.[31] 이 성명은 한편으로는 하지의 주장에 대한 반박이지만 다른 한편으로는 미국에 있는 이승만의 행동에 많은 기대를 갖고 있는 것이다. 그 내용은 다음의 몇 가지로 요약할 수 있다. 1) 현재 조선은 양대 세력의 각축장이 되어서 이전 보다 더욱 어려운 상황에 있으며, 2) 조선의 독립을 보장한 모스크바 협정은 오히려 신탁통치를 주장하고, 자유표현의 의사를 말살시키려고 하고 있으며, 3) 이런 원인 가운데는 민주주의에 대한 해석이 서로 다르다는데 있고,[32] 4) 이 문제를 해결하기 위해서는 모스크바 협정 가운데 신탁통치 부분에 관한 것을 삭제해야 하고, 5) 조선의 분열을 야기한 얄타 비밀협정을 폐기해야 한다는 것, 6) 현재 미국에서 활동하고 있는 이승만은 이런 한국민의 의사를 대표하고 있다는 것이다.[33]

---

31) 『조선일보』, 1947년 1월 15일자. 여기에 참여한 단체의 명단은 다음과 같다: 민족통일총본부, 민주의원, 비상국민회의, 대한독립촉성국민회, 한국독립당, 한국민주당, 조선민주당, 민중당, 여자국민당, 대한독립노동총연맹, 대한독립촉성전국청년총연맹, 조선청년당, 서북청년회, 대한민주청년동맹, 조선건국청년회, 대한독립청년단, 한국광복청년회, 독립촉성전국청년회, 한국청년회, 조선기독교청년연합회, 불교청년당, 여성단체 총연맹, 독립촉성애국부인회, 조선애국부녀동맹, 카톨릭연맹, 조선문필가협회, 조선청년문학가협회, 조선미술협회, 전국학생총연맹, 서북학생총연맹, 우국노인회

32) 민주주의에 대한 해석문제는 해방정국에 있어서 매우 중요한 문제였다. 소련은 민주주의라는 용어를 공산주의 지지자라는 의미로 이해하고 있으며, 미국은 보편적으로 사용하는 미국식 서구민주주의를 뜻하는 말로 이해했다. 참고: "주소 대리대사(캐넌)가 국무장관에게," 1946년 1월 25일; 『해방 3년과 미국 1』, 204~205쪽.

33) 이승만은 얄타회담에서 미국과 소련이 한반도의 분할을 약속했다고 주장하

1월 14일 김구, 조소앙, 양 림 세 사람은 하지를 방문하여 탁치문제에 관한 의견을 나누었다. 주로 조소앙의 질문에 대한 하지의 답변으로 대화는 전개되었는데, 1) 하지는 자신의 서한은 미국무성의 정책에 입각한 것이라는 사실을 명확히 하였고, 2) 기본적으로 임시정부를 위한 논의는 모스크바협정에 찬성하는 사람이어야 하며, 3) 미국은 폭력이 수반되지 않는 한 자유로운 의사표현은 존중할 것이며, 4) 하지는 탁치는 조선의 독립을 위한 것이라고 하지만 조소앙은 탁치가 없이도 미, 소, 영, 불, 중 5개국이 독립을 보장하면 된다고 반박하였고, 5), 김구는 1년 전 반탁운동이 일어났을 때 하지가 앞으로 탁치를 반대할 기회가 있을 것이라고 말하여 침묵하여 왔으나 이제는 목숨을 걸고 반대하겠다고 말하였다.[34]

여기에 비해서 좌익은 하지의 발표를 환영하였다. 사실 좌익은 박헌영의 월북과 10월 대구 폭동의 실패로 매우 어려운 상황에 있었다. 이런 상황 가운데서 미소공위가 재개된다는 것은 새로운 희망의 불씨가 생성되는 것이다. 따라서 좌익의 연합단체인 민주주의 민족전선은 1월 14일 "우리는 소련 측 대표 치스챠코프 장군의 제안이 가장 정당하다고 지지한다. 이에 대한 하지 중장의 회한에는 제5호 성명에 서명한 것은 모스크바 결정을 전적으로 지지한 것으로 간취됨으로 서명한 정당 단체는 전부 최초의 회의에 참가할 자격이 있다고 말하였다. 진심으로 이 결정을 지지하는 정당 단체만을 참가시킬 것이다"고 주장하였다.[35] 이것은 당시 우익은 하지의 권유에 따라 모스크바 회의를 지지

여 왔다. 후에 밝혀진 바에 의하면 이것은 사실이 아니라고 판단되어지지만 이승만은 한반도가 강대국의 희생물이 되었음을 주장하면서 미 국무성을 압박하였다.

34) 『조선일보』, 1947년 1월 1일자.

35) 『조선일보』, 1947년 1월 14일자.

한다는 5호 성명에 서명하기는 하였지만 여기에는 신탁통치에 관한 구체적인 부분이 없기 때문에 서명하였다고 해서 전적으로 모스크바 결정을 인정한다고 말 할 수 없고, 실제로 이들은 신탁통치를 반대했기 때문에 미소공위에 참여할 수 없다는 것이다.

미소공위의 재개 가능성을 통하여 새로운 출발점을 발견한 좌익은 보다 적극적인 자세를 취하기 시작하였다. 그리하여 1월 16일 민주주의민족전선은 28개 단체의 명의로 보다 분명한 입장을 표명한 성명을 발표하였다. 이 성명은 소련 측의 입장이 보다 모스크바 결정에 부합하는 것이라고 주장하면서 하지의 타협안은 정당하지 못한 것이라고 평가하였다. "곧 어떤 정당이나 사회단체나 개인이나 전적으로 삼상결정을 지지한 자에게만 협의할 것을 주장한 것이다. 이것은 가장 옳은 주장인 동시에 이 원칙을 떠나서는 진정하게 실천되지 못할 것이고, 공위의 사업은 원만하게 진행되지 못할 것이다." 이 원칙에 의거해서 본다면 과연 이승만, 김구와 같은 우익이 모스크바 삼삼회의의 결정을 지지하는가? "그러면 5호 성명에 서명한 자의 그 전부가 전적으로 지지한다는 성의가 있다고 볼 수 있는가? 우리는 이것을 말로써 아니다 주장하기 보다는 조선의 전 반동 그 자신들이 5호 성명 후에 행한 반삼상결정의 생생한 행위로서 서로 증명되지 않는가?"[36] 결국 좌익은 하지의 타협안을 거부하고 우익세력의 미소공위 참여를 반대하는 것이다.

---

36) 『조선일보』, 1947년 1월 16일자. 여기에 서명한 좌익단체의 명단은 다음과 같다: 민주주의민족전선, 민족혁명당, 전농(全農), 문연(文聯), 인민원호회, 연극동맹, 사회과학연구소, 조선문화협회, 반 파쇼공동투쟁위원회 교육자협회, 공업기술연맹, 중앙인민위원회, 전평(全評), 민청(民靑), 재일조선인연맹, 문학가동맹, 음악동맹, 법학자동맹, 조미문화협회, 조선의사회, 남조선노동당 협조전국연합회, 부총(婦總), 반일운동자구원회, 과학자동맹, 영화동맹, 산업노동조사소, 서울학술협회, 과학기술동맹, 조선약제사회

좌익이 우익의 5호 성명 서명에 대해서 비판적인 글을 내어 놓자, 민주의원 등 우익의 35개 단체는 김구의 자택에서 여러 번 모여 현 사태를 상의한 다음에 1월 16일 성명서를 발표하고, 지난 1946년 봄 5호 성명서에 서명한 것에 대해서 설명하였다. 이들은 연합국의 본의는 독립을 원조하는데 있었고, 신탁을 강요하는데 있지 않았으며, 설사 신탁을 시행한다고 할지라도 여기에 대해서 자유로운 의사를 표시하게 할 것으로 인식했기 때문에 "형식상" 5호 성명에 서명하였는데, 1년이 지난 현시점에서 보면 이것은 미국에 속은 셈이 되었다. 왜냐하면 미국은 항상 표현의 자유를 주장했으나, 실제로 신탁에 반대할 자유를 빼앗아 가 버렸기 때문이다. 그래서 결국은 한국의 소수의 찬탁자들만을 상대로 하여 소위 임시정부를 만들려고 하는 것이다. 따라서 앞으로 우익단체들은 1) 제 5호 성명에 대한 서명을 취소하고, 2) 하등의 근거가 없이 민족적인 분열만 가져오는 좌우 합작위원회를 분쇄할 것이라는 것을 선언하였다.[37]

미군정 당국은 이승만과 김구의 우익세력이 국민들을 잘못된 방향으로 인도하고 있다고 보았다. 특히 이승만이 미국에서 보내는 장밋빛 소식은 사람들을 자극할 것이며, 이것은 국민들로 하여금 자신들의 독립에 반대되는 어떤 세력과도 싸우려는 극단적인 행동을 하게 만들 것이라고 생각하였다. 미군정 당국은 우익이 1947년 3월 1일을 기해서 대규모의 민족운동을 벌일 것이며, 이 행동을 통해서 새로운 순교자를 만들어서 국제사회에서 이목을 끌려고 할 것이라고 보았다. 미군정은 아

---

37) 『조선일보』, 1947년 1월 17일자. 민주의원은 1월 25일까지 하지 중장에게 5호 서명취소문을 전달한 단체는 한독당, 한민당, 조민당, 여자국민회, 독촉국민회 등 27개 단체이며, 서명한 단체로서 공위의 초청을 받은 우익의 15개 단체 중 김규식이 대표로 서명한 기독교단체를 제하고는 전부가 취소하는데 참가하였다고 발표하였다. 『동아일보』, 1947년 1월 26일자.

마도 좌익도 미군정을 공격하는 일에 동참할 것이라고 내다 보았다.[38)]

이런 상황 가운데 가장 중요한 것은 과연 한국사람들이 무엇을 원하는가 하는 문제이다. 그래서 1월 17일 한민당은 기자회견을 통하여 "신탁통치에 관한 조선민중의 민의를 통찰하려면 남북을 통하여 신탁찬부의 인민투표를 하자"는 제안을 하였다.[39)] 물론 이 제안은 실현되지 않았다. 하지만 한민당의 이 제안은 일반 국민들이 반탁을 지지한다는 우익의 자신감에서 나온 것이다. 미군정은 여러 가지로 반탁여론이 이승만, 김구의 잘못된 여론 조성으로 형성된 것이라고 주장하지만 우익은 반탁여론이 진정한 민심이라고 보고 있는 것이다.

당시 미군정은 상황을 매우 심각하게 생각하였다. 미소공위의 중요 멤버인 번스는 하지의 동의아래 미 국무성에 이승만, 김구, 그리고 극우파를 지원하는 것은 정치적으로 재앙이 될 것이며, 궁극적으로는 한반도에 내전을 가져 올 것이라고 주장하면서, 현재 하지가 추진하고 있는 좌우합작은 외부로부터 강력한 지원을 받지 않으면 지속되지 못할 것이라고 지적하였다. 이런 절박한 상황에서 번스는 일본의 맥아더를 방문해서 한국의 하지정부를 지원해 줄 것을 요청하였다. 그러나 맥아더는 한국과 관련해서 자신의 이름이 사용되는 것을 거부했다. 맥아더가 하지의 지원을 거부한 것이다.[40)] 1947년 초 한국의 민심은 반탁우익에게 있으며, 하지의 중간파 지원 정책은 곤경에 처하고 있었다.

---

38) G-2 Weekly Summary #70, 16 January 1947.

39) 『조선일보』, 1947년 1월 18일자.

40) "Interview with Dr. Bunce, Member of American Delegation to the Jont-Soviet-American Commission, Economic Adviser to the CG, January 23 1947"; 정용욱 편, 『해방직후 정치 사회 자료집』 제1권, 서울: 다락방, 1994, 237쪽.

4. 전국학생총연맹의 반탁시위와 미군정

반탁운동은 근본적으로 미군정과 우익 사이의 갈등이었다. 제 5호 성명은 우익과 미군정 사이에서 만들어진 어려운 합의점이었는데 하지는 이것을 부정한 것이며, 미군은 좌우 합작위원회를 통하여 미소공위를 재개하려고 했는데 우익은 이것을 거부해 버린 것이다. 이런 시점에서 김구는 다양한 정치세력을 묶어서 본격적인 투쟁을 시도하였다. 여기에는 김구의 한독당과 김성수의 한민당이 주도하고 있었다. 김구는 1946년 초의 반탁운동처럼 강력한 투쟁을 예고하였다. 미군정은 이런 움직임을 인식하고 있었고, 1947년 1월 15일 아침 시위를 준비하고 있던 전국학생총연맹을 압수수색하고, 학생들을 연행하여 갔다.[41]

전국학생총연맹은 1946년 7월 반탁운동을 보다 효율적으로 하기 위하여 기존의 전국반탁학생총연맹을 전국적인 단위로 확대 개편한 것이다. 이것은 비슷한 시기에 만들어진 민족통일본부와 함께 우익진영의 주요 단체였다.[42] 해방 직후 일본으로 끌려갔다가 귀국하여 만들어진 것이 조선학도대이며, 이것을 계승한 것이 조선학병동맹이었다. 하지만 이런 단체들은 좌익성향의 것이었다. 우익 측에서 학생들이 모여서 단체를 조직한 것은 신탁통치 반대운동이 일어난 1946년 1월이었다. 당시 이철승을 중심으로 한 보성전문 학생들이 중심이 된 전국반탁총학생연맹은 전국의 주요 대학과 전문학교학생들로 구성되어 반탁운동의 전위대로 활동하였다. 이들은 1946년 1월 18일 당시 박헌영이 조선은 소연방에 편입되는 것을 지지한다는 미국신문기사를 보고, 우익학생들을 동원하여 좌익단체와 신문사를 공격하였고 이것은 유혈사

41) 『동아일보』, 1947년 1월 18일자.

42) 이철승, 『전국학련』, 서울: 중앙일보 · 동양방송, 1976, 205~212쪽.

태로 이어졌다.[43]

미군의 조사에 의하면 이들이 만든 삐라와 포스터는 미군의 철수를 주장하고, 미군정에서 일하는 사람들을 미국의 주구라고 비판하면서 1월 18일을 기하여 대대적인 반탁시위를 계획하고 있었다. 미군이 압수한 문서에는 전국학생연맹을 중심으로 하는 우익단체들의 체계도가 작성되어 있으며, 자세한 연락망이 적혀있었다. 체포된 사람들을 조사한 바에 의하면 이런 시위를 주도하고 있는 사람은 이철승이며, 이 단체는 이승만의 지도를 받고 있고, 독립촉성국민회의와 상호 협조하고 있다. 사실 미군정은 오래 전부터 한국인들 사이에서 과격한 행동이 있을 것을 예상하고 있었다. 특별히 반탁운동의 1년이 지나가면서 미군은 1946년의 악몽이 재현될까봐 매우 염려했다. 미군정은 비록 전국학생연맹은 큰 단체는 아니지만 대규모의 시위를 일으킬 수 있다고 보았다.[44]

1947년 1월 16일 하지는 반탁운동에 대한 특별성명을 발표하였다. 하지는 이 성명에서 한국의 일부 정당들이 신탁통치를 반대할 뿐만이 아니라 미군 당국에 대해서도 악선전을 하고 있다고 지적하면서 이런 선동은 남조선에 단독정부가 수립되면 조선의 통일이 가능하고, 국제문제도 외국의 원조 없이 조선이 발전할 수 있다는 무책임한 선동에 기인하고 있다고 주장하였다. 하지는 그러나 이 성명에서 연합국의 자주독립 선언은 여전히 유효하며, 미국은 조선인의 표현의 자유를 인정할 것이고, 그러나 한국인들은 국제정세를 이해해야 하며, 한국인들의 과격한 행동은 국제사회에 한국이 자주독립할 능력이 부족하다는 인상을 줄 것이므로 이런 행동은 매우 조심해야 한다는 것이다.[45] 이 성

43) 이철승, 『전국학련』, 105~110쪽.

44) G-2 Periodic Report #431, 16 January 1947.

45) 『동아일보』, 1947년 1월 17일자.

명은 분명 우익단체들을 향한 것이다.

다음 날 민주주의 민족전선은 하지의 성명에 대하여 모스크바 삼상회의의 결정을 무시하는 우익을 배제하고 미소공위를 개최할 것을 주문하였다. "하지 중장은 이른바 의사표시의 자유라는 미온적 태도를 단호히 청산하고, 연합국의 호의적인 원조를 무시하여 민족장래를 오도하려는 무리들을 배재하고, 공위를 속개하여 삼상결정을 적극적 전면적으로 지지하는 민주주의 정당 사회단체로 하여금 임시정권을 수립시켜야 할 것이다."[46)]

여기에 대해서 우익단체들도 여러 종류의 성명을 발표하였다. 전국부녀단체 총연맹은 약간 온건한 입장을 보였다. "하지중장이 작년에 취한 태도를 변경치 말고, 우리 겨레의 다수가 요구하는 대로 공정한 민주주의 원칙하에 각 정당과 사회단체 대표를 무조건 참석시켜 민중 전체의 의사를 충분히 발표하게 하여 주기를 요청함"이라고 하였다. 이들은 미소공위 자체를 반대하지는 않지만 만일 실패하면 조속히 자율정부를 수립해 달라고 요청하였다.[47)]

하지만 학생들은 신탁통치에 대해서 보다 분명한 투쟁의 입장을 보이고 있다. 전국학생총연맹은 1946년 1월 18일은 반탁시위로 인한 희생자가 발생한 날이며, 일 년이 지난 이 날을 기해서 학생운동사 보고대회와 반탁 웅변대회를 개최하기로 하고, 하루 전날인 17일에 "자주독립을 위해서 최후의 한사람까지라도 최후의 일각까지" 투쟁할 것을 맹세하였다.[48)] 미군정이 압수한 문서에 의하면 이들은 특별히 무장한 경찰, 미군정 CIC, 그리고 통역을 주 타켓으로 삼았다. 반탁운동을 하

46) 『경향신문』, 1947년 1월 18일자.
47) 『동아일보』, 1947년 1월 18일자.
48) 『동아일보』, 1947년 1월 18일자.

는 이들의 눈에는 미군과 그들의 앞잡이들은 진정한 애국자들을 괴롭히는 사람들이며, 이들과 투쟁해야만 하는 것이다. 아울러서 이들과 함께 신탁을 지지하는 남로당과 민주주의 민족전선을 민족의 반역자로 규정하며 추방할 것을 다짐하였다.[49)]

미군정은 당시 제2의 반탁운동이 일어날 것을 염려하였다. 우선 당시 한국인들은 1946년 초의 대규모 반탁운동에 대해서 생생하게 기억하고 있다. 그리하여 좌우 양측에서는 연말을 기하여 각종 행사를 하였다. 하지만 우려하였던 것과 같은 큰 소동은 없었다. 1947년 신년을 맞이하여 이승만은 자신이 미국에 가서 끊임없이 자신이 미국 정부당국을 설득하여 미국으로 하여금 미소공위를 포기하고, 과도정부를 세울 것이라고 선전하였다. 물론 이 같은 내용은 미군정당국이 보도제한을 하여서 일반인들에게 알려지지 않았지만 항상 잠재적인 위험요인으로 작용하고 있었다.[50)] 이런 가연성이 있는 상황에서 1월 11일 미소공위 재개의 가능성이 알려진 것이었다. 이 같은 문제들이 복합적으로 작용하여 전국학생연맹은 1월 18일부터 20일까지 본격적인 대규모의 시위를 계획하였다.

미군정은 이 모든 행동의 배후에는 이승만과 김구가 있다고 생각하였다. 당시 이승만은 미국에 있었기 때문에 이런 일에 직접적으로 관여하고 있지는 않았고, 이런 운동에 관여하고 있었던 것은 김구였다. 김구는 오랫동안 무력투쟁에 익숙한 인물이었고, 여기에 대한 많은 경험도 갖고 있었다. 하지만 그도 이승만의 후원이 없이는 이런 시위를 만들 수는 없었다. 급박한 시위를 앞둔 하지는 이 문제를 해결할 사람은 이승만 밖에 없다고 생각했다. 그래서 하지는 자신이 1월 11일 미

49) G-2 Weekly Summary #72, 30 January 1947.
50) G-2 Weekly Summary #69, 9 January 1947.

소공위의 재개에 관한 서한을 공개하면서 동시에 이승만의 정치고문인 굿펠로우에게 연락을 해서 이승만으로 하여금 시위와 폭동을 막아달라고 요청하였다.[51] 그러나 이승만으로부터 아무런 대답이 없었다. 다급한 하지는 1월 13일에 다시 굿펠로우에게 김구가 이승만 그룹의 도움을 얻어서 폭동을 일으킬 준비를 완료했는데 이승만으로부터 취소하라는 연락이 없다고 말하면서 도움을 요청하였다.[52]

이런 가운데 미국의 이승만으로부터 민주의원 앞으로 1월 16일 전문이 도착하였다. "조선에는 여하한 데모도 전개되어서는 안 된다. 그 이유는 그러한 행동이 외국 배척운동으로 오해될 염려가 있기 때문이다. 그리고 이곳 또는 한국에 있는 우리의 적들은 마치 내가 배외 감정을 선동하고 있는 것 같은 인상을 주려고 기도하고 있다. — 우리는 오해 받을 일을 해서는 안 된다."[53] 이승만의 이런 행동은 그의 오랜 경력과 일치한다. 이승만은 국제적인 여론을 얻기 위해서는 과격한 행동은 자제해야 한다고 생각했다. 이런 그의 원칙은 그가 김구와 구분되는 것이기도 하다. 이런 점에서 이승만은 일정 부분 미군정과 함께 할 수 있는 부분이 있는 것이다. 이승만은 곧 이어서 자신의 활동과 정치적인 입장을 되풀이해서 밝히고 있다. 조선에 조속한 과도정부를 만들어야 한다는 것이다. 이승만은 미소공위를 반대하는 것은 아니나 미소공위의 결과를 기다릴 수 없으므로 조속한 정부를 수립해야 한다. 아울러서 이승만은 자신이 미국에서 조선을 반분한 얄타회담의 폐기와 모스크바 결정 가운데 신탁통치 조항 삭제를 주장하고 있다는 것을 소

---

51) Hodge to Goodfellow, Jan. 11 1947; 『대한민국사 자료집 28 이승만관계서한집 1』, 203쪽; 손세일, 『이승만과 김구』 6권, 서울: 조선 뉴스 프레스, 2015, 751쪽.

52) Hodge to Goodfellow, Jan. 13 1947; 손세일, 『이승만과 김구』 6권, 751쪽.

53) 『조선일보』, 1947년 1월 17일자.

개하고 있다.[54] 이점에 있어서 이승만과 미군정은 분명히 다른 길을 걸어가고 있는 것이다.

그러나 정국은 진정되지 않았다. 여기에 대하여 1월 17일일 제1 경무총감인 장택상의 이름으로 "요즘 일부 정당 단체의 착각으로 오로지 조선독립을 위해서 노력하는 미주둔군의 진의를 왜곡시키는 경향이 있음을 비추어 시민은 군정을 신뢰하고 이같이 그릇된 선동에 망동하지 말기 바라며 불온한 언사와 행동으로 시민을 잘못 충동하는 분자는 엄벌에 처 한다"는 경고를 발하였다.[55]

1월 18일 전국학생총연맹의 주최로 천도교 대강당에서 1,300여명이 모인 가운데서 "매국노소탕대회" 및 "탁치반대투쟁사 발표대회"가 열렸다. 원래 보다는 규모가 매우 축소되었다. 여기에는 미국의 이승만으로부터 과격한 행동을 자체해 달라는 요청과 미군정 당국의 적극적인 방해공작이 유효했다. 미군정은 특별히 이승만의 직계 조직이며, 반탁시위를 위하여 서울에 올라온 독촉국민회 지부장들을 다시 지방으로 돌려보냈다. 축사에 나선 김구의 얼굴은 무거웠다. 김구는 청중들을 향하여 "모두 일어서시오."라고 말하고, 청중이 일어나자 "앉으시오."라고 말했다. 그리고 이어서 "내 말을 따르는 사람은 손을 들어 보시오."라고 말하자 모든 사람들이 손을 들었다. 그러자 김구는 손을 내리고, "오늘만은 과격한 행동을 피하고 조용히 해산해 주기를 바라오." 라고 말했다. 이렇게 해서 학생들을 중심으로 강력하게 일으키려고 했던 대규모의 행동은 식어지고 말았다.[56] 대회가 끝난 다음에 학생들은 워싱턴에 있는 이승만에게 1946년 1월 피로 물든 반탁투쟁을 했던 백

---

54) 『동아일보』, 1947년 1월 18일자.

55) 『조선일보』, 1947년 1월 18일자.

56) 이철승, 『전국학련』, 250~251쪽.

만 학도들은 대규모의 시위를 시도했지만 김구의 명령으로 중지했다고 밝히고 있다. 이들은 앞으로 목숨을 걸고 조국을 위해서 총으로 무장한 경찰과 미군의 스파이 노릇을 하는 통역들과 끝까지 투쟁할 것을 다짐했다.[57] 이승만은 전국학생연맹이 자신의 말을 따라서 폭력시위를 중단한 것을 매우 기쁘게 생각했다. 그래서 학생대표 이철승에게 전문을 보내서 "군은 나의 지시를 받아서 반탁시위를 중단한 것에 대해서 나는 대단히 기뻐하는 바이다."[58]

하지만 상황이 안정된 것은 아니었다. 미국에 있는 이승만은 한국에서 폭력적인 상황이 전개되는 것을 염려하였다. 당시 미국에서 외교활동을 벌이고 있던 이승만은 민주의원 선전부에 전문을 보내서 "우리는 폭력적인 반대나 혼란은 극력 회피해야 한다. 우리는 전 국민의 의사를 평온하고 정연한 방도로 표현하여 정의와 동정을 환기할 수 있을 뿐입니다."고 주장하였다.[59] 이승만과 김구는 다같이 반탁의 입장에 있었지만 이승만은 온건한 방법을, 김구는 보다 적극적인 투쟁을 선호하였다.

반탁운동은 단지 미군과만 투쟁한 것이 아니다. 오히려 반탁의 근본적인 대상은 좌익세력이었다. 1947년 초 반탁시위와 함께 중요한 시위는 국립대학안 반대운동이었다. 1946년 8월 미군정은 경성제대와 기타 관립 전문학교를 모아서 국립종합대학을 만들 계획을 발표하였다. 물론 좌익은 이것을 반대하였다. 만일 국립대학이 형성되면 이들의 행동에 제약이 강화될 것이기 때문이다. 따라서 좌익 대학생들 사이에서 강력한 국대안 반대가 있었고, 교육당국도 기존입장에서 물러서지 않

57) G-2 Weekly Summary #72, 30 January 1947.

58) 『동아일보』, 1947년 1월 26일자.

59) 『경향신문』, 1947년 1월 22일자.

았다. 이 국대안 반대파와 반탁학생들 사이에는 강력한 투쟁이 있었다.[60] 결국 우익학생과 좌익학생의 투쟁이 된 것이다.

이 같은 좌우의 투쟁은 공장에서도 일어났다. 해방 후 공장을 중심으로 하는 노동운동은 좌익의 조선노동조합 전국평의회(전평)이 주도하였다. 그러나 점점 우익 세력도 공장에 침투하여 대한로총을 만들었다. 양측은 살벌한 싸움을 벌였다. 원래 영등포에 있는 조선중기주식회사는 전평 산하에 있었는데, 1947년 1월 20일 대한로총이 현판식을 하고 간판을 달았다. 이것을 시작으로 양측은 무력을 동원해서 필사적인 투쟁을 하였고, 공장 가동은 중단되고, 유혈사태가 벌어졌다. 결국 이 투쟁에서 우익이 조선중기를 차지하게 되었다.[61]

1947년 초 한국의 상황은 매우 혼란스러웠다. 그래서 군정 경무부장인 조병옥은 1월 28일자로 다음과 같은 담화를 발표하였다.[62]

> 과거 수 주일에 걸쳐 어떤 중대한 사회적 증상이 간취된다. 아마 가까운 미래에 있어 남조선에 소란과 무질서를 배태한 어떤 정치적 동향과 활동이 관찰된다. 우리 동포들을 거반 소요사건의 체험에 있어서 무질서가 국내 · 국외에 미치는 영향이 어떤 것인가를 절실히 느꼈다. 국가 재건도상에 있어서 사회 무질서는 국가적으로 보아 최대의 장애물이 되는 것이다. 정부는 조금도 정치사상이나 정치적 행동을 제지할 의향은 없다. 그러나 정부는 세계정세와 국내사정을 과학적으로 분석하여 그를 기초로 통일된 조선독립의 실현을 위한 정부 자신의 정책과 그에 대한 계획을 가지고 있다. 우리 전 조선인은 진심으로 정부가 무엇을 하고 있는가를 이해하고 또 정부와 충심 노력하기를 원하고 있다. 무법상태와 무질서한 정세에 당면할 때의 국립

---

60) 『조선일보』, 1947년 1월 30일자.
61) 『조선일보』, 1947년 1월 30일자.
62) 『동아일보』, 1947년 1월 30일자.

> 경찰의 태도는 명확한 것이다. 만약 법률과 질서를 유지하는 데 있어서 여하한 단체나 또는 어떠한 선전으로서든지 사회의 질서를 문란케 할 때에는 기책임은 그네들이 져야 할 것이며 경찰은 전 기능을 발휘하여 此를 진압할 것이다.

조병옥은 이 담화문에서 정부(미군정)는 최선을 다해서 한국의 독립과 통일을 위해서 노력하고 있으며, 정치사상의 자유는 보장하고 있으나 이것이 무질서로 이어지는 것은 간과할 수 없다는 것이다. 미군은 근본적으로 법치를 강조하고 있으며, 폭력에 의한 선동을 용인하지 않는다는 것이다.

5. 입법의원의 반탁 결의

당시 입법의원은 미군정이 인정하는 유일한 한국인의 대의기관이었다. 하지만 입법의원의 성격이 무엇인가에 대해서는 의견이 일치하지 않았다. 미군은 입법의원을 한국의 국내문제를 위한 법을 제정하고 자신들의 통치를 위한 자문기구로 생각하였지만 우익들은 오히려 입법의원을 과도정부로 나가는 방편으로 생각하였다. 여기에 입법의원의 근본적인 갈등이 존재하고 있었다. 대부분 우익의 성향을 가졌던 입법의원들은 1947년 1월에 불어 닥친 반탁운동에 동의하지 않을 수 없었다. 반탁진영에서는 입법의원의 결정이 한국인의 민의를 대변한다고 생각한 것 같다. 그리하여 1월 13일 신탁통치반대결의안을 제출하였던 것이다. 이 결의안의 내용은 다음과 같다.[63)]

---

63) 『동아일보』, 1947년 1월 22일자; 김준연, 『독립노선』, 서울: 시사시보사, 1959, 54쪽.

1. 막부삼상회의의 조선에 관한 결정 중 신탁통치에 관한 조항은 전 민족의 절대 반대하는 바임에도 불구하고, 하지 중장이 공동위원회 성명 제 5호에 서명한 것을 막부결정의 전면적 지지로 인정하는 것은 민족의 총의를 왜곡하는 것으로서 이에 그 부당성을 지적하야 단호 반대함.
2. 미소공동위원회와 협의하기 위하여 초청된 개인 정당 급 사회단체에 대하여 막부결정의 실행에 관한 의사표시의 자유를 구속내지 금지함은 신탁통치를 조선민족에게 강요하는 것으로서 대서양헌장에 보장된 언론의 자유에 위배될 뿐만이 아니라 작년 5월 중 미소공동위원회 결렬당시 발표된 하지 중장의 성명에도 배치됨을 지적하고, 이에 단호 반대함.

하지만 입법의원의장 김규식은 이 의안을 철회하고자 많은 노력을 하였다. 그리하여 1월 18일에는 의장 김규식, 부의장 최동헌, 윤기섭, 그리고 안재홍, 김붕준 등 6명이 반탁의원, 이남규, 엄우룡, 백관수, 홍성하, 김영규 등 7명을 만나 의안 철회를 요청한 것이다. 김규식은 입법의원의 성격상 이 결의안을 제출하는 것은 불가능하고, 좌우합작남북통일 정책 상 불가능한 것이며, 국제정세상 불가능하다고 주장하였다. 여기에 대하여 우익은 국민이 선출한 의회가 결의할 수 없는 것이 무엇이며, 꼭 신탁통치를 받아야만 좌우통일정부가 수립되는 것처럼 말하고, 국제정세 운운하는 것은 우매한 것이라고 반박하였다. 왜냐하면 한일병합당시 많은 사람들은 국제적인 정세를 말했지만 역사는 이런 매국노들을 용인하지 않았다는 것이다.[64]

이 같은 논쟁은 회의장에서 끝나지 않았다. 김규식을 비롯한 입법의원의 주요인사들은 반대파들에게 군정당국의 입장을 직접 들어 보자고 제안하였다. 그리하여 19일 오후 2시에 반탁의원들은 군정청 회의

64) 『동아일보』, 1947년 1월 22일자; 김준연, 『독립노선』, 53~54쪽.

실에서 하지중장, 러취 군정장관, 헬믹 군정장관대리, 브라운 소장등과 대화의 시간을 가졌다. 하지만 이것으로 반탁의원의 의심은 해결되지 않았다. 비록 하지가 자신은 표현의 자유를 부정하지 않는다고 말했지만 기본적으로 하지의 입장은 소련측의 주장을 받아들인 것이다.[65] 김구는 다음 날 입법의원을 방문하여 반탁결의안을 제출한 의원을 격려하였다. 김구는 "우리는 35단체의 정신적 결정과 행동 상 일치로서 귀 의원들의 용맹스러운 반탁의안의 제출에 대하여 삼가 하례합니다. 역사적 광영은 오직 민족정기에서만 발휘되는 것입니다."고 지적하며 반탁운동의 민족사적인 의의를 강조하였다.[66]

1월 20일 오후 입법의원에서 반탁결의안을 처리하기 위한 회의가 열렸다. 김규식은 출석하지 않고, 부의장 윤기섭이 사회를 보았다. 많은 사람들은 여기에 관심을 갖고 있었고, 방청석에는 입추의 여지가 없었다.[67] 제안자 이남규가 반탁결의안을 제안하고, 여기에 대해서 염정권, 원세훈, 김붕준 등이 반박하였다. 이 때 신익희가 일어나서 반탁의 타당성을 역설하였다. 신익희의 주장은 많은 사람들에게 공감을 얻었다. 이런 상황 가운데서 좌우 합작위의 안재홍이 수정안을 제출하였는데, 그 핵심 내용은 "미소공위의 조기 속개와 대서양헌장에 보장된 민주주의 언론자유원칙에 준한 각 정당, 사회단체, 대표자들과의 협의로서 남북통일임시정부를 조기 수립"할 것이었다.[68] 이것은 16대 43으로 부결되었다. 그 이 때 최동헌, 김붕준, 원세훈 등 합작파는 퇴장하였고, 이런 상황에서 원안을 표결한 결과 재석의원 57명중 44인이 찬

---

65) 『동아일보』, 1947년 1월 22일자; 김준연, 『독립노선』, 56쪽.

66) 『동아일보』, 1947년 1월 21일자.

67) 미군정 보고서는 우익들이 반탁안을 지원하기 위해서 방청석을 점령했다고 언급하고 있다. G-2 Weekly Summary #72, 30 January 1947.

68) 김준연, 『독립노선』, 73쪽.

성하였고, 반대가 1인, 나머지는 기권이었다. 반대한 사람은 오직 한 사람 안재홍이었다. 의장이 반탁의안이 통과되었다고 가결하자 방청석에서는 대한독립만세를 외쳤다.[69]

이 같은 입법의원의 반탁 결의는 매우 중요한 의의를 갖고 있는 것이다. 입법의원은 미군정이 남한 국민의 대표적인 기관으로 설립한 것이다. 더욱이 이 기관은 좌우 합작측과 미군정이 전체의 반절을 선출하여 구성하였다. 그런데 이 모임에서 미군의 입장과 다른 반탁이 결의되었다는 것은 당시 남한의 대다수는 반탁을 받아들였다는 것을 의미한다. 이승만의 추종자들은 이것이 의미하는 바를 분명히 알았다. 민족통일본부는 성명을 내고, 입법의원의 반탁결의는 반탁의견이 소수가 아니라 전민족적인 의견이라는 것을 공표하는 것이며, 특별히 미국무성에서 찬탁을 주도하는 윌리암스에게 찬탁을 충동하지 말아야 한다고 권고하였다. 독립촉성국민회의 선전부는 국제사회는 더 이상 조선민족의 이름으로 신탁통치를 추진해서는 안된다고 주장하였다.[70]

한민당도 같은 목소리를 냈다. "신탁반대안을 통과시킨 것은 입의 개원시에 하지중장 · 브라운 소장이 입의를 남조선의 소리라 언명한 것과 같이 남조선 총의의 표명이다. 아직도 전민중적 여론을 무시하고 일부 불평분자의 선동이니 사주니 운운하여 신탁을 강요하는 일이 있다면 그것은 대서양헌장의 위반이요, 그 결과는 해방민족으로서 당하지 못할 불상사이다."[71] 한민당의 중진이며, 보수주의 정객인 김준연은 이렇게 설명하였다.[72]

---

69) 『동아일보』, 1947년 1월 22일자; 김준연, 『독립노선』, 56~57쪽.
70) 『조선일보』, 1947년 1월 25일자.
71) 『동아일보』, 1947년 1월 25일자.
72) 김준연, 『독립노선』, 74쪽.

이 입법의원에서 반탁결의는 미군당국에도 대충동을 준 것은 사실이다. 자신들이 남조선 2천만 민중의 대표기관이라고 공인하였으니 거기서 절대다수로 통과된 이 신탁통치에 대한 반대의사 표시를 어찌 무시할 수 있는가? 설혹 미군 하지 장군이하 주 조선민국 현지관헌이 그것을 무시한다고 하더래도 여론의 나라인 미국으로서는 그것을 묵살 할 수는 도저히 없을 것이다.

사실 미군정은 기회가 있는대로 반탁 세력이 일부 불평세력이라고 폄하했지만 사실은 남한사회의 반탁세력은 찬탁세력과 중간세력과 비교할 수 없을 정도로 강력했다.

여기에 비해서 좌익은 큰 충격을 받았다. 좌익계열의 청우당은 입법의원의 반탁결의는 국제정세에 우매한 일부 애국자들과 자신의 사욕에 눈이 먼 정치모리배들이 입법의원을 자신들의 정치적 야욕을 위하여 변질시켜 버렸으므로 입법의원을 해산하여 버리고 새로운 의원 재조직을 주장하였다.[73] 원래 좌익은 입법의원이 단독정부를 만들 것이며, 우익을 대변할 것이라고 생각하여 반대하였다. 좌익은 그 현실을 목격한 것이다. 그래서 입법의원의 해산을 주장하는 것이다.

1947년 초 좌우합작위원회는 좌우합작을 강화하고자 하였다. 원래 미군정은 입법의원의 등장과 함께 좌우합위를 폐지시키려고 했으나 김규식은 이것을 반대했다. 그는 좌우합위를 근거로 해서 입법의원을 강화시키고, 미소공위를 추진하려고 했다. 사실 김규식을 중심으로 하는 좌우합위 인사들이 바로 입법위원의 핵심인물이다. 이들은 현재의 상황으로서는 좌우합작이 부진하고, 그것은 미소공위를 뒷받침 할 수 없기 때문에 전국 각도에 좌우합작위원회를 만들 것을 계획하였다. 좌우합위 선전부장 박건웅은 1월 8일 "일부에서는 합의가 해소되었다고

---

73) 『조선일보』, 1947년 1월 25일자.

하나 하지만 점차 확대 진전되고 있다."고 말하면서 합위는 입법의원이 "민의에 의하여 그 직능을 발휘하도록" 하는 일을 하고 있다고 설명하였다.[74] 여기에 더해서 좌우합작을 지지하며 1946년 가을에 만들어진 신진당은 "좌우합작은 중앙에서 공중누각과 같은 두목합작만을 하지 말고, 속히 수족과 같은 지방을 완전히 합작할 것"이라는 성명을 발표하기도 하였다.[75] 그러나 이것은 미군정의 고위당국에 의해서 승인된 것은 아니었다.[76]

하지만 우익진영에게 이 소식이 전달되자 1월 18일 이승만이 주도하는 우익진영의 대표적인 단체인 민주의원은 정례회의를 열고 민주의원 대표로 좌우합작위원회에 파송하였던 김규식, 원세훈, 안재홍, 김붕준을 소환하였다.[77] 미국에 있는 이승만도 좌우합작의 확대를 경계하라는 전문을 보냈다. 이승만은 "합위는 유명무실이니 해소하여야 합니다. 대중을 기만하여서는 안됩니다."[78] 이승만은 좌우합작위원회는 좌도, 우도 대변하지 못하면서 좌우를 대변하는 것과 같은 인상을 주는 기만술이라는 것이다. 이같이 국민의 뜻과 다른 좌우합위는 해산되어야 한다는 것이다. 이승만은 신탁통지에 대한 반대와 함께 좌우합작을 반대한 것이다.

같은 우익이지만 김구가 주도하는 한독당은 약간 다른 입장을 보였다. 한독당은 우선 자신들은 오래 동안 "좌우합작, 즉 전 민족적인 단결"을 강조해왔다고 주장한다. 하지만 1947년 1월 발표한 하지의 서한

74) 『조선일보』, 1947년 1월 9일자.

75) 『조선일보』, 1947년 1월 9일자; 신진당에 대해서는 『민족문화대백과사전』의 해당항목 참조.

76) G-2 Weekly Summary #75, 20 February 1947.

77) 『동아일보』, 1947년 1월 18일자; G-2 Weekly Summary #71 (23 January 1947) 당시 좌우합위 위원은 10명이며, 좌우 각각 5명씩이었다.

78) 『동아일보』, 1947년 1월 23일자.

은 오래 동안 하지가 반탁자들에게 언급한 약속을 무시하고, 오랫동안 반탁을 외쳐온 독립 운동가들의 자유를 억압하고 민주주의 원칙을 포기하는 것이기 때문에 좌우합작의 주장에 반대하는 것이라고 밝혔다.[79] 좌우합작에 대해서 이승만 계열 보다는 온건하지만 김구는 반탁이라는 점에서는 이승만보다는 더욱 강력했다.

이런 우익의 행동은 큰 상징적인 의미를 갖는다. 1946년 봄 미소공동위원회가 실패로 끝난 다음에 미군은 좌우합작위원회를 만들어서 중도세력으로 하여금 정국을 주도하게 하려고 하였다. 이승만을 비롯한 우익에서는 이런 국면을 역으로 이용하여 좌우합작을 통하여 자기들에게 유리한 국면을 만들고자 위원을 파송하였다. 하지만 좌우합작은 우익의 기대와는 달리 제 3세력으로 강화되려고 하였다. 그리하며 좌우합작은 우익과 갈등을 맺고 있었다. 이런 가운데 1947년 1월 반탁운동을 통하여 우익은 좌우합작에 우익 대표를 소환하여 버린 것이다. 반탁여론이 절대다수인 상황에서 좌우합작위의 가장 큰 파송단체인 민주의원이 위원을 소환해 버리자 좌우합작위에서 활동하던 우익인사들은 그 정당성을 갖기 어려웠다. 1947년 1월 반탁운동 과정에서 좌우합작은 사실상 종결되고 말았다.[80]

6. 반탁 결의 이후의 정국의 전개

입법의원에서 반탁에 대한 논의가 진행되던 1월 20일 김구의 경고

---

79) 『조선일보』, 1947년 1월 21일자.

80) 정병준, 「1946-1947년 좌우 합작 운동의 전개과정과 성격변화」, 『한국사론』 29권, 1993, 302~304쪽.

장에서는 지난 1월 16일 모여서 공동으로 반탁성명을 낸 바 있는 우익 35개 단체의 집행위원이 모여 새로운 국민운동을 일으킬 것을 상의하고 있었다. 여기에 참여한 사람은 조소앙, 유림, 김준연, 명제세, 이윤영, 양우정, 허정, 백홍균, 유현숙 등이었고, 새로운 반탁국민운동을 일으킬 수 있는 최고기관을 24일 반탁독립투쟁위원회를 만들 것을 논의하였다.[81] 이 모임은 같은 시간에 열리고 있는 입법의원의 반탁 결의를 지지하기 위한 목적도 있었다.

1월 24일 민족진영 42개 단체에서는 김구의 집에서 모여서 "반탁독립투쟁위원회"를 정식으로 구성하게 되었다. 김구를 위원장으로 하는 이 단체는 이승만을 최고 고문으로 조성환, 조소앙, 김성수를 부위원장으로 하는 반탁 연합단체였다. 김구는 이 단체를 중심으로 반탁운동을 계속하려고 계획했다. 같은 달 29일에 이들은 제 2회 모임을 갖고, 반탁운동의 경위와 행동지침을 만들었다. 이 행동지침에 의하면 1) 각종 언론 매체를 통하여 반탁운동을 전개하고, 2) 3월 1일부터 주간은 반탁주간으로 정하여 대대적으로 반탁운동을 전개하고, 3) 가가호호에 "절대반탁, 자주독립"이라는 표어를 붙이며, 4) 이 운동은 공명정대하며, 질서정연할 것이며, 5) 이 운동은 열매를 맺을 때까지 꾸준히 지속되어야 한다.[82] 이 운동은 1947년 초 반탁운동의 중심이 되었다.

이승만 계열의 독촉국민회의도 자신들의 입장을 분명하게 밝혔다. 당시 좌우합작측에서는 모스크바 3상회의를 지지하는 연설을 전국적으로 계획하고 있었는데, 독촉 국민회의에서는 자신들의 전국망을 통하여 이들의 운동을 반역운동으로 규정하여 강력한 저지 운동을 벌일 것을 주장하였다. 또한 입법의원도 하지는 미군정의 보좌기관에 불과

81) 『조선일보』, 1947년 1월 21일자.

82) 김준연, 『독립노선』, 78쪽.

하다고 명시한 만큼 이는 조선인이 바라는 자주적인 의결기관이 못되는 것이다. 이승만은 입법의회를 통해서 정국을 주도하려는 미군정을 비판한 것이다.[83)]

이런 상황 가운데서 당시 우익의 입장을 가장 강력하게 표현한 것은 대동신문이다. 대동신문은 두 통의 공개적인 편지를 소개하고 있다. 하나는 미국 대통령 트루만에게 보내는 편지이다. 먼저 이 편지에서 한국인들은 미군이 한국의 해방을 위해서 피흘린 것을 기억하면서 감사를 표현하고 있다. 그러나 미국과 연합국이 해방과 더불어서 한국에 준 선물은 38선과 모스크바 결정인데 전자는 한국인들을 짓누르는 거대한 바위와 같고, 후자는 이 바위에서 못 빠져 나오게 만드는 족쇄와 같다는 것이다. 그러면서 이런 상황에서 미국이 도대체 한국을 위해서 어떤 정책을 갖고 있는가를 물으며, 미국의 도움을 요청하는 내용이었다. 여기에 비해서 또 다른 편지는 소련의 스탈린에게 보내는 편지인데, 여기에는 소련이 한국에 대한 관심은 오직 세 가지인데, 첫째는 일본의 침략을 막기 위해서, 둘째는 한국에 부동항을 확보하는 것, 셋째는 미국이 한국을 군사기지로 사용하지 못하도록 지키는 것이라고 하면서, 소련은 자신들이 한국에서 행한 모든 잘못을 회개해야 한다고 비판하였다.[84)]

1947년 1월의 반탁정국에서 김구는 반탁운동을 강화하기 위해서 연합전선을 구상했다. 당시 우파의 가장 중요한 단체는 김구의 비상국민회의, 이승만의 민족통일총본부와 독립촉성국민회의가 있는데 이 세 단체를 비상국민회의 아래 통합시키자는 것이었다. 그 이유는 비상국

83) 『조선일보』, 1947년 1월 26일자.

84) G-2 Weekly Summary #72 (30 January 1947); 『대동신문』, 1947년 1월 20일자; 『대동신문』, 1947년 1월 21일자; 『대동신문』, 1947년 1월 22일자.

민회의는 임시정부의 법통을 계승한 것이기 때문이라는 것이다.[85] 이것은 당시 이승만이 미국에 있는 기간 동안에 이승만의 조직을 김구가 장악하려는 음모로 이해될 수 있다. 김구는 1947년 2월 이 단체를 중심으로 입정법통론을 내세웠고, 1947년 3월 1일을 기하여 제2의 구테타를 계획했다.[86]

이승만은 김구의 이런 주장에 동의할 수 없었다. 독촉국민회의 조성환위원장은 자신들이 비록 김구의 반탁운동을 지지하지만 이승만 총재가 미국에 가 있는 동안 자신들의 마음대로 결정할 수 없기 때문에 단지 비공식적으로 돕겠다고 말했다. 조성환은 반탁특위의 부위원장을 사임하였다. 또한 이승만의 추종자들은 자신들은 아무것도 모르고 무조건 반탁위원회의 명령에 순종할 수 없다고 말했다.[87] 반탁 투쟁전선에 균열이 생긴 것이다. 당시 미국에 있던 이승만은 과도정부 수립에 박차를 가하였다. 이승만은 미국에서 즉각적인 과도정부를 수립하고, 과도정부는 유엔에 가입하여 독자적으로 미소양국과 협상할 수 있어야 한다고 주장하였다.[88] 여기에서 이승만과 김구는 같은 우익에서 방향의 차이가 존재하는 것이다. 김구는 임정법통론을 내세우고, 이승만은 과도정부를 내세웠던 것이다.

입법의원에서 반탁 결의가 있던 같은 날, 남로당의 이기석은 신탁문제에 대해서 기자회견을 열었다. 이기석은 "삼상결정의 실천"이 조선

---

85) 『조선일보』, 1947년 2월 9일자.

86) 여기에 대해서는 박명수, 「1947년 3 · 1절에 나타난 임정법통론과 인민혁명에 대한 미군정의 대응」, 『한국정치외교사논총』 제39집 1호, 2017년 8월, 33~74쪽 참조.

87) G-2 Weekly Summary #73, 6 February 1947.

88) "Memorandum by Vincent to Hildring," 27 January 1947; *FRUS*, 1947, Vol. VI, pp.603~605.

민주독립의 유일한 방법임에도 불구하고 우익세력이 반탁운동을 일으키는 것은 최후 발악적 자승자박이라고 비판하면서 아직 조선은 단독으로서 민주주의적 자주독립을 할 능력이 없기 때문에 "조선을 민주주의적으로 독립시키기 위해서는 4개국 후견(신탁)이 필요하다"는 것이다. 또한 미소 양측이 다같이 민주주의라는 말을 사용하는데 만일 미, 영, 중이 소련식의 민주주의를 반대하면 어떻게 할 것인가 라는 질문에 이기석은 현재 상황이 진보적으로 나가기 때문에 그런 일은 없을 것이라고 말함으로서 소련식 민주주의가 수립될 것이라는 희망을 언급하고 있다.[89] 여기에서 우익과 좌익이 신탁통치를 놓고 분명하게 다른 입장을 갖고 있다는 것을 알 수 있다.

하지만 1947년 1월 반탁정국에서 좌익이 할 수 있는 일은 많지 않았다. 사실 박헌영이 월북하여 남로당의 핵심세력이 약화된 상황에서 찬탁운동은 대중들의 지지를 받기 어려웠다. 실제로 민주주의 민족전선은 입법의원 선거에 참여하지 않았고, 따라서 중앙무대에서 활동할 수 있는 기회가 사라졌다. 일반국민은 찬탁을 반민족적인 행위로 이해했다. 남로당은 이런 국면을 지방정부를 장악함으로서 해결하려고 하였다. 이 문제에 대해서 박헌영은 이미 스띠꼬프(Terrentii F. Shtykov) 및 로마넨코(Alexei A. Romanenko)와 의견을 나누었고, 이것은 중요한 전략이 되었다.[90] 1947년 초 미군정은 법령 126호에 의하여 본격적으로 지방의회 선거를 준비하였다. 따라서 1월 22일 민전은 상임위원회를 개최하여 지방선거를 통하여 자신들의 입지를 개선하려고 하였다. 이들은 새로 만들어지는 지방의원은 보통선거에 의해서 이루어져야 하

89) 『조선일보』, 1947년 1월 21일자.

90) 『스띠꼬프 비망록』, 1946.12.11-1947.1.9; 정용욱, 『해방 전후 미국의 대한정책』, 335쪽.

며, 지방의회는 단지 미군정 도지사의 협의기관으로 전락해서는 안되며, 친일파는 제외하고, 좌익인사들의 출마를 제한해서는 안된다는 주장을 하였다.[91] 이것을 구체화하기 위하여 1월 29일 민전중앙확대위원회를 개최하여 지방의원 선거에 대비하였다.[92] 하지만 미군정 기간 내에 지방의원 선거는 이루어지지 않았던 것 같다. 미군정은 지방선거가 좌익에 의해서 악용될 수 있을 것이라고 보았다.

입법의원에서 반탁결의를 하는 날, 김규식은 의장임에도 불구하고 회의의 사회권을 포기하고 시골로 내려가 버렸다. 물론 김규식은 원래 몸이 허약한 사람이지만 이것은 단지 건강의 문제만은 아니었다. 김규식은 미군정과 함께 좌우합작을 이끌어가고 있었고, 좌우 합작은 궁극적으로는 미소공위의 재개를 지지해야 하는 것이다. 그러나 만일 김규식이 신탁을 지지한다면 그는 우익세력으로부터 지지를 받지 못할 것이다. 하지만 김규식이 앞장서서 미군에 대항해서 반탁을 주도할 수도 없다. 그러면 김규식은 미군이 주도하는 정치 구도에서 사라지게 될 것이다. 이런 곤란한 상황을 피하기 위해서 김규식은 시골로 내려가서 버린 것이다. 이렇게 해야 김규식은 좌우합작운동을 이끌어 갈 수 있을 것이다. 미군정 보고서는 당시 김규식이 매우 어려운 입장에 있었다는 것을 말하고 있다.[93]

사실 우익진영과 하지 사이의 갈등은 모스크바 결정을 지지한다는 미소공위 5호 성명에 대한 해석문제였다. 김규식은 시골로 내려가기 전에 하지와 이 문제를 놓고 대화를 나누었다. 1946년 봄에는 신탁통치를 반대할 수 있는 표현의 자유가 있다고 언급한 반면에 1947년 1월

---

91) 『조선일보』, 1947년 1월 24일자.

92) 『조선일보』, 1947년 1월 30일자.

93) G-2 Weekly Summary #72, 30 January 1947.

에는 신탁통치 반대를 금지하고 있다. 여기에 대해서 김규식은 하지의 입장이 무엇인가를 분명히 할 것을 요청하였다. 만일 하지의 입장이 과거의 것과 달라졌다면 김규식은 입법의원 뿐만이 아니라 정계를 은퇴하겠다고 선언하였다.[94)]

이 같은 김규식의 문제제기에 대하여 하지는 1월 30일 공식적인 답을 보내 왔다. 여기에서 하지는 한발 물러나서 자신의 입장은 과거와 달라진 것이 없다고 회답하였다. 결국 하지는 1946년 제 5호 성명의 내용으로 돌아간 것이다.[95)]

> 사실로 말하면 본관이 제 5호 공동성명서에 의한 개인·정당 혹은 단체라는 말은 이러한 개인이나 정당은 자기들이 적당하다고 생각하는 의사표시를 자유로 할 수 있다는 의미이다. 따라서 본관은 언론의 자유를 제한하거나 봉쇄하는 것이 아니다. 모스크바 결정이 전적으로 준수되어야 되겠다는 것은, 즉 본관의 신탁문제는 모스크바 3상 결정 제 3조에 명백히 규정된 바와 같이 조선임시정부가 수립된 후 이 임시정부와 공동위원회에서 상정 내지 토의할 것이라고 본관의 종전의 성명을 재확인 하는 것 뿐이다. -- 신탁문제까지 포함하여 라고 하였을 때 그것은 이 문제가 적당한 시일과 장소에서 문제되기 전에 누구나를 막론하고 찬부 양자 중에 일방적이 되어야 되겠다는 말은 아니다.

김규식은 결국 하지로 하여금 기존의 입장을 포기하고, 1946년 원래의 입장으로 돌아가도록 만들었다. 김규식은 1947년 반탁논쟁에서 자신의 위치를 지킨 것이다. 사실 하지는 김규식이 없이는 중간파를 중심으로 하는 정국구상을 이끌어 갈 수 없었다. 따라서 하지는 자신의

---

94) 『동아일보』, 1947년 1월 25일자.

95) 『동아일보』, 1947년 1월 30일자.

입장을 양보하면서 김규식으로 다시금 정계로 복귀하도록 한 것이다.[96]

그러면 이 같은 상황에서 좌우 합작의 중심인물이며, 중도좌파라고 불리는 여운형은 어떤 역할을 하였는가? 1946년 제 1차 미소공위가 실패로 돌아간 다음 미군정은 김규식과 여운형을 내세워서 좌우합작을 이루려고 하였다. 하지만 이것은 박헌영으로부터 배신자로 낙인찍혔고, 특히 1946년 10월 공산당, 인민당, 신민당이 남로당으로 합당하는 과정에서 박헌영에게 철저하게 패배하였다. 남로당은 여운형을 제 1의 적이라고 규정했고, "미제의 주구"라고 낙인찍었다. 여운형도 스스로 자신을 "파산한 정치가"라고 인정했고, 1946년 12월 초 정계를 은퇴하고, 신문사를 경영하고자 하였다. 이런 가운데 미군정은 1947년 초 여운형에게 접촉해서 지금은 아직 은퇴할 시기가 아니며, 앞으로 한반도는 미국에 의해서 주도될 것이므로 미국 편에 서는 것은 현명한 일이라고 언급하였다. 미군정은 여운형에게 앞으로 김규식에게 버금가는 위치를 주겠다는 암시를 했다.[97]

사실 여운형은 좌우합작에는 참여했으나 입법의원에는 참여하지 않았다. 미군정은 여운형을 입법의원의 관선의원으로 임명했으나 여운형은 여기에 참여하지 않았다.[98] 좌익 전체가 입법의원을 반대하는 상황에서 여운형이 입법의원에 참여하는 것은 어렵다. 그래서 여운형은 입법의원에 참여하는 것을 망설였던 것이다. 하지만 미군정은 여운형을 박헌영의 그룹에서 분리시켜 미군 쪽으로 전향시키려고 노력을 하였다. 여기에 대해서 여운형은 미군의 CIC 당국에 자신이 입법의원에 참여하는 것은 거절하고, 오히려 기존의 좌우합작위원회를 강화시켜

96) 『동아일보』, 1947년 2월 2일자.

97) G-2 Periodic Report #428, 13 January 1947.

98) 여운홍, 『몽양 여운형』, 서울: 청하각, 1967, 214~221쪽.

서 그것을 근거로 자신의 정치활동을 재개할 예정이라고 말했다. 여운형은 아직도 시골에는 자신의 지지자들이 존재한다고 함으로 지방순회를 통해서 이런 세력이 존재한다면 이들을 중심으로 활동한다고 계획했다.[99)]

여운형은 1947년 1월 27일 오랜 침묵을 깨고 최근 일어나고 있던 반탁운동에 대해서 자신의 입장을 밝혔다. 여운형은 당시 상황을 미소공위가 재개되려는 시점이라고 보고, 반탁운동은 1) 국제고립, 2) 민족분열, 3) 독립지연을 초래할 것이기 때문에 즉시 중지할 것을 호소하며, 대중들은 1946년처럼 다시는 속지 말아야 할 것이라고 주장했다. 여운형은 반탁운동을 막기 위해서 전국의 민주주의자들이 모여서 통일전선을 형성하여 반민주적 행태를 극복하고, 민주국가 건설을 위해서 노력해야 할 것이라고 주장했다.[100)] 여기에서 여운형은 반탁진영에 대립하는 새로운 민주연합체를 구상하고 있는 것 같다. 아마도 이것은 미군정이 여운형과 김규식을 중심으로 새롭게 정치를 이끌어 가려고 하는 구상과 맞물릴 수 있다.

1947년 1월 초, 좌우합작위원회는 중간파 정당 · 사회단체들을 모아서 소위 제 3전선을 형성하려고 했다. 하지만 이 모임은 다양한 세력들의 이해관계를 조정하지 못했다. 미군정은 소위 제 3전선의 가능성에 대해서 매우 회의적이었다.[101)] 좌우합작운동은 서울에서는 일정한

99) G-2 Periodic Report #434, 20 January 1947.

100) 『조선일보』, 1947년 1월 28일자.

101) 윌리암 스톡은 당시의 상황을 이렇게 설명하고 있다. 1946년 "12월에 남한 임시국회가 소집되었지만 이승만과 김구등 우익진영의 강경파가 좌익과 협력을 거부하고, 온건파인 김규식과 여운형이 우익을 이길만한 세력을 규합하는데 실패함으로서 연합정책은 전혀 진전이 없었다." (윌리암 스톡, 『한국전쟁과 미국의 외교정책』, 68쪽).

지지를 얻고 있었지만 지방에서는 거의 알려지지 않았고, 실제로 한 곳도 지방조직을 갖고 있지 못했다. 특별히 대전과 대구에서 자율적으로 좌우합작이 시도되었지만 그것도 실패로 돌아가고 말았다.[102] 또한 좌우 합작에 대해서 언론도 관심이 없었다. 미군정의 조사에 의하면 당시 18개의 주요 신문 가운데서 10개는 좌우 합작을 반대하거나 무시하고 있으며, 좌우합작 위원이 운영하는 신문 3개를 포함해서 6개의 우익신문만이 동정적이라는 것이다.[103] 이것을 통해서 볼 때 1947년 봄 소위 중간파의 입지는 강하지 못하다고 말 할 수 있다.

그러나 미군정은 중간파에 대한 집착을 버리지 못했다. 그래서 실제로 김규식을 중심으로 하는 중간파가 집권하려면 현재와는 다른 모습을 보여 주어야 하고, 좀 더 구체적으로 중간파의 이름으로 대대적인 토지개혁을 한 다음에 김규식을 대통령으로 내세우는 방법도 제안되었다. 1947년 초에 마련된 이 같은 "정치 발전 계획"은 이승만 · 김구의 우익을 약화시키고, 김규식을 중심으로 여운형과 손을 잡고 중간파를 격려하여 한국정치를 이끌어 가자는 것이었다. 하지만 이런 안은 단지 계획안으로 끝나고 말았다. 미군정은 이 같은 인위적인 방법으로 상황을 전환할 수 없을 것이라고 생각했다.[104]

남로당 중심의 합당에 반대해서 새롭게 만들어진 사회로동당(사로당)은 반탁정국을 맞이하여 자신들의 의견을 개진하였다. 특별히 이승만이 미국에서 신탁통치를 반대하고 단독정부를 수립하려 한다는 주장을 접하고 이들은 이승만의 주장은 사실상 통일을 포기하는 일이며,

---

102) 정병준, 「1946-1947년 좌우 합작 운동의 전개과정과 성격변화」, 301~302쪽

103) 정병준, 「1946-1947년 좌우 합작 운동의 전개과정과 성격변화」, 302쪽. 각주 203번 참조. "The Coalition Committee, Its Enemies and Supporters," G-2 Weekly Summary #75, 20 February 1947.

104) 정용욱, 『해방전후 미국의 대한정책』, 315~333쪽.

따라서 현재의 한국문제를 해결하기 위해서는 오히려 삼상회의의 범주 안에서 그 원칙을 수용하고, 이 원칙을 실행하는 범주 안에서의 표현의 자유를 가져야 하며, 이 원칙을 수용하지 않는 자들은 미소공위에 참여시킬 수 없다는 것이다.[105] 따라서 반탁자들을 제외하고 찬성하는 사람들로 미소공위를 소집하여 정국을 진행시켜야 한다는 것이다. 다시 말하면 이승만과 김구는 새로 등장하는 정부구성에서 배재해야 한다는 것이다.

그러나 실질적으로 입법의원에서 반탁결의안에 반대표를 던진 유일한 사람은 안재홍이다. 그는 좌우합작의 일원으로서 우파에 속하지만 좌파도 포함해야 한다는 입장을 갖고 있었다. 당시 반탁의 입장이 절대적으로 우세한 상황 가운데서 안재홍은 반탁에 반대했다. 신탁통치에 관한 안재홍의 입장은 그가 사장으로 있던 한성일보의 사설에 잘 나타나 있다. "미국도 러시아도 다른 쪽을 제외하고 한국을 통치할 수 있다고 생각하는 것은 어리석다. 이들 중의 하나가 다른 쪽을 파괴함으로서 한국을 평화적인 낙원으로 만들 수 있다고 생각하는 것은 단지 꿈이다. 이런 관점에서 우리는 이 두 세력이 한국문제에 있어서 타협해야 하며, 연합국은 한국을 재건하기 위하여 협력해야 할 것이다. — 반탁운동은 한국의 독립을 얻기 위한 길이다. 그러나 우리는 이 운동을 통하여 사익을 취하거나 인기를 얻으려고 해서는 안 될 것이다."[106]

1947년 초 반탁정국에서 미군정의 입장을 가장 잘 표현한 사람이 바로 안재홍이다. 미군정은 1947년 2월 민간행정을 한국인에게 이양하고, 초대 민정장관으로 안재홍을 임명하였다. 비록 안재홍이 미군정과

---

105) 『조선일보』, 1947년 1월 29일자.

106) 이 사설은 "신탁문제에 대한 좋은 사설"이라는 평가와 함께 G-2 Weekly Summary #72, 30 January 1947에 영어로 수록된 것을 필자가 한글로 번역한 것임.

같은 입장이지만 그는 대부분의 한국인들과는 다른 생각을 갖고 있었다. 미군정은 한국인의 의사를 따르기 보다는 자신들의 정책을 충실히 따를 사람을 찾았던 것이다.

입법의원의 반탁결의는 우선 하지와 마군정의 입장을 난처하게 만들었다. 가장 중요한 문제가 되는 것은 입법의원에서 결의한 반탁결의가 어떤 의미를 갖는가 하는 것이다. 만일 반탁결의가 자체적으로 결정권을 갖는다면 이것은 매우 중대한 결과를 가질 수밖에 없다. 만일 그렇다면 미군정은 반탁결의를 받아들여서 미소공위를 취소해야 할 것이다. 하지만 미군정이 이런 방향으로 나갈 수는 없다. 미군정은 입법의원이 결의기관이 아니라 단지 미군사령관의 자문기관이라고 정의했다. 따라서 입법의원의 반탁결의가 법적인 의미를 갖는 것은 아니다.[107)]

반탁진영이 미군정에 가장 강력하게 항의한 것은 미군정이 표현의 자유를 인정하지 않는다는 것이다. 하지는 1월 24일 성명에서 반탁 측이 미국의 입장을 오해하고 있다고 주장하였다. 반탁측은 미군이 반탁측의 표현의 자유를 제어한다고 주장하고 있으나 사실은 그렇지 않다는 것이다. 실제로 입법의원은 미군의 도움으로 만들어졌으나 반탁토론은 자유롭게 이루어졌고, 따라서 표현의 자유가 제한된다는 것은 사실이 아니라고 주장한다.[108)]

한국에서의 반탁운동은 미국에서 이승만과 미 국무성과의 갈등으로 번졌다. 1월 23일자 AP 통신에 의하면 미국무성의 조선문제국장 윌리암스는 1월 16일 하지의 성명 가운데 "남조선 내의 일부 오도된 불평을 갖인 정당단체의 행동이 조선의 통일을 지연시킬 가능성이 있다"는 내용을 언급하면서 미국무성도 이런 가능성을 염려한다고 지적하였다.

107) 『조선일보』, 1947년 1월 12일자.
108) 『조선일보』, 1947년 1월 25일자.

그리고 이 일부 정당 단체란 좌익을 말하는 것이 아니고 우익이라고 언급하였다. 이것은 미 국무성이 조선의 우익단체를 미군에 대항하는 단체로 설명하는 것이다. 여기에 대해서 이승만은 바로 미국이 말하는 우익단체는 자신이 주도하는 민주의원을 언급하는 것이라고 지적하였다.[109] 이승만은 국무성에 대한 공격을 재개하였다. 그는 오히려 미 국무성의 일부 인사들이 미국의 조선독립의지를 방해하고 있다고 주장하면서 이들은 공산주의에 기울어지고 있다고 반박하였다. 아울러서 조선의 진실된 민심은 신탁이 아니라 반탁이며, 조속한 과도 정부 수립이라고 주장하였다.[110]

이승만의 이 같은 활동은 미국 의회에도 영향을 미친 것 같다. 미국 상원의원 보크 히겐루피(공화당)는 AFP기자에게 "지금 조선문제에 구구하고 불온한 보도가 전하여 지고 있는 상황에서 미국의 조선관리 진상을 조사할 필요가 있다"고 언급하고, 상원에 가급적 속히 일본과 조선에서 미국의 행동을 조사할 것을 요구했다고 말했다.[111] 이승만은 미국 의회를 장악한 미 공화당과 새로 부임한 마샬, 그리고 맥아더를 중심으로 자신의 정책을 추진했던 것 같다. 여기에서 문제의 초점은 이승만과 하지 가운데 누구의 설명이 맞는가 하는 점이다. 미국무성은 이 점을 직접 확인하기 위해서 1947년 2월 하지를 미국으로 소환하였다. 미군정 3년 동안 하지는 딱 한번 미국에 갔고, 그것은 바로 1947년 봄 반탁운동을 중심으로 하는 한국상황을 분명하게 파악하기 위해서였다.

109) 『조선일보』, 1947년 1월 24일자.
110) 『조선일보』, 1947년 1월 26일자.
111) 『조선일보』, 1947년 1월 26일자.

7. 맺는 말: 1947년 초의 한국 정치 지형

우리는 이상에서 제 2의 반탁운동을 중심으로 1947년 초의 한국 정치 지형을 살펴 보았다. 1947년 1월 11일 하지는 미소공위 재개를 위한 서신을 공개했고, 이것은 잠복해 있던 반탁운동을 다시 재연시켰다. 1946년 반탁운동의 전위대였던 전국학연은 1947년 1월 18일 다시금 대규모의 투쟁을 계획했으나 이승만의 제지로 과격한 행동은 중지되었다. 하지만 1월 22일 당시 미군정에 의해서 만들어진 입법의원에서 44:1로 반탁을 결의하였다. 이것으로 미군정이 추구하는 미소공위는 한국인들에 의해서 공식적으로 부정된 것이다. 이 같은 반탁운동은 우익에게 큰 힘을 제공하는 것인 동시에 좌익에게는 좌절을 가져다주는 것이다. 1947년 초 한국사회는 역시 이승만과 김구와 같은 우익이 주도하고 있었다.

신탁통치에 관한 논란의 내용을 보면, 우선 미국은 미소의 협조가 난관에 처한 한반도의 상황을 타개할 수 있는 방안이라고 생각하고, 소련의 입장을 어느 정도 수용하였다. 여기에 대해서 이승만·김구의 반탁진영은 강력하게 반발하였다. 이들이 내세운 논리는 대서양헌장과 카이로선언에서 이미 한반도에 독립을 약속했으며, 모스크바 결정은 이것을 배신한 것이며, 따라서 모스크바 결정에서 신탁통치 부분은 삭제해야 한다는 것이다. 여기에 비해서 민전을 중심으로 찬탁진영은 모스크바 결정의 충실한 집행만이 한반도의 독립을 가져오는 유일한 길이며, 따라서 신탁통치를 반대하는 우익은 미소공위의 협상 대상에서 제외되어야 한다는 것이다. 이들의 입장은 근본적으로 소련과 같다.

이 논쟁에서 또 다른 요점 가운데 하나는 하지가 소련의 입장을 받아들여서 모스크바 삼상회의의 결의를 지지한다는 5호 성명에 서명했지만 신탁통치에 반대하는 사람을 미소공위에 참여하지 못하게 한다는 것이다. 이것은 심각한 논란을 불러 일으켰다. 우익은 하지가 본래의 입장을 바꾸었을 뿐만이 아니라 표현의 자유라는 민주주의의 가치를 훼손했다고 비판하였다. 하지는 여기에 대해서 자신의 입장은 원래의 입장과 동일하다고 주장하면서 한 발 후퇴하였다. 결국 미군정은 소련과 한국의 우익 사이를 중재하는데 실패했다.

1947년 초 한국의 정치 지형에서 가장 중요한 사람은 이승만이었다. 비록 그가 미국에서 외교활동을 벌이고 있었지만 한국정치에 이승만보다 더 큰 영향을 미치는 사람은 없었다. 특별히 그는 국제정세가 변화하고 있다는 사실을 한국인들에게 알려 주었고, 자신의 충실한 조직을 통해서 한국사회의 반탁운동을 주도하고 있었다. 당시의 여론조사는 이승만의 도미활동에 대해서 69%가 지지를 보낸다고 말하고 있다. 이것은 이승만이 일반대중의 강력한 지지를 받고 있다는 것을 보여준다.[112)]

이승만과 함께 1947년 초의 반탁운동의 주역은 김구였다. 그는 이승만이 도미한 가운데 한국의 반탁운동의 핵심으로 활동하였다. 그는 이승만의 조직과 함께 전국학연의 반탁운동과 입법의원의 반탁결의를 이끌어 냈고, 여기에서 자신감을 얻은 김구는 반탁독립투쟁위원회를 조직해서 보다 적극적으로 정국을 주도하고자 했다. 하지만 이런 김구의 시도에 이승만 계열의 단체는 비협조적이었다.

당시의 중도 우파적인 성향을 갖고 있던 김규식은 반탁정국에서 매우 어려운 상황에 빠지게 되었다. 김규식은 미군정과 이승만·김구의 우익진영 사이에서 자신의 독자적인 세력을 갖고 있지 못했다. 물론 당시 미군정은 김규식을 내세워서 좌우합작과 미소공위를 추진하려고

---

112) G-2 Weekly Summary #69, 9 January 1947.

했고, 김규식도 어느 정도 여기에 동의했지만 신탁통치를 지지할 수는 없었다. 결국 독자적인 세력을 갖고 있지 못했던 김규식은 정국을 주도해 나갈 수 없었다. 1946년 김규식과 함께 중도 우파에 속한다고 할 수 있는 안재홍은 미군정과 우익사이에서 접촉점을 찾으려고 노력했지만 실패하고 말았다. 미군정은 1947년 2월 안재홍을 민정장관에 임명했다.

당시 중도좌파에 속한다고 볼 수 있는 여운형은 박헌영과의 투쟁에서 실패한 다음에 파산한 정치가 신세였다. 김규식과 마찬가지로 독자적인 세력을 갖고 있지 못했던 여운형은 미군정의 후원을 받아서 다시 정치를 재개하려고 했지만 당시 상황에서 전망은 매우 어두웠다.

미군정은 미 국무성의 훈령에 따라서 미소공위를 재개하기 위해서는 소련이 싫어하는 이승만 · 김구를 제외시키고, 온건한 입장이었던 김규식 · 여운형을 중심으로 정국을 이끌어 가고자 하였지만 이들의 입장은 당시 한국인들로부터 지지를 받지 못하였다. 결국 미군정의 중간파를 통한 정국의 재편은 실패로 돌아갈 수밖에 없었다.

1947년 초 박헌영을 중심으로 하는 좌익 세력은 한국정치에 공개적으로 활동하기 어려운 상황이었다. 무엇보다 박헌영은 북한으로 탈출하였고, 박헌영은 북한에서 남로당을 통하여 무력투쟁으로서 정국을 돌파하려고 했기 때문에 대중들의 지지를 받기 어려웠다. 남로당을 중심으로 한 좌익들은 신탁통치 보다는 지방의원 선거를 준비하고 있었다.

우리는 해방정국의 신탁통치 문제를 좌우의 대립이라는 보다 근본적인 구조에서 이해해야 한다. 우익은 신탁통치 문제를 민족과 반민족의 대립으로 발전시켰다. 해방을 독립이라고 이해했던 한국사람들은 신탁을 받아들이기 어려웠다. 이런 점에서 반탁운동은 당시 한국인들에게서 쉽게 호응을 받을 수 있었다. 여기에 비해서 좌익은 신탁통치

문제를 통일과 반통일의 문제로 설명했다. 하지만 이미 민족과 반민족의 구도로 바꾸어진 상황에서 통일과 반통일의 구도는 설득력이 떨어지는 것이었다. 이런 점에서 신탁통치문제에 있어서 우익이 우위를 점할 수 있었다.

1947년 초 남한의 정치지형은 하지를 중심으로 하는 미군정 세력과 이승만을 중심으로 하는 우익민족주의 세력의 양 강 구도로 정리할 수 있다. 여기에서 핵심 주제는 미소공위 재개문제였고, 이것은 신탁통치를 둘러싼 논쟁으로 이어진다. 이런 논쟁에서 미군정은 국무성의 입장을 받아들여 소련과 함께 한반도의 문제를 풀어보고자 하였지만 이승만을 중심으로 하는 우익세력은 신탁통치를 반대하고, 남한에 독립정부를 세우고, 그 다음에 소련과 협상한다는 전략을 세웠다. 당시 남한의 대부분의 사람들은 이런 이승만의 입장을 지지했고, 이것은 반탁운동으로 나타난 것이다.

1947년 초 이승만은 국제정세가 미소공존이 아니라 미소대립의 상황으로 돌아가고 있다는 것을 알았고, 남한에서도 막연한 좌우합작보다는 보다 분명한 독립정부 수립이 대세라는 것을 확인하였다. 비록 1947년 초 이 같은 정치 상황이 명확해진 것은 아니지만 그 징후는 충분히 포착할 수 있는 것이었고, 이런 정치지형의 전개는 1948년 대한민국의 탄생으로 이어지는 것이다.

〈참고문헌〉

1. 신문 및 1차 자료

"탁치문제 염려말라," 『조선일보』, (1947년 1월 1일).

"남북통일의 독립국가 건설을 위하여," 『조선일보』, (1947년 1월 4일).

"친일파처단법 속정하라," 『조선일보』, (1947년 1월 9일).

"합위는 확대진전," 『조선일보』, (1947년 1월 9일).

"맥아더 원수 조선시찰 요구하라," 『조선일보』, (1947년 1월 11일).

"하지, 공위 재개에 관한 양군 사령관의 서한 발표," 『동아일보』, (1947년 1월 12일).

"군사령관 권한과 입법의원," 『조선일보』, (1947년 1월 12일).

"미소공위 재개 서한 발표에 대한 각계의 반향," 『조선일보』, (1947년 1월 14일).

"미소공위 재개 서한 발표에 대한 각계의 반향," 『조선일보』, (1947년 1월 14일).

"독립로선의 개통희망, 탁치조항의 점차이해," 『조선일보』, (1947년 1월 14일).

"민의, 미에 타전," 『조선일보』, (1947년 1월 15일).

"하지의 미소공위 재개에 관한 서한발표에 대한 각 정당의 성명," 『조선일보』, (1947년 1월 15일).

"민전 등 28개 좌익 단체 협의회에서 공위에 관한 성명서 발표," 『조선일보』, (1947년 1월 16일).

"민주의원 등 35개 우익단체, 탁치문제에 관한 공동성명서 발표," 『조선일보』, (1947년 1월 17일).

"데모 전개는 엄계," 『조선일보』, (1947년 1월 17일).

"하지, 반탁운동과 선동행위에 대한 성명서 발표," 『동아일보』, (1947년 1월 17일).

"전국학생 총연맹, 미군당국의 동 본부 수사에 항의 성명서 발표," 『동아일보』, (1947년 1월 18일).

"재미중인 이승만, 임시정부 수립을 요망하는 담화 발표," 『동아일보』, (1947년 1월 18일).

"제 1 경무총감 장택상, 불온 유언과 행동 경계 포고," 『조선일보』, (1947년 1월 18일).

"민주주의 민족전선, 하지의 반탁운동과 시위행렬에 대한 경고성명에 대해 담화," 『경향신문』, (1947년 1월 18일).

"전국 부녀단체 총연맹, 공위 속개와 민중이 요망하는 바의 실천요구," 『동아일보』, (1947년 1월 18일).

"전국학생총연맹, 탁치반대 투쟁사 발표대회 개최예정," 『동아일보』, (1947년 1월 18일).
"신탁문제는 인민투표로," 『조선일보』, (1947년 1월 18일).
"미 군사당국 수사에 학생총연맹 발표," 『동아일보』, (1947년 1월 18일).
"미소 양군은 후견기간 조선에 계속 주둔 가능," 『조선일보』, (1947년 1월 21일).
"김구 · 조소앙, 반탁결의안을 제출한 입법의원 대의원 격려," 『동아일보』, (1947년 1월 21일).
"스탈린 씨에게(1)," 『대동신문』, (1947년 1월 21일).
"멀리 트루만씨에게," 『대동신문』, (1947년 1월 20일).
"합위 취소주장은 결코 불합작의 의미가 아니다," 『조선일보』, (1947년 1월 21일).
"국민운동 전개의 신 기관 설립," 『조선일보』, (1947년 1월 21일).
"스탈린 씨에게(완)," 『대동신문』, (1947년 1월 22일).
"입의에서 반탁의 봉화 청사에 빛 날 44의원의 분투, 입법 반탁 결의 방청기," 『동아일보』, (1947년 1월 22일).
"민주의원 선전부, 재미중인 이승만에게 온 전문 내용 발표," 『경향신문』, (1947년 1월 22일).
"이박사, 합위문제로 타전," 『동아일보』, (1947년 1월 23).
"미 국무성 하지 성명 공개," 『조선일보』, (1947년 1월 24일).
"지방선거와 민전견해," 『조선일보』, (1947년 1월 24일).
"한국민주당, 남조선 과도입법의원의 반탁결의안 가결에 대한 담화발표," 『동아일보』, (1947년 1월 25일).
"입의 탁치반대 당연," 『조선일보』, (1947년 1월 25일).
"입법의원을 해산하라," 『조선일보』, (1947년 1월 25일).
"오류진술은 유감," 『조선일보』, (1947년 1월 25일).
"남조선과도입법의원 의장 김규식, 하지 방문 요담," 『동아일보』, (1947년 1월 25일).
"민주의원, 미소공위 5호 성명 취소문을 제출한 단체 수 발표," 『동아일보』, (1947년 1월 26일).
"독촉지부장회의에서 합위와 입위에 대한 결정," 『조선일보』, (1947년 1월 26일).
"전국학생총연맹, 선전부 재미중인 이승만에게서 온 전문 발표," 『동아일보』, (1947년 1월 26일).
"미 군정은 좌익 옹호," 『조선일보』, (1947년 1월 26일).
"조선 진상 검토하라," 『조선일보』, (1947년 1월 26일).

"반탁지도자는 자성하라," 『조선일보』, (1947년 1월 28일).
"반탁자 제외코 공위 속개 노력," 『조선일보』, (1947년 1월 29일).
"좌우 충돌로 공장 운휴," 『조선일보』, (1947년 1월 30일).
"민전확대중앙위원회," 『조선일보』, (1947년 1월 30일).
"경무부장 조병옥, '시국에 관하여'라는 담화 발표," 『동아일보』, (1947년 1월 30일).
"학생 태도는 강경," 『조선일보』, (1947년 1월 30일).
"입법의원 비서처, 미소공위 재개에 대한 김규식과 하지간의 교환 내용 발표," 『동아일보』, (1947년 1월 30일).
"남조선과도입법의원 의장, 김규식, 하지, 러취 요담," 『동아일보』, (1947년 2월 2일).
"김구, "국의, 독촉, 민통 --- 고함," 『조선일보』, (1947년 2월 9일).
"삼일식전에 각계축사," 『동아일보』, (1948년 3월 2일).
『민족문화대백과사전』
『스띠꼬프 비망록』, 중앙일보사 현대사 연구소 소장, 1946년 12월 11일~1947년 1월 9일
G-2 Weekly Summary #67-75 (27 December 1946-20 February 1947)
G-2 Periodic Report #427-434 (11 January 1947-20 January 1947)
Foreign Relations of the United States 1947 The Far East, Volume VI (United States Government Printing Office: Washington, 1972)

2. 연구문헌 및 단행본

강만길 · 심지연, 『우사 김규식: 항일 독립투쟁과 좌우합작』, 서울: 도서출판 한울, 2000.
김준연, 『독립노선』, 서울: 시사시보사, 1959.
김영미, 「미군정기 남조선과도입법의원의 성립과 활동」, 『한국사론』 32권, 1994.
도진순, 『한국 민족주의와 남북문제: 이승만 · 김구시대의 정치사』, 서울: 서울대학교 출판부, 1997.
로버트 T. 올리버, 『건국과 나라 수호를 위한 이승만의 대미 투쟁』 상권, 서울: 비봉출판사, 2013.
미국무성, 『해방 3년과 미국 I: 미국의 대한정책 1945-1948』, 김국태 역, 서울: 돌베게, 1984.
박명수, 「1947년 3 · 1절에 나타난 임정법통론과 인민혁명에 대한 미군정의 대응」, 『한국정치외교사논총』 제39집 1호, 2017.

브루스 커밍스, 김자동 역,『한국전쟁의 기원』, 서울: 일월서각, 1986.
서중석,『한국현대민족운동연구』, 서울: 역사비평사, 1996.
신복룡・김원덕 편역,『한반도분단보고서』하, 서울: 풀빛, 1992.
손세일,『이승만과 김구』제6권, 서울: 조선 뉴스 프레스, 2015.
송남헌,『한국현대정치사 1』, 서울: 성문각, 1980.
심지연,『미・소공동위원회 연구』, 서울: 청계연구소, 1989.
양동안,『대한민국 건국사』, 서울: 이승만기념사업회 출판부, 1998.
여운홍,『몽양 여운형』, 서울: 청하각, 1967.
이철승,『전국학련』, 서울: 중앙일보・동양방송: 1976.
윌리암 스툭, 서은경 역,『한국전쟁과 미국의 외교정책』, 서울: 자유기업원, 2003.
정병준,『우남 이승만 연구』, 서울: 역사비평사, 2005.
______,「1946-1947년 좌우 합작 운동의 전개과정과 성격변화」,『한국사론』29권, 1993.
정용욱,『해방 전후 미국의 대한정책』, 서울: 서울대학교 출판부, 2003.

1948년 유엔한국임시위원단의 활동과 5.10총선

양준석

1. 시작하는 말

1945년 10월 국제연합(United Nations)이 출범했으나 캐나다총리 메켄지(MacKenzie King)는 1947년 유엔의 힘은 갈수록 소멸되어 국제연맹(League of Nations)과 비슷하게 될 것이라고 예상했다. 냉전이 시작되는 국제질서의 전환기에 유엔의 권위는 부정되기도 하고, 미국과 소련의 부상은 많은 국가들에게 혼란을 제시했다. 하지만 유엔은 냉전기 군비축소, 국제협력 분야에서 본연의 역할을 감당하며, 전쟁억제와 평화유지를 지속했고, 현대의 국제질서를 주도하는 핵심 기구로 성장했다. 대한민국의 정부수립은 이러한 성장의 궤적을 보였던 유엔의 민주적 결의 방식과 방향성의 틀 내에서 진행되었다. 해방 이후 미소공동위원회의 논쟁 끝에 결국 1947년 9월 코리아문제는 유엔으로 이관되었다. 1947년 11월 14일 유엔결의안을 기초로 한 1948년 총선거와 대한민국 정부수립, 대한민국의 국제적 승인은 제2차세계대전 직후 세계 평화와 안전, 발전을 위해 구성된 유엔의 지원과 합리적 절차에 따라 진행되었다.

대한민국의 독립을 가능하게 했던 1948년 5.10총선은 유엔한국임시위원단(UN Temporary Commission on Korea, UNTCOK)[1]의 활동을 통해 실시되었다. 유엔한국임시위원단에 대해 박찬표는 "점령당국과 유엔한국임시위원단, 극우세력과 유엔한위" 사이 협력이 아닌 마찰과 갈등이 있었음을 기록했다.[2] 박태균은 캐나다대표가 "미국이 지지하는 정치인들보다도 온건파의 정치인들에게 더 많은 관심"을 보였다고 평가했다.[3] 커밍스는 국내에 입국한 유엔한국임시위원단이 본 한민당에 대해 "단 하나의 당의 통제하"에 있는 분위기의 정계 인상을 표현했고,[4] 신복룡은 유엔한국임시위원단의 입국은 "경멸에 찬 군림(君臨)"이었다고 기술했다.[5] 유엔한국임시위원단의 입국과 활동에 상황에 대해 양동안,[6] 손세일[7]은 구체적으로 기술하고 있다.

5.10총선에 대해서는 실질적으로 영향력 있는 정치인들이 빠졌다고

---

1) 해방공간에서 이 위원단의 명칭은 유엔한국임시위원단, 유엔조선임시위원단, 유엔한국감시위원단, 유엔한국위원단, 유엔위원단, 유엔감시단 등으로 다양하게 불리고 있었다. 이 연구에서는 위원단의 활동이 대한민국 정부수립 이전부터 진행되었고, 38선 이남의 지역만을 활동 영역으로 특정한 것이 아닌 한반도 전체를 대상으로 활동을 시도했던 상황을 주지하며, 당시 한국인들이 일반적으로 명칭했던 '유엔한국임시위원단'으로 통일한다.

2) 박찬표, 『한국의 국가 형성과 민주주의』, 후마니타스, 2007, 319쪽.

3) Park, Tae-Gyun, 「The Ugly Duckling: The Activities of the Canadian Delegate in UNTCOK and Koreans' Evaluation」, 『비교한국학』 13권1호.

4) 브루스 커밍스 지음, 김동노 외 옮김, 『브루스 커밍스의 한국현대사』, 창작과비평사, 2001, 297쪽.

5) 신복룡, 『인물로 보는 해방정국의 풍경』, 지식산업사, 2017, 604쪽.

6) 양동안, 『대한민국 건국사』, 건국대통령이승만박사기념사업회출판사업부, 1998.

7) 손세일, 『이승만과 김구. 제7권, 제3부 어떤 나라를 세울까 1945~1950』, 조선뉴스프레스, 2015.

평가[8)]하기도 하고, 38선 이남지역(이하 '이남')에서만 진행된 총선거는 "미국의 한국점령정책의 궁극적 실패"와 "독립적이고 민주적인 통일한국의 수립" 목표의 포기라는 평가도 있다.[9)] 강정구는 "미국의 점령정책과 미군정에 의하여 얼마나 왜곡되고, 관권에 의해 지배되고, 공포 분위기 속에서 이루어지고, 그러면서도 '민주주의적 선거'였다는 겉포장으로 공식화 및 정당화된 특징을 가진 허구적 선거"라고 지적했다.[10)] 박찬표는 "형성 초기 분단 체제와 냉전반공체제의 허약성"을 보여주며, 민주주의 의제와 실천 간 괴리가 5.10선거에서 나타나고 있다 평가했다.[11)] 이러한 평가들과 대조적으로 5.10총선은 "역사적인 민주적 총선거"[12)]로서, "최초로 선거의 4대원칙"이 지켜지며, "대한민국 정부를 수립하기 위한 첫걸음"[13)]이라는 평가도 있다. 김영명은 "통일정부가 민주정부보다 앞서는 가치인가?"라 물으며 단독정부 수립이라는 차악의 선택에 대한 불가피성을 강조했고, 김용호는 차악이 아닌 차선이었다고 주장했다.[14)]

이 연구는 기존 논의들을 기반하여 미국과 한국의 자료를 통해 유엔한국임시위원단의 활동과 5.10총선에 대해 미군정과 미국무부 그리고 한국인들이 어떻게 인식하고 있었는지를 분석한다. 연구를 진행하기 위한 자료로서 미국무부의 1947년 11월부터 1948년 6월 기간의 *Foreign*

---

8) 리차드 D. 로빈슨 지음, 정미옥 옮김, 『미국의 배반』, 과학과사상, 1988, 272쪽.
9) 차상철, 『해방전후 미국의 한반도 정책』, 지식산업사, 1991, 182쪽.
10) 강정구, 「5.10 선거와 5.30선거의 비교연구」, 한국사회학회 1992년 후기사회학대회 발표문, 1992, 28쪽.
11) 박찬표, 『한국의 국가 형성과 민주주의』, 후마니타스, 2007, 396쪽.
12) 유영익, 『건국 대통령 이승만』, 일조각, 2013, 153쪽.
13) 김일영, 『건국과 부국』, 생각의 나무, 2004, 68쪽.
14) 신복룡, 『인물로 보는 해방정국의 풍경』, 120~121쪽.

Relations of the United States(*FRUS*)[15]중 유엔한국임시위원단 관련 내용, 주한미육군(USAFIK) 24군단에서 작성된 유엔한국임시위원단 관련 보고서인 「Report of U.S. Liaison Officer with United Nations Temporary Commission on Korea」, 유엔한국임시위원단이 작성한 보고서인 「First Part of the Report of the United Nations Temporary Commission on Korea」[16]를 주로 분석했다. 또한 열거한 자료를 포함해 해방공간의 언론자료와 주요 인물의 회고기록을 교차검토하여 유엔소총회 결정, 5.10총선거, 남북협상 등에 대한 유엔한국임시위원단 내부 대립과 이에 대한 미국정부 그리고 한국인들의 인식을 보다 입체적으로 재구성하도록 할 것이다.

2. 유엔한국임시위원단의 구성 추진과 캐나다의 대응

1947년 미국행정부에게 코리아문제는 유엔이라는 새로운 국제협력체에 미국의 민족자결원칙을 보여주는 기회였으나 소련의 개입으로 갈등도 나타났다. 1947년 8월 26일 러벳(Robert A. Lovett) 미국무부차관은 코리아문제에 대한 유엔 개입 제안을 소련에 보냈고, 9월 4일 미국무부는 소련의 거부회신을 접수했다. 마샬(George Marshall) 미국무부장관은 미국과 소련이 코리아문제에 관한 과거 협정을 실천에 옮길 수 없으므로, 세계평화에 대한 이 같은 위협을 제거하기 위해 유엔의 개

15) *FRUS* 문서는 미국무부 Office of the Historian과 국사편찬위원회 한국사데이터베이스에서 정리하여 공개한 내용을 활용했다.

16) 유엔한국임시위원단 보고서는 다음 자료집에 수록되어 있다. 경희대학교 한국현대사연구원, 『한국문제관련 유엔문서 자료집』, 경인문화사, 2017.

입을 요청한다고 밝혔다. 1947년 9월 웨드마이어(Wedemeyer Albert) 중장은 중국에 대한 스탈린의 영향력 확대에 따라 미군의 조기철수를 반대했고,[17] 동유럽 담당 스티븐스(Francis B. Stevens)는 한반도에서 공산주의의 승리는 스탈린의 집념을 강화할 것이라고 판단했다.[18]

이승만(李承晩)과 한민당 등 이남의 우익진영은 유엔총회 결의를 환영했다.[19] 이승만은 "우방들이 우리를 도와서 남북 총선거를 행하려 할지라도 우리 정부대표가 있어서 협조해야만 우리 민의대로 해결될 수 있을 것이오 … 유엔 대표단이 와서 남북총선거를 감시한다는 것은 소련이 불응하면 그 결과는 남한총선거로 귀결될 뿐이니 기왕에 공위로 인연하야 세월을 허비한 후 또다시 시일을 허비할 필요도 없고 형편도 허락지 않는 것이다 … 북한에 공산군이 남한 침범을 준비한다는 보도가 자주 들리는 이때에 우리는 하루바삐 정부를 세워서 국방군을 조직해 놓아야 남한이 적화되는 화를 막을 수 있을 것이다"[20]라고 주

17) 제임스 어빙 매트레이 지음, 구대열 옮김, 『한반도 분단과 미국』, 을유문화사, 1989, 156~158쪽.

18) 스티븐스는 다음과 같이 한반도의 안보 중요성을 파악했다. "한국은 동서 간의 힘과 영향력의 투쟁이라는 관점과 아시아 민족의 민족주의적 목표를 후원하는 가운데 미국의 안보를 지킨다는 관점에서 세계를 관찰하는 하나의 상징이다. 우리가 실수로 남한을 포기하여 소련의 영향권으로 떨어지게 한다면 세계는 우리가 소련과의 또 한 차례 대결에서 패배한 것으로 느낄 것이며 우리의 위신과 우리에게 신뢰를 주는 국민들의 희망은 손상될 것이다." 제임스 어빙 매트레이, 『한반도 분단과 미국』, 159~160쪽. 이하 인용구문의 맞춤법 사용은 원문의 의미전달을 위해 필요한 경우 원문의 표기를 그대로 따른다.

19) 이영훈, 『대한민국 역사』, 도서출판 기파랑, 2013, 116쪽. 1947년 가을 미군정 정치고문 제이콥스(Joseph E. Jacobs)는 높은 교육 수준의 한국인이라도 민주원칙에 대한 명확한 개념을 갖지 못하고 있고, 이승만이 자유선거가 실시되면 선거에 패배할지도 모른다는 우려에 따라 경찰과 우익청년단체에 의존하려한다고 분석했다. 제임스 어빙 매트레이, 『한반도 분단과 미국』, 162~166쪽.

20) "南朝鮮總選擧가 自主獨立의 第一捷徑," 『京鄕新聞』, 1947년 11월 5일자.

장하며 유엔의 코리아문제 개입과는 별도로 한국인들을 중심으로 총선거를 위한 국내정치 세력을 규합하는 것을 강조하고 있었다.

1947년 11월 14일 유엔총회는 "선거후 가급적 조속히 국회(National Assembly)를 구성하여 중앙정부를 수립할 것"이라는 내용이 포함된 '112 II. 코리아 총선거에 관한 결의문'을 통과시켰다.[21] 코리아문제 결의안이 통과된 후 호주와 같은 남한의 정치적 불안을 우려하는 국가들은 코리아문제에 대한 국제적 개입을 반대했다. 1947년 11월 17일 미국은 "유엔한국임시위원단 감시 하의 선거 실시를 포함하여 한국에 대한 유엔 결의안을 모든 면에서 따라야 한다"는 입장을 국무부장관에게 전했고, 조기 선거에 대한 미국 점령지역에서의 압력과 최종기한인 1948년 3월 31일에 맞추기 위해서 선거에 대비하여 당면 조치들(선거

21) 결의문은 다음과 같다.
A 1. 선거에 의한 한국국민의 대표가 참여하도록 초청할 것을 결의하며, 2. 한국 대표가 단지 한국의 군정당국에 의하여 지명된 자가 아니라 한국국민에 의하여 사실상 정당히 선거된 자라는 것을 감시하기 위하여 조속히 유엔한국임시위원단을 설치하여 한국에 부임케 하고 이 위원단에게 전 한국을 통하여 여행, 감시, 협의할 수 있는 권한을 부여할 것을 결의한다.
B 1. 위원단은 호주, 캐나다, 중국, 엘살바도르, 프랑스, 인도, 필리핀, 시리아, 우크라이나 소비에트사회주의공화국의 대표로써 구성할 것을 결정한다. 2. 1948년 3월 31일 이내에 성년자선거권 원칙과 비밀투표에 의한 선거를 시행. 3. 선거 후 가급적 조속히 국회(National Assembly)를 구성하여 중앙 정부를 수립할 것. 4. (1) 국회에 의해 중앙정부를 수립하고 그 중앙정부에 의해 국방군(security forces)을 창설하며, 거기에 포함되지 않는 그 외 군사력이나 준군사력은 해체할 것, (2) 한국중앙정부는 남한과 북한의 현 정부들로부터 정부의 기능을 이양 받을 것, 그런 다음, (3) 가능하면, 90일 이내에 한국에서 모든 점령군들은 철수할 것. 5. 위원단은 얻은 바 결론을 첨가하여 총회에 보고하여야 하며 사태의 진전에 비추어 본 결의의 적용에 관하여 소총회(Interim Committee)와 협의할 수 있다. 6. 유엔 회원국은 위원단이 책무를 수행하는 데 필요한 모든 지원과 편의를 제공할 것.[저자 강조] The Resolution on the Problem of the Independence of Korea(112 II) (November 14, 1947) 외무부 정무국, 『국제 연합 한국관계결의문집』, 외무부, 1954.

법 공포, 등록, 선거투표지역, 선거관리요원 등)을 즉시 취해야 할 필요성을 언급했다.[22] 1947년 11월 19일 하지(John R. Hodge)는 유엔한국임시위원단은 9개 국가의 대표들로 구성될 것이며, 1948년 3월 31일 총선거 실시와 한국인들이 임시위원단의 지휘에 따라 최대한 전국적으로 선거 참여를 강조했다.[23]

이 당시 국내에서는 이남지역의 단독선거에 대한 목소리가 커져가고 있었고, 조선민주당은 다음과 같은 담화를 발표했다. "우리는 유엔위원단의 내조를 고대하는 동시에 … 지역은 남한뿐이라 할지라도 북조선의 불참가 문제는 추후로 돌리고 총선거를 즉시 실시하여 조선독립을 달성시키는 동시에 유엔 일원으로 참가 시켜야할 것이다. 전독립을 염원하지만 부득이한 경우에 주장할 바는 남조선은 전조선인구의 7할 이상이고, 이북인구의 35%와 이북지도자 90% 이상이 월남한 실정과 조선독립을 더 퇴연 못한다는 원칙하에"[24] 임시위원단이 이남에서만이라도 총선거를 실시해야하는 원칙을 가질 것을 주문했다. 이러한 국내여론에 따라 11월 27일 딘(William F. Dean) 군정장관은 총선거에 대한 비공식 보도를 경계해야 하며 "유엔 감시 하에 선거가 실시되기 전에는 남조선에 총선거는 없을 것"[25]이라며 국내 세력을 견제하는 입장을 강조했다.

1947년 12월 3일 러벳이 주한 정치고문 직무대행 랭던(William R. Langdon)에게 보낸 문서에는 주한미군 최고사령관에 대한 지시사항이

22) "The Political Adviser in Korea(Jacobs) to the Secretary of State," Seoul, November 17, 1947. *FRUS, 1947, The Far East, Volume VI.*

23) "The Political Adviser in Korea(Jacobs) to the Secretary of State," Seoul, November 19, 1947. *FRUS.*

24) "統一못되면單獨選擧도可," 『東亞日報』, 1947년 11월 26일자.

25) "딘長官聲明 朝鮮의 總選擧는 유엔指示下에 實施," 『東亞日報』, 1947년 11월 28일자.

수록되어 있다. 선거를 위한 행정적인 준비와 남조선과도입법의원 선거법은 유엔한국임시위원단의 도착 즉시 협의 하에 수정과 최종 승인을 거쳐 시행할 것이 주요 내용이었다. 남조선과도입법의원 선거법의 잠정적 시행에 의해 달성할 주요 목적은 “선거 준비를 위해 한국인들의 에너지를 집중시키는 것, 그리고 이승만 추종자들과 기타 세력들의 반대 행위의 실행 의욕을 꺾는데 사용해야 할 것”[26]으로 이승만세력을 견제하며 미국과 유엔이 기획하는 선거절차대로 선거과정을 이끌어가도록 지시했다. 1947년 12월 7일 하지는 위원단이 이미 선출된 한국인 대표자와 협의하기 위해서가 아니라 한국인의 대표자 선출 선거를 감시하기 위해 오는 것을 강조했고, 주한미군은 임시위원단의 임무에 대해 어떤 통제권도 없음을 강조했다.[27]

유엔한국임시위원단을 통한 총선거가 논의되는 중 위원단 구성을 두고 대립이 발생했다. 캐나다 유엔한국임시위원단 대표가 위원단을 탈퇴한다고 발표하자 1947년 12월 27일 트루먼(Harry S. Truman) 대통령은 캐나다 총리에게 “탈퇴 가능성에 대한 우리의 깊은 우려”를 하고 있으며, “최종 결정을 내리지 않기를 진심으로 바라고 있다”는 의견을 피력했다. 이후 캐나다 총리는 “유엔이 아직까지는 효과적으로 동과 서의 근본적인 갈등을 제대로 다룰 수 없었다고 생각한다 … 코리아문제는 팔레스타인 문제와 동일한 문제이다 … 캐나다가 유엔한국임시위원단의 일원으로서 역할을 다해야 한다는 것에 결코 동의하지 않을 것이다 … 유엔은 물리적 힘(force)도 갖고 있지 않으며, 유엔의 힘은

---

26) “The Acting Secretary of State to the Acting Political Adviser in Korea (Langdon),” Washington, December 3, 1947. *FRUS.*

27) “The Acting Political Adviser in Korea(Langdon) to the Secretary of State,” Seoul, December 7, 1947. *FRUS.*

갈수록 소멸되었고, 이미 심하게 위축되었으므로 곧 국제연맹과 비슷하게 될 것"이라고 유엔에 대한 비관적 전망과 코리아문제에 대한 비개입을 촉구했다.[28)]

이에 미국무부 장관직무대행은 캐나다 총리에게 1947년 11월 14일 결의된 유엔총회 결의안에서 선거와 선출된 대표들을 통해 국회가 구성되기로 한 절차를 설명했다. 특히, 소련이 코리아문제에 협력하지 않고 있음에도 불구하고, 코리아에 대한 유엔의 정책실패는 유엔총회나 유엔한국임시위원단의 탓이 아니라 소련이나, 38선 이북지역(이하 '이북')의 책임으로 돌려야 한다는 사실을 지적했다. 또한 미국은 한국에 어떤 목적도 가지고 있지 않으며, 오직 연합국 정부들이 한 약속들을 실행하려는 것뿐임을 강조했다. 또한 캐나다가 극동위원회(Far Eastern Commission)의 일원임에도 불구하고 동아시아의 평화와 안정이 중요한 상황에서 이번 탈퇴를 이해하기 어려운 측면이 있음을 전했다.[29)]

1948년 1월 1일 트루먼은 맥킨지에게 유엔한국임시위원단이 현재 소련과의 긴장을 강화할 것이라 생각하지 않는다며 캐나다를 설득했다. "유엔한국임시위원단은 북한 진입을 거부당할 것이고, 위원단의 작업은 한국인 2천9백만 가운데 2천만이 살고 있는 남한에 한정될 것 같다. 우리는 유엔한국임시위원단이 결국 한국에서의 민주 정부 수립에 기여하리라 기대"한다며 캐나다의 불참이 유엔의 권위를 하락시키고, 소련의 선전에 이용될 것이라고 경고했다.[30)] 제이콥스는 캐나다의

28) "Memorandum of Conversation, by the Ambassador in Canada(Atherton)," Ottawa, December 27, 1947, *FRUS*.

29) "The Acting Secretary of State to the Canadian Prime Minister(MacKenzie King)," December 30, 1947, *FRUS*.

30) "President Truman to the Canadian Prime Minister(Mackenzie King)," Washington, January 5, 1948, *FRUS, 1948, The Far East and Australasia, Volume VI*.

철수는 소련에 굴복하는 것일 뿐이라는 점이 확연히 드러나게 될 것이라고 파악했다. 또한 유엔한국임시위원단이 북한으로 들어가는 것이 차단됨에도 성과를 거둘 수 있을 것이고, 전체 인구의 3분의 2가 이남에 거주하고 있기 때문에 그 지역에서 유엔한국임시위원단의 지원으로 선출된 정부수립은 대표성을 갖게 될 것이라고 파악했다.[31]

1948년 1월 6일 제이콥스는 15일 캐나다의 서울 복귀를 예상했다.[32] 1월 9일 러벳은 캐나다가 임시위원단에 복귀했지만, 유엔한국임시위원단이 북한을 선거에서 제외한다면 캐나다는 유엔소총회 소집을 요청할 것이라는 입장을 표명하였다.[33] 이에 소련의 협력을 기대하지 않았던 유엔한국임시위원단의 유엔소총회 소집 요청은 예상되는 상황이었다. 또한 미국은 이북의 입경거부 상황에서 이남의 인구가 한반도 전체 2/3임을 수차례 강조하며 과반 인구 거주지역의 중앙정부수립이라는 정당성을 기반 해 캐나다를 설득했다.

---

31) "Memorandum of Conversation, by the Acting Secretary of State[Washington]," January 3, 1948, *FRUS*.

32) "The Secretary of State to the Acting Political Adviser in Korea(Langdon)," Washington, January 6, 1948, *FRUS*.

33) "Memorandum by the Chief of the Division of British Commonwealth Affairs (Wailes) to the Under Secretary of State(Lovett)[Washington]," January 9, 1948, *FRUS*.

3. 유엔한국임시위원단의 활동과 대립의 격화

1) 이북의 유엔한국임시위원단 입경 거부

기존 연구는 1948년 1월 8일 유엔임시한국위원단이 입국[34]하며, 트루먼행정부가 소련이 위원단의 북한지역 방문을 불허할 것이라는 가정 아래 38도선 이남의 지역에서만이라도 이미 총선거를 결정했음을 밝히고 있다.[35] 하지만 한반도, 특히 이남의 상황은 매우 불안정했고, 당시의 상황에서 미국의 철두철미한 계획 하에 일사천리로 총선거까지 선거관련 프로그램을 진행했다고 단순히 파악하기에는 지난한 과정이었다. 1월 13일 "북조선중앙인민위원회 위원장 김일성씨는 9일 평양에서 개최된 2만 명의 민중 대회에서 유엔조선위원단이 북위 삼십팔도 이북의 소련 점령지대에 방문 하는 것은 허가되지 않을 것"[36]이라고 보도됐다. 평양은 "유엔한국임시위원단은 미제국주의의 주구이며 조선을 식민지화 하려는 계획을 가지고 있다"고 비난했다.[37] 미군정은 1월 19일 유엔한국임시위원단의 활동에 기여할 수 있는 것이라면 최선

34) 국내에 입국한 유엔한국임시위원단 명단은 다음과 같다. 중국대표 유어만(Liu Yu-wan), 필리핀대표 아란즈(Melecio Arranz), 프랑스대표 폴봉쿠르(Jean Paul-Boncour), 엘살바도르대표 바예(Miguel Angela Pena Vallé), 캐나다대표 패터슨(George Sutton Patterson), 호주대표 잭슨(Samuel Henry Jackson), 인도대표 메논(K. P. S. Menon), 시리아대표 쟈비(Zeki Djabi).

35) 차상철, 『해방전후 미국의 한반도 정책』, 181쪽.

36) "유엔委員團 以北訪問不許," 『東亞日報』, 1948년 1월 13일자.

37) 양동안, 『대한민국 건국사』, 475쪽. 정일형(鄭一亨)은 다음과 같이 기술했다. "국제연합에서 남북한 총선거를 결의하였음에도 불구하고 북한괴뢰측은 '국제연합한국임시위원단'의 북한입경을 반대하였을 뿐 아니라 국제연합 감시하의 자유선거를 받아드리지 않았던 것이다." 정일형, 『국제연합독본』, 국제연합한국협회, 1961, 195쪽.

으로 협조할 것을 약속했지만 소련의 유엔대표 그로미코(Andrei Gromyko)는 1월 22일 유엔한국임시위원단에 참여하지 않을 것임을 통고했다.[38)]

소련 측에서 유엔위원단의 이북 방문 거부에 대해 이남의 각 정당, 단체에서는 담화를 발표하였다. 한민당은 소련의 행동은 논리적 귀결로서 예상한 내용이며, "남부에서만이라도 속히 총선거를 실시하여 전조선 독립정부를 수립하고 유엔의 일원국으로 참가"를 희망했다. 조선민주당은 "유엔위원단은 최후까지 노력하여 주기를 바라지만 평화적 해결의 희망이 없을 때에는 남한 지역에서만이라도 유엔 대의대로 이월말일 내에 한국 독립을 달성 시키는 것이 삼천만의 요청"이라 발표했고, 남조선과도입법의원 부의장 윤기섭(尹琦燮)은 "어느 지역에서 선거한다 하드래도 그 정부는 물론 중앙 정부"이며, "남조선에서만 선거한다는 관념 그 자체가 그릇된 생각"이라 하였다. 대한독립촉성국민회는 "전 인구의 삼분지이가 거주하는 남한에서 북한의 이익을 대표할 수 있는 대의원까지도 선출할 방식에 의하여 과도 총선거를 단행"할 것을 주장했다.[39)] 한국독립수립대책협의회는 1948년 1월 29일 이북의 유엔한국임시위원단 입경 거부에 대한 책임은 소련에 있음에도, 김규식(金奎植)이 오히려 "유엔위원단의 책임을 뭇는 태도를 취한 것은 크레물린궁의 신자"라며 비판했다. 김구(金九)에 대해서도 미소 양군 철군 후 총선거 실시 주장은 소련대표의 주장과 일치하며 "자살적 행동으로써 참으로 해괴한 일"이라 지적했다.[40)]

---

38) 양동안, 『대한민국 건국사』, 476~477쪽.

39) "蘇뽀이코트에 各界反響," 『東亞日報』, 1948년 1월 27일.

40) "金九氏金博士見解는 理解不能," 『京鄕新聞』, 1948년 1월 30일. 유엔임시위원단과 철군문제의 함께 본 연구는 신복룡, 『한국분단사연구』, 한울아카데미, 2006, 577~608쪽; 유지아, 「코리아문제 유엔이관 이후, 유엔총회에서 미소양군 철수문제 논의과정」, 『중앙사론』 46집, 2017.

1948년 1월 31일 제이콥스는 미국무부장관에게 코로트코프(Gennadii Petrovich Korotkov) 장군과 샤닌(G. I. Shanin) 소장에게 유엔위원회의 1월 20일자 편지를 전달했을 때 샤닌은 소련군이 유엔한국임시위원단과 상대하지 않을 것이며, 유엔한국임시위원단을 통한 통일은 가망이 없고, 몰로토프와 마샬을 통하는 것과 같은 고위급 수준에서만 성취될 수 있다고 말했다.[41] 미국은 여러 채널을 동원해 소련과의 협의를 진행하려 했지만 소련과 이북은 유엔한국임시위원단의 입경을 거부하는 상황에서 미국으로서는 한반도의 단계적 통일을 위해서라도 선거일정을 구체화해야 했고, 이남만의 선거를 고려할 수밖에 없었다.

2) 1948년 2월의 공산주의 파업

유엔한국임시위원단이 입국하자 좌익진영은 환영 대신 미국과 소련군의 즉시 철수를 요구하고, 총파업과 태업을 조직하기 시작했다. 당시 국제여론은 소련이 국제적 행동을 요구하는 유엔의 압도적인 압력에 대항하지 않을 것이며, 1948년 중 통일을 허용할 것으로 판단했으나 우크라이나가 임시위원단의 활동에 참여하기를 거부함으로써 낙관적 견해는 사라졌다. 1948년 1월 극좌진영은 총파업위원회를 조직, 파업과 태업 행위를 선동했고, 4개월 동안 거의 300명이 사망했고, 1만명 이상 투옥됐다. 캐나다의 패터슨과 호주의 잭슨 위원은 강압적 수사에 불만을 갖고 이에 대한 수사를 요구했다.[42]

당시 한경직(韓景職) 목사는 이북의 상황을 알리기 위해 유엔임시위

41) "The Political Adviser in Korea(Jacobs) to the Secretary of State," Seoul, January 31, 1948, *FRUS*.

42) 제임스 어빙 매트레이, 『한반도 분단과 미국』, 172~174쪽.

원단의 인터뷰에 참여했다. 그는 이북 한국인들의 월남배경으로 첫째, 정치적 이유로서 북한 공산주의 체제를 벗어나 민주주의 체제인 남한으로 정치적 자유를 추구하기 위해서이며, 둘째, 경제적 이유로서 북한의 산업 붕괴로서 공장의 독점관리와 소련에 의한 기계의 탈취, 그리고 상업의 몰락 상황, 셋째, 사회적 이유로서 기독교 탄압된 종교적인 요인이라고 했다. 유엔한국임시위원단은 이남에서 이북으로 넘어가는 주민은 없느냐는 질문에 대해, 그런 경우는 거의 없고 그나마 월북자의 대부분은 공산주의자라고 했다.[43]

남로당과 민주주의민족전선은 단독선거에 반대하며 2월 7일 대규모 파업을 실행했는데 기존 문헌에서는 "2.7 구국투쟁은 단독정부 수립으로 조국과 민족이 영구분단되는 것은 절대로 막아야 … '단독정부 수립 반대, 조국분단 절대 반대, 미군은 즉시 물러가라'고 주장하며 전국 중요 도시에서 구국투쟁을 전개"[44]했다고 기술했다. 이 파업은 유엔한국임시위원단 활동을 반대할 목적으로 추진된 정치적 파업이었다. 유엔임시위원단 필리핀대표는 "미국지대내 공산주의자들은 소련의 지도하에 유엔위원단의 조선독립준비공작을 방해 하고 있다. 남조선에는 약 2만의 공산당원이 있으며 그들은 소련의 지도를 기대하고 있다. 그러나 대다수 조선인은 조기 독립을 원하고 있으며 위원단과 협력하기를 희망하고 있다"[45][저자 강조]고 하며 이 파업이 오히려 총선거의 가

43) UNTCOK, "제9차 회의 요록: 한경직 목사와 여운홍 사회민주당 대표 인터뷰 기록." 「First Part of the Report of the United Nations Temporary Commission on Korea」 Volume III. 1948. Third Session Supplement No.9(A/575.Add.2), 경희대학교 한국현대사연구원, 『한국문제관련 유엔문서 자료집』, 256~257쪽.

44) 박영기, 『한국노동운동사 3』, 지식마당, 2004. 오도엽, "전평의 마지막 투쟁," 『미디어 참여와 혁신』, 2016년 6월 7일자에서 재인용.

45) "南朝鮮內共產派 유엔團業務妨害," 『東亞日報』, 1948년 2월 10일자.

능성을 높게 만들고 있음을 지적했다.

1948년 2월 24일 하지는 2월 8일 평양에서 "공산주의 정부수립 2주년" 축하행사가 개최되었고, 많은 증거들을 통해 이북에 분단 정부의 존재는 확실하며, 같은 날 조선인민군은 대규모 병력을 사열함으로써 물리력을 과시했음을 보고했다. 이남의 공산주의자들은 2월 8일 기념식과 일치하는 2월 7일-9일, 3일 동안 총파업과 사보타주 계획을 실행하라는 지령을 받았고, 2월 10일 북한 정부는 인민들에게 새로운 헌법 초안을 검토하고 논의하라는 방송을 내보냈으며, 3월 중순 새로운 헌법이 승인될 것이라는 성명이 발표되었다. 하지는 소련이 북한 공산주의 정부를 사실상 '전국적'인 정부로 전환하기 위해 신속하게 움직이고 있다고 판단했다.[46] 하지의 판단은 이북정부의 전국적 정당성 확보를 위해 2.7파업과 이북의 열병식, 헌법초안 발표가 소련의 일정한 설계에 의해서 진행되고 있다고 보았다.

3) 유엔한국임시위원단 내부의 갈등 표출

1948년 2월 북조선인민위원회는 수개월 내에 한반도 전체를 대변하는 정부를 구성할 용의를 표명했고, 유엔한국임시위원단이 미국의 도구라고 비난했다. 이북의 이러한 움직임은 위원단에게 단독선거는 내전의 길을 여는 것이라고 인식하는데 영향을 미쳤다.[47] 유엔임시위원단은 2월 3일과 4일 전체회의를 개최하여 캐나다와 호주, 인도, 시리아

46) 북한에 이미 단독정부가 수립되어 있으며, 남한 내에서 공산주의자들이 파업을 비롯한 점령 방해 활동을 지속하고 있음. "Lieutenant General John R. Hodge to the Secretary of State," Seoul, February 24, 1948, *FRUS*.

47) 제임스 어빙 매트레이, 『한반도 분단과 미국』, 175쪽

대표의 반대 이후 유엔개입을 포기하든지 혹은 단독선거를 실시하든지에 대한 결정을 유엔소총회에 의뢰해 심의하기로 결정했다.[48] 프랑스는 단독선거를 지지했지만, 영국과 미국의 이해충돌을 고려했다.[49] 중국은 김구의 체면을 중요시했지만 남한의 단독선거를 주장했고, 필리핀은 유엔소총회를 경유하지 않는 조기 선거를 주장했다. 엘살바도르는 대체로 미국을 지지했지만 유엔결의안의 모호성을 비판하기도 했다. 반대로 시리아는 유엔의 팔레스타인 문제처리로 인해 미국의 대외정책에 비판적이었음으로 단독선거를 반대했다. 또한 영국블록에 속하는 호주, 캐나다, 인도 역시 반미블록으로서 이남만으로 국민정부 수립은 불가하다는 입장을 고수했다.[50]

이에 미군정은 호주의 잭슨이 반미주의자이며, 이남에서 공정한 선거를 치를 수 있는 "자유로운 분위기"를 확인한다는 핑계로 미군정의 오점을 찾기 위해 노력한다고 파악했다. 잭슨의 반미 동기에 대해서 첫째, 일본에서 더 큰 역할을 부여받지 못했다는 호주인들의 일반적인 미국인들을 향한 악감정, 둘째, 친좌파 성향의 *American Labor News*의 휴 딘(Hugh Dean)과 *Christian Science Monitor*의 고든 워커(Gordon Walker), *World Report*의 조 프롬(Joe From) 등과의 우호적 관계, 셋째, 영국 총영사는 잭슨에 대해 "매우 급진적인, 대단히 이상하고 거친 생각을 가진 인물"이라는 것이 작용했음을 보고했다. 미군정은 "리우, 루나, 봉

---

48) 제임스 어빙 매트레이, 『한반도 분단과 미국』, 175~177쪽; 양동안, 『대한민국 건국사』, 480~481쪽

49) 1948년 2월 12일 프랑스 외무부는 유엔한국임시위원단이 소련 점령 지역으로 들어갈 수 없다면 프랑스 대표는 유엔한국임시위원단이 접근할 수 있는 한국 지역에서 임무를 마무리해야 할 것을 주장해야만 한다고 지시했음을 밝혔다. "The Ambassador in France(Caffery) to the Secretary of State," Paris, February 12, 1948, *FRUS*.

50) 도진순, 『한국민족주의와 남북관계』, 서울대학교출판부, 1997, 211쪽.

쿠르가 유엔한국임시위원단에서 단호하게 투쟁하고 있기에 잭슨 그룹은 생각대로 할 수 없을 것"이라고 기대했다.51) 하지는 캐나다의 패터슨에 대해 자본주의 국가들이 경제 분야와 사회개혁 분야에서 공산주의적인 요소를 채택해야 한다는 판단을 견지했다고 보고했고, "자본주의가 근본적인 변화가 일어나지 않는다면 세계가 멸망할 것이라고 하는 철저한 이상주의적 사회주의자"이며, 미국 보다 소련에 협력적으로 파악했다.52)

영연방국가들을 이끄는 영국의 입장은 어떤 것이었을까? 제2차세계대전 종전을 앞두고 영국의 동아시아에 대한 보고서들의 결론은 이 지역에서 소련의 압도적인 영향력을 고려할 때 소련의 의도가 가장 중요하다고 판단했다. 한반도에 대한 소련의 지리적 인접성과 전략적 능력을 고려할 때 소련이 한반도에서 독자적 행동을 하더라도 미국, 중국, 영국은 이를 저지하지 못하며 따라서 영국은 이기적인 관점에서만 코리아문제에 접근한다면 소련의 기도를 저지하지 않아야 한다고 보았다. 또한 영국은 종전시 태평양은 미국, 동유럽은 소련, 지중해와 북아프리카는 영국이라는 영역위에서 평화체제를 구상했다. 따라서 영국으로서는 미국이 한반도를 장악해주면 좋겠지만 현실적으로 세력균형이 소련에게로 기울어진다는 진단아래 소련과의 대결은 미국에게 맡겨야 한다고 판단했다.53) 이를 통해 영연방국가들은 해방이후 한반도 상황에 최소한으로만 개입하며, 소련의 의도와 전략에 크게 반대하지 하지 않을 것이라는 입장을 확인할 수 있다.

---

51) "The Political Adviser in Korea(Jacobs) to the Secretary of State," Seoul, February 12, 1948, *FRUS*.

52) "Lieutenant General John R. Hodge to the Secretary of State," Seoul, February 26, 1948. *FRUS*.

53) 구대열, 『한국 국제관계사 연구 2』, 역사비평사, 1997, 163~165쪽.

4) 유엔한국임시위원단에 대한 한국인들의 여론

미국은 38선 이남의 정치무대에서 이승만과 김구를 퇴출시키고, 진보적 강령을 제시할 중도세력을 육성하여 이남정계의 주도권을 장악하게 하면 '임시통일정부'에서 공산당이 지배하는 사태가 방지될 수 있을 것이라 기대했다. 미국은 미소합의에 의한 한반도 문제해결이 불가능해져 부득이 이남에서 단독정부가 수립될 경우라도 남한 정부의 주도권을 이승만이나 김구가 아닌 중도세력이 장악하기를 바랐다.[54] 정용욱은 미군정이 우익육성, 좌익억압을 기본으로 중간파 견인을 통한 우익블록의 강화, 좌익세력의 약화에 주요 전술 목적이 있었음을 지적했다.[55] 미국무부 문서에서도 "망명 경력과 그들이 국민당 정부에 의해 지원받고 있다는 사실, 그리고 수년 간에 걸친 이승만과 국무성간의 불만족스런 거래의 경험 때문에 우리는 김구와 이승만의 집단들에 대해 어떠한 호의도 보여서는 안 될"[56] 것이라 했지만, 1948년의 상황은 미국의 계산에 중요한 변화가 발생한 시기였다.

유엔한국임시위원단 도착 상황에 대해 주한미육군 24군단 보고서에 따르면 정치집단을 세 분류하여 반응을 파악했다. "우익정치인 이승만은 위원단의 도착을 열렬히 환영"했으나, "온건한 정치인들"(moderate politicians)은 우익중심의 선거가 진행될 것이라는 우려와 공산주의자들이 한반도 분단을 영속화시킬 것에 대한 과도한 집중이 부각될 것이라는 우려에 따라 미온적인 반응을 보이고 있었다. 공산주의자들은 공산당의 노선을 충실히 따르고, 유엔한국임시위원단을 "미국 달러의 하

---

54) 양동안, 『대한민국 건국사』, 252쪽.

55) 정용욱, 『해방 전후 미국의 대한정책』, 서울대학교출판부, 2003, 481쪽.

56) *FRUS*, 1946, pp.645~656. 양동안, 『대한민국 건국사』, 251쪽에서 재인용.

수인들"로 비난했다.[57]

1948년 2월 2일 제이콥스는 이남 대중의 여론과 중간파에 대해서 "김규식과 같은 중도파들의 추종자가 거의 없고," 제헌의회에 선거에 중도파들이 선출되지 않을 것이라는 것에 대해 임시위원단 위원들이 안타까워하지만 중도파 지도자들은 있는 반면, 중도파 유권자들은 별로 없다는 사실을 간과하고 있다고 보고했다. 당시 이남의 여론 지형에 대해서 "나라가 분단되어 있기 때문에 조선인들은 좌익이든 우익이든 대체로 극단주의자이다. 지난 여름 추산한 바, 대략 남한 주민의 3분의 2가 우익이고 3분의 1이 좌익이다. 그 시점 이후의 소련의 태도와 북에서 온 피난민들이 퍼트린 이야기에 비춰볼 때 남한의 좌익 비율은 3분의 1을 현저하게 밑돌고 있다"[58][저자 강조]고 보았다.

유엔한국임시위원단 보고서는 1948년 1월까지 임시위원단 감시 하 선거 실시에 대해 극좌를 제외하고 우호적이었으나 2월 초까지 임시위원단의 방북이 불가능해지자 남한 단독선거에 대한 찬반 논쟁이 가열되며, 이승만과 김구 세력 분열이 격화됐음을 기술했다.[59] 미군정은 이승만의 선거에 대한 입장을 확인하길 원했다. 이승만은 유엔임시위원단이 감시하는 선거가 여름 전에 실시되어야 하며, 이남의 군대 창설을 위해 미국이나 유엔으로부터 상당한 지원을 받는다면 양군 철수 후 남한의 승리를 위한 기회가 마련될 것이고, 정부 수립 후 한동안 주

57) 「Report of U.S. Liaison Officer with United Nations Temporary Commission on Korea」, p.10.

58) "The Political Adviser in Korea(Jacobs) to the Secretary of State," Seoul, February 2, 1948, *FRUS*.

59) 「UNTCOK, First Part of the Report of the United Nations Temporary Commission on Korea」 Volume I. 1948.7.21. Official Record: Third Session Supplement No.9 (A/575), 경희대학교 한국현대사연구원, 『한국문제관련 유엔문서 자료집』, 51쪽.

한미군 유지라는 도덕적 의무를 강조했다. 이승만은 자신과 김구의 차이가 해소될 수 있기를 바라면서 김구를 공개적으로 비판하는 것을 꺼리고 있다고 미군정은 파악했다.[60] 미군정은 1948년 2월 11일 이승만, 김구, 김규식 세 지도자가 모두 의견의 일치를 봤으나, 이승만은 유엔 소총회에서 이남에서 선거를 실시하도록 유엔한국임시위원단에 지시를 내린다면 북한 지도자들과 접촉하려는 시도가 성사되지 않을 수 있다고 판단했다.[61]

1948년 2월 18일 미국무부장관 문서에 의하면, 영국외무부는 유엔한국임시위원단의 캐나다와 호주대표가 남한의 선거 실시에 반대할 것이고, 캐나다의 입장이 거부된다면 캐나다대표는 철수할 것이라고 알렸다. 하지만 미국은 이들의 태도를 단호하게 반대할 것임을 전했다.[62] 유엔소총회는 2월 19일에 개최되었고, 민주의원, 한협(한국독립정부수립대책협의회)에서는 2월 21일 유엔소총회에 "조선민족의 다수가 절대 지지하므로 급속한 가결을 요청"하는 전문을 발송했다. 민주의원은 유엔소총회 보고안 중 "제일안 즉 소련이 유엔 위원단에 북조선 입국을 거절한 이상 '남조선만이라도 총선거를 단행하야 중앙정부를 수립해야 한다'는 것은 삼천만 민족 전체의 희망임"이라며 단독선거를 촉구했다. 한협은 메논의 연설[63] 중 "전 인구의 삼분지이를 포함

60) "The Political Adviser in Korea(Jacobs) to the Secretary of State," Seoul, February 10, 1948, *FRUS*.

61) "The Political Adviser in Korea(Jacobs) to the Secretary of State," Seoul, February 13, 1948, *FRUS*.

62) "The Secretary of State to the United States Representative at the United Nations (Austin)," Washington, February 18, 1948, *FRUS*.

63) 메논은 유엔소총회 보고에서 이승만이 좌우대립으로 인해 극우로 알려져 있지만 "한국의 영구적 분단을 옹호하거나 또는 고려하기에는 너무도 위대한 애국자"라고 평가하기도 했다. 손세일, 『이승만과 김구. 제7권』, 154쪽. 메논

한 조선에 총선거를 실시하여 조선의 중앙정부로 하자는 제일안은 가장 조선민족 다수가 희망하고 지지하느니만큼 그 안을 가결 해주시기를" 요청했고, 대한독립촉성국민회 역시 같은 주장을 펼쳤다.[64]

한국인들의 반응을 미군정은 면밀하게 파악했고, 1948년 2월 22일 하지는 미국무부장관에게 다음 내용을 보고했다. "유엔소총회에 보낸 메논의 보고는 한국 사람들을 둔하고 낙담한 사람들로 전락시키고 있다. 그는 유엔한국임시위원단에 관한한 한국인들은 무슨 일이 일어나고 있는지 이해하지 못하고 있고, 소련 관할지역에서 급변하고 있는 사건들의 중요성을 폄하하기 위해 자신이 정한 틀에서 벗어나지 못하는 메논의 보고 내용은 우리의 점령이 시작된 이후 코리아에서 벌여온 '냉전'을 어떤 수준에서도 이해하지 못하는 유엔한국임시위원단의 전형적인 모습"[저자 강조]이라 했다. 또한 캐나다와 호주대표가 인식하는 남한의 시민적 자유가 자국의 안정적 자유 같지 않기 때문에 선거 실시가 불가능하다고 하지만 이는 한반도에서 진행되고 있는 공산주의에 맞선 격렬한 냉전을 모르기 때문인 것으로 보았다. 또한 "대부분의 대표들과 유엔사무국 전체가 전반적으로 소련에 유화적인 태도"를 나타내고 있고, "미군과 소련군의 즉각적인 상호 철수"라는 공산주의자들의 구호가 더 인기를 끌고 있는 상황에서 유엔소총회가 망설인다면 미국이 남한에서 한국 정부를 수립하기 위한 직접적인 조치를 취해야 함을 보고했다.[65]

1948년 2월 26일 유엔소총회에서 미국대표 저섭(Philip C. Jessup)은

과 이승만, 그리고 모윤숙에 대해서는 다음을 참조. 최종고, 『이승만과 메논 그리고 모윤숙』, 도서출판 기파랑, 2012.

64) "'메논' 議長報告의 國內反響," 『東亞日報』, 1948년 2월 22일자.

65) "Lieutenant General John R. Hodge to the Secretary of State," Seoul, February 22, 1948, *FRUS*, 1948.

유엔한국임시위원단은 접근이 가능한 한국 내 지역에서 국회의원선거를 관찰할 것을 정식 건의했고, 위원회는 제안을 수정없이 통과시킴으로 이남의 단독선거가 확정됐다. 유엔한국임시위원단이 임무를 수행할 수 있는 가능지역에서 총선을 실시하자는 미국안을 31대 2(기권 11)로 가결했다.[66] 반대표는 미국에 비판적인 영연방국가인 호주와 캐나다였고, 반대가 예상되던 인도는 찬성을 표명했다.[67] 마샬은 영국과 인도에 한국인들은 절대 다수가 조기 선거와 즉각적인 독립을 원하고 있음으로 지원을 강조했고, 이에 영국은 미국의 목표를 방해할 의도가 없음을 밝혔다. 인도는 전한국 정부를 수립하기 위한 미국의 약속을 신뢰한다는 관점에서 동의했다. 특히, 1948년 2월 체코슬로바키아에서 공산주의자들에 의한 쿠데타의 영향은 유엔소총회에서 미국의 승리를 가져오는데 결정적인 역할을 했다.[68]

1948년 3월 4일 미국무부 극동국장 버터워스(William W. Butterworth)의 보고에 따르면, 2월 26일 주한미군 철수에 대한 사항이 미국무부에서 다시 논의되었다. 정부수립 이후 가능하면 90일 안에 점령군이 완전 철수를 재확인했지만 그보다도 더 중요한 것은 7월 혹은 8월에 정부가 수립된다 해도 미군 철수에 따른 군사력 공백에 따른 위험요소를 점검하려 했다. 미군의 철수는 선행 조건인 효과적인 토착방위군을 창설이 가능해야 진행될 것이고, 미군 철수 후 최소한도의 구호 및 복구

66) 가결된 미국의 안은 유엔총회 결의 제2안에 의한 것으로서 "위원회가 조선국민의 자유 및 독립의 긴급달성에 관하여 협의할 수 있는 대표자(이 대표자들이 국민회의를 구성하여 중앙정부를 수립할 수 있는)를 선출하기 위해 적령자선거권을 기초로 비밀투표에 의하여 1949년 3월 1일 이내에 선거권을 실행함을 건의함"이라는 내용이었다. 최종고, 『이승만과 메논 그리고 모윤숙』, 99쪽.

67) 이완범, 『한국해방 3년사』, 태학사, 2007, 183쪽.

68) 제임스 어빙 매트레이, 『한반도 분단과 미국』, 177~178쪽.

지원을 지속해야 신정부의 경제적 붕괴를 방지할 것임을 논의했다.[69] 따라서 버터워스는 미군철수는 진행되지만 철수계획에 유연성을 가져야 하며, 이남에 잘 훈련되고 규모를 갖춘 군대의 창설과 철수 이후 지속적 구호와 복구를 위한 입법 조치들을 구상해야 함을 강조했다.[70]

1948년 3월 10일 랭던은 선거일이 확정되지 않은 상황에서 이승만이 5월 2일 선거일을 발표하는 소란이 있어 선거일 확정이 시급함을 보고했다. 하지만 3월 8-9일 패터슨은 유엔한국임시위원단이 취한 조치가 정당하지 않으며, 무효화를 주장했다. 랭던은 이러한 상황이 유엔소총회 이후에도 선거일이 확정되지 않음에 따라 제기된 소동으로 파악했다.[71] 공산주의자들의 활동과 폭력 행위가 증가하는 상황에서 한국인들은 유엔한국임시위원단의 "시도와 전술에 의해 자신들의 운명이 함부로 다뤄지고 있는 사실에 낙담하며, 어설픈 일처리와 망설임, 소련의 거부에 의해 이미 크게 손상을 입은 유엔한국임시위원단의 위신은 한국인 자신들에게 도움이 되지 않는다는 인식이 늘어나고 있다"[저자 강조]고 보고했다[72]

유엔소총회 결정 실행을 두고 위원단은 다시 논쟁을 펼쳤다. 1948년

---

69) 미국은 "황급히 달아나기"(scuttle and run)에 기초한 미국의 남한 철수가 극동과 더 넓게는 세계에서 미국과 소련의 이해관계의 충돌에 영향을 미치는 상황임을 인지하고 있었다.

70) "Memorandum by the Director of the Office of Far Eastern Affairs(Butterworth) to the Secretary of State[Washington]," March 4, 1948, *FRUS*.

71) 워싱턴행정부는 남한만의 선거 실시를 연기하지 않도록 하는데 집중했다. 예를 들면 남한의 종교단체들이 5월 9일이 일요이므로 투표일을 하루만 연기해줄 것을 요청했으나 이를 거부했다. 하지만 랭던이 이 제의가 미국 선교사들로부터 나온 것임을 알렸고, 결국 선거는 5월 10일로 연기되었다. 제임스 어빙 매트레이, 『한반도 분단과 미국』, 179쪽.

72) "The Acting Political Adviser in Korea(Langdon) to the Secretary of State," Seoul, March 10, 1948, *FRUS*.

3월 12일 호주는 극우집단을 제외하고 모든 정당들은 선거를 보이콧할 것이고, 캐나다는 유엔소총회의 결정 위헌이기 때문에 소총회의 결의안을 반대한다고 강조했다. 이와 대조적으로 중국은 소총회 결의가 향후 코리아의 독립과 통일을 실현시키는 구체적 방안이라 했고, 필리핀은 "국회를 위한 한국인 대표자들을 선출하기 위해 선거를 실시하는 것은 급속한 진전"이라며 호주, 캐나다와 대립했다.[73] 결국 마지막 표결에서 중국, 필리핀, 엘살바도르와 인도가 유엔소총회 결정을 찬성, 캐나다와 호주는 반대, 프랑스와 시리아는 기권했다.[74] 위원단 내부 갈등에 대해 3월 17일 하지는 유엔한국임시위원단의 동요와 우유부단함, 만장일치의 부재, 무대책은 한국인들의 정치 상황에 영향을 미쳤음을 지적했다.[75]

유권자 등록기간에 전국에서 봉화 소요, 선거등록사무소 피습, 등록서류 파기사건, 제주도의 "단선 저지를 위한 무력시위"가 있었지만, 단선 추진세력에게 남로당 무력투쟁보다 부담이 된 것은 김구, 김규식이 추진한 남북협상이었다.[76] 하지는 유엔한국임시위원단이 국내정치에 개입하여 김구, 김규식의 계획을 지지했고,[77] 김구진영이 선거를 보이콧하여, 사태가 심각해졌다고 파악했다. 유엔한국임시위원단에 대한

---

73) "United Nation Temporary Commission on Korea" 12 March 1948. United States Army Forces in Korea(USAFIK), XXIV CORPS, G-2, Box 66, RG 554.

74) "The Acting Political Adviser in Korea(Langdon) to the Secretary of State," Seoul, March 12, 1948, *FRUS*.

75) "Lieutenant General John R. Hodge to the Secretary of State," Seoul, March 17, 1948, *FRUS*.

76) 박찬표, 『한국의 국가 형성과 민주주의』, 390쪽.

77) 호주의 잭슨과 캐나다의 패터슨 대표는 김규식과 김구에게 남북협상에 참석하도록 격려하면서 이 회의가 성공할 경우 단독선거를 연기시킬 것을 약속했다. 제임스 어빙 매트레이, 『한반도 분단과 미국』, 177~178쪽, 180~181쪽.

불신은 선거에 대한 관심을 낮추고 공산주의자들의 영향력을 강화시켜, 미소공동위원회의 가능성을 부정한 반(反)신탁통치운동과 유사하고 반(反)선거운동에 맞닥뜨리게 될 것을 우려했다. 또한 과도입법의원에서 많은 좌익과 중도파가 사퇴하고, 공산주의 진영에 가담하여 선거가 불가능하게 되는 상황을 우려했다.[78]

이 시기 이북에서는 이남의 선거를 "미군정 단독선거"라고 정의하며, "조선으로부터 외국군대가 철퇴한 후 전반적 · 평화적 · 직접적 · 비밀투표로서 진정한 인민서거를 전 조직적으로 실시"할 것을 요구하며 단독선거 반대회의 개최를 제의했다.[79] 1948년 3월 29일 제이콥스의 보고에 의하면 4월 14일 평양회담에 9명의 좌파지도자와 김규식, 김구 등 4명의 "소위 비좌익 지도자"들도 초청되었다고 보고했다.[80] 제이콥스는 4월 중순 북한 헌법 심의에 남한 지도자들을 초대하여 북한 헌법의 채택 표결에 참여시킬 것으로 추정하며, 김규식과 김구 등이 찬성표를 던지지 않아도 좌익지도자들의 찬성표를 통해 평양은 남한이 새로운 헌법을 승인했다고 선포할 것을 예상했다.[81]

미국무부는 4월 5일 제이콥스에게 지침을 보내어 김구와 김규식이 북한 단체와 협력한다면, 점점 증가하는 두 사람의 추종자들이 선거를 거부할 것이고, 선거는 이승만의 사적 이익을 위해 연출된 것처럼 보

---

78) "Lieutenant General John R. Hodge to the Secretary of State," Seoul, March 17, 1948, *FRUS*.

79) "북민전이 남한 정당 · 사회단체에 보낸 편지," 『조선중앙일보』, 1948년 04월 1일자; 白凡金九先生全集編纂委員會 편, 『白凡金九全集. 제8권: 건국 · 통일운동』, 대한매일신보사, 1999.

80) 김규식은 "아무 것도 이루어지지 않을 것이고, 자신은 강제 수용소에 보내질 것 같다는 생각을 하면서 체념하는 듯이 보였"다고도 이 문서는 기록하고 있다.

81) "The Political Adviser in Korea(Jacobs) to the Secretary of State," Seoul, March 29, 1948, *FRUS*.

일 수 있다는 우려를 나타냈다. 결국 유엔한국임시위원단의 선거 포기 결정을 우려한 미국은 적극적 선전 캠페인으로 1) 자유세계의 투표를 통해 구성된 유엔한국임시위원단, 2) 이북 입경에 대한 소련의 거부, 3) 북한주민의 선거참여에 대한 미국의 지속적 희망, 4) 소련의 38선 통제 완화와 경제적 통일 등을 제시했다. 특히 이러한 사항들이 김구와 김규식을 통해 이북에 전달 될 수 있도록 지시했다.[82)]

1948년 4월 9일 제이콥스와 하지는 김구와 김규식에 대한 설득이 어렵고, 특히 "김규식은 매우 반미국적 단계"에 도달했다고 판단했다. 그들은 통일을 주장하지만, 사실 평양의 초청을 받아들인 근본적인 이유는 진정한 지지자가 없기 때문이라고 봤다. 또한 "김구와 김규식의 지지자들과 공산주의자들이 소수임을 증명하는 것으로서 약 85%의 유권자 등록"을 꼽았다. 좌파와 중도파가 선거등록을 하지 않았다고 가정해도 이들의 세력을 1947년 여름까지는 30-35%로 파악했지만, 유권자 등록의 결과 총 유권자 중 10-15%로, 명백히 낮은 비율로 보았다.[83)]

남북협상에 대해서 서중석은 "남북협상은 분단정부가 들어서는 것을 막을 수는 없었으나 열렬한 지지"받았다고 평가했다.[84)] 당시 주요 언론은 남북협상파에 영향을 받은 "반대 공작이 폭행, 방화 등으로 나타나므로 일반유권자에게 일종의 강박감을 주고 있으며, 총선거의 본령을 망각한 망동은 애국동포들의 분격을 사고 있다"[85)]고 하였고, "김규식씨나 김구씨는 일찍 통일이념을 발표한 일이 있는가 … 토의할 문

---

82) "The Acting Secretary of State to the Political Adviser in Korea (Jacobs)" Washington, April 5, 1948, *FRUS.*

83) "The Political Adviser in Korea(Jacobs) to the Secretary of State," Seoul, April 9, 1948, *FRUS.*

84) 서중석, 『한국현대사 60년』, 역사비평사, 2007, 29쪽.

85) "總選擧에 蹶起하라," 『東亞日報』, 1948년 4월 30일자.

제를 언제 이남동포에게 제시한 일이 있는가. 여론에 부쳐본 일이 있는가"[86]라며 남북협상 추진 세력을 강하게 비판하고 있던 측면도 존재하고 있었다.

양동안의 지적과 같이 1947년 12월까지 미국은 유엔의 선거준비와 별도로 '극우'세력으로 지칭되던 이승만진영이 총선거의 주도권을 쥐고 진행하는 흐름을 경계했다. 하지만 1948년 초 특히 유엔소총회가 종료된 시점 이후에 주목할 만한 특징은 매트레이가 짚어내고 있듯이 이승만 역시 소련의 비협조적인 태도를 이용, 남한만의 단독정부와 경비대의 창설을 공개적으로 주장하는 활동을 개시했고, 중도파의 확대와 이승만 진영의 축소를 추구하던 미국이 입장을 선회하며 이승만의 목적이 처음으로 일치하는 목소리를 낸 것이었다.[87] 1948년 2월부터 미군정은 이승만의 총선거 의지가 곡해됨을 우려할 정도로 해방 직후부터 입장을 달리했던 양자의 선거 실시 방식과 의지는 합치되고 있었다.

4. 5.10총선 이후 제헌국회의 범위 논쟁

1) 5.10총선에 대한 평가

남북협상에서 이북정치인들이 제시한 헌법과 정부구조는 소련의 제도와 유사한 것이었다. 김규식은 회의 결과에 실망했으나 북한의 자유선거 수락과 이남으로 전력공급을 중단하지 않겠다는 김일성의 약속을 받았고, 이남에서의 단독선거를 보이콧하는데 동의했다.[88] 1948년

---

86) "總選擧의 環境과 態勢 (三)," 『京鄕新聞』, 1948년 4월 10일자.

87) 제임스 어빙 매트레이, 『한반도 분단과 미국』, 173쪽.

5월 3일 하지는 소련이 승인하고 후원한 정치단체들만 남북협상에 참석했고, "조만식처럼 위대한 애국자는 불참했으며, 반대로 김구와 김규식은 비공산주의자들을 잡기위해 공산주의자들이 놓은 덫에 빠졌고, 이는 소련이 동유럽을 접수할 때 사용한 방식과 동일"함을 알렸다. 또한 "공산주의자들의 반대에도 불구하고, 이남 유권자의 90% 이상이 선거인 등록을 마쳤다"는 것을 강조했다.[89]

1948년 5월 3일 주한미육군부는 유엔한국임시위원단이 이남의 상황을 오판하고 있으며, 대다수 위원들은 선거에 대해 책임지지 않기를 바라고 있고, 호주와 캐나다대표는 임시위원단의 활동을 방해한다고 보고했다.[90] 미육군 24군단 보고서에 따르면 5월 8-10일 사이 57곳의 투표소가 공산주의자들에 의해 공격받았고, 7명의 경찰이 죽었으며, 1명의 후보자가 부상당했고, 5명의 선거관리 공무원이 죽었다고 밝혔다. 이 보고서에는 2월 7일부터 5월 14일까지의 공산주의자들에 의한 피해를 정리했는데, 공격을 받은 선거관리사무소 134곳, 사망한 선거

---

88) 제임스 어빙 매트레이, 『한반도 분단과 미국』, 181쪽. 김구는 평양에서 진행한 인터뷰에서 이북의 인상에 대해 "군중대회 때 스탈린 초상을 들고 다니는 것은 남조선에서 투르만 대통령 초상을 들고 다니는 일이 없는 만치 이상한 감을 가지게 한다"라며 평양의 전체주의적 상황을 표현하기도 했다. "김구, 남북정당사회단체대표자 연석회의에 대한 소감 피력," 『朝鮮日報』, 1948년 5월 3일자.

89) "The Political Adviser in Korea(Jacobs) to the Secretary of State," Seoul, May 3, 1948, *FRUS*. 이 시기에 대해 "남한 정치세력은 체제와 이념의 선택문제 뿐 아니라 분단의 수용 여부를 둘러싸고 대대적 재편을 거쳤으며, 그 결과 좌파세력뿐 아니라 중도파 및 우파세력의 상당부분도 참여를 거부한 가운데 5 · 10 총선거는 치러지게 된다"(국사편찬위원회, 『신편한국사』, 국사편찬위원회, 2002, 393~394쪽)는 평가는 우파와 중도파를 포함한 전체유권자의 높은 비율이 선거를 등록하고 투표에 참여했다는 사실에 비추어 볼 때 재고찰 될 필요가 있다.

90) "The Under Secretary of the Army(Draper) to the Under Secretary of State (Lovett)," Washington, 3 May 1948, *FRUS*.

관리 공무원과 선거후보자들 중 17명 사망, 65명 부상, 경찰과 경찰의 친척들 중 56명 사망(경찰 49명), 142명 부상(경찰 128명), 공산주의자들과 폭동주도자들의 사망은 261명, 부상은 123명으로 기록했다. 특히 제주도에서 공산주의자들은 강력한 영향력을 펼쳤는데, "이북과 다른 지역으로부터 훈련받은 많은 공산주의자들과 무기와 탄약이 제주도로 반입"되었다고 파악했다.[91]

1948년 5월 10일 총선투표에 대해 미국 부영사인 데이비드 마크(David E. Mark)는 "유권자중 90%가 투표했고, 투표시작 후 4시간 안에 대부분 지역에서 선거가 완료되었다"는 소식을 전하며 오랜 전통의 민주주의 국가들의 기록도 능가하는 것이라고 평가했다. 따라서 한국인들이 이제 독립과 자치 정부를 위한 준비가 되어 있음을 보여주는 것이라고 결론지었다. 그러나 제이콥스는 선거가 조직이나 능률면에서 훌륭했으나 소련의 높은 투표율이 소련선거의 비민주성을 나타내는 것처럼 이남의 투표율이 민주적 정치제도의 건전성을 측정하는 기준이 되기 어렵다고 지적한 측면도 있다.[92] "북은(北)은 북이고 남(南)은 남이다. 둘은 결코 결합할 수 없을 것"이라고 예언하였던,[93] 1946년 미군정 여론조사과장 로빈슨(Richard Robinson)은 그의 저서에서 좌익이 한국인들의 선거 불참을 부추겼고, 북조선이 선거를 방해했으며, 미군정과 이승만의 조직은 선거에서 승리하기 위한 온갖 방안을 동원하여 시민향보단이 조직되었고 전체 유권자의 약 74%가 투표했다고 기록했다.[94]

---

91) 「Report of U.S. Liaison Officer with United Nations Temporary Commission on Korea」 7 June 1948, United States Army Forces in Korea(USAFIK), XXIV CORPS. Box. 67. RG 554. p.151~152.

92) 제임스 어빙 매트레이, 『한반도 분단과 미국』, 183쪽.

93) 김명섭, 『전쟁과 평화』, 서강대학교출판부, 2015, 739쪽.

94) 리차드 D. 로빈슨, 『미국의 배반』, 272쪽.

또한 다른 평가로 "사상 처음으로 치러진 현대적 의미의 선거가 미국의 점령정책과 미군정에 의하여 얼마나 왜곡되고, 관권에 의해 지배되고, 공포분위기 속에서 이루어지고, 그러면서도 '민주주의적 선거'였다는 겉포장으로 공식화 및 정당화된 특징을 가진 허구적 선거"이며, 경찰의 선거 참여 압박, 서북청년단, 대동청년단의 폭력, 학교 선생들에 대한 선거 참여 위협도 지적되었다.[95)]

당시의 기록을 살펴보면 이남의 정치상황과 우파 중심의 선거에 우호적이지 않았던 유엔한국임시위원단의 제1차 선거감시반은 "모든 감시반은 각 기관에서 만족할 만한 효율성과 조직성을 발견하였으며 해방 이래로 한국인들이 독립에 대한 요구를 표시하는 최초의 공적인 계기를 제공할 것으로 평가함. 선거 미등록자에 대한 어떠한 협박 또는 폭행의 증거를 발견할 수 없었"다고 종합했다. 제2차 선거감시반은 정당 간 토론은 거의 도외시 되었으나 "입후보자들은 대체로 외부의 간섭을 받지 않고 선거운동을 할 수 있었다고 의견을 표명하는 등 자유로운 분위기에서 선거운동"이 진행됐다고 평가했고, 제3차 선거감시반은 다음과 같이 평가했다.

> 등록을 마친 7,837,504명 중 7,036,750명이, 혹은 총 등록인 수의 92.2%가 실제로 투표에 참여하였으며, 이는 유권자 총수의 75%에 해당하는 수치임. 선거는 대체적으로 투표의 비밀이 보장되는 상태에서 질서정연하게 치러짐. 유권자의 75%가 실제로 투표장으로 갔다는 사실은 대부분의 나라들의 경우에서도 국민의 반응이 훌륭한 것이라고 간주될 만한 것이며, 이와 같은 반응은 국민들이 선거를 한국의 독립을 달성할 수 있는 방법으로 널리 평가했다는 것, 그리고 선거를 위해서 투쟁한 정당 및 개인을 인정했다는 사실로 평가할 수 있음.[96)]

---

95) 강정구, 「5.10 선거와 5.30선거의 비교연구」, 28~32쪽.

미국무부장관은 1948년 5월 12일 "한국국민들은 지난 월요일 유엔한국임시위원단의 감독 하에 처음으로 치러진 민주적 선거의 성공을 치하 받아 마땅하다. 선거를 막고 방해하려는 공산주의자들의 지배를 받는 소수의 불법행위에도 불구하고 약 90%의 등록 유권자들이 투표를 함으로써, 한국 국민들은 민주적 절차를 통해 자신들의 정부를 수립하려는 의지를 확실히 보여주었다"[97]라는 성명을 발표하며, 선거과정과 결과가 성공적이었음을 평가했다.

2) 제헌국회와 정부의 범위에 대한 논쟁

1948년 5월 25일 버터워스는 신생정부 승인문제에 대한 입장을 정리했다. 미국은 신생 한국정부의 수립을 위해 유엔총회 결의안을 발의, 옹호하였고, 신생 한국정부가 유엔총회 결의안에 따라 유엔한국임시위원단의 감독 하 선거를 기반으로 수립되었기 때문에 한국과 유엔의 관계가 특별함을 강조했다. 하지만 "신생 한국 정부가 코리아 전역을 관할하는 정부로 수립되었지만, 선거의 근거 뿐 아니라 효율적인 통치면에서 실제로 남한 단독 정부"라는 것이 사실이라고 하였다. 결국 미국의 신생 한국정부 즉각 승인이 미국의 위신 하락과 신생 정부의 불

96) 「UNTCOK, First Part of the Report of the United Nations Temporary Commission on Korea」 Volume I. 1948.7.21. Official Record: Third Session Supplement No.9 (A/575), 경희대학교 한국현대사연구원, 『한국문제관련 유엔문서 자료집』, 64쪽.

97) "The Secretary of State to the Political Adviser in Korea(Jacobs)," Washington, May 12, 1948, *FRUS*. 1948년 8월 25일 이북에서는 흑백 투표함을 사용한 공개적 찬반 투표를 통해 최고인민회의 대의원 212명과 김달삼을 포함해 이남지역 대의원 360명이 확정됐다. 평양 정권은 38선 이북의 유권자 99.99%가 투표했고, 이남에서도 비밀리에 77.5%가 참가했다고 선전했다. 이를 근거로 서울을 수도로 하는 조선민주주의인민공화국 수립이 선포됐다. 김명섭, "관공서 수백곳 피습에도 투표율 90% 넘어," 『조선일보』, 2018년 5월 14일자.

안정을 증대할 수 있음으로 제3차 유엔총회에서 신생정부를 승인하는 안을 밝혔다.[98] 또한 마샬은 제이콥스에게 한국정부의 범위에 대해 "유엔한국임시위원단이 한국의 선거에서 취할 수 있는 입장은 전국적인 범위가 아니라 지역적인 범위 내"[99]라는 점을 논의하고 있었다.

5.10총선거를 감시한 유엔한국임시위원단의 입장은 모호했다. 6월 7일 유엔한국임시위원단이 한국에 돌아와 6월 10일 발표한 결의안은 "유엔한국임시위원단은 1947년 11월 14일 채택된 총회 결의안에서 규정된 위원단의 위임사항을 수행하는 문제에 관해 요구될 수 있는 협의를 할 준비를 갖추었다"라는 내용이었다. 결의안은 상당한 논의를 거쳤는데, 중국, 필리핀, 프랑스, 엘살바도르는 의회가 전국적이었음을 강조했으나, 패터슨은 제헌국회 의원들을 한국 국민의 대표자로 표현하는 '국회'(Assembly)나 '전국적'(national) 같은 단어를 결의안에서 언급하는 것에 강력 반대했고, 최종 결의안에는 의회가 '전국적'이거나 한국국민을 대표한다는 것을 의미하는 내용은 빠졌다. 제이콥스는 이 결의안이 호주, 캐나다, 인도로 구성된 강력한 소수 집단이 약한 다수 집단에 의지를 관철시키는지 보여주는 사례라고 보고했고, 국회를 전국적인 것으로 표현한 1947년 11월 14일 규정대로 결의안이 표시하지 않았기에 이는 소수가 중심이 된 현실도피주의자의 입장이라고 판단했다. 곧 수립될 한국정부에 대해 '전국적'이라는 용어를 반대하는 소수 집단에 대한 대응이 필요함을 암시했다.[100]

98) "Memorandum by the Director of the Office of Far Eastern Affairs(Butterworth) to the Legal Adviser(Gross)[Washington]," May 25, 1948, *FRUS*.

99) "The Secretary of State to the Political Adviser in Korea(Jacobs)," Washington, June 4, 1948, *FRUS*.

100) "The Political Adviser in Korea (Jacobs) to the Secretary of State," Seoul, June 11, 1948, *FRUS*.

유엔한국임시위원단은 보고서에 기재된 신생 대한민국 정부에 대해 "1948년 8월 15일 한국정부 수립 이래 시간이 얼마 되지 않았음을 고려할 때 국회에 의해 수립된 정부가 통일을 향한 국민의 열망을 어느 정도로 충족시키고 한반도 전체에 대한 주권(통치권)을 가진 대한민국 정부라는 주장을 얼마나 정당화 할 수 있을지 판단하기 어렵"다고 기록했다. 소수 의견으로 "서울에서 수립된 정부가 유엔총회결의에서 구상된 정부로 간주될 수 있다"고 주장함도 기재되었지만, "북한에 거주하고 있는 국민들은 1948년 5월 10일 선거에 참여할 수 없었기 때문에 선출된 국회는 완전하지 않으며 유엔총회 결의에서 구상된 정부를 수립할 수 없었고 더욱이 수립된 정부는 스스로 한국 전역으로 관할권을 확대할 수 없"[101]다고 기록했다.

또한 보고서 요약에 "제3차 유엔총회는 한편으로는 국제적 감시를 받지 않고 자의적으로 수립된 인민공화국이 북한에 있고 다른 한편으로는 위원단의 선거감시 하에 수립된 대한민국 정부가 남한에 있는 상황에 직면하고 있는 바, 이 정부에 대한 승인의 권원(title) 문제가 법적인 검토대상으로 부상함. 중국, 필리핀, 미국은 한국정부를 승인하기 위한 예비적인 단계를 밟고 있음. 남북한 정권 모두 인위적인 경계를 넘어서 한반도 전체에 대한 완전한 주권을 주장하고 있으며 양자 모두 각각의 영역에서 실효적인 통치를 하고 있"[102]다고 한국정부 구성과정

101) 「UNTCOK, Second Part of the Report of the United Nations Temporary Commission on Korea」 Volume I. 1948.10.15. Official Record: Third Session Supplement No.9(A/575.Add.3), 경희대학교 한국현대사연구원, 『한국문제관련 유엔문서 자료집』, 625쪽.

102) 「UNTCOK, Second Part of the Report of the United Nations Temporary Commission on Korea」, 경희대학교 한국현대사연구원, 『한국문제관련 유엔문서 자료집』, 629쪽.

의 절차적 정당성을 인정하고 있지만 주권의 영역에 대한 해석은 제한적으로 진행했다.

이와 대조적으로 미국은 한국정부의 승인과 중앙정부로서의 정당성 확보에 적극적이었다. 1948년 6월 20일 하지는 마샬에게 한국정부에 대한 승인 문제를 언급하며, 미국은 유엔과 관계없이 신생 한국정부를 사실상 승인하고, 초기 단계에서 기반을 마련해주어야 하는 입장임을 강조했다. 하지만 당시 시점까지는 "유엔의 결의안과 유엔한국임시위원단의 감시 하에 실시된 선거 결과 탄생한 한국 국회는 유엔의 승인을 받지 못했기 때문에 형편없는 기구로 전락"했다고 평가하였다. 그럼에도 1947년 11월 14일 결의안을 완수하며, 신생 한국 정부의 통치권을 인정하고, 정부를 적극 지지, 후원할 것이라는 확신을 줄 준비를 할 것임을 밝혔다.[103)]

미국무부는 메논에게 "유엔총회 결의안에 따라 선거 결과로 탄생한 한국정부가 중앙(national) 정부로 간주되는지 여부는 선출된 한국 대표들에 의해서 결정되어야만 한다는 의견을 고수할 것[104)]이며 이 의견

103) "Lieutenant General John R. Hodge to the Secretary of State," Seoul, June 20, 1948, *FRUS*.

104) 실제 미군정은 새로 구성된 국회에 영향을 미친다는 인상을 주지 않기 위해 노력했다. 1948년 5월 30일 제이콥스는 최근 이승만과의 세 차례 면담을 미국무부에 보고했다. 제이콥스와 하지는 미국정부가 이승만과 새 국회에 영향을 미치려 한다는 것은 잘못되었음을 이승만에게 전했다. 이승만은 미국과 유엔이 한국을 위해 해준 일에 대해 감사의 마음을 표했고, 지속적 미국의 원조와 기술자 파견을 요청했다. 또한 적절한 한국 방위군(Korean security force)이 훈련받고 무장할 때까지 미국 군대가 계속 주둔을 요청했다. 제이콥스는 미국이 영토적 야심이 없다는 것을 전 세계가 알고 있기 때문에 미군이 계속 주둔해도 큰 문제가 없다는 것을 이승만이 이해하고 있다고 판단했다. "The Political Adviser in Korea(Jacobs) to the Secretary of State," Seoul, May 30, 1948, *FRUS*.

은 유엔소총회의 2월 26일 결의안에 확인"[저자 강조]된 내용임을 강조했다. 마샬은 이남에서 곧 구성될 정부를 중앙정부로 인정하지 못한다면 통일 기회는 강력한 일격을 맞을 것이라 판단했다. "신정부를 남한만의 정부로 승인한다면 국가의 분단이 고착화되고, 북한 국민들의 참여가 배제될 것이며, 소련이 자신의 괴뢰정권을 한국의 중앙정부로 승인함으로써 이북에서 괴뢰정권의 입지를 강화시키는 구실을 줄 것"이라고 보았다. 마지막으로 유엔한국임시위원단의 신생 정부에 대한 중앙정부로 간주여부가 찬반이 동일하기 때문에 인도의 입장이 중요함을 강조했다.[105] 이러한 미국의 시도는 대한민국 정부의 정통성을 제공하기 위해 제3차유엔총회가 열리기 전부터 회원국들로 하여금 대한민국을 한반도 유일한 합법정부로 승인하도록 강력한 영향력을 행사한 것이다.[106]

1948년 6월 30일 제이콥스는 마샬에게 유엔한국임시위원단 의장 바예의 한국 국회연설을 전했다. "유엔한국임시위원단이 1948년 5월 10일 선거 결과가 위원단이 접근할 수 있고, 한국 전체 인구의 약 3분의 2가 거주하고 있는 지역의 자유의지를 정당하게 표현한 것이라는 의견을 기록으로 남기기로 만장일치로 결정하였다는 사실을 알려드리고 싶습니다. 1947년 11월 14일 총회 결의안 규정에 따라 우리의 감독 하에 실시된 선거라는 관점에서 이런 결정이 도출되었습니다. 위원단은 선거 감독 후 이전에 민주적인 언론·출판·집회의 자유가 존중되는 상당한 정도의 자유로운 분위기가 존재한다고 선언하였습니다. 우리는 유엔한국임시위원단이 각각의 정부 당국이 정확하게 적용해야 한

105) "The Secretary of State to the Embassy in India," Washington, June 22, 1948, *FRUS*.

106) 이완범, 『한국해방 3년사』, 183쪽.

다고 권고한 선거 절차에 만족한 뒤 위와 같이 결정하였습니다 … 만약 선출된 한국 국민의 대표들이 원한다면 그분들과 협의할 준비를 갖추고 있다는 사실을 거듭 말씀드리고 싶습니다."[107)]

이남지역 총선거로 탄생한 정부에 대한 전국적 성격으로의 해석은 미국만의 평가가 아니었다. 이남지역 총선거를 거부한 김구와 김규식의 1947년 12월의 해석과도 유사한 특징을 보였다. 1947년 12월 남조선과도입법의원 의원장 김규식은 인터뷰에서 "북조선에서 모든 것을 거절하고 남조선에서만 총선거가 시행되어 소위 남조선 단독정부가 수립되는 경우를 예상할 수 있는가?"라는 질문에 "유엔대표단이 직접 처리하기보다 먼저 유엔소총회에 보고하여 그 결재를 요할 것이고 설혹 '남조선단독정부'가 수립된다고 할지라도 나의 견해로는 그 명칭만은 '남조선단독정부'라고 아니 할 것이고 한국중천정부라든지 한국정부라든지 할 것이다. 왜 그러나 하면 우리 한민족으로서는 근본적으로 남선이니 북선이니 하는 분별이 없었고 미소양군이 점령하면서 생긴 말인만치 더욱이 하국하민족(何國何民族)을 물론하고 소위 단독 정부라는 말은 듣지 못한 것이다. 혹 혁명정부나 임시정부니 하는 말은 통용된 바도 있고 국토의 일부분만을 차지하고 살아도 앞으로의 조국통일을 기도하며 중앙정부라 칭함이 역사적으로나 현금에도 타국에서 쓰는 말이다. 그런즉 제주도 일부만을 차지하고서라도 중앙 정부라고 할지언정 단독정부라는 것은 그 명칭부터 불가할 것이다"[108)][저자 강조]라고 이남지역의 총선거가 한반도의 대표성을 갖게 됨을 강조했다.

김구 역시 이미 1947년 12월 1일 이승만 정부수립노선 지지성명을

---

107) "The Political Adviser in Korea(Jacobs) to the Secretary of State," Seoul, June 30, 1948, *FRUS*.

108) "南朝鮮만 總選擧해도 單獨政府아니다," 『東亞日報』, 1947년 12월 14일자.

발표하며 "소련의 방해로 인하여 북한의 선거만은 실시하지 못할지라도 추후 하시에든지 그 방해가 제거 되는대로 북한이 참가할 수 있게 하는 것을 조건으로 하고 의연히 총선거의 방식으로 정부를 수립하여야 한다. 그것은 남한의 단독정부와 같이 보일 것이나 좀 더 명백히 규정하자면 그것도 법리상으로나 도덕상으로나 국제관계상으로 보아 통일정부일 것이오, 단독정부는 아닐 것이다. 이승만 박사가 주장하는 정부는 상술한 제2의 경우에 치중한 것뿐이지 결국 내가 주장하는 정부와 같은 것인데 세인이 그것을 오해하고 단독정부라 하는 것은 유감이다"라고 하였다.[109][저자 강조]

5. 맺는 말

1947년 11월 14일 코리아문제에 대한 유엔총회 결의한 승인 이후 이 문제를 둘러싸고 캐나다와 미국이 먼저 마찰했다. 캐나다는 유엔의 권위 불신, 미소갈등에 대한 유엔의 해결능력 부족, 팔레스타인과 코리아에 대한 미국의 영향력 확대라는 차원에서 유엔이 문제가 있다고 파악하며 유엔한국임시위원단의 탈퇴를 알렸다. 미국은 한국의 선거가 유엔의 합의 절차대로 진행되고 있고, 캐나다의 탈퇴가 유엔의 권위를 하락시키며 소련에 굴복하는 형태가 될 것이라고 압박했다. 결국 캐나다는 유엔한국임시위원단의 활동에서 이북이 제외된다면 유엔소총회를 소집하는 안을 조건으로 임시위원단에 복귀했으나 갈등은 예정되었다.

109) "單獨措置는 單政아니다 南北統一工作은 當分保留가 至當," 『京鄕新聞』, 1947년 12월 2일자.

유엔한국임시위원단은 1948년 1월 초 이북지역 입경을 요청했으나, 김일성과 소련의 유엔대표 그로미코는 거절했다. 이에 대해 한국인들은 논리적 귀결이며, '남조선만이라도 총선거'가 필요한 상황이라 판단했다. 유엔한국임시위원단의 입국, 소련의 유엔 활동 거부와 동시에 극좌진영은 2월부터 본격적으로 파업과 테러를 일으켰다. 미군정은 2.7파업, 이북의 열병식, 헌법초안 발표가 이북정부의 전국적 정당성 확보를 위해 소련의 일정한 설계에 의해서 진행되고 있다고 보았다. 소련과 공산주의자들의 행동은 유엔한국임시위원단의 철수와 미소군의 철군으로 귀결된 것이 아니라 오히려 한국인들에게 총선거의 필요성을 더욱 강화시킨 측면도 있었다.

미국과 소련, 이남과 이북의 대립과 함께 유엔한국임시위원단의 내부 대립도 강화되며 중국, 프랑스, 필리핀, 엘살바도르는 미국과 유엔의 결정에 우호적이었고, 호주, 캐나다, 인도, 시리아는 대립적 자세를 취했다. 특히, 호주와 캐나다대표는 미국과 유엔의 정책에 적극적으로 반대하며 김구, 김규식 중심의 남북협상을 지지했다. 미국정부는 호주대표가 "급진주의적"이며, 캐나다대표는 "이상주의적 사회주의자"라고 파악했고, 이들이 공산주의자들을 대변한다는 평가를 했다. 결국 1948년 2월 26일 뉴욕의 유엔소총회에서는 호주, 캐나다대표의 의견과 달리 1947년 11월의 결의를 재확인하며 총선거 실시를 확정했다.

유엔한국임시위원단은 5월 10일의 선거를 "대체로" "자유로운 분위기에서 선거운동"이 이루어진 선거라고 평가했다. 하지만 선거결과가 '전국적'으로 적용되는가는 논쟁적 문제였고, 한국의 유일한 합법정부 승인문제와 긴밀히 연결되어 있었다. 5.10선거의 결의안 문구를 두고, 캐나다대표는 '전국적'이라는 표현이 포함되는 것을 거부했다. 하지만 미국은 이에 대해 선출된 한국대표들이 결정할 문제이며, 1947년 11월

14일 결의안과 유엔소총회 결의를 통해 그리고 전체 인구 약 3분의 2가 거주하는 지역에서 탄생한 정부는 전국적 정부로 인정되어야 할 것이라는 입장을 정리하며 제3차 유엔총회를 준비했다. 이러한 미국은 인식은 1947년 12월에 김구와 김규식이 견지했던 인식, 즉 이남지역에서 정부가 수립될 경우 그 정부를 '중앙정부' 또는 '통일정부'로 판단해야 된다는 인식과 유사했다.

〈참고문헌〉

1. 1차・준1차자료

「Report of U.S. Liaison Officer with United Nations Temporary Commission on Korea」 7 June 1948. United States Army Forces in Korea(USAFIK), XXIV CORPS. G-2, Box. 67. RG 554.

“United Nation Temporary Commission on Korea” United States Army Forces in Korea(USAFIK), XXIV CORPS, G-2, Box 66, RG 554.

Office of the Historian, “Foreign Relations of the United States 1948. Vol. VI.” https://history.state.gov/historicaldocuments/frus1948v06/d908 (검색일: 2018. 05.07)

경희대학교 한국현대사연구원, 『한국문제관련 유엔문서 자료집』, 경인문화사, 2017.

국사편찬위원회 한국사데이터베이스, “유엔한국임시위원단 관계문서,” http://db.history.go.kr/ (검색일: 2018.05.11)

白凡金九先生全集編纂委員會 편, 『白凡金九全集. 제8권: 건국・통일운동』, 대한매일신보사, 1999.

외무부 정무국, 『국제 연합한국관계결의문집』, 외무부, 1954.

정일형, 『국제연합독본』, 국제연합한국협회, 1961.

“南朝鮮總選擧가 自主獨立의 第一捷徑,” 『京鄕新聞』, 1947년 11월 5일자.

“統一못되면單獨選擧도可,” 『東亞日報』, 1947년 11월 26일자.

“딘長官聲明 朝鮮의 總選擧는 유엔指示下에 實施,” 『東亞日報』, 1947년 11월 28일자.

“單獨措置는 單政아니다 南北統一工作은 當分保留가 至當,” 『京鄕新聞』, 1947년 12월 2일자.

“南朝鮮만 總選擧해도 單獨政府아니다,” 『東亞日報』, 1947년 12월 14일자.

“유엔委員團 以北訪問不許,” 『東亞日報』, 1948년 1월 13일자.

“蘇뽀이코트에 各界反響,” 『東亞日報』, 1948년 1월 27일자.

“金九氏金博士見解는 理解不能,” 『京鄕新聞』, 1948년 1월 30일자.

“南朝鮮內共產派 유엔團業務妨害,” 『東亞日報』, 1948년 2월 10일자.

“蘇侵略의 發露, 朝鮮分割企圖,” 『東亞日報』, 1948년 2월 19일자.

“‘메논’ 議長報告의 國內反響,” 『東亞日報』, 1948년 2월 22일자.

“북민전이 남한 정당・사회단체에 보낸 편지,” 『조선중앙일보』, 1948년 4월 1일자.

"總選擧의 環境과 態勢 (三)," 『京鄕新聞』, 1948년 4월 10일자.
"總選擧에 蹶起하라," 『東亞日報』, 1948년 4월 30일자.
"김구, 남북정당사회단체대표자 연석회의에 대한 소감 피력," 『朝鮮日報』, 1948년 5월 3일자.

2. 2차자료

강정구, 「5.10 선거와 5.30선거의 비교연구」, 한국사회학회 1992년 후기사회학대회 발표문, 1992.
구대열, 『한국 국제관계사 연구 2』, 역사비평사, 1997.
국사편찬위원회, 『신편한국사』, 국사편찬위원회, 2002.
김명섭, 『전쟁과 평화』, 서강대학교출판부, 2015.
______, "관공서 수백곳 피습에도 투표율 90% 넘어," 『조선일보』, 2018년 5월 14일자.
김일영, 『건국과 부국』, 생각의 나무, 2004.
도진순, 『한국민족주의와 남북관계』, 서울대학교출판부, 1997.
박영기, 『한국노동운동사 3』, 지식마당, 2004.
박찬표, 『한국의 국가 형성과 민주주의』, 후마니타스, 2007.
서중석, 『한국현대사 60년』, 역사비평사, 2007.
손세일, 『이승만과 김구. 제7권, 제3부 어떤 나라를 세울까 1945~1950』, 조선뉴스프레스, 2015.
신복룡, 『한국분단사연구』, 한울아카데미, 2006.
______, 『인물로 보는 해방정국의 풍경』, 지식산업사, 2017.
양동안, 『대한민국 건국사』, 건국대통령이승만박사기념사업회출판사업부, 1998.
오도엽, "전평의 마지막 투쟁," 『미디어 참여와 혁신』, 2016년 6월 7일.
유영익, 『건국 대통령 이승만』, 일조각, 2013.
유지아, 「코리아문제 유엔이관 이후, 유엔총회에서 미소양군 철수문제 논의과정」, 『중앙사론』 46집, 2017.
이영훈, 『대한민국 역사』, 도서출판 기파랑, 2013.
이완범, 『한국해방 3년사』, 태학사, 2007.
정용욱, 『해방 전후 미국의 대한정책』, 서울대학교출판부, 2003.
차상철, 『해방전후 미국의 한반도 정책』, 지식산업사, 1991.
최종고, 『이승만과 메논 그리고 모윤숙』, 도서출판 기파랑, 2012.

로빈슨, 리차드 D. 지음, 정미옥 옮김, 『미국의 배반』, 과학과사상, 1988.

매트레이, 제임스 어빙 지음, 구대열 옮김, 『한반도 분단과 미국』, 을유문화사, 1989.

커밍스, 브루스 지음, 김동노 외 옮김, 『브루스 커밍스의 한국현대사』, 창작과 비평사, 2001.

Park, Tae-Gyun, 「The Ugly Duckling: The Activities of the Canadian Delegate in UNTCOK and Koreans' Evaluation」, 『비교한국학』 13권 1호.

제헌국회와 기독교 국회의원

이은선

1. 시작하는 말

지금까지 해방 후의 기독교 세력의 건국운동에 대하여 주로 기독교인들이 만들었던 정치조직을 중심으로 분석하여 왔다. 연규홍은 2004년에 「해방정국과 기독교 건국운동」에서 기독교남부대회와 기독교신민회 조직을 중심으로 분석하였다.[1] 김흥수는 2009년 「해방 정국과 기독교 건국운동」에서 기독교 우파의 신탁통치 반대운동, 좌우합작과 남북협상론을 따르는 중간파, 기독교좌파의 신탁통치 지지, 기독교 국가의 실험을 중심으로 논의하였고,[2] 김권정은 2012년에 「해방 후 기독교 세력의 동향과 국가건설운동」에서 기독교에서 조직했던 여러 정치조직들에 대하여 분석하였다.[3] 이러한 논문들은 기독교인들이 중심이 되

---

1) 연규홍, 「해방 정국과 기독교 건국운동」, 『한국교회사학회』 제14집, 2004, 95~119쪽.

2) 김흥수, 「해방 정국과 기독교 건국운동」, 『크리스천투데이』, 2009년 3월 6일자, 10일자.

어 조직했던 조직들을 분석했다면, 해방정국에서 국가건설에 참여했거나 영향을 미친 개별적인 인물들에 대한 분석들이 있다. 박명수는 한경직과 조만식의 활동을, 고지수는 김재준을, 류대영은 함태영을, 허동현은 이갑성을 분석하였고, 김창준에 대한 다수의 논문이 있다.[4] 물론 이 이외에도 석박사 학위 논문에서 다른 다양한 인물들에 대한 분석들이 있다. 이러한 연구들은 해방 공간에서 한국교회와 지도자들이 기독교 국가 건설이라는 목표를 가지고 다양한 활동을 했다는 것과 함께 그 한계들을 잘 분석하였다.

그러면 제헌국회에서 기독교인들은 어느 정도의 역할을 했을까? 제헌의회에서 기독교 국회의원들의 비중을 분석한 강인철은 기독교 국회의원을 44명으로 파악하고, 전체 국회의원들 가운데서 차지하는 21%의 비율은 전체 인구 가운데 0.5%를 차지하던 기독교 인구를 과대표하고 있다고 주장하고 있다.[5] 이영록은 기독교인들이 헌법제정에서

---

3) 김권정, 「해방 후 기독교 세력의 동향과 국가건설운동」, 『숭실사학』 제29집, 2012, 199~242쪽.

4) 박명수, 「한경직과 대한민국 건국운동: 1945-1948」, 『한경직목사기념사업회 세미나』 2012권 4호, 2012, 5~28쪽; 「해방 직후 조만식과 남한의 정치」, 『한국기독교역사연구소소식』 제110호, 2015, 16~17쪽; 고지수, 「해방 후 장공 김재준의 「기독교적 건국론」 이해 -사료 「기독교의 건국이념(基督敎의 建國理念)」을 중심으로-」, 『인문과학』 제54집, 2014, 251~285쪽; 허동현, 「해방 후 이갑성(1889-1980)의 삶 재조명」, 『비교문화연구』 제12권 1호, 2008, 373~391쪽; 류대영, 「함태영, 해방정국에서 기독교 조직을 재건하다」, 『한국사시민강좌』 제43권, 2008, 376~388쪽; 유영렬, 「기독교민족사회주의자 김창준에 대한 고찰: 김창준 회고록을 중심으로」, 『한국독립운동사연구』 제25집, 2005, 177~224쪽; 오성주, 「사회복음주의 기독교 교육론 김창준(1890.5.3.-1959.5.7)연구」, 『신학과 세계』 제61집, 2008, 186~214쪽; 조이제, 「김창준 목사의 천국운동과 해방운동」, 『세계의 신학』 제27집, 1995, 122~146쪽.

5) 강인철, 「해방 후 한국 개신교의 정치참여: 역사와 평가」, 『한국교수불자연합학회지』 제5권 2호, 2009, 176쪽, 177쪽.

했던 활동들을 분석하면서 기독교 국회의원을 38명으로 분석하고 있다.[6] 그런데 선거 당시 「기독신문」은 기독교 국회의원 숫자를 50명 정도라고 보도하여,[7] 제헌국회에서 기독교인들의 숫자에 혼선이 있어 검토가 필요하다.

이와 함께 제헌국회의 구성에 대해 김득중은 209명의 제헌의원 가운데 독립운동에 참여한 인물을 35(16.6%)명으로 매우 적어 정통성이 미흡하고, 행정관료, 사법계, 금융조합, 수리조합 직원 등으로 근무하여 일제 식민지에 봉사한 인물들은 55명으로 많으며, 교육계에서 활동한 인물들 48명, 언론계 종사자 28명으로 분석하고 있다.[8] 서희경은 제헌국회의원들 가운데 식민통치에 협력한 인물들이 55명 내지 59명[9]으로 많은 이유를 분석하기 위해 제헌의원들의 일제 시기 활동 유형을 일상적 협력형, 소극적 저항형, 적극적 저항형, 적극적 협력형의 4가지로 분류한 후에 일상적 협력형의 사람들이 제헌의원에 많이 진출한 것으로 분석하고 있다.[10]

---

6) 이영록, 「기독인 제헌의원들과 헌법제정」, 『영남법학』 제30호, 2010, 31쪽.

7) 『기독신문』, 1948년 5월 31일자; 「교회와 사회」 단기 4286년(1953년) 7월호, 6면, 최종고, 「제1공화국과 한국개신교회,」 『동방학지』 제48집, 1985, 665쪽에서 재인용.

8) 김득중, 「제헌국회의 구성과정과 성격」, 성균관대학교 석사학위논문, 1993, 94~98쪽.

9) 竝本眞人은 공무관련 대일협력자는 59명이라고 분석하였다.

10) 서희경, 「한국제헌국회의 정치세력 형성에 관한 연구」, 『한국정치외교사논총』 제26권 1호, 2004년, 364쪽, 379~380쪽. 일상적 협력형은 한문과 국내교육기관에서 수학하고 면장과 조합장, 농촌사회조직활동을 한 유형이고, 소극적 저항형은 해외유학을 하고 독립운동에 참여했으며, 교사, 기자, 언론 · 종교 · 사회단체에서 활동하고 학교경영에 참여했으며, 적극적 저항형은 독립선언과 3.1운동, 임시정부, 신간회, 좌파민족주의 참여자인데, 이들 가운데 일부는 1930년대 후반 친일에 가담했으며, 적극적 협력형은 해외 및 국내 수학 군수, 학무국장, 도학무국장, 지청판사로 분류하였다.

본고에서는 이러한 기존의 논의를 바탕으로 다음과 같은 몇 가지 사항들을 검토해보고자 한다. 첫째로 제헌의원이 되었던 기독교인들의 정확한 숫자를 파악해 보고자 한다. 현재까지 파악된 기독교 제헌의원들은 천주교인 3명을 포함하여 50명이다. 이들 국회의원들은 당시 의회에 진출한 정치조직인 한민당, 대한독립촉성국민회, 대동단, 무소속뿐만 아니라, 민족대표회의, 교육연합회 등 다양한 조직에 소속되어 있었다. 둘째로 기독교 국회의원들이 기독교 인구비율을 과대표하고 있다는 평가를 검토해 보고자 한다. 당시 한국사회에서 교육을 받은 지식인들 가운데 기독교인들의 비율을 기준으로 평가한다면, 21% 정도의 기독교인 국회의원 비율은 상당히 정상적인 것이라고 해석할 수도 있다. 셋째로 기독교 국회의원들은 서희경이 분석한 4가지 유형 가운데 어떤 유형에 속하는지를 알아보기 위해 그들의 교육과정과 함께 일제 강점시기 활동상을 정리하여 친일과의 관련성을 분석해 보고자 한다. 넷째로 기독교 국회의원들의 해방 후와 제헌국회 기간 동안의 활동상황을 분석해 보고자 한다. 그들은 해방이후 첫 번째로 구성된 제헌의회 기간 동안 무슨 활동을 하면서 건국에 참여했는지를 분석하고자 한다. 기독교 제헌의원들은 해방 후에 우파의 중심세력을 형성하였으나, 제헌의원 회기 동안에는 다양한 세력으로 분화되는 양상을 보였다. 제헌의원들의 학력과 경력, 독립운동의 상황에 대한 기본적인 자료는 1) 한국사 데이터베이스의 한국근현대인물자료 2) 헌정회 홈페이지 3) 보훈처 독립운동자료이다.[11] 이러한 자료들은 사용한 경우에는 각주를 붙이지 않았다는 점을 밝혀둔다.

---

11) 한국근현대인물자료 홈페이지는 http://db.history.go.kr/item/level.do?itemId=im이고, 헌정회 홈페이지는 http://www.rokps.or.kr이며, 보훈처에서 제공된 독립유공자(공훈록) 홈페이지는 http://www.mpva.go.kr/narasarang/gonghun_list.asp이다.

2. 기독교 제헌국회들의 소속과 지역 분석

기독교인들은 해방공간에서 기독교 신앙을 바탕으로 새로운 국가건설에 적극적으로 참여하였으나, 교회가 만든 조직보다는 일반적인 정치조직에 참여하였다. 이것은 한국기독교인들의 독특한 정치참여 방식이었다. 교회는 이미 1901년부터 정교분리를 강조하였고, 기독교지도자들은 그러한 영향과 함께 자신들의 정치행위를 통해 교회가 입을 피해를 방지하기 위하여 교회 밖의 조직을 통해 민족운동이나 교육활동을 하였으며, 해방공간의 다양한 정치 조직에 참여하여 기독교 정신에 기초한 독립된 자유 민주국가를 건설하고자 하였다.

현재까지 확인된 기독교 제헌국회의원들은 천주교를 포함하여 한민당 소속 11명,[12] 대한독립촉성국민회 소속13명,[13] 대동청년단 소속 5명[14], 무소속 14명[15], 조선민주당, 조선여자국민당, 한국독립당, 민족통일본부, 교육협회, 조선공화당, 대한독립촉성농민총연맹 각 1명씩[16], 총 50명이다.[17] 제헌선거에서 출마한 사람들이 자신들의 정치성향에 따

---

12) 서울 5명(윤치영, 김도연, 이영준, 김동원, 홍성하), 경기 신현모, 충북 송필만, 전북 백관수와 나용균, 경북 백남채, 경남 허정.

13) 서울 이승만, 강원 이종순과 황호현, 충남 송진백과 손재학, 전북 신현돈과 이요한, 전남 김문평(천주교), 송봉해, 오석주, 이남규, 경북 권병노와 이범교.

14) 서울 윤재욱, 경기 원용한, 충북 김기철(천주교), 전북 백형남, 전남 이성학.

15) 서울 김상돈과 장면(천주교), 강원도 장기영, 경기도 윤재근과 정준, 충남 서용길과 이훈구, 충북 연병호와 홍순옥, 전북 윤석구, 경북 권태희, 박순석, 정우일, 경남 주기용.

16) 조선민주당 이윤영, 조선여자국민당 임영신, 한국독립당 오택관, 민족통일본부 김상덕, 교육협회 김봉조, 조선공화당 김약수, 대한독립촉성농민총연맹 황두연.

17) 강인철은 한민당 9명, 독촉국민회 12명, 무소속 15명, 대동청년단 5명, 한독당 1명, 교육협회 1명, 여자국민당 1명 총 44명으로 파악하고 있다.(강인철, 『한국기독교회와 국가 · 시민사회: 1945-1960』, 서울: 한국기독교역사연구소, 1996,

른 정확한 정치조직에 소속하여 출마가 이루어졌다기보다는 당선가능성에 따른 이합집산이 많았던 것으로 보인다. 한민당 성향의 인물들이 당시에 한민당이 인기가 없자 독촉이나 무소속으로 출마한 경우도 있었고, 선거에 참석하지 않았던 김구계열의 한독당 출신들이 무소속으로 출마하기도 하였다. 그러므로 기독교인 국회의원들도 제헌국회 기간 동안 정파에 따른 이동이 많이 일어나고 있는데, 이러한 이동상황은 국회활동에서 분석해 보도록 하겠다.

이들을 출신지역별로 분류해 보면, 서울은 10개 구역 가운데 9개 구역에서 기독교인이 당선되었다.[18] 성동구의 지청천을 제외한 9명이 모두 기독교인이었다. 동대문구는 이승만이 대통령이 되어 실시된 보궐선거에서도 기독교인인 홍성하가 당선되었다. 그러므로 서울지역에서는 기독교인들이 절대 다수를 차지하였다. 서울에서 기독교인들이 많이 당선된 것은 그들의 지명도에 따른 것으로 보인다. 다음으로 충북은 12개 선거구 가운데 4명으로 33%,[19] 경북은 33개 선거구 가운데 9명으로 27%,[20] 강원도는 12개 선거구 가운데 3명으로 25%,[21] 전북은 22개 가운데 6명으로 27%,[22] 전남은 29개 선거구 가운데 6명으로 21 %,[23] 충남은 19개 가운데 4명으로 21%,[24] 경기도는 29개 선거구 가운

177쪽)

18) 윤치영(중구), 이윤영(종로갑), 장면(종로을), 김동원(용산), 이승만(동대문갑)-홍성하(보궐), 이영준(동대문을), 김도연(서대문), 김상돈(마포), 윤재욱(영등포). 종로갑에서 당선된 이윤영은 출마가 예상되었던 김성수가 남하한 북한 사람들의 대표자격인 이윤영에게 출마를 양보하여 당선되었다.

19) 송필만(진천), 김기철(충주), 연병호(괴산), 홍순옥(청원갑).

20) 백남채(대구), 이범교(영천), 권병노(의성을), 정우일(의성갑), 박순석(영일갑), 권태희(김천갑), 임영신(안동을, 보궐), 김상덕(고령), 김봉조(청송군).

21) 이종순(춘성), 황호현(평창), 장기영(영월).

22) 백관수(고창을), 나용균(정읍), 신현돈(무주), 이요한(옥구), 백형남(익산갑), 윤석구(군산).

데 6명으로 21%,[25] 경남은 31개 가운데 3명으로 10%이다.[26] 제주도는 기독교인 출신이 없다. 이러한 비율로 볼 때 서울이 90%로 압도적으로 높고 충북이 33%이며, 경남, 강원, 전북, 전남, 경기, 충남은 21-27%이고, 경남은 10%로 가장 낮다.

3. 기독교 국회들의 기독교인구의 대표성 문제

강인철은 기독교 국회의원들이 제헌국회에서 21%를 차지한 것이 기독교 인구 0.5%를 과도하게 대표하고 있다고 평가하였다. 이러한 평가는 기독교인들이 전체 인구에서 차지하는 비중을 기준으로 볼 때 타당한 주장이라고 볼 수 있다. 그러나 이러한 평가는 국회의원에 출마할 고등교육을 받은 사람들을 기준으로 할 때는 올바른 평가라고 말하기 어렵다. 일제 강점기 고등교육 기관 가운데 기독교 교육기관이 적어도 20-30%를 차지하고 있었으므로, 그러한 기관들에서 고등교육을 받은 사람들의 비율을 기준으로 본다면, 오히려 21%의 기독교 국회의원의 비율은 고등교육을 받은 기독교인들의 적절한 비율을 나타낸다고 평가할 수 있다.

먼저 일제 강점기 고등교육기관인 전문학교에 대해 분석해 보면, 1910년대에 관학은 4개교였고,[27] 1920-30년대는 6개교였다.[28] 사학은

---

23) 송봉해(해남) 오석주(고흥), 이남규(목포), 김문평(여수), 이성학(해남을), 황두연(순천).

24) 손재학(홍성), 송진백(대덕), 서용길(아산), 이훈구(서천).

25) 신현모(연백), 원용한(여주), 정준(김포), 윤재근(강화), 오택관(옹진갑).

26) 허정(부산을), 주기용(창원을), 김약수(동래).

27) 경성전수학교(1911), 경성의학전문학교(1916), 경성공업전문학교(1916), 수원

1910년대에 2개교였고,[29] 1920년부터 1937년까지는 6개교가 늘어났다.[30] 1910년대 사학은 기독교계학교 2개교만 있었고, 1920년대에는 6개 가운데 4개였으며, 1930년대에는 8개 가운데 4개였다. 그러므로 고등교육 기관 가운데 적어도 사립학교들은 50%이상이 기독교계통 학교들이었다.

정원을 보면 세브란스연합의학전문학교는 20명(1918)에서 50명(1936)으로, 연희전문학교는 60명(1918)에서 170명(1936)으로, 보성전문학교는 140명(1922)에서 200명(1936)으로, 이화여자전문학교는 65명(1927)에서 150명(1935)으로, 숭실전문학교는 40명(1926)에서 70명(1936)으로, 경성치과의학전문학교가 80명(1929)에서 120명(1935)으로, 경성약학전문학교가 70명(1930)에서 100명(1936)으로 증원했으며,[31] 중앙불교전문대학은 정원이 150명이었다.[32] 1930년대 중반의 입학정원을 기준으로 할 때 사립학교 학생들 가운데 기독교계통 학교의 학생들의 숫자는 대략 44% 정도를 차지하고 있다. 1910년대 - 1930년대 전체 학생숫자를 보면 아래 표와 같다. 이러한 통계를 볼 때, 1920년대에 접어들면 관학을 포

농림전문학교(1918).

28) 경성법학전문학교(경성전수학교 개칭)과 경성고등상업학교(1922), 경성제국대학 예과(1924), 경성제국대학 본과(1926), 대학의학전문학교와 평양의학전문학교(1933)

29) 세브란스연합의학전문학교, 연희전문학교.

30) 보성전문학교(1922), 숭실전문학교와 이화여자전문학교(1925), 경성치과의학전문학교(1929), 경성약학전문대학와 중앙불교전문대학(1930년).

31) 김자중, 「일제 식민지기 조선의 고등교육체계의 성격」, 『한국교육사학』 제38권 3호, 2016, 82쪽.

32) 중앙불교전문대학은 당시 불교학을 기반으로 하되 문학 · 철학 · 사상 등을 주요 교과로 편제하고, 본과 · 특과 · 선과(選科)를 두었으며, 수업연한은 각 3년이었으며, 학생정원은 150명이었다.
(http://www.dgupress.com/news/articleView.html?idxno=451, 접속 2017. 6. 11.)

함한 고등교육기관 재학생들 가운데 기독교 계통의 학생들이 20-30% 정도인 것을 알 수 있다. 왜냐하면 사립학교들 가운데 과반수이상이 기독교학교이기 때문이다.

〈표 1〉 1910년대 - 1930년대 학생들의 통계[33)]

	관학 재학생	사학 재학생	사학 재학생 비율
1916	362		
1917	382	112	22.7
1920	336	118	26
1925	465	644	58
1930	622	1,334	68.2
1935	894	2,150	70.6
1937	961	1,866	66

일제 강점기 인가받은 고등보통학교는 숫자는 1920년대까지 최대 10개교였는데, 이중 기독교 학교는 배재, 광성, 정주 오산 등 3개교이다.[34)] 1931년에 김천, 함흥 영생고가 개교하여 11개교가 되는데, 기독교 학교는 영생고까지 4개교이다. 그러므로 11개 보통학교 가운데 기독교 학교가 4개교이고, 인가 받지 못한 장로교의 교육기관들을 포함한다면 훨씬 더 많아진다. 인가받지 못한 고등보통학교들은 지정학교가 되었는데, 9개 장로교 계통의 학교들[35)]이 지정학교가 되었다.[36)] 일

33) 김자중, 「일제 식민지기 조선의 고등교육체계의 성격」, 81쪽에서 재인용.

34) 인가받은 학교 숫자를 순서대로 보면, 1910년 함흥 1개, 1913년 2개(양정 추가), 1916년 4개(배재, 동래 추가), 1917년 6개(보성, 송도 추가), 1918년 6개(휘문 추가, 함흥폐교), 1919년 7개(평양 광성 추가), 1920년 9개(고창 오산, 광주 추가), 1921년 10개 (중앙 추가), 1922년 8개(동래, 광주 폐고), 1926년 9개(정주 오산 추가)이며, 전북 고창 오산고등보통학교는 1920년대 인가받은 사립학교였는데, 1922년 사립고창고등보통학교로 개칭하였다.

35) 경신(1923), 숭실(1928), 선천 신성, 숭의 여학교(1931), 대구 계성학교, 전주

반학교 가운데는 중동(1928)이 유일하게 지정학교가 되었으며, 보성여학교, 대구 신명여학교 등 1922년-35년 사이에 각종학교 가운데 지정학교로 인가받은 학교는 장로교 9개교를 포함하여 14개 교에 불과하였다.[37] 1930년대 공식 인가받은 남자고등보통학교는 공립 15개교, 사립 11개교 지정학교 6개로서 31개였는데, 이중 기독교학교는 사립 4개교 지정학교 5개교 등 9개교였으므로, 비율을 28%이다.[38] 1930년대 여자고등보통학교 가운데 10개 여자사립학교가 있는데,[39] 이 가운데 호수돈, 이화, 정의, 배화, 일신, 영생 6개가 미션 스쿨이다.[40] 1935년에 여자보통학교는 21개교인데, 11개가 공립학교이고, 10개가 사립학교인데, 이중에 6개가 기독교학교였고, 지정학교인 숭의, 일신, 정신 3개를 포함하면 24개인데, 기독교학교는 9개가 되어 비율은 37.5%가 된다.[41]

1925년에 각종사립학교 현황을 보면, 한국인이 하는 일반학교가 347개(56%), 종교계(북장로교, 감리교, 남장로교, 기타) 257개(42%), 일본계 11개(2%)이다. 그러므로 각종 사립학교에서는 종교계 학교가 42%이며, 학생숫자는 31.859(44%)이다. 여학생숫자는 전체 학생숫자 69,216

신흥학교, 동래 일신여학교, 서울 정신여학교(1933)

36) 박용권, 「1920~30년대 조선예수교장로회의 지정학교 추진 운동」, 『한국기독교역사연구소소식』 제82집, 2008, 50~51쪽.

37) 권녕배, 「일제하 각종사립학교의 지정학교 승격에 대한 일연구」, 『조신사연구』 제13권, 2004, 236쪽.

38) 지정남자학교 가운데 중동을 제외한 경신, 숭실, 신성, 계성, 신흥 5개교가 기독교 학교이다.

39) 숙명(1910), 진명(1912), 호수돈, 이화(1918), 정의(1920), 배화 진주 일신, 누씨(1925), 동덕(1926), 영생(1930).

40) 김경미, 「일제하 사립중등학교의 위계적 배치, 한국교육사학」, 『한국교육사학』 제26권 2호, 2004, 37~38쪽.

41) 강명숙, 「일제시대 학교제도의 체계화 -제2차 조선교육령 개정을 중심으로-」, 『한국교육사학』 제32집 1호, 2010, 17쪽.

명 가운데 15,640(22.6%)인데, 이중에 종교계 여학생이 11,160명으로 73%이다.[42] 이러한 통계 자료들을 볼 때 일제 강점기 교육받은 계층 가운데 기독교계통 학교 학생들이 20-30%정도인 것을 알 수 있다. 그러므로 제헌국회에서 기독교인들의 비율이 21%정도에 이르는 것이 단순하게 전체 인구 비율인 0.5에 비해 과대표한다고 평가할 수도 있지만, 이것은 정당한 평가가 아니라고 판단된다. 국회의원에 나갈 수 있는 사람들이 적어도 고등교육을 받아 국민을 대표할 수 있는 사람들이 주로 출마한다는 사실을 감안한다면, 기독교인들이 일제말기에 적어도 교육받은 인구의 20-30%를 구성하고 있었으므로, 그 정도의 비율이 되는 것은 정상적이라고 평가해야 할 것이다. 이러한 비율은 일제 강점기에 기독교계가 「정신적, 윤리적, 경제적 힘을 기르고자 하는」 실력양성운동에 힘을 쏟은 결과라고 볼 수 있다.[43]

일제 강점기 기독교인들은 한국의 20-30%의 중등교육기관과 고등교육기관을 운영하면서 기독교적인 가치관뿐만 아니라 민족의식과 함께 민주주의 가치관을 교육하였다.[44] 그러므로 해방 후에 기독교인들은 기독교정신을 바탕으로 자유민주주의에 기초한 국가를 건설하는 활동에 적극적으로 참여하게 되었다.

---

42) 권녕배, 「일제하 각종사립학교의 지정학교 승격에 대한 일연구」, 212쪽.

43) 박정신, 「실력양성론 - 이념적 학대를 넘어서」, 『한국사 시민강좌』 제25집, 1999, 62쪽.

44) 장규식 · 박현옥, 「제2차 조선교육령기 사립 중등학교의 정규학교 승격운동과 식민지 근대의 학교 공간」, 『중앙사론』 제32집, 2010, 185쪽.

4. 일제 강점기 기독교 제헌의원들의 학력과 경력

제헌 국회에 참여했던 기독교인들은 일제 강점기에 어떤 교육을 받았으며 어떠한 분야에서 활동했는지를 분석해 보자. 김득중과 서희경의 분석이 보여주는 바와 같이 전체 제헌의원들 가운데 일제의 통치에 협력했던 인물들이 많았는데, 기독교 제헌의원들의 실상을 분석해 보고자 한다. 먼저 이들의 학력을 분석해 보자.

1) 학력

기독교 제헌의원 50명 가운데 해외 유학을 한 분들이 29명이고, 국내에서 공부한 분들이 24명이다. 최종학력을 기준으로 해외에서 유학한 나라별로 분석해 보면 미국이 10명인데, 한민당 4명, 독촉 1명, 무소속 4명, 여자국민당 1명이었다.[45] 일본유학은 13명으로 한민당 4명, 무소속 3명, 대동청년단 1명, 독촉국민회 1명, 개별 그룹 4명이었다.[46] 중국유학은 한민당 1명, 무소속 2명, 대동단 1명 등 4명이고, 영국은 2명이다.[47] 53명 중 29명이 해외 유학을 하여 비율은 54.7%이다. 여기서

---

45) 한민당: 윤치영과 송필만과 김도연(아메리칸대학), 신현모(라이터 대학). 독촉: 이승만(존스홉킨스. 하버드. 프린스톤), 무소속: 김상돈(버클리 내평양 종교대학), 장기영(인디애나대학), 이훈구(위스콘신대학), 장면(포담대학); 여자국민당: 임영신(남 캘리포니아 대학).

46) 한민당 4명: 김동원(호세이대), 백관수(메이지대학), 홍성하(주오대학), 이영준(동경제대), 무소속 3명(권태희(동지사대학), 주기용(동경 사범학교), 서용길(경도제대)), 대동청년단 1명(백형남(일본대학 중퇴)), 독촉국민회 1명(김문평(와세다대학)), 개별 그룹 4명(황두연(일본대학), 김상덕(와세다 대학 중퇴), 김봉조(주오대학), 김약수(일본대학)).

47) 한민당의 백남채(협화대학), 무소속의 연병호(북경대학)와 윤석구(황포 군관학교), 대동단의 김기철(길림 사범학교) 등 4명 영국: 허정(항해대학)과 나용

주목되는 점은 전체 제헌의원들 가운데 일본 유학자가 82명으로 전체의 39%를 차지하는데 반해[48] 기독교인들 가운데서는 24.5%이고, 미국 유학생이 18.9%이므로 상대적으로 미국 유학 비율이 높다. 나용균은 와세대 대학을 졸업하고 영국으로 건너갔고, 송필만, 윤치영, 김도연 등은 일본 대학을 졸업한 후에 미국에 건너가 최종 대학으로 모두 아메리칸 대학에서 공부한 바와 같이 일본을 거쳐 다른 나라로 간 경우도 있었다.

국내에서 학교를 다닌 21명의 기독교 제헌의원들 중에는 기독교 관련 학교 출신들이 압도적으로 많다. 신학교를 다닌 의원들이 11명인데, 피어선 신학교 2명(손문기, 윤재욱) 협성신학교 2명(원용한, 이윤영) 평양신학교 3명(오택관, 오석주, 이남규), 조선 남감리교역자 양성소 1명(이종순) 조선신학교 2명(정준, 박순석) 중앙신학교 1명(이성학)이다. 미션스쿨을 졸업한 사람이 송진백(YMCA 고등과), 정우일(계성중학교), 윤재근(배재고보), 이요한(영명학교) 5명이고, 의사 가운데 송봉해와 이범교가 세브란스의학교와 동산병원 의학부를 졸업하였다. 홍순옥은 진천 보화초등학교를 졸업한 후 성공회가 세운 진천 애인병원에서 조수로 활동하며 의학을 배워 의사면허를 취득하였다. 권병노는 계성학교를 졸업하고 보성전문학교를 졸업하였다. 의사가운데 안동농림학교와 경성의전을 나온 신현돈과 일제 강점기 고등문관시험에 합격한 황호현은 미션 스쿨과의 관련성이 명확하지 않다. 그러므로 국내에서 공부한 21명의 기독교 제헌의원들 가운데 19명이 적어도 중고등학교 과정에서 미션스쿨에 다녔거나 최종학력으로 신학교에서 공부하여 거의 대부분 공부하는 과정에서 기독교의 영향을 받은 것을 알 수 있다.

균(런던대학).

48) 서희경, 「한국제헌국회의 정치세력 형성에 관한 연구」, 359쪽.

2) 일제 강점기 독립운동의 경력

김득중은 제헌의원들 가운데 독립운동에 참여유형을 신간회, 임정, 공산당, 조선어학회의 네 유형으로 구분하고 여기에 해당하는 인물들로 33명(15.9%)을 구별하였다. 이들 가운데 기독교인은 신간회 참여자인 손재학 1명, 임시정부와 구미위원회 참여자인 연병호, 이범교, 이승만, 장기영 등 4명, 조선공산당 참여자 김약수 1명, 조선어학회 참여자인 김도연과 신현모 2명 등 8명이다.[49] 그런데 독립운동의 범위를 이렇게 잡는 것은 3.1운동 참여자나 일제 말의 신사참배 반대자들의 활동을 배제시키는 결과를 가져온다. 서희경은 민족운동참가자를 56명(27%)이고, 3.1운동 참가자를 35명으로 파악한다.[50] 그래서 기독교인 제헌들의 민족운동을 일제초기의 105사건부터 2.8독립선언과 3.1운동 그리고 일제 말기의 신사참배 참여자들까지 포함하여 그들의 독립운동 상황을 분석해 보고자 한다.

일제강점기 초기에 신민회와 105인 사건과 관련되어 옥고를 치른 인물은 김동원이다. 동경 2.8독립선언에 가담하여 옥고를 치른 인물은 김도연, 김상덕, 그리고 백관수이다. 3.1운동에 가담한 인물은 백남채, 송봉해, 오석주, 오택관 이범교, 이종순, 임영신, 주기용, 허정 등 9명이다. 백남채는 대구 계성학교 교사로 있으면서 이만집 목사와 3.1운동을 주도하여 2년 형을 선고받았다. 송봉해는 세브란스 의전 재학 중에 3.1운동에 가담하여 3년간 복역했으며,[51] 오석주는 고흥에서 3.1운

49) 김득중, 「제헌국회의 구성과정과 성격」, 95쪽.

50) 서희경, 「한국제헌국회의 정치세력 형성에 관한 연구」, 359쪽.

51) 국사편찬위원회, 『韓民族獨立運動史資料集』 제35집, 獨立軍資金募集 4. 접속 2017. 3. 20, http://db.history.go.kr/item/level.do?setId=6&itemId=hd&synonym=off&chinessChar=on&position=5&levelId=hd_035r_0060_0160

동에 가담하여 6개월 복역을 하였고, 일제 말기 순천노회에서 천년왕국론의 종말론 사상을 주장하다 치안유지법으로 2년 4개월간 복역을 하였다.[52] 오택관은 해주해동중학교에 다닐 때 3.1운동에 참여하여 7년간 피신 생활을 했으며,[53] 이범교는 3.1운동에 참여하여 기소유예를 받았고, 이종순은 3.1운동에 참여하여 5개월간 복역했으며,[54] 임영신 1918년 전주 기독여자고등학교를 졸업한 후 3.1운동에 참여하여 징역 6개월에 집행유예 3년을 선고받았다.[55] 주기용은 중학교 졸업 후 3·1운동에 참가하여 1년을 복역하였고,[56] 허정은 3·1운동에 참가한 후 상해로 망명하여 4월에 대한민국임시의정원 의원으로 활약했다.[57]

3.1운동 후에 중국 상해에 세워진 임시정부에서 활동한 인물들은 이승만, 이범교, 윤석구, 연병호, 김상덕, 허정, 장기영, 나용균 등 8명이다. 이승만은 상해임시정부의 대통령으로 선출되었고, 윤석구는 국내와의 연통제를 담당하는 삼수지국에서 근무했으며, 이범교는 교통국에서 일하였다. 연병호는 1919년 대한청년외교단을 조직하여 독립운동을 하다가 대구에서 피검되어 3년간 복역을 하였고 그 후 중국으로 건너가 상해 임정의정원의원을 하였다.[58] 김상덕은 메이지대학교 재

52) http://w3devlabs.net/korea/archives/tag/%EC%98%A4%EC%84%9D%EC%A3%BC, 접속 2017. 3. 20.; 최덕성, 「순천노회 교역자 수난 사건 재평가」, 『한국기독교와 역사』 제10집, 1999, 183쪽.

53) 강진화, 『대한민국인사록』, 내외홍보사, 1949, 92쪽; 『사진으로 본 국회20년사』, 한국정경사, 1967, 427쪽.

54) 『사진으로 본 국회20년사』, 448쪽.

55) 『사진으로 본 국회20년사』, 451쪽.

56) 『사진으로 본 국회20년사』, 446쪽.

57) 『사진으로 본 국회20년사』, 444쪽; 국회의원총람편찬위원회, 『대한국회의원총람』, 국회의원총람편찬위원회, 2004, 78쪽.

58) 강진화, 『대한민국인사록』, 91쪽.

학 중 조선독립선언문을 발표하여 1년간 복역하였고 출옥 후 상해로 망명하여 독립운동을 계속했으며, 한국 독립군 참모, 대한민국 임시정부 학무차장을 역임하였다.[59] 허정은 3.1운동에 참여한 후 상해로 망명하여 대한민국임시의정원 의원으로 활약하였다.[60] 장기영은 상해 임시정부의 시베리아기관인 한인군사위원회의 위원이 되었고, 1924년 상해 임시정부에서 활동하다 미국으로 건너갔다. 1931년~1942년 대한민국임시정부주재 워싱턴 구미위원회 위원이었고, 42-45년 사이에 OSS를 통해 2차 세계대전에 참여하였다. 나용균은 2.8독립선언에 가담했다 상해로 망명하여 임시의정원의원을 지냈다.[61] 만주 독립군에서 활동한 인물은 장기영, 김상덕, 윤석구였다. 구미위원회에서 활동한 인물들은 허정, 윤치영, 장기영, 임영신, 송필만이었다. 1927년에 조직된 신간회에 가담한 인물은 손재학으로, 그는 홍성 신간회 지회장으로 활동하였다. 조선공산당에 가담했던 인물은 제1차 공산당 사건으로 투옥되었던 김약수와 제3차 공산당 사건으로 투옥되었던 김도연이 있다. 일제시대 말기에 신사참배 거부와 일본교단으로의 통합을 거부하다 투옥되었던 인물은 황두연과 이남규목사이고, 조선어학회 사건으로 투옥되었던 인물은 김도연과 신현모이다. 최근에 민족문제 연구소에서 친일파 명단을 만드는 과정에서 친일논쟁이 벌어진 인물들은 김동원과 윤치영, 장면이다.[62] 그러므로 기독교인 제헌의원들 가운데 독립

59) 『사진으로 본 국회20년사』, 442쪽.

60) 『사진으로 본 국회20년사』, 444쪽.

61) 나용균, 「정치인으로서의 나의 신념」, 『기독교사상』 제11집 5호, 1967, 24쪽.

62) 국가보훈처는 2010년 12월에 윤치영의 독립유공자 서훈을 박탈했으며, 친일인명사전은 김동원이 황도학회와 조선임전보국단에 참여하는 등의 친일 행위를 지적하였고, 장면은 '국민총력천주교경성교구연맹' 이사직을 맡았고 1938년 2월 '조선지원병제도제정축하회' 발기인으로 참여했으며, 같은 해 10월에는 '국민정신총동원조선연맹 산하 비상시국민생활개선위원회' 위원을 맡아, 일

운동에 가담한 인물은 50명 가운데 48%인 24명을 차지하여 전체국회들보다 훨씬 높으며, 이것이 기독교가 민족주의 사상과 독립사상을 심어준 증거로 볼 수 있겠다.

3) 일제 강점기 활동상황

일제 강점기 기독교 국회의원들의 활동상황은 서희경이 분류한 4가지 범주 가운데 주로 두 가지 범주에 속해 있다. 기독교 국회의원들 가운데 일제 강점기 하위공무원을 했던 인물들은 황호현과 이성학이다. 황호현은 독학으로 보통문관시험에 합격하여 지방서기를 하였고,[63] 이성학은 해남군청과 면사무소에서 근무하였고, 금강수리조합 서기였다. 이들과 함께 준행정직에 종사한 인물은 금융조합평의원을 지낸 정우일과 금융기관에서 근무한 김문평이 있다. 이들 4명은 일상적 협력형인데, 전통적인 유지나 명망가라기보다는 지역의 신흥중심인물들이다.[64] 일제 강점기 도시금융조합은 1918년 중소상공업 금융대책의 일환으로 설립된 관제금융조합이었으며, 조합원 자격은 단위 금융조합의 영업구역 내의 거주자였고, 조합원의 가입여부는 평의원회에서 결정되었다.[65] 평의원회는 조합장, 이사, 평의원으로 구성되어 회원 자격심사와 내부 규정 제정과 감사직이 제정되기 이전까지 감사 기능 등을 하였다.[66] 그러므로 정우일은 관치금융기관인 금융조합의 평의원

제의 총동원령에 협력했다고 지적했다.

63) 『사진으로 본 국회20년사』, 449쪽

64) 서희경, 「한국제헌국회의 정치세력 형성에 관한 연구」, 365쪽.

65) 문영주, 「1920-1930년대 도시금융 조합 구성원의 민족적 계층적 성격」, 『한국사학보』 제19집, 2005, 125쪽.

66) 최재성 「1910년대 식민지 금융조합과 지방금융조합」, 『한국독립운동사』 제21

이 되어 일제의 통치에서 테크노크라트의 역할을 하였다.

일제는 1910년대부터 수리조합 사업을 전개했으나, 20년대 이후에 산미증산계획과 맞물려 식량증산을 위해 수리조합 사업을 통해 토지를 개간하고자 하였다.[67] 그리고 이러한 수리조합에서 이성학의 경우 서기였으므로, 이러한 식량증산의 일환으로 진행되는 수리조합의 서기로서 일제통치에 참여하였다. 김문평은 해동은행과 한성은행에서 일하였다. 해동은행은 1919년에 하가되어 1920년에 설립된 일반민간은행이며[68] 한성은행은 1897년에 세워진 국내은행이었으나 1922년부터 일본인들이 운영하던 일본은행이 되었다. 그러므로 일본의 금융기관에 근무한 김문평도 일정 부분 일제의 금융활동을 후원한 인물이다.

일제 강점기 기독교 제헌의원들이 가장 많이 활동한 분야가 교육 분야로 26명이다. 이들이 종사한 교육은 국가가 주도한 국립학교나 관립학교가 아니라 대부분 기독교 계통이 세웠던 미션스쿨이었다. 이러한 교육활동은 일제의 통제를 받는 가운데서도 조선의 젊은이들을 기독교 신앙을 바탕으로 민족적인 인재로 육성하려는 실력양성운동의 일환이었다. 일제의 통제 하에 이루어졌기 때문에 일정 부분 체제 협력의 역할을 하였지만, 그러나 이러한 행위는 친일의 행위라기보다는 문명개화와 함께 그들에게 독립정신을 심어주는 성격을 가지고 있었다. 이들은 자신들이 대부분 기독교계통의 학교에서 교육을 받았고, 그 후에 기독교계통의 학교에서 교사를 하거나 학교장을 하였다.

김동원은 메이지 대학을 중퇴한 후에 1910년-1914년 사이에 평양 숭

집, 2003, 114쪽.

67) 박수현, 「日帝下 水利組合 抗爭 硏究: 1920~1934年産米增殖計劃期를 中心으로」, 중앙대학교 박사학위논문, 2001, 17쪽; 김진수, 「일제수리사(2): 수리행정기관과 대행기관」, 『한국관계배수 회지』 제15집 2호, 2008, 215쪽.

68) 『朝鮮總督府官報』, 1919년 12월 16일자.

덕, 숭실, 대성학교 교사를 하였고, 1921년 이후 정창고무공장을 운영하였다. 백남채는 대구 협성학교를 졸업하고, 북경 유학을 마치고 돌아와 계성학교 교사와 교감을 거쳐 희도 보통학교를 세워 교장으로 있으면서 조선요업주식회사를 운영하였다. 송필만은 일본 주오대학 졸업 후에 1919년부터 4년간 연희전문학교 교수였다. 김도연은 1932년-34년까지 연희전문학교 교수를 했다. 백관수는 1915년 경성법전을 졸업한 후에 잠시 동안 중앙학교 교사를 하였고, 1939년 이화여전 후원회위원으로 활동하였다. 이영준은 1931년 동경제국대학에서 박사학위를 받은 후 세브란스 의전 교수와 교장으로 20년간 근무하였다. 손재학은 김재경과 함께 홍성감리교회에서 노동야학을 운영하였다.[69] 이남규는 광주 숭일학교와 중등학교 중등과를 졸업한 후에 다년간 교원생활을 한 후에 1925년 이후 목회를 하였다.[70]

이범교는 3.1운동 후 4월에 상해임시정부 교통부에 근무하였고 1919년 12월에는 러시아령(領) 니코리스크시에 배영학교와 병원을 설립하고 3년 동안 학생들에게 민족의식과 독립계몽사상을 교육시켰다. 1921년에는 자유시 참변에서 이만시를 탈출한 이범석이 약 6개월간 이 학교에서 훈련부장으로 재직하기도 하였다.[71]

원용한은 1905년 여주여흥학교의 설립 교장으로 취임하였으나 한일합병 후에 문을 닫았다. 이 때 버딕선교사가 광주에 개교한 여학교 교사가 되었고, 그것을 계기로 기독교 신앙을 가지게 되었다. 그는 1925년에 협성신학교를 졸업하였고, 그 이후 목회를 하였다.

백형남은 일본 유학 후 익산 황등면에 계동사립학교 교원생활을 7

---

69) 우홍식, 「홍성근대교육 100년사」, 『홍성신문』, 2007년 4월 11일자.

70) 강진화, 『대한민국인사록』, 136쪽.

71) http://mpva.go.kr/narasarang/gonghun_view.asp?id=5505&ipp=10000, 접속 2017. 3. 25.

년간 하였다.[72] 이성학은 공직 생활을 하면서 목포 영생중학교와 정명여자중학교 교장을 역임하였다. 김기철은 만주 길림사범학교를 졸업하였고, 1939년부터 초등학교 교장직에 근무하였다.

장면은 미국에 유학한 후 1931년 동성상업학교에 부임하여 1936년에 이 학교 교장이 되었고 계성국민학교장을 39년부터 43년까지 겸임하며 해방 때까지 지냈다.[73] 윤석구는 1923년부터 군산의 멜볼딘여학교 교사로 재직하였으며,[74] 김상돈은 일본 유학 후 1923년 재령군 북률면 사립 공명학교 교원이 되었고,[75] 정준은 1937년에 무산아동교육을 위하여 금릉원 학원 설립하여 원장을 하였고,[76] 1942년 김포농촌보육소를 설립하여 소장을 하였다. 박순석은 계성중학교와 조선신학교를 졸업했으며 안동영창학교 교사를 하였고 1943년에 흥해교회에서 목회를 하였다.[77] 권태의는 해방 전에는 목회를 하였고, 해방 후 경성신학교 강사, 경남밀양농잠중학교 교장, 1947년 경북 김천중학교 교장 등을 역임했다. 윤재근은 해방 전 강화에서 교육활동을 하였고 해방 후 화도면장 재직 중 강화 제헌의원으로 선출되었다.[78] 강화도에서 1908년에 리산학원이 시작되었고, 윤재근은 1919년에 이 학교에 입학했으며, 배재고보를 1931년에 졸업하였다. 1928년에 화도국민학교가 건립되면서 리산학원은 폐교되었는데, 1938년에 윤재근이 학비가 없어 초등학교에 가지 못하는 학생들을 위해 리산강습소를 다시 허가를 받

72) 강진화, 『대한민국인사록』, 68쪽.
73) http://encykorea.aks.ac.kr/Contents/Index?contents_id=E0075958, 접속 2017. 3. 20.
74) 『군산신문』, 2014년 7월 25일자.
75) 게이조 신부타, 『대경성공직자명감』, 경성일보사, 1936, 187쪽.
76) 『朝鮮日報』, 1937년 6월 8일자.
77) 『사진으로 본 국회20년사』, 441쪽.
78) http://m.ibsnews.kr/news/4937, 접속 2017. 3. 15.

아 교육을 시행하다, 해방 후 화도국민학교에 통합되었다.[79] 주기용은 1927년 일본 동경 고등사범학교를 졸업했으며 1934년에 오산학교 제15대 교장으로 취임하여[80] 1942년 일제의 강압으로 사임하였는데 광복 후 1945년에 다시 제17대 교장으로 취임한다. 서용길은 연희전문학교 문과를 졸업하고 경도제대 경제학부에서 경제학을 전공하고 해방 전 배재학당에서 교편을 잡았다. 이훈구는 미농무성 농경국 촉탁으로 1930년 남경 금릉대학에서 교수를 하였고 1931-1938년 사이에 평양숭실전문 농학과장, 평양숭실전문 부교장을 하였다.

황두연은 고흥 영천학교 교장을 지냈다.[81] 임영신은 귀국 후에 1932년 4월에 중앙보육학교를 세워 교장을 하였으며, 바로 박희도와 김상돈으로부터 재정난에 처한 중앙 유치원 교사 양성소를 인수하여 유치원 교사들을 양성하였다. 1933년 중앙사범학교를 개교했고, 그해 조선여자기독교청년회연합회(YWCA) 총무를 지냈다. 김봉조는 계성중학교에서 교편을 잡았다.[82]

이들의 경력을 종합해 보면 전문학교와 대학교에서 교수한 사람은 5명으로 홍성하 보성전문학교(1939-1945), 송필만 연희전문학교(1919-22), 김도연 연희전문학교(1932-34), 이영준 세브란스 의전 교수(1931-45) 및 학교장, 이훈구는 남경 금릉대학(1930)과 평양숭실전문학교 교수와 부교장(1931-1938)을 하였다. 이들은 기독교인들로서 연희학교와 세브란스 의전 및 평양숭실학교에서 근무하였고, 홍성하는 보성전문학교에서 근무하였다.

---

79) http://m.blog.daum.net/park1169/8766381?categoryId=742410, 접속 2017. 3. 25.

80) 『동아일보』, 1934년 2월 16일자.

81) 황두연, 『자기 십자가를 지고 따르라』, 목회자료사, 1994, 49쪽; 최덕성, 「순천노회 수난 사건 재평가」, 188~89쪽.

82) 강진화, 『대한민국인사록』, 47쪽

초중등학교에서 교원을 한 사람은 백남채, 김동원, 백관수, 이남규, 백형남, 김상돈, 박순석, 서용길, 김봉조 등 9명이다. 이들이 근무한 학교도 백남채와 김봉조가 계성학교, 김동원이 숭실, 숭덕, 대성학교, 백형남이 계동사립학교(동련교회 설립), 서용길 배재학당 등 대부분이 기독교학교에서 근무하였다. 교장으로 있던 인물들은 주기용, 이성학과 장면, 김기철, 황두연 5명인데, 주기용과 이성학과 장면이 근무한 학교들은 기독교나 천주교가 세운 학교들이다. 학교를 설립한 사람들 가운데 원용한은 여주의 여흥학교와 개진학교를 설립하였고, 손재학은 홍성감리교회에서 노동야학을 운영하였다.[83] 백남채는 희도보통학교를, 이범교는 배영학교를, 정준은 금릉원 학원(1937)과 김포농촌보육소(1942)를 세웠고, 윤재근은 리산강습소를 운영하였으며(1938-1945), 임영신 중앙보육학교(1932)와 중앙유치원 교사 양성소 인수하고 중앙사범학교를 개교하였다(1933).

교육 분야 이외에 활동한 14명의 분야를 살펴보면 손재학은 홍성에서 무공회를 비롯한 다양한 사회단체에서 활동하였고, 백관수는 동아일보 사장을 하였으며, 윤석구는 한약상을 운영하였다. 김도연은 1934년 조선흥업주식회사 사장이 되었으며, 1938년에 흥업구락부 사건에 연루되었고 1942년 12월에 조선어학회 사건으로 체포되어 1945년에 석방되었다. 오택관은 1927년부터 39년 사이에 일본에서 선교활동을 하였고, 이윤영은 평양에서 목회활동을 했으며, 오석주는 전라남도에서 목회를 하던 중 1940년대에 종말론을 주장하여 2년 4개월의 옥고를 치렀으며, 이종순은 농업과 토목에 종사하였고, 송봉해와 홍순옥과 권병로는 의사로 활동하였고, 신현모는 조선어학회 사건으로 옥고를 치렀으며,

---

83) 우홍식, 「홍성근대교육 100년사」, 『홍성신문』, 2007년 4월 11일자.

이요한은 상업활동을 하였고 윤재욱은 1941년부터 치과의사였다. 그러므로 기독교 제헌의원들 가운데 관리였던 사람은 황호현과 이성학 2명이었고, 준행정직인 금융조합이사와 은행 근무자가 2명인 사실에서 나타나듯이, 일제시대 한국기독교 교회 지도자들 가운데 정부 관료는 극히 적었다. 이 사실은 많은 기독교 평신도 지도자들이 우파 민족주의 운동에 참여한 사실을 해명하는 하나의 단서를 제공한다.[84]

제헌국회의원들 가운데 일상적 협력형, 소극적 저항형, 적극적 저항형, 적극적 협력형으로 분류할 때, 일상적 협력형으로 황호현, 정우일, 이성학, 김문평 등 4명이고, 나머지는 대부분 소극적 저항형이며, 적극적 저항형은 독립운동 가담자 24명이고, 적극적 협력형인 고위공직자는 전혀 없다. 기독교 국회의원들은 대부분 근대교육 기관에서 근무하였는데, 독립운동과 함께 사립학교 경영을 하는 등 일제 치하에서 조선의 민족적이고 전통적인 가치관과 함께 기독교 가치관과 접점을 가진 사람들이다. 일부인사들은 여러 사회단체와 언론활동과 경제활동을 활동하였다. 적극적 저항형이었다가 후반부에 일제에 협력한 사람으로 윤치영, 김동원, 장면을 들 수 있다.

5. 기독교 국회의원들의 해방 후의 활동 상황

제헌의원으로 진출한 기독교인들은 해방 후에 다양한 정치조직에서 활동하였고, 일부는 교육활동을 전개하였다. 5월 10일 총선거에 김구와 김규식을 지지하는 중도파와 남로당을 중심으로 한 좌파들은 선거

84) 강인철, 『한국기독교회와 국사 · 시민사회』, 133쪽.

에 참여하지 않았기 때문에 주로 우파의 정치 조직에 참여한 인물들이 대부분이다. 기독교 제헌의원들의 해방 공간의 정치조직 참여는 건준, 민주의원, 입법의원, 미군정 참여 등으로 분류해 볼 수 있다.

이들의 해방 후의 활동 상황을 소속 단체별로 분석해 보면 다음과 같다. 한민당 소속의 11명의 기독교국회의원들은 해방 후에 건준 참여 1명(김동원), 독립촉성국민회 참여 1명(송필만) 민주의원(윤치영, 김도연, 백관수), 입법의원(백남채, 김도연, 홍성하, 백관수) 미군정참여(김동원, 백남채(경북 내무부장)), 반탁투쟁지도위원(허정), 대학교수(김도연, 연전), 한민족대표자회의 대의원(백관수), 사업(신현모, 출판업) 등이다. 이들은 한민당에 소속되어 있으면서 독촉과 민주의원과 입법의원, 미군정참여 등 다양한 정치활동을 전개하였다.

독촉 소속 13명의 기독교 국회의원들은 민족대표자회의 대의원 2명(손재학, 이종순) 학교후원회장(송진백), 청년단장(황호현) 건준과 입법의원(이남규), 군수(김문평) 등의 활동을 하였다. 대동청년단 소속 의원들 가운데 독촉국민회 3명(윤재욱, 원용한, 이성학), 동연합회 회장 1명(윤재욱)과 비상국민회의 대의원 1명(김기철)이 있다.

무소속 국회의원들 가운데 건준과 독촉국민회(윤석구), 민선의원과 입법의원(장면), 읍장(정우일), 면장(윤재근), 한민당(김상돈, 서길용) 교육활동 3명(정준(가정여숙), 권태희(교장),[85] 주기용(교장)), 목회(박

85) 권태희(1907-1983)는 안동출신으로 계성학교를 다닌 후 일본 동지사대학을 수료하였다. 그는 6.25때 납북당했는데, 기독교사회주의자였다. 납북된 후 김창준 목사의 설득으로 북한 기독교도연맹에서 활동하기도 하였다. (허재훈 외, 『근 · 현대 대구 경북지역 사상 인명사전 - 민족주의 · 사회주의 · 아나키즘을 중심으로 -』, 도서출판 영한, 2006, 362~363쪽. 정태식, 「기독교사회주의의 한국적 수용에 대한 일고찰 - 최문식(崔文植) 목사(牧師)의 사상(思想)과 실천(實踐)을 중심(中心)으로」, 『퇴계학과 유교문화』 제39집, 2006, 428쪽에서 재인용.

순석), 한독당(연병호), 미군정청 2명(주기용(보통교육국장), 이훈구(농무부장)) 등이 있다.

각 단체 소속 국회의원 가운데 건준(황두연), 독촉국민회 2명(황두연, 이윤영), 부읍장(황두연) 목회(오택관) 비상국민회의와 한독당과 민족통일총본부(김상덕), 입법의원 2명(김상덕과 윤석구), 여자국민당(임영신), 교육 2명(임영신, 김봉조(교장)), 조선민주당(이윤영) 학무국장(김봉조) 등이 있다.

이를 종합해 보면 기독교 국회의원 가운데 건준 참여자는 7명(김동원, 윤석구, 이윤영, 손재학, 백남채,[86] 이남규, 황두연)이다. 건준은 좌우파가 함께 참여했는데, 이들은 우파의 입장에서 참여하였다. 독촉국민회 소속 이외에도 독촉국민회에 가담했던 국회의원은 한민당 2명(윤치영, 송필만), 대동청년단 3명(윤재욱, 원용한, 이성학), 무소속의 1명(윤석구), 독립촉성농민총연맹의 황두연과 조선민주당의 이윤영 등 8명이다. 이들의 활동에서 드러나는 바와 같이 독촉국민회에는 다양한 정치조직의 사람들이 가담한 연합조직의 성격이 강하였고, 따라서 독촉국민회에서 활동했거나 활동하면서도 각자의 입장에 따라 여러 정당이나 조직에 참여하여 국회의원에 출마하였다.

민주의원은 4명인데 한민당 2명(김도연, 백관수), 독촉 1명(이승만) 무소속 1명(장면)이며,[87] 입법의원은 9명인데, 한민당 4명(백남채,[88] 김도연, 홍성하, 백관수), 독촉 1명(이남규) 무소속 2명(장면(관선), 윤석구), 민총 1명(김상덕), 조선공화당 1명(김약수, 관선)이다. 양쪽을 다

---

86) 박명수, 「해방 후 건국준비위원회와 기독교의 역할」, 『성결교회와 신학』 제31집, 2014, 24쪽, 38쪽, 40쪽.

87) 『동아일보』, 1946년 2월 15일자.

88) 백남채는 경북의 김광현목사가 사퇴하면서 보선으로 선출되어 입법의원이 되었다.(『경향신문』, 『서울신문』, 1947년 4월 16일자.)

지닌 인물은 김도연, 백관수, 장면이다. 민주의원은 1946년 2월에 이승만의 독립촉성중앙협의회와 김구의 비상국민회의의 중앙조직이 통합되면서 선출한 28명의 중앙위원들을 가리키며, 이들은 미군정의 자문기구 역할을 하였다. 민주의원들은 자문기구 역할을 하였으나, 입법기구의 역할을 할 수 없었으므로, 미군정은 좌우합작을 추진하면서 45명의 관선의원과 45명의 민선의원으로 구성된 입법의원들을 1946년 12월에 개원하였다. 제헌의원들 가운데는 이러한 기구에 참여하여 활동하였다. 입법의원은 10%로 상대적으로 낮은데 좌우합작의 성격때문인 것으로 보인다.

미군정참여는 한민당 2명(백남채와 김동원), 무소속 2명(주기용과 이훈구), 기타 1명(김봉조, 경북 학무국장) 등 5명이었다. 한민족대표자대회 대의원은 한민당 1명(백관수) 독촉 2명(손문기, 이종순)이고, 김상덕은 민족대표자대회 소속으로 출마하였다. 한독당 소속이었으나 무소속으로 출마한 사람은 윤석구, 연병호이고, 오택관은 한독당으로 출마하였다. 기독교민주당 소속은 이윤영과 주기용이나, 이윤영만 조선민주당으로 출마하였다. 해방 후에 공직활동은 한 사람은 김문평(여수군수), 정우일(민선 의성 읍장), 윤재근(화도 면장), 황두연(순천읍 부읍장), 그리고 김봉조(경북 학무국장) 등이다. 교육활동은 한 사람은 학교후원회장 1명(송진백), 교장 3명(권태희, 주기용, 김봉조), 대학교수 1명(김도연), 학교운영 2명(정준(가정여숙), 임영신)이다. 이들은 해방 후에 주로 우파 진영의 다양한 정치 조직에 참여하여 활동하는 가운데 한민당, 독촉국민회, 대동청년단, 무소속, 각 단체에 소속하여 출마하였다.

6. 기독교 제헌의원들의 의회활동

1) 정부 수립 이전 기간 동안의 활동

5.10 총선거로 선출된 198명의 국회의원 가운데 기독교 국회의원 49명과 2명의 보궐선거자들은 어떤 국회활동을 했는지를 분석해 보고자 한다. 이들은 한민당에 11명, 독촉에 13명, 대동단에 5명, 무소속에 14명, 각 단체에 1명씩 7명 합계 50명이었다. 정부 수립 이전에 가장 중요한 작업은 헌법을 제정하고 정부조직법과 국회조직법을 제정하는 일이었다. 그래서 국회는 개원하면서 먼저 의장단을 선출했는데, 국회의장 이승만, 국회부의장 김동원(한민당)과 신익회(독촉)로 결정되었으며,[89] 의장 이승만과 부의장 김동원은 기독교인이었다.

그리고 제2차 국회본회의에서 헌법제정 기초위원을 전형할 전형위원 10명을 각 도별로 결정했는데, 이윤영(서울), 최규옥(강원), 서상일(경북), 윤석구(전북), 이종린(충남), 유홍렬(충북), 김장렬(전남), 오용국(제주), 허정(경남), 신익희(경기도)였으며,[90] 이 가운데 이윤영, 윤석구, 허정은 기독교인이었다. 이들이 30명의 헌법기초위원을 선정하였는데[91], 윤석구, 신현돈, 김준연, 백관수, 오석주, 이훈구, 연병호, 허정, 이윤영, 김상덕 등 10명의 기독교인이 포함되었다. 국회법 기초위원은 15명[92]이었는데, 윤치영, 김약수, 장기영이 기독교인이었다. 이와

---

89) 『서울신문』, 1948년 6월 1일자; 『조선일보』, 1948년 6월 1일자.

90) 『서울신문』, 『동아일보』, 1948년 6월 2일자.

91) 『동아일보』, 1948년 6월 3일자, 4일자; 『조선일보』, 1948년 6월 3일자, 4일자. 서상일, 유성갑, 윤석구, 최규옥, 김옥주, 신현돈, 김경배, 김준연, 백관수, 이종린, 오석주, 오용국, 이훈구, 유홍렬, 이강우, 홍익표, 연병호, 허정, 서성달, 조헌영, 구중회, 조봉암, 김익기, 박해극, 이윤영, 정도영, 김효석, 이청천, 김상덕, 김병회

같이 처음의 국회를 구성할 때에도 의장과 부의장 3명 가운데 2명이 기독교인이었고, 헌법기초위원 30명 가운데 10명으로 33%였다. 헌법기초위원이 정해진 후에 조국현 의원이 6대 종교가 무시되었다고 강력하게 항의했던 것도 기독교인의 높은 비율 때문이었던 것으로 보인다.[93)]

헌법 제정과정에서 기독교 국회의원들이 가장 큰 관심을 기울였던 것은 신앙의 자유와 정교분리의 문제, 결혼과 혼인의 문제, 의무교육의 문제였다. 신앙의 자유와 정교분리의 문제에서는 이남규, 이윤영, 정준, 오택관, 황호연, 장면, 원용한, 서용길 등이 논의에 참여하였으며 이남규를 중심으로 정교분리보다는 「국가가 종교상의 행위를 보호한다」는 내용을 첨가하고자 하였으나 부결되었다.[94)] 결혼과 가정 문제와 관련해서는 권태희와 박순석이 헌법 제8조의 축첩과 남녀평등과 관련하여 결혼의 평등을 헌법에 규정할 것을 주장하여 헌법 제20조에 "혼인은 남녀동등을 기본으로 하여"라는 내용을 삽입하였으나, 처음에는 부결되었다. 그러나 이윤영이 가결을 독촉하는 발언을 하고 이승만이 적극 지지하고 나서자 결국은 통과되었다.[95)] 교육문제에서 "모든 국민은 균등하게 교육받을 권리가 있다. 초등교육은 의무적이며 무상으로 한다"는 규정에 대해 박순석과 장면이 의무교육을 초등교육 이상에서 실시할 필요가 있지 않느냐는 서면질의가 있었고, 장면, 권태희, 황호연 등이 토론에 참여했으며, 제2차 독회에서 주기용은 49명의 지

92) 윤치영, 서정희, 이유선, 정구영, 성낙서, 김동명, 배헌, 김봉두, 정광호, 김장렬, 김약수, 이원홍, 최윤동, 전진한, 장기영.

93) 이영록, 「기독인 제헌의원들과 헌법제정」, 36쪽.

94) 이영록, 「기독인 제헌의원들과 헌법제정」, 41쪽. 『조선일보』, 『동아일보』, 1948년 7월 4일자.

95) 이영록, 「기독인 제헌의원들과 헌법제정」, 42쪽. 『조선일보』, 『동아일보』, 1948년 7월 7일자.

지자들을 모아 "초등교육은 '적어도' 의무적이며 무상으로 한다"고 수정하자고 주장하여 관철시켰다.[96] 기독교인들은 이러한 세 가지 문제에서는 거의 의견이 일치하였으나, 나머지 사안들은 그들의 소속 정파에 따라 의견이 달라졌다.

국회는 개원 후에 1948년 5-6월에 무소속구락부, 6·1구락부, 민우구락부, 3·1구락부, 태백구락부 등 친목을 중심한 느슨한 연합체가 출발하였다. 이후에 태백구락부를 제외하고 나머지 구락부들은 3·1구락부와 무소속 구락부의 두 조직으로 재편되었다. 그러므로 국회는 한민당, 3·1구락부, 그리고 무소속 구락부 등의 3대 세력을 중심으로 재편되었다.

3·1구락부는 신익희와 지청천을 중심으로 독촉국민회와 대동청년단과 무소속 일부가 중심이 된 조직으로 우익적인 성격을 명확하게 하였다. 3·1구락부에 가담한 기독교 국회의원은 이남규, 이종순, 홍순옥 등이었다.[97] 조봉암과 김약수를 중심으로 6·1구락부와 민우구락부, 그리고 3·1구락부의 일부를 포함하여 결성된 무소속구락부는 소장정치인들이 중심이 되어 통일, 독립과 민주주의와 민족자결, 균등사회를 지향하는 강령을 내걸어 통일지향적이고 민족주의적인 색채를 내세웠다.[98] 이 조직에 김기철, 백형남, 손재학, 송진백, 오택관, 윤석구, 윤재욱, 이요한, 홍순옥 등 9명이 참여하였다. 헌법제정과정에서 무소속구락부는 내각책임제를 주장하였고 대통령중심제가 될 경우에 직선제를 주장하였으며, 경제조항에서 균등경제를 주장하였다. 무소속구락부는

---

96) 이영록, 「기독인 제헌의원들과 헌법제정」, 43~44쪽. 조선일보, 동아일보 1948년 7월 4일자.

97) 『조선일보』, 『서울신문』, 1948년 6월 12일자.

98) 『동아일보』, 『서울신문』, 1948년 6월 15일자.

한민당을 견제하기 위하여 3·1구락부와 통합하였으나,[99] 노선의 불일치로 내각책임제를 관철하는데 실패하였고 균등경제 요구도 부분적으로 밖에 구현하지 못하였다.

2) 정부 수립 이후 기독교 의원들의 활동

1948년 8월 4일에 이승만이 대통령이 되어 궐석이 된 국회의장에 신익희, 부의장에 김약수가 선출되었다.[100] 정부 수립 이후 8월 말에 가면 무소속 구락부는 한국독립당 계열의 이문원과 신성균 등을 중심으로 한 동인회[101]와 유성갑과 송봉해 등을 중심으로 한 이정회,[102] 그리고 김약수를 중심으로 민족사회주의 노선을 천명한 성인회로 갈라졌다.[103] 동인회와 성인회가 소장파를 형성하여 원외중간파와 연결되어 있었던 반면에, 이정회는 독촉국민회를 중심으로 한 친정부적 우익세력이었다.「국회 내에서 비판주의로 정부를 육성 편달하는 동시에 국제도의에 입각한 남북통일을 목표로 과반 결성된 연우회에서는 1948년 지난 9월 8일 임시총회를 개최하여 명칭을 이정회로 개칭했는데,」[104] 38명으로 구성된 이정회에는 13명의 기독교 의원들이 참여하였다.[105] 그리고 8월 말 경에 민족청년단 관련 인물들 20여명이 청구회를 구성

99)『서울신문』, 1948년 6월 29일자.

100)『서울신문』,『경향신문』,『조선일보』,『동아일보』, 1948년 8월 5일자.

101)『동아일보』, 1948년 9월 4일자.

102)『수산경제신문』, 1948년 9월 11일자.

103)『국제신문』, 1948년 12월 8일자.

104)『수산경제신문』, 1948년 9월 11일자.

105)『수산경제신문』, 1948년 9월 11일자. 송봉해, 황호현, 신현돈, 이요한, 송진백, 이종순 6명은 독촉이고, 원용한과 이성학은 대동청년단이며, 오석주, 박순석, 권태희, 연병호, 윤재근 5명은 무소속이다.

했는데, 기독교 의원 7명[106]이 소속되어 있었다.[107] 기독교 국회의원들을 중심으로 보면 청구회에 속한 사람들은 모두 이정회에 소속되어 있었다. 그리고 11월에는 이승만의 일민주의를 당시로 삼은 대한국민당이 창당되었다.[108] 대한국민당에는 독촉국민회 6명을 포함하여 10명의 기독교 의원이 참여하였다.[109] 1949년 1월 말 국회내의 각 세력분포를 보면 한민당 60명 내외, 사회당 30명, 성인회 30명, 이정회(국민당·사회당·대한노농당 등) 40명, 청구회 20명, 동인회 20명 등으로 대청, 족청, 독촉 출신도 대부분 이상의 정치구락부에 포함되고 있었다.[110]

당시 국회세력은 한민당과 이정회를 중심으로 한 정부지지 세력과 동인회와 성인회를 중심으로 한 소장파, 이들 사이에 중간적 입장의 청구회로 구분할 수 있다. 1949년 2월 10에 한민당은 지청천이 이끌던 대한국민당과 한독당 당원으로 독자노선을 걸어온 신익희 세력과 통합하면서 독촉의 일부를 흡수하여 민주국민당(민국당)을 결성하였다.[111] 이 때 민국당은 내각제 개헌안을 무소속 일부와 함께 추진했으나 3월 14일 국회에서 부결되어 실패하였다. 민국당이 정부 견제세력으로 등장하고, 소장파들의 정부정책에 대한 비판 과정에서 이승만은 자신의 입장을 지지하는 세력을 구축하고자 일민구락부를 조직하였다. 이정회 소속 국회의원 35인들이 다른 의원 2명과 함께 4월 15일에 일민구

---

106) 윤재근, 연병호, 송진백, 오석주, 이성학, 이종순, 원용한.

107) 이정은, 「제헌국회 내 청구회·신정회의 정치활동과 노선」, 『학림』 제25·26호, 2005, 115쪽.

108) 『대동신문』, 1948년 11월 16일자.

109) 『자유신문』, 1948년 10월 18일자. 독촉출신: 송진백, 황호현, 이요한, 이남규, 송봉해, 오석주(6명) 무소속출신: 권태희, 박순석(2명), 이성학(대동청년단), 황두연(농총)

110) 『한성일보』, 1949년 1월 27일자.

111) 『동아일보』, 1949년 2월 10일자.

락부를 결성하였다. 일민국락부는 이승만 박사의 일민주의를 강력히 추진하고자 하는 세력으로, 국회 내에서 최고의 여당적 정치세력을 형성한 것이었다. 일민구락부의 간사장은 원용한, 부간사장은 송봉해, 정우일 등 12명[112)]의 기독교 국회의원이 포함되어 있었다.[113)]

1948년부터 1949년 전반기 국회에서 중요한 논의사항이었던 여순사건 이후 제정된 국가보안법, 미군주둔, 좌우합작과 남북협상에 대한 입장을 살펴보자. 1948년 11월 초에 제출된 국가보안법 제정에 대해 한민당이 적극 찬성할 때 청구회는 정부의 여러 실정을 비판하면서도 보안법 제정에 이정회와 함께 찬성하였고, 소장파들은 완화 내지 폐기를 주장하였다. 11월 12일에 보안법이 통과된 후에도 소장파인 김옥주, 노일환, 박해정, 서용길, 신성균의원은 법안폐기를 주장하였다.[114)] 11월 20일 88대 3으로 가결된 미군주둔에서 한민당은 적극 찬성하고 북진통일을 주장한 반면에, 동인회와 성인회가 중심이 된 소장파는 미군주둔이 민족자주성을 부인하는 것이라고 반대하였고,[115)] 22일에 18명이 반대성명을 발표했는데 손재학과 서길용이 가담하였다.[116)] 이들 남북협상파는 민족자결론과 국제적 공동보장론을 병행하여 주장하면서 근본적으로 민족주의를 바탕으로 민족분단을 해결하려는 입장을 주장하였다. 소장파들은 1949년 2월 4일에 미군철수를 주장하는 화평통일안을 제출했는데 159명 참석에 가 37, 부 95로 부결되었다.[117)] 청구회는 평

---

112) 이종순, 이성학, 김봉조, 권병노, 이요한, 박순석, 권태희, 윤치영, 황호현.

113) 『연합신문』, 1949년 4월 20일자.

114) 『서울신문』, 1948년 11월 17일자.

115) 『서울신문』, 1948년 11월 21일자. 미군 주둔 표결 실시 즉시 또는 도중에 이문원, 황윤호, 조옥현, 차경모, 노일환, 권태욱, 김동준 등 의원은 퇴석하였고, 동 결의안 표결시에 반대 3표는 조종승, 정준, 오기열의 3의원이다.

116) 『독립신보』, 1948년 11월 24일자.

117) 『조선일보』, 1949년 2월 9일자.

화통일 주장에 원칙적으로 공감하면서도 반공주의적인 이념에 충실하였다. 청구회는 민족주의적인 성격과 함께 반공주의적인 성격을 가져 중간의 입장이었다. 좌우합작과 남북협상에 대해, 한민당은 남한단독정부를 적극 지지하는 반공주의적인 입장이었으며, 청구회는 민족주의적, 반공주의적 입장에서 좌우합작과 남북협상에 반대하였다. 동인회와 성인회는 소장파들을 중심으로 원외중간세력과 연계성을 가지면서 남북협상을 통한 남북통일을 주장하였다. 소장파들은 자신들의 입장을 강화하기 위하여 동인회와 성인회가 1949년 2월에 통합하여 동성회를 구성하였다.[118]

농지법 개정과 같은 개혁입법에서 민국당은 지주에게 유리하도록 농지대금을 평년 생산고 300%로 하여 10년 분할상환을 주장하였고, 소장파는 유상매상, 무상분배를 주장하였다. 이 때 이정회와 청구회는 저율의 유상매상, 유상분배를 주장하였다.[119] 그리하여 소장파와 이정회와 청구회가 연합하여 농지상환율 125%, 지주보상률 150%로 결정하여 농민들의 상환능력과 자립화를 중시하여 온건한 자본주의 노선을 견지하였다.[120]

청구회는 1949년 5월 7일에 대중적 정치단체를 표방하며 신정회로 개편되었다.[121] 청구회원 가운데 일민구락부가 탄생하자 원용한, 이성학, 이종순 등이 이탈하여 이승만 지지를 확실하게 하였다. 그리고 1949년에 족청이 해체되면서 구성된 원외 친목단체인 보라매동지회와

---

118) 『연합신문』, 1949년 2월 20일자.

119) 이정회는 14할로 매상하여 7년 불로 하도록 수정할 것을 결정하였다. 『조선중앙일보』, 1949년 3월 15일자.

120) 『서울신문』, 1949년 4월 28일자; 이정은, 「제헌국회 내 청구회 · 신정회의 정치활동과 노선」, 128쪽.

121) 『동아일보』, 1949년 5월 12일자.

원내의 청구회의 상호연계를 도모한 것이 신정회였다. 이러한 연계를 통해 대중정치를 표방하면서 신정이란 월간지를 발간하였다. 이들은 공산주의의 독재와 민국당의 보수주의를 강도 높게 비판하면서, 민주주의 승리를 통한 남북평화통일론을 주장하였다.

1949년 5월 중순의 국회내의 세력분포는 민주국민당파, 동성회를 중심한 소장파 그리고 그 중간을 걷고 있는 이정회와 신정회의 3파로 분립되어 있고,[122] 일민구락부는 이정회에서 이탈한 세력들이 가담하였다. 그 중에서 가장 큰 세력은 민주국민당인데 한민당과 대한국민당의 일부 세력의 합당으로 1월에 조직되었는데, 5월 현재 93명의 당원을 포옹하고 있다. 이 민국당에 대항하여 투쟁을 계속하는 세력은 동성회를 중심한 소위 소장파다. 이 모임은 37명의 회원으로 구성되어 있는데, 기독교인들은 김약수 부의장을 비롯하여 서길용, 김기철, 손재학, 홍순옥, 이성학 등 6명이 포함되어 있었다.[123] 다음 이정회는 민국당과 동성회의 중간을 걷고 있는 구 3 · 1, 태백 양 구락부원의 집단으로 민국당에서 야당적 성격으로 나가는데 비추어 정부 지지 · 옹호를 표방하고 있으나 그 행동에 있어서는 소장파와 보조를 같이할 때가 많다. 민족청년단을 바탕으로 조직된 청구회가 개명한 신정회가 24-25명의 국회의원을 가지고 있다.[124] 이러한 소장파들은 1946년 6월에 일어난 국회프락치 사건으로 국회의원 11명이 구속되면서 와해되었다.

---

122) 「국회동태와 세력분포」 (1)~(2), 『동아일보』, 1949년 5월 13일자.

123) 1949년 5월 2일 소장파 33명이 예산안 통과를 반대했는데, 그 명단 가운데 기독교인들은 오택관, 손재학, 서길용, 김기철 등 4명이 포함되어 있다.(『조선일보』, 1948년 5월 3일자)

124) 『동아일보』, 1949년 5월 14일자.

3) 1949년 2기 국회 교섭단체 구성

제헌국회는 제4회 국회에서 단체교섭회를 구성하기로 국회법이 개정되어 9월 12일에 개원한 제5회 국회는 9월 21일까지 20명 이상을 확보한 단체는 69명의 민국당, 57명의 일민구락부, 23명의 대한노동당, 22명의 신정회이고, 무소속으로 남아 있는 의원이 18명이고, 구속되어 있는 의원이 11명이다. 기독교인 국회의원들의 분포를 보면, 민국당에 16명[125], 일민구락부에 15명,[126] 신정회에 4명,[127] 대한노동당에 5명,[128] 무소속에 4명[129]이 포함되어 있다.[130] 그리고 국회프락치 사건으로 서용길이 구속되어 있었다. 이렇게 볼 때, 기독교국회의원들은 민국당과 일민구락부에 16명과 15명을 합쳐 31명이 소속되어 있고, 기타 대한노동당 5명, 신정회 4명, 무소속 4명 등 13명이 소속되어 있었다. 처음에 국회의원이었던 50명 가운데 대통령이 된 이승만, 도지사로 나간 이남규, 신현돈, 미국 대사로 나간 장면 등 4명을 제외하면 46명인데, 민국당 16명, 일민구락부 15명, 대한노동당 5명, 신정회 4명, 무소속에 4명 총 44명이 소속되어 있고, 서용길과 김약수가 수감되어 있었다.

민국당 소속 16명을 보면 5.10총선거 당시 한민당 소속 10명(이영준, 나용균, 김동원, 백남채, 홍성하, 허정, 송필만, 김도연, 백관수, 신현모)에 무소속 3명(김상돈, 장기영, 주기용), 독촉 1명 (김문평), 대동단 1명

125) 이영준, 김문평, 나용균, 백관수, 김상돈, 송필만, 백남채, 김도연, 윤재욱, 장기영, 김동원, 신현모, 홍성하, 허정, 김상덕, 주기용.

126) 송봉해, 권태의, 권병노, 원용한, 김봉조, 이성학, 윤치영, 임영신, 황호현, 황두연, 박순석, 정우일, 이종순, 이요한, 이범교.

127) 연병호, 송진백, 오석주, 윤재근.

128) 이훈구, 홍순옥, 백형남, 오택관, 김기철.

129) 정준, 윤석구, 손재학, 이윤영.

130) 『서울신문』, 1949년 9월 22일자.

(윤재욱), 민총 1명(김상덕)이었다. 그러므로 한민당 소속 인사 가운데 윤치영 한 명이 이승만의 적극 지지 세력인 일민구락부로 옮겼고, 다른 사람들은 민국당에 속하여 이동이 전혀 없어 정체성을 분명하게 지켰던 것을 알 수 있다. 일민구락부 15명 가운데 원래 독촉소속은 송봉해, 이요한, 이종순, 이범교, 황호현, 권병노 등 6명이고, 대동단은 원용한과 이성학 2명이며, 무소속은 권태희, 박순석, 정우일 3명이며, 김봉조(교협), 윤치영(한민당), 임영신(여자국민당), 황두연(농총)이다. 이승만의 일민주의를 정치적으로 뒷받침하는 일민구락부에는 미국 동지회 시절부터 이승만을 지지했던 윤치영과 임영신, 그리고 독촉과 대동단 소속 8명이 중심을 이루고 있다. 신정회에는 독촉의 송진백과 오석주, 무소속의 연병호와 윤재근의 4명인데, 이정회와 청구회에 소속되었던 인물들이었다. 대한노동당에는 대동단의 백형남과 김기철, 무소속의 이훈구와 홍순옥, 오택관(한독당) 등이 소속되어 있었고, 손재학(독촉), 윤석구와 정준(무소속), 이윤영(조선민주당) 등 4명은 무소속으로 남아 있었다. 1949년 하반기 국회에서 기독교국회의원들은 민국당과 일민구락부를 중심으로 2/3가 소속되어 반공에서는 정부를 적극 지지하였고, 민국당은 경제정책이나 인사문제에서는 이승만 정부와 충돌하였으며, 일민구락부는 가장 적극적으로 이승만의 정책을 뒷받침하고 있었다. 그리고 소장파에 속했던 인물들은 신정회, 대한노동당, 무소속에 소속되어 개혁적인 정책에 참여하고 있었다.

7. 맺는 말

해방 공간에서 기독교인들은 기독교 정신에 바탕을 둔 기독교 국가를 건설하겠다는 의식을 가지고 기독교 건국 운동에 참여하였다. 그렇지만 한국교회가 중심이 되어 정치운동에 참여하지 않았고, 기독교인들이 중심이 되어 정당을 조직하지도 않았다.

기독교 국가를 건설하겠다는 목표를 가졌던 기독교 지도자들은 다양한 정치조직에 참여하여 총선에 출마하였다. 한민당 당선자 가운데 기독교인은 11명이다. 한민당은 한말부터 애국계몽운동과 민족운동을 했던 기독교 민족주의의 계보를 이어 반공과 자유민주주의를 바탕으로 국가를 건설하려는 목표를 가지고 있었는데, 이러한 흐름에 기독교인들이 중요한 역할을 하였다.[131)]

이승만의 단독정부 수립에 가장 적극적으로 지지했던 독립촉성국민회는 정당조직이 아닌 국민운동을 통해 그러한 목표를 달성하려던 사람들이었고, 그러므로 이 조직에 많은 기독교인들이 참여하여 활동하였으며, 15명의 당선자를 내었다. 그렇지만 독촉은 여러 조직의 사람들이 가담하여 1949년 9월의 상황을 보면 주류인 8명은 이승만을 지지하는 일민구락부에 속하였으나, 김문평은 민국당으로 송진백과 오석주는 신정회로, 손재학은 무소속으로 남아 있었다. 무소속 당선자 15명 가운데는 한독당이나 중간파 노선에 서 있던 윤석구와 연병호와 오택관 등이 포함되어 있었고 각 단체 소속 가운데는 공산주의에 가담했다 전향한 김약수가 포함되어 있었다. 따라서 김약수를 중심으로 연병호와 오택관과 윤석구, 그리고 독촉의 송진백과 오석주와 손재학, 대동

131) 김명구, 「한민당의 기독교성」, 『해방공간에서의 한국사회와 기독교』 학술대회 발표논문, 서울신학대학교 백주년 기념관, 2016. 11. 19, 77쪽, 91쪽.

청년단의 백형남 등이 소장파에 가담하여 활동하였다.

그러므로 기독교인 국회의원들은 해방 후에 그 이전부터 가졌던 자유민주주의와 반공정책에서는 한민당과 민국당과 이정회와 일민구락부를 중심으로 하는 세력이 협조했으나, 이들은 경제정책과 인사정책에서는 상호 비판적이었고, 소장파와 청구회와 신정회 등에 소속되어 개혁입법을 지지했던 세 부류가 혼재하여 있었다. 한민당에 가담했던 세력들은 윤치영을 제외하고는 거의 이동이 없었고, 독촉국민회 소속의 의원들은 일민구락부의 주축세력을 이루었으며, 손재학은 소장파에 가담하기도 하였다. 그리고 일부는 청구회와 신정회에 소속되어 중간파의 역할을 하였다. 제헌국회시기에는 정당제도가 정립되어 있지 않았고, 사안들마다 의원들의 이합집산이 심했는데, 기독교 의원들도 크게 보아 세 부류로 나누어져 활동하였던 것을 확인할 수 있다.

이 연구는 기독교 국회의원들의 활동을 제헌국회에서의 전체적인 흐름을 분석하는데 그쳐 정밀한 분석을 하지 못한 한계가 있다. 이러한 분석을 하려면 기독교 국회의원들의 사안마다의 국회발언을 더 정밀하게 분석할 필요가 과제로 남아 있고, 일부 기독교 국회의원들의 신분을 다 확인하지 못했을 수도 있는 문제점을 남겨두고 있다.

기독교 제헌의원 명단

번호	이름	정당/단체	학교	독립운동	일제강점기	해방 후
1	김도연	한민당	아메리칸대학	조선어학회	연희전문교수	입법의원
2	김동원	한민당	메이지대학	105인사건	교육활동/사업	군정장관고문
3	나용균	한민당	런던대학	임정의정원	간척사업	한민당사무국장
4	백관수	한민당	메이대학	임정의정원	동아일보사장	입법의원
5	백남채	한민당	협화대학	3.1운동	교육활동	입법의원
6	송필만	한민당	아메리칸대학	구미위원회	연희전문교수	독촉국민회
7	신현모	한민당	라이터대학	조선어학회		출판업
8	윤치영	한민당	아메리칸대학	구미위원회	광산사업	민주의원 비서국장
9	이영준	한민당	동경제국대		연희전문교장	한민당서울시 당위원장
10	허정	한민당	영국항해대	임정의정원		반탁지도위원
11	홍성하	한민당	주오대학		보성전문교수	입법의원
12	권병노	독촉국민회	보성전문학교		의사	독촉국민회
13	김문평	독촉국민회	와세다대학		은행근무	군수
14	손재학	독촉국민회	피어선신학교	신간회	노동야학	민족대표자 대의원
15	송봉해	독촉국민회	세브란스	3.1운동	의사	의사
16	송진백	독촉국민회	YMCA고등과		사업	학교후원회
17	신현돈	독촉국민회	경성의전		의사	의사
18	오석주	독촉국민회	평양신학교	3.1운동	목사	
19	이남규	독촉국민회	평양신학교	교단통합반대 옥고	교사와 목사	입법의원
20	이범교	독촉국민회	세브란스	임시정부	교육과 의사	의사
21	이승만	독촉국민회	프린스턴대학	임시정부		민주의원의장
22	이요한	독촉국민회	불교전문학교			농총참여
23	이종순	독촉국민회	남감리양성소	3.1운동	YMCA	청년단활동
24	황호현	독촉국민회	중학교졸업		지방서기	청년단장
25	김기철	대동청년단	길림사범학교		교육활동	비상국민회
26	백형남	대동청년단	일본대학		교사근무	
27	원용한	대동청년단	협성신학교		교사, 목사	독촉국민회
28	윤재욱	대동청년단	피어선신학교		치과의사	독촉국민회
29	이성학	대동청년단	중앙신학교		군청 근무	독촉국민회
30	권태희	무소속	동지사대학교		목사	교육활동

31	김상돈	무소속	버클리대평양		교육활동	한민당
32	박순석	무소속	조선신학교		교육활동	목회
33	서용길	무소속	경도제국대학		교육활동	민중동맹참여
34	연병호	무소속	북경대학	임시정부		독촉국민회
35	윤석구	무소속	황포군관학교	임시정부	교사	독촉국민회
36	윤재근	무소속	배재고보		교육활동	면장
37	이훈구	무소속	위스콘신대학		교수	미군정농무국장
38	장기영	무소속	인디애나대학	임시정부	미군소속참전	
39	장면	무소속	포담대학		교육활동	입법의원
40	정우일	무소속	계성중학교		금융조합평의원	민선읍장
41	정준	무소속	조선신학교		교육활동	교육활동
42	주기용	무소속	동경사범학교	3.1운동	교육활동	군정교육국장
43	홍순옥	무소속	보화초등학교		의사	독촉국민회
44	김봉조	교육협회	주오대학			경북학무국장
45	김상덕	민통본부	와세다대학	임시정부		독촉국민회
46	김약수	조선공화당	일본대학	조선공산당		한민당참여
47	오택관	한독당	평양신학교	3.1운동	일본선교	한민당
48	이윤영	조선민주당	협성신학교		목사	독촉국민회
49	임영신	여자국민당	남캘리포니아	3.1운동	교육활동	교육활동
50	황두연	농민총연맹	일본대학	신사참배반대 옥고	교육활동	부읍장

〈참고문헌〉

『경향신문』, 『국제신문』, 『군산신문』, 『대동신문』, 『동아일보』, 『서울신문』, 『수산경제신문』, 『연합신문』, 『자유신문』, 『朝鮮日報』, 『조선중앙일보』, 『朝鮮總督府官報』, 『한성일보』.

강명숙, 「일제시대 학교제도의 체계화 -제2차 조선교육령 개정을 중심으로-」, 『한국교육사학』 32권 1호, 2010.

강인철, 「해방 후 한국 개신교의 정치참여: 역사와 평가」, 『한국교수불자연합학회지』 15권 2호, 2009.

______, 『한국기독교회와 국가・시민사회: 1945-1960』, 서울: 한국기독교역사연구소, 1996.

강진화, 『대한민국인사록』, 서울: 내외홍보사, 1949.

게이조 신부타, 『대경성공직자명감』, 서울: 경성일보사, 1936.

고지수, 「해방 후 장공 김재준의 「기독교적 건국론」 이해 -사료 「기독교의 건국이념(基督教의 建國理念)」을 중심으로-」, 『인문과학』 54집, 2014.

국사편찬위원회, 『韓民族獨立運動史資料集』, 11권, 35권.

국회의원총람편찬위원회, 『대한국회의원총람』, 서울: 국회의원총람편찬위원회, 2004.

권녕배, 「일제하 각종사립학교의 지정학교 승격에 대한 일연구」, 『조선사연구』 13집, 2004.

김경미, 「일제하 사립중등학교의 위계적 배치, 한국교육사학」, 『한국교육사학』 26권 2호, 2004.

김권정, 「해방 후 기독교 세력의 동향과 국가건설운동」, 『숭실사학』 29집, 2012.

김득중, 「제헌국회의 구성과정과 성격」, 성균관대학교 석사학위논문, 1993.

김명구, 「한민당의 기독교성」, 『해방공간에서의 한국사회와 기독교』 학술대회 발표논문, 서울신학대학교 백주년 기념관, 2016. 11. 19.

김자중, 「일제 식민지기 조선의 고등교육체계의 성격」, 『한국교육사학』 38권 3호, 2016.

김진수, 「일제수리사(2): 수리행정기관과 대행기관」, 『한국관계배수 회지』 15집 2호, 2008.

김흥수, 「해방 정국과 기독교 건국운동」, 『크리스천투데이』, 2009년 3월 6일자, 10일자.

______, 「한국 기독교의 정치 현실 참여의 역사와 유형」, 『신학사상』 78집, 1992.

나용균, 「정치인으로서의 나의 신념」, 『기독교사상』 11권 5호, 1967.
류대영, 「함태영, 해방정국에서 기독교 조직을 재건하다」, 『한국사시민강좌』 43권, 2008.
문영주, 「1920-1930년대 도시금융 조합 구성원의 민족적 계층적 성격」, 『한국사학보』 19집, 2005.
박명수, 「한경직과 대한민국 건국운동: 1945-1948」, 『한경직목사기념사업회 세미나』 2012권 4호, 2012.
______, 「해방 직후 조만식과 남한의 정치」, 『한국기독교역사연구소소식』 110호, 2015.
______, 「해방 후 건국준비위원회와 기독교의 역할」, 『성결교회와 신학』 31권, 2014.
박수현, 「日帝下 水利組合 抗爭 研究: 1920~1934年産米增殖計劃期를 中心으로」, 중앙대학교 박사학위논문, 2001.
박용권, 「1920~30년대 조선예수교장로회의 지정학교 추진 운동」, 『한국기독교역사연구소소식』 82호, 2008.
박정신, 「실력양성론 - 이념적 학대를 넘어서」, 『한국사 시민강좌』 25집, 1999.
『사진으로 본 국회20년사』, 서울: 한국정경사, 1967.
서희경, 「한국제헌국회의 정치세력 형성에 관한 연구」, 『한국정치외교사논총』 26집 1호, 2004.
연규홍, 「해방 정국과 기독교 건국운동」, 『한국교회사학회』 14집, 2004.
오성주, 「사회복음주의 기독교 교육론 김창준(1890.5.3-1959.5.7) 연구」, 『신학과 세계』 61집, 2008.
우홍식, 「홍성근대교육 100년사」, 『홍성신문』, 2007년 4월 11일자.
유영렬, 「기독교민족사회주의자 김창준에 대한 고찰: 『김창준 회고록을 중심으로』」, 『한국독립운동사연구』 25권, 2005.
이영록, 「기독인 제헌의원들과 헌법제정」, 『영남법학』 30집, 2010.
이정은, 「제헌국회 내 청구회・신정회의 정치활동과 노선」, 『학림』 25・26집, 2005.
장규식, 「해방 직후 기독교 사회단체의 동향」, 『한국기독교역사연구소 소식』 61호, 2003.
장규식・박현옥, 「제2차 조선교육령기 사립 중등학교의 정규학교 승격운동과 식민지 근대의 학교 공간」, 『중앙사론』 32집, 2010.
조이제, 「김창준 목사의 천국운동과 해방운동」, 『세계의 신학』 27집, 1995.

최덕성, 「순천노회 교역자 수난 사건 재평가」, 『한국기독교와 역사』 10집, 1999.
최재성, 「1910년대 식민지 금융조합과 지방금융조합」, 『한국독립운동사』 21집, 2003.
최종고, 「제1공화국과 한국개신교회」, 『동방학지』 46 · 47 · 48집, 1985.
황두연, 『자기 십자가를 지고 따르라』, 목회자료사, 1994.
허동현, 「해방 후 이갑성(1889-1980)의 삶 재조명」, 『비교문화연구』 12권 1호, 2008.
http://w3devlabs.net/korea/archives/tag/%EC%98%A4%EC%84%9D%EC%A3%BC, 접속 2017. 3. 20.
http://mpva.go.kr/narasarang/gonghun_view.asp?id=5505&ipp=10000, 접속 2017. 3. 25.
http://encykorea.aks.ac.kr/Contents/Index?contents_id=E0075958, 접속 2017. 3. 20.
http://m.ibsnews.kr/news/4937, 접속 2017. 3. 15.

저자소개(집필순)

■ 유지윤(柳智允, Jiyoon YOO)

연세대학교 이승만연구원 연구원

연세대학교 국제학대학원 석사

연세대학교 대학원 박사과정

■ 김명섭(金明燮, Myongsob KIM)

연세대학교 정치외교학과 교수

파리 1 - 팡테옹 소르본 대학 박사

한신대학교 국제학부장 역임

한국정치외교사학회장(2018-)

국제학술지 *Geopolitics* 편집위원

대표저작: 『해방전후사의 인식』(공저), 『전쟁과 평화: 6.25전쟁과 정전체제의 탄생』, 『대서양문명사』 등

■ 양준석(梁俊錫, Joonseok YANG)

서울신학대학교 현대기독교역사연구소 연구교수

연세대학교 정치학박사, 한국정치외교사 전공

한국정치외교사학회 총무이사

연세대학교 이승만연구원 전문연구원 역임

대표저작: 『해방공간과 기독교 I, II』(공저), "1948년 한국대표단의 유엔 승인외교", "한국외교사에서 '잔여(殘餘)지역'"

■ 이은선(李殷善, Eun Seon LEE)
안양대학교 신학대학 교수
서울대학교 문학사(역사교육), 총신대학교 교회사 전공(Ph.D.)
안양대학교 교목실장, 신대원장 역임
복음주의신학회, 한국개혁신학회, 한국교회사학회
대표저작: 『대한민국 건국과 기독교』, 『한국근대화와 기독교의 역할』, 『종교 개혁자들 이야기』

■ 박명수(朴明洙, Myung Soo PARK)
서울신학대학교 교수
현대기독교역사연구소 소장
보스턴대학교 Ph.D., 기독교역사 전공
미국교회사학회 학회지 Church History 편집위원
한국교회사학회장 역임
대표저작: 『조만식과 해방 후 한국 정치』, 『건국투쟁: 인민공화국인가, 민주공화국인가?』

Liberation and the Republic of Korea's Independence

edited by Institute for the Study of Modern Christianity
Seoul Theological University

Contents